입문자도 쉽게 배우는

우분투 리눅스 EXPRESS

신윤환 지음

생능출판

지은이 **신윤환**

「Big Data 환경에서 Needle Points 선정을 위한 생체 데이터의 패턴 분석」으로 이학박사 학위를 취득하였고 중소벤처기업부 정보화/융합기술 전문위원과 스마트제조혁신추진단 기술위원, 중소기업기술정보진흥원, 정보통신기획평가원, 기상청, 한국콘텐츠진흥원에서 연구개발지원사업 평가위원으로 활동하고 있습니다.

주요 저서로는 《Linux & Unix 정복하기》, 《프로그램 개발을 위한 첫 걸음 C Programming 정복하기》, 《Apache+PHP+MySQL로 웹 데이터베이스를 구축하는 PHP Programming 정복하기》, 《CentOS7으로 쉽게 터득하는 Linux 시스템 구축 실무 테크닉》, 《XAMPP에서 쉽게 연출하는 PHP7 웹 프로그래밍 실무 테크닉》, 《소프트웨어 창의력 향상을 위한 Python3 START-UP》, 《C 언어 일취월장》, 《PHP EXPRESS》, 《CentOS 8 LINUX EXPRESS》 등이 있습니다.

입문자도 쉽게 배우는
우분투 리눅스 EXPRESS

초판발행 2020년 12월 15일
제1판2쇄 2023년 8월 17일

지은이 신윤환
펴낸이 김승기, 김민수
펴낸곳 (주)생능출판사 / **주소** 경기도 파주시 광인사길 143
출판사 등록일 2005년 1월 21일 / **신고번호** 제406-2005-000002호
대표전화 (031)955-0761 / **팩스** (031)955-0768
홈페이지 www.booksr.co.kr

책임편집 신성민 / **편집** 이종무, 유제훈 / **디자인** 유준범
마케팅 최복락, 심수경, 차종필, 백수정, 송성환, 최태웅, 명하나, 김민정
인쇄 성광인쇄 / **제본** 일진제책사

ISBN 978-89-7050-469-8 93000
정가 26,000원

- 이 도서의 국립중앙도서관 출판예정도서목록(CIP)은 서지정보유통지원시스템 홈페이지(http://seoji.nl.go.kr)와 국가자료공동목록시스템(http://www.nl.go.kr/kolisnet)에서 이용하실 수 있습니다.
(CIP제어번호: 2020045503)

이 책을 펼치는 순간부터
우분투 리눅스 전문가가 될 수 있습니다!

※ 손쉬운 우분투 리눅스 환경 구축 + 가상 머신

초보자도 쉽게 우분투 리눅스 환경을 구축

상세한 설명과 도전문제를 통해 명확한 이해로 학습 의욕 고취

※ 개념 설명 ➜ 풍부한 예제 ➜ 도전문제로 이어지는 3단계 학습체계

개념에 대한 충분한 설명과 이해를 도와주는 여기서 잠깐 코너

꼭 알아두고 넘어가야 하는 풍부한 예제

배운 내용을 바탕으로 실력향상을 위한 도전문제

※ 배움의 기쁨을 만끽할 수 있는 IT 교과서

본문에서 배운 내용을 함축해 놓은 핵심 요약

단원에서 배운 내용을 최종 마무리하는 연습문제

기초 학습자부터 전문가에 이르기까지 꼭 필요한 내용 전개

머리말

컴퓨터 비전이나 음성 인식 등 패턴 인식류 AI 쪽에서 딥러닝이 대두되면서 인공지능에 대한 관심은 '이세돌 vs 알파고'의 대결을 기점으로 거의 폭발적으로 증폭되어 많은 사람들에게 조만간 다가올 현실이라는 것을 강하게 전달하고 있습니다.

인공지능을 가진 알파고가 이세돌과 바둑대결 과정에서 승률을 높일 수 있는 바둑판(19×19)의 포지션에서 최상의 착점 위치를 계산하기 위해 빅 데이터를 분석하고 의사를 결정하는 알파고의 모든 동작에서 하드웨어를 구동시키기 위한 운영체제가 필요합니다.

리눅스는 유닉스와 호환되며 주로 서버용 운영체제로 많이 사용되어 왔지만 최근에는 개인용 PC에서도 리눅스 운영체제를 사용하고 있으며 빅 데이터 분석 환경에서의 그 빈도는 점차 증가하고 있는 추세입니다. 우분투는 오픈형 소프트웨어로 누구나 오픈 소스를 쉽게 구할 수 있고 원하는 대로 버전을 만들어 사용할 수도 있습니다.

이 책에서는 기존에 사용 중인 Windows 운영체제 환경에서 가상머신 프로그램을 통해 우분투를 추가로 설치하여 기본 명령어와 에디터, 프로세스 관리, 소프트웨어와 디스크 관리, 셸 스크립트, 네트워크와 인터페이스, 데이터베이스 및 웹 서버 구축 등을 쉽게 배울 수 있도록 전체 16장으로 구성하였습니다.

각 장별로 꼭 알아두어야 할 사항들을 〈여기서 잠깐〉 코너와 핵심 요약으로 함축하였으며 배운 내용을 스스로 풀어볼 수 있도록 도전문제와 연습문제를 제시하여 배운 지식을 함양할 수 있도록 자신감을 심어놓았습니다. 이 책은 선택하신 모든 독자분이 즐겁고 재미있게 공부하여 우분투 명령어를 마음껏 활용할 수 있는 실력을 탄탄하게 다질 수 있습니다.

이 책이 완성되기까지 많은 정성을 기울여 좋은 책으로 탄생하기 위해 노력해 주신 생능출판사 임직원 여러분과 편집부 권소정님께 감사드립니다. 그리고 좋은 강의와 학업 증진을 위해 많은 조언과 격려를 아낌없이 베풀어주시는 주위의 교수님들께도 감사의 말씀을 드립니다.

항상 진지한 열의와 젊음의 패기를 가지고 열심히 들어주는 학생들에게도 감사와 희망의 기쁨으로 가득 찬 순간들이 영원하도록 기원합니다. 그리고 이 책을 집필하는 동안 언제나 변함없는 사랑과 깊은 배려로 알뜰살뜰 보필해 준 아내 김경미에게 감사와 사랑의 마음을 가득 담은 내일의 시간을 고이 접어 드립니다.

시간은 결코 우리를 기다려주지 않습니다.

저자 신윤환

이 책의 구성

Start

01

환경 구축

우분투 리눅스를
사용하기 위한
환경 구축

02

기본 명령어

우분투 리눅스에서
사용하는 기본
명령어 실습

07

셀 스크립트

셀 스크립트 프로그램
문법과 코드에 대한
이해

08

서버 구축

네트워크 환경에서
데이터베이스와
웹 서버 구축

Finish

03

파일 종류

우분투 리눅스에서 사용되는 디렉터리와 파일의 종류

04

에디터

우분투 리눅스에서 제공하는 에디터 사용 방법

05

접근 권한

파일에 대한 접근 권한과 관리자 권한 실행

06

시스템 관리

실행 중인 프로세스 관리와 소프트웨어 및 디스크 관리

차례

CHAPTER 06 파일 명령어

CHAPTER 07 우분투 에디터

CHAPTER 08 파일 접근 권한 설정

CHAPTER 01

리눅스와 가상머신

| 학습목표 |

- 리눅스 운영체제에 대해 이해할 수 있습니다.
- 가상머신 프로그램에 대해 이해할 수 있습니다.
- 가상머신 설치와 가상머신을 실행할 수 있습니다.
- Windows 운영체제에 가상머신을 생성할 수 있습니다.

SECTION

01 리눅스 운영체제

1 리눅스의 탄생

리눅스(Linux)는 핀란드의 헬싱키 대학에서 운영체제를 공부하던 시간에 우연히 386 기종에서도 구동할 수 있는 유닉스 운영체제를 만들었으면 좋겠다는 생각을 한 리누스 토발즈(Linus Benedic Torvalds)에 의해 개발된 운영체제입니다. 하지만 처음부터 리누스 토발즈 혼자서 만든 것은 아닙니다. 뉴스그룹의 구성원들과 전 세계 네티즌들의 많은 관심과 지대한 노력으로 만들어졌다고 볼 수 있습니다.

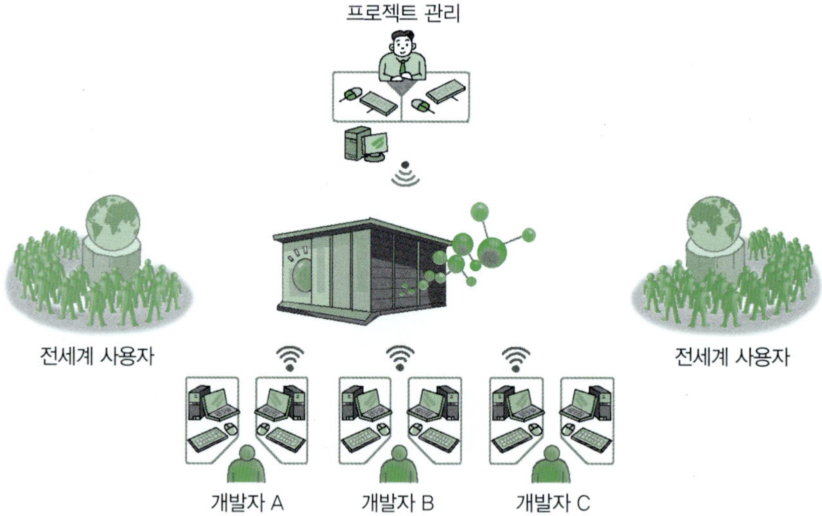

그림 1-1 리눅스 업그레이드와 버그 해결

2 GNU 프로젝트

GNU 프로젝트는 리누스 토발즈가 리눅스 커널을 개발하기에 앞서 그 이전인 1984년에 리차드 스톨만(Richard Stallman)에 의해서 시작되었으며 GNU 프로젝트가 추구하고 하는 목표는 '모두가 공유할 수 있는 소프트웨어'를 만드는 것을 모티브로 하였습니다. 1985년 리차드 스톨만은 자유 소프트웨어 재단(FSF; Free Software Foundation)을 설립하여 GNU 프로젝트에서 제작한 소프트웨어를 지원함으로써 컴퓨터 프로그램의 복제, 변경, 소스 코드의 사용에 대한 제한을 철폐하는 것을 목표로 추진하였습니다.

3 커널과 셸

리눅스 운영체제의 구성요소는 크게 세 가지로 분류할 수 있습니다. 첫째는 리눅스 운영체제의 핵심이 되는 커널(Kernel)과 둘째, 커널과 사용자 프로그램의 중간에 자리 잡고 명령어를 해석하는 셸(Shell)이 있으며 셋째, 사용자 프로그램으로 구성되어 있습니다.

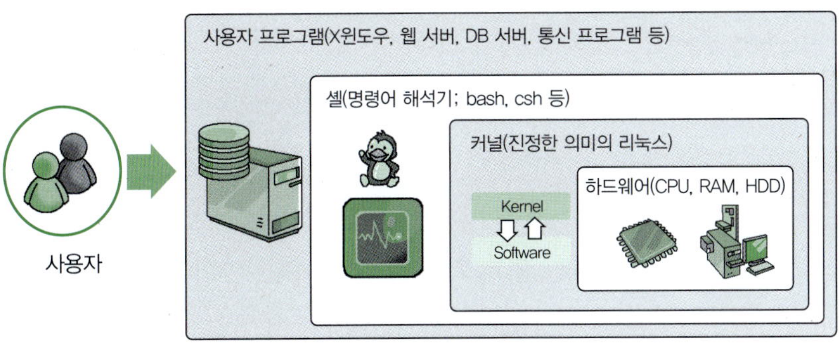

그림 1-2 리눅스의 커널과 셸, 사용자 프로그램의 관계

커널

리눅스 커널(Linux Kernel)은 1991년 리누스 토발즈에 의해 생긴 용어입니다. 운영체제와 컴퓨터 사용자(User) 사이에는 커널(Kernel)과 셸(Shell)이 존재합니다. 셸이란 일종의 명령어 해석기를 의미하며 운영체제에서 사용되는 언어와 사용자가 사용하는 언어가 다르기 때문에 사용자가 명령을 입력하면 셸에서 명령을 받아 운영체제가 사용할 수 있는 언어로 셸을 통해 번역을 수행합니다.

셸

셸(Shell; Operating System Command Interpreter)은 사용자와 운영체제 내부(커널) 사이의 인터페이스를 감싸는 층이며 셸은 일반적으로 명령 줄과 그래픽 형의 두 종류로 분류됩니다. 명령 줄 셸은 운영 체제 상에서 명령 줄 인터페이스(CLI; Command Line Interface)를 제공하는 반면에 그래픽 셸은 그래픽 사용자 인터페이스(GUI; Graphic User Interface)를 제공합니다.

▼ Shell의 의미

- 리눅스에서 대화형 사용자 인터페이스를 의미
- 사용자가 입력하는 명령어를 이해하고 실행하는 역할
- 운영체제의 바깥 계층에 위치
- 사용자와 커널의 의사소통을 담당
- cshell, bourneshell, bashshell, tcshell, cshell 등의 다양한 종류

▼ Shell의 역할

- 입력을 읽고 해당 명령행을 분석
- 특수 문자들을 평가
- 파이프(|), 리다이렉션(>), 백그라운드(&) 프로세스를 설정
- 시그널 처리 (예> Ctrl + C)

SECTION

02 가상머신 소프트웨어

1 가상머신의 개념

가상머신(Virtual Machine)이란 실존하는 컴퓨터가 아닌 가상으로 존재하는 머신(컴퓨터)을 의미합니다. 즉, 컴퓨터에 설치되어 있는 호스트 운영체제인 Windows 안에 가상의 컴퓨터를 만들어 또 다른 운영체제(게스트 OS)를 설치하여 운영할 수 있도록 제작된 프로그램입니다. 가상머신은 멀티부팅(Multi Booting)과는 그 의미가 다르므로 자칫 개념을 혼동해서는 안 됩니다.

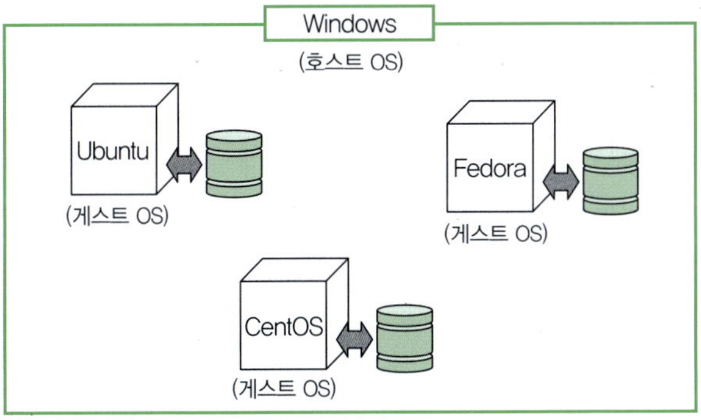

그림 1-3 Windows 안에 설치된 3개의 가상머신

2 가상머신 소프트웨어의 종류

가상머신 프로그램은 VMware Player, Virtual PC, Hyper-V, Virtual Box 등 여러 종류의 가상머신 소프트웨어를 무료로 사용할 수 있습니다. 따라서 본인의 취향에 맞는 소프트웨어를 선택하여 사용하면 됩니다. 이 책에서는 VMware Workstation Player 소프트웨어를 설치하여 실습하도록 하겠습니다.

SECTION

03 가상머신 소프트웨어 설치

1 VMware 설치

VMware Workstation Player 다운로드를 수행할 때 익스플로러보다는 크롬 웹브라우저를 사용하여 접속하기 바랍니다. 그 이유는 컴퓨터 환경에 따라 익스플로러에서는 사이트를 찾지 못하는 경우가 발생하기 때문입니다. 다운로드 사이트 주소는 버전이 업그레이드되면 달라질 수 있으므로 참고하기 바랍니다.

VMware Workstation Player 다운로드

VMware Workstation Player 버전은 집필 당시 버전은 15.5.2가 최신 버전입니다. www.vmware.com 또는 www.vmware.com/kr.html 웹 사이트를 방문하거나 아니면 https://my.vmware.com/en/web/vmware/free#desktop_end_user_computing/vmware_workstation_player/15_0 사이트에 접속하여 직접 다운로드를 수행해도 됩니다. 가급적 최신 버전을 설치하기 바랍니다.

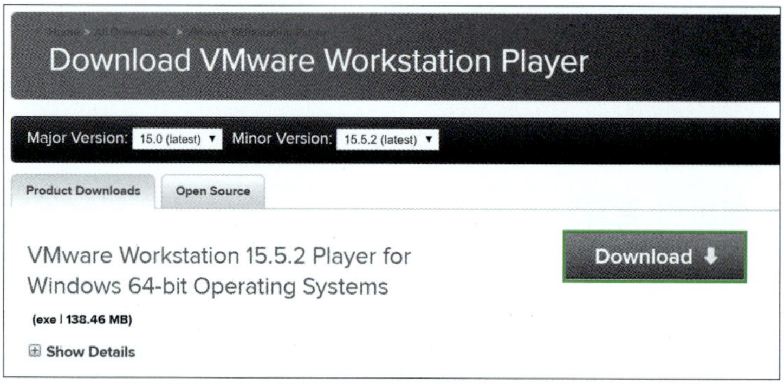

그림 1-4 WMware Workstation Player 다운로드

VMware Workstation Player 설치

• **Step 01** | 다운로드한 설치 파일을 더블클릭하면 VMware Workstation Player 로고 화면을 잠시 보여줍니다. 설치화면이 나타나면 〈Next〉를 누릅니다.

그림 1-5 WMware Workstation Player 설치화면

• **Step 02** | 라이선스 동의 창에서 동의란에 체크 표시를 하고 〈Next〉를 누릅니다.

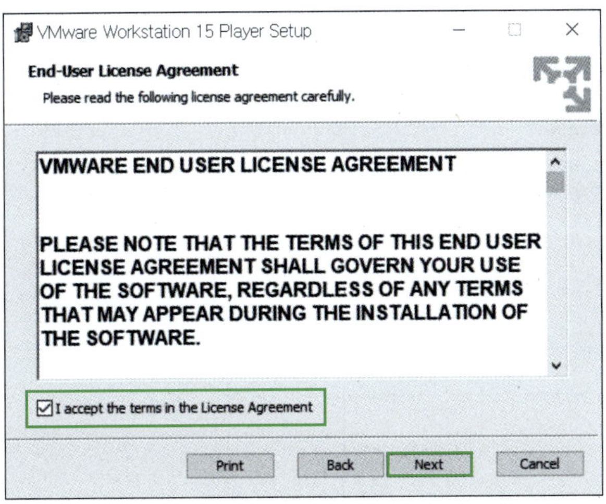

그림 1-6 라이선스 동의

• **Step 03** | 설치 폴더는 기본값 그대로 두고 〈Next〉를 누릅니다.

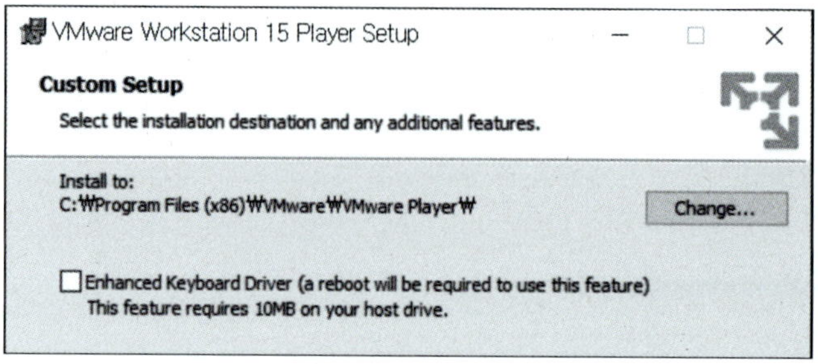

그림 1-7 설치 경로는 기본값 적용

• **Step 04** | 업그레이드 옵션은 체크 표시를 모두 해제한 다음 〈Next〉를 누릅니다.

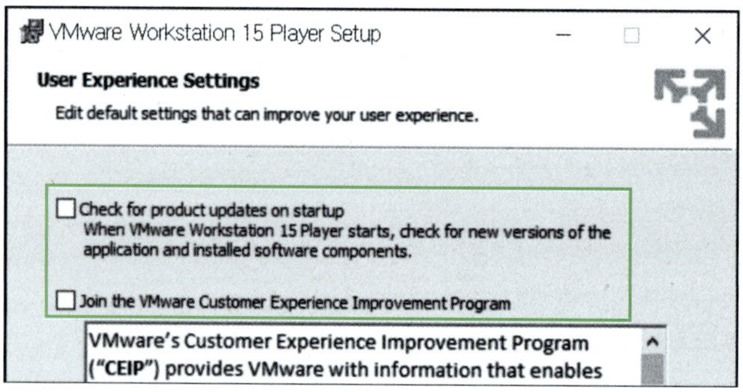

그림 1-8 업그레이드 옵션

• **Step 05** | 단축키 설정 옵션은 기본값 그대로 두고 〈Next〉를 누릅니다.

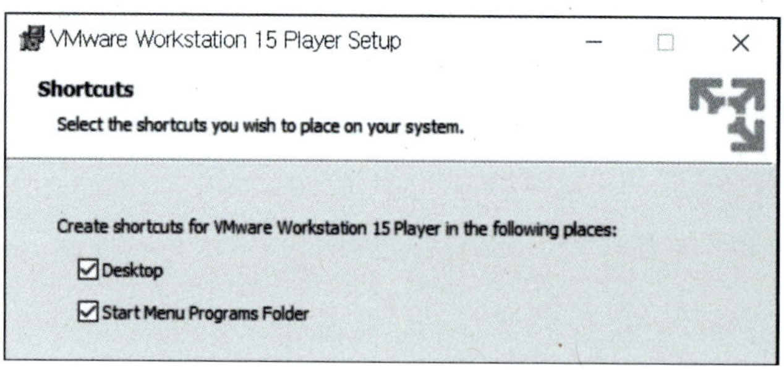

그림 1-9 단축키 설정 옵션

• **Step 06** | 〈Install〉을 눌러 VMware 설치를 시작합니다.

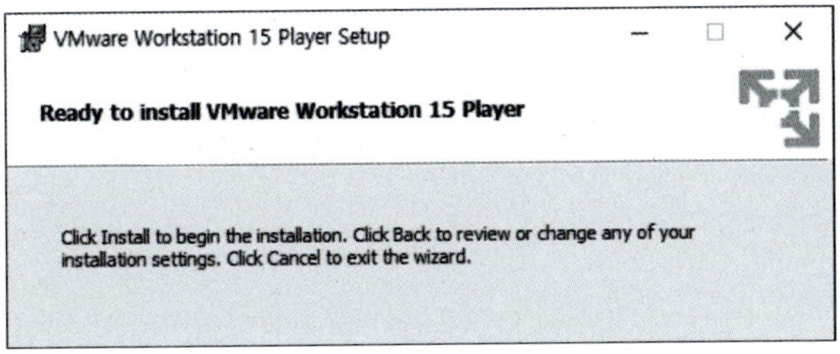

그림 1-10 VMware 설치 시작

• **Step 07** | VMware 설치가 진행되면 잠시 기다립니다.

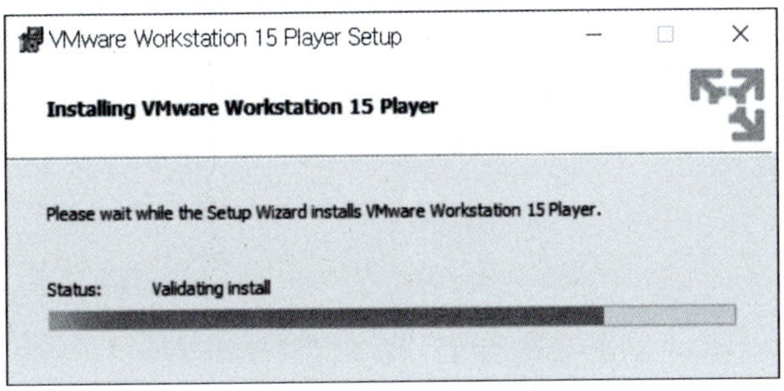

그림 1-11 VMware 설치 중

• **Step 08** | VMware 설치가 완료되면 〈Finish〉를 눌러 설치과정을 종료합니다.

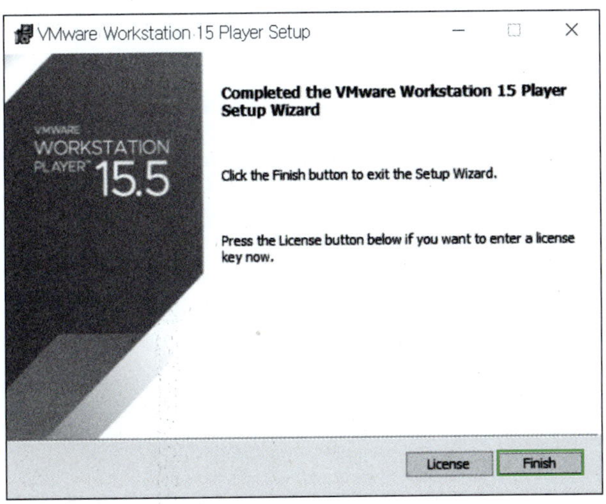

그림 1-12 VMware 설치 완료

2 VMware 실행

VMware Workstation Player 설치가 완료되었으므로 새로운 가상머신을 생성하기 위한 과정을 수행하도록 하겠습니다. 가상머신을 생성하기 위해서는 먼저 VMware를 실행해야 합니다.

- **Step 01** | 바탕화면의 VMware Workstation Player 아이콘을 더블클릭하여 가상머신 프로그램을 실행합니다.

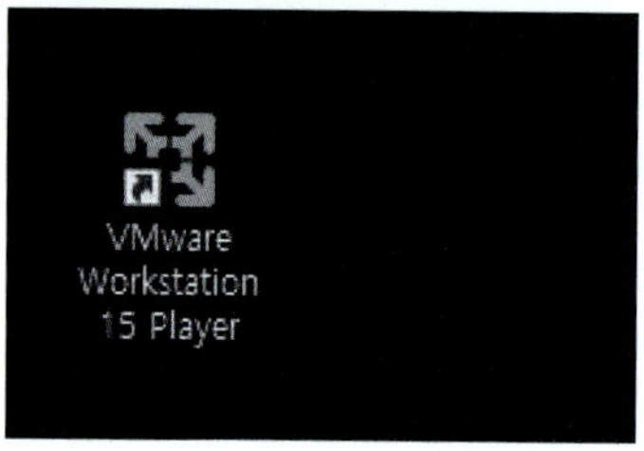

그림 1-13 VMware 실행

- **Step 02** | VMware Workstation Player 프로그램 처음 실행 화면에서 무료사용 항목을 선택 후 〈Continue〉를 클릭한 다음 〈Finish〉를 누릅니다.

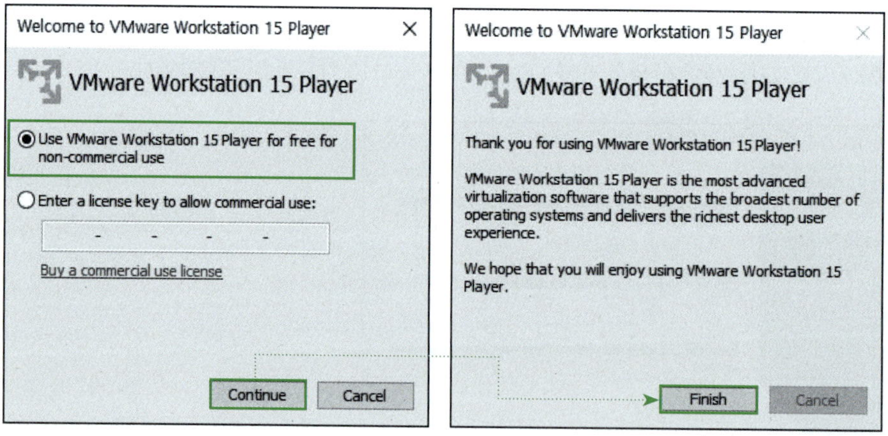

그림 1-14 비영리용 사용 동의

• **Step 03** | VMware Workstation Player 설치가 완료되면 프로그램의 초기화면이 나타납니다.

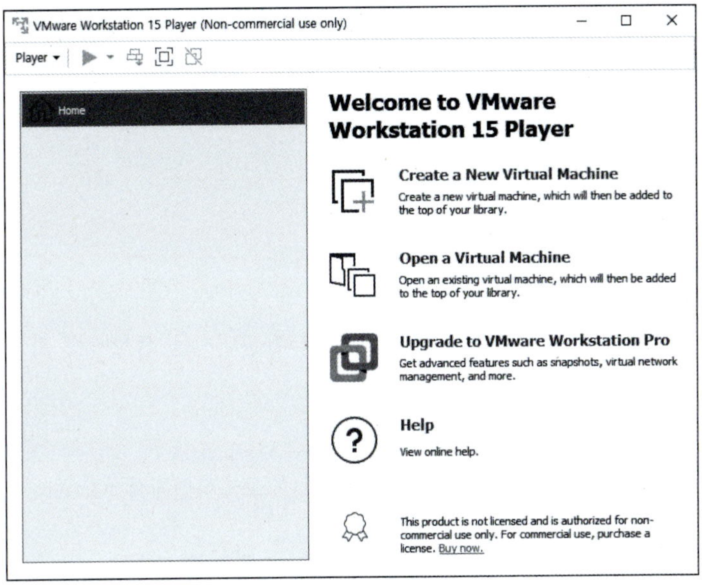

그림 1-15 VMware Workstation Player 초기화면

여기서 잠깐

VMware Workstation Player 초기화면 좌측에는 설치된 가상머신 생성 목록을 보여줍니다. 아직 가상머신을 생성하지 않았으므로 가상머신 생성 목록에는 [Home]만 나타나 있는 것을 확인할 수 있습니다.

SECTION

04 가상머신 생성 및 제거

1 가상머신 생성하기

VMware 실행 초기화면에서 우분투 리눅스를 설치하기 위한 가상머신을 생성하는 과정을 수행하도록 하겠습니다.

- **Step 01** | VMware Workstation Player를 실행하여 나타난 초기화면에서 [Create a New Virtual Machine] 항목을 선택합니다.

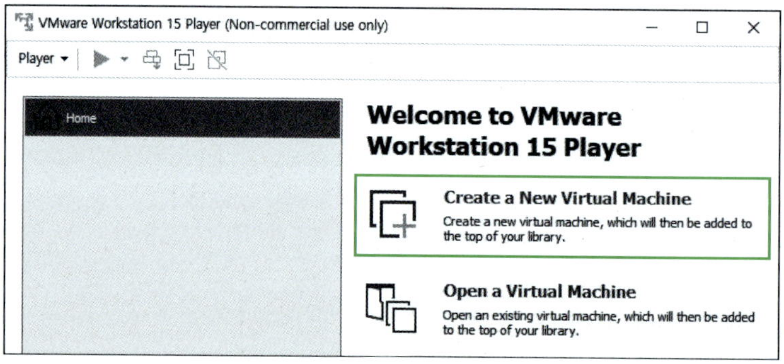

그림 1-16 새로운 가상머신 생성

- **Step 02** | 새로운 가상머신 마법사 화면에 나타난 3개 옵션 중에서 우분투를 나중에 설치하기 위해 세 번째 항목을 선택한 다음 〈Next〉를 누릅니다.

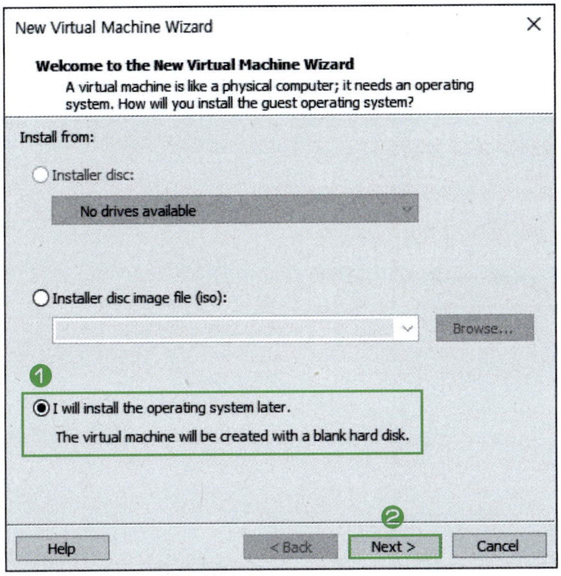

· 그림 1-17 운영체제를 나중에 설치하는 항목 선택

여기서 잠깐

새로운 가상머신 생성 마법사 화면에서 제시하는 세 가지 옵션의 의미는 다음과 같습니다.

- Installer disc : PC에 장착된 CD/DVD 드라이브를 이용하여 우분투를 설치
- Installer disc image file(iso) : 설치할 디스크의 ISO 이미지 파일로 설치
- I will install the operating system later : 해당 운영체제는 나중에 설치하고 빈 하드디스크만 생성하는 옵션

• **Step 03** | 게스트 운영체제는 'Linux'를 선택하고 버전은 'Ubuntu 64-bit'를 선택한 다음 〈Next〉를 누릅니다. 만일 운영체제가 32bit이거나 설치할 컴퓨터의 메모리가 4G 미만이라면 'Ubuntu' 버전을 선택하면 됩니다.

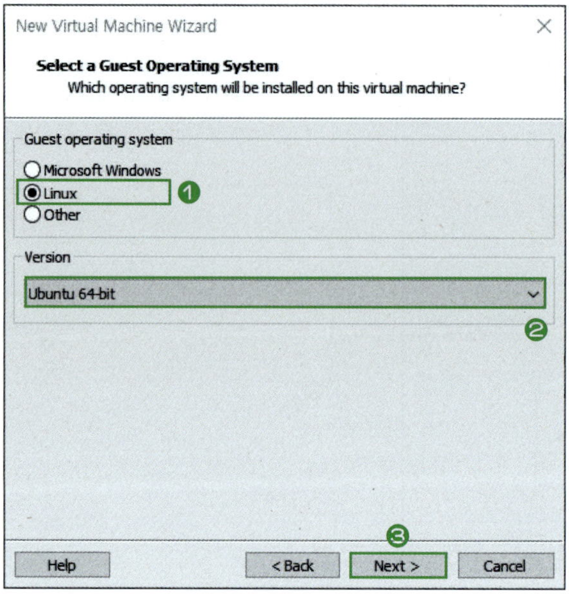

그림 1-18 게스트 운영체제와 버전 선택

• **Step 04** | 새로 생성할 가상머신의 이름은 'Ubuntu 20'으로 입력합니다. 경로명은 새로운 폴더를 생성하여 'D:₩Ubuntu₩Server-20'을 지정한 다음 〈Next〉를 누릅니다. 가상머신의 이름과 경로명은 각자 알아서 지정하면 됩니다.

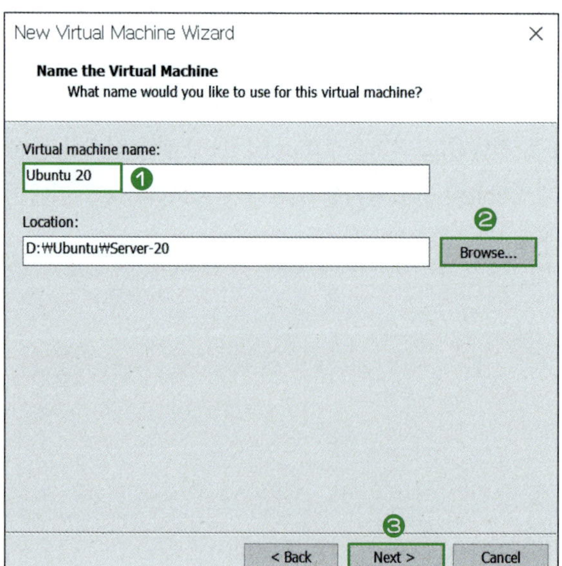

그림 1-19 가상머신 이름과 경로명 설정

• **Step 05** | 디스크 용량은 '30GB'로 설정하고 가상 파일을 단일 파일로 저장하기 위해 'Store virtual disk as a single file' 옵션을 선택한 다음 〈Next〉를 누릅니다.

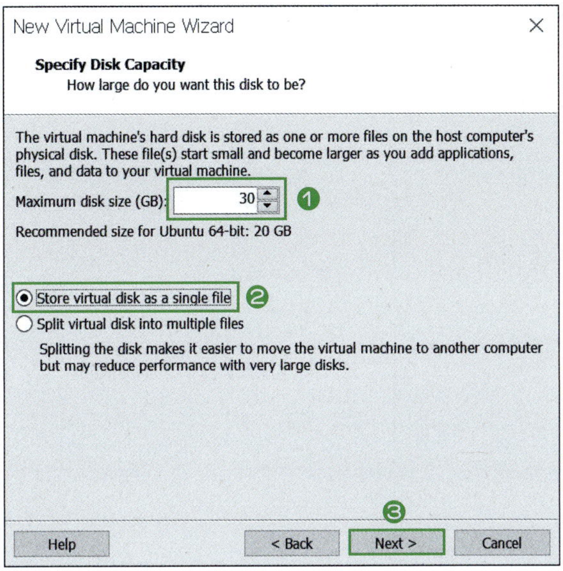

그림 1-20 디스크 용량과 저장 방식 지정

여기서 잠깐

파일을 저장하는 방식은 두 가지 방식 중에서 하나를 선택할 수 있습니다. 첫 번째 항목은 디스크 파일을 하나의 파일로 저장하는 방식이고, 두 번째 방식은 디스크 파일을 여러 개의 파일로 분리하여 가상머신을 복사하거나 이동할 때 용이하도록 설정해 주는 방식입니다. 두 번째 방법은 디스크의 성능이 저하되는 단점이 존재하기 때문에 여기서는 첫 번째 방식으로 진행하도록 합니다.

- **Step 06** | 가상머신 생성준비 완료 화면이 나타납니다. 혹시라도 가상머신을 생성하면서 수정할 사항이 있다면 [Customize Hardware...]를 클릭하여 수정하면 됩니다.

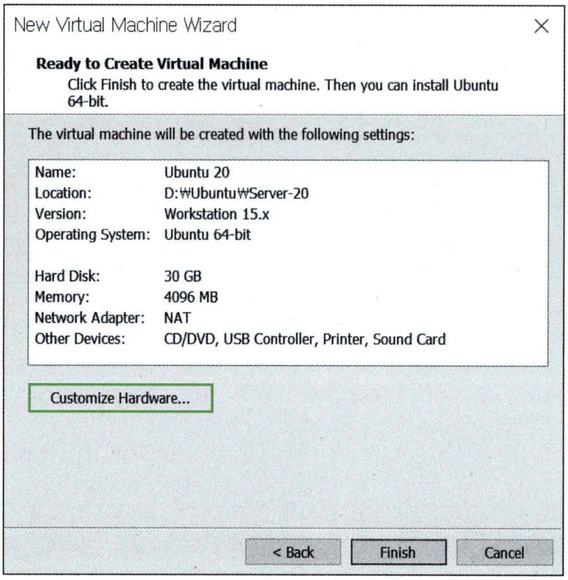

그림 1-21 하드웨어 설정변경 버튼

- **Step 07** | [Customize Hardware...]를 클릭하여 메모리를 변경할 수 있습니다. 멀티코어 CPU의 경우 가상머신에서 CPU를 여러 개 할당할 수 있지만 가상머신 성능에는 큰 변화는 없으므로 그냥 1로 두고 〈Close〉를 누릅니다.

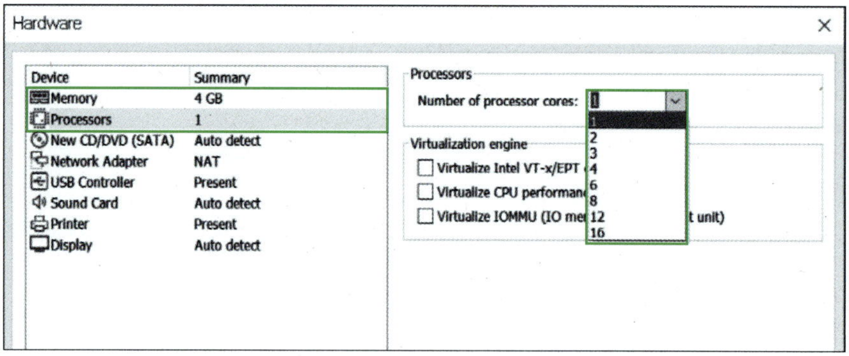

그림 1-22 하드웨어 설정 옵션 변경

• **Step 08** | 가상머신 생성을 완료하기 위해 〈Finish〉를 누릅니다.

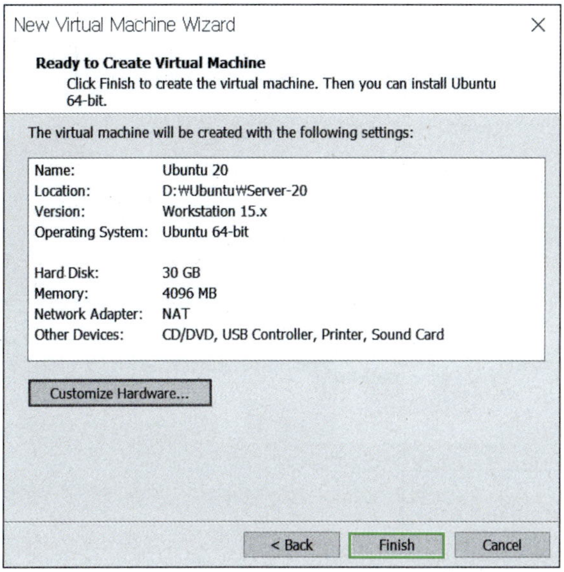

그림 1-23 가상머신 생성 완료

• **Step 09** | VMware Workstation Player 초기화면의 좌측에는 새로 생성한 가상머신 목록에 Ubuntu 20이 나타나는 것을 확인할 수 있습니다.

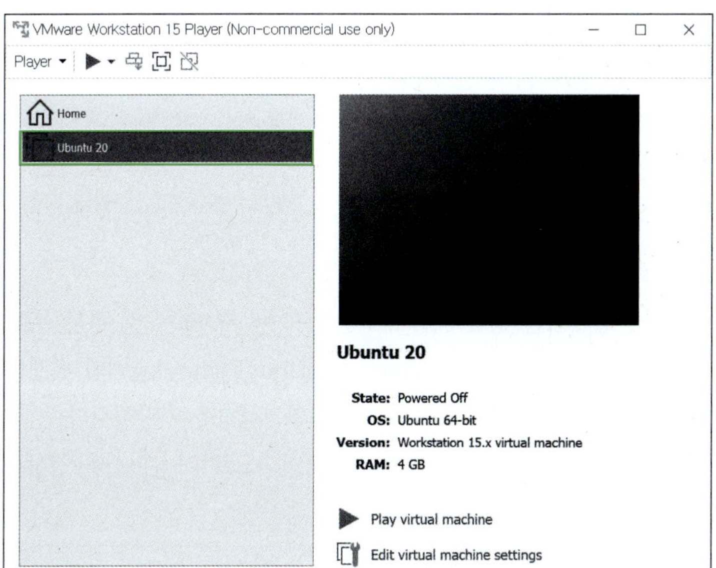

그림 1-24 가상머신 생성 목록

2 인텔 가상화 옵션 설정하기

인텔 CPU가 장착된 컴퓨터에 가상머신을 생성할 때 에러 메시지 화면이 나타날 수도 있습니다. 이를 해결하기 위해서는 BIOS 설정 화면에서 CPU 메뉴 중 가상화 기능 옵션을 [Disable]에서 [Enable]로 변경한 다음 컴퓨터를 다시 시작해야 합니다.

가상화 기능이 비활성화 상태인 경우

VMware에서 가상머신을 생성하는 과정에서 다음과 같은 에러 메시지 화면이 나타날 수 있습니다. 이와 같은 메시지가 출력되는 원인은 CPU의 가상화 기능이 비활성화 상태로 설정되어 있기 때문입니다.

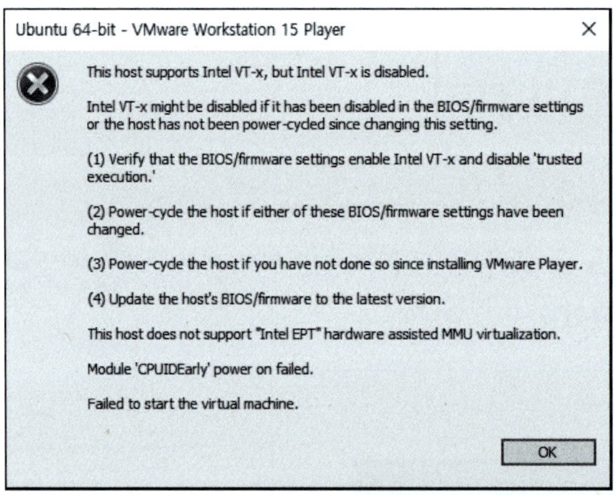

그림 1-25 CPU 가상화 기능 비활성화 메시지 화면

가상화 기능 활성화 설정

BIOS 설정 화면으로 들어가기 위해서는 컴퓨터를 재부팅하여 Delete 키 또는 F2 키를 누릅니다. BIOS 설정 화면에서 가상화 옵션인 [Intel Virtualization Technology]의 설정을 [Disable]에서 [Enable]로 변경한 다음 F10 키를 눌러 변경된 환경설정을 저장합니다. 컴퓨터는 자동으로 재부팅되면서 인텔 CPU의 가상화 기능이 활성화되므로 가상머신을 정상적으로 생성할 수 있게 됩니다.

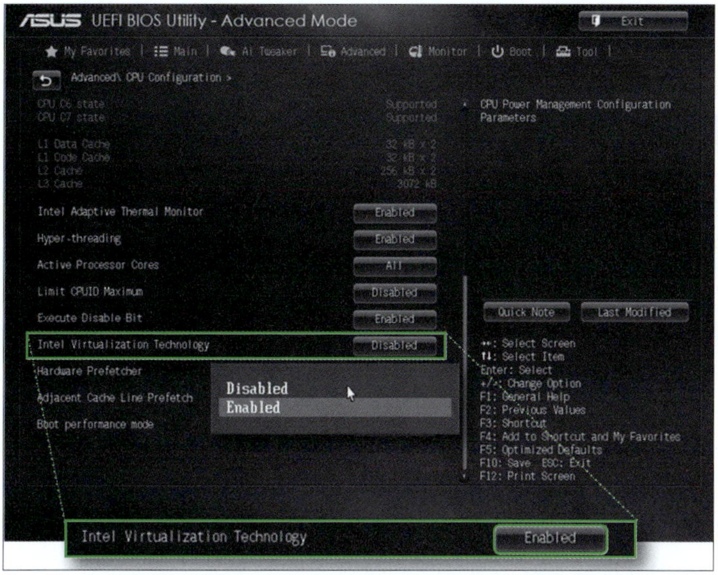

그림 1-26 BIOS 가상화 옵션 설정변경

여기서 잠깐

메인보드(또는 마더보드) 사양 또는 제품회사에 따라 BIOS 옵션 설정변경 화면은 다를 수 있으므로 해당 제품의 홈페이지를 방문하거나 설명서를 참조하여 BIOS 옵션 설정변경을 수행하면 됩니다.

3 가상머신 제거하기

앞에서 생성된 가상머신을 목록에서 제거하려면 제거 대상 가상머신인 'Ubuntu 64-bit'를 선택한 후 마우스 오른쪽 버튼을 눌러 'Remove from the Library'를 클릭하게 되면 왼쪽의 가상머신 목록에서 'Ubuntu 64-bit'는 사라집니다. 여기서는 가상머신을 제거하는 방법에 대해서만 살펴보기로 하고 가상머신을 제거하는 과정에 대해서는 실제로 필요한 경우만 수행하도록 합니다.

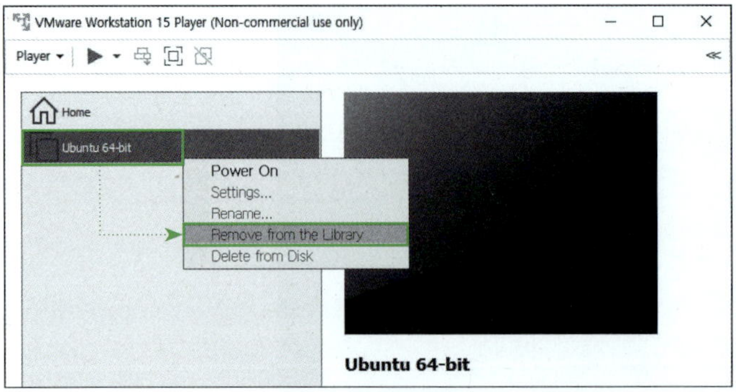

그림 1-27 생성된 가상머신 제거

가상머신을 목록에서 제거한 다음에는 반드시 가상머신 디스크가 저장되어 있는 폴더 안에 존재하는 모든 파일도 삭제해야 합니다. 모든 파일을 삭제하지 않으면 동일한 이름으로 가상머신을 생성할 때 충돌하므로 반드시 삭제해야 합니다.

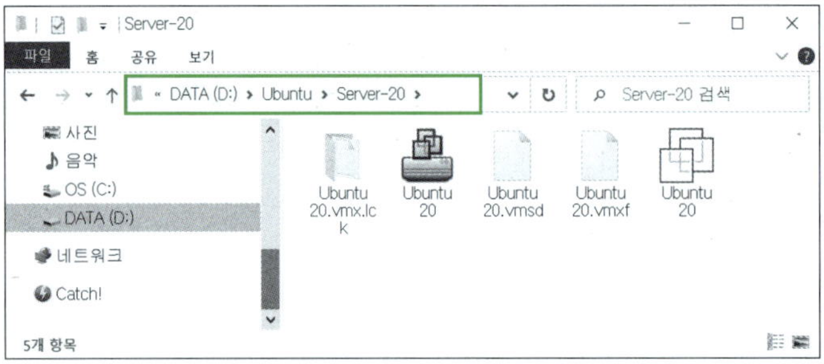

그림 1-28 가상머신 생성에 따른 디스크 파일 목록

여기서 잠깐

이미 생성된 가상머신을 제거하게 되면 가상머신에 설치되어 있는 운영체제 또한 모두 제거되므로 심사숙고해서 수행하는 것이 좋습니다.

핵심요약

01 GNU 프로젝트는 리누스 토발즈가 리눅스 커널을 개발하기에 앞서 그 이전인 1984년에 리차드 스톨만에 의해서 시작되었으며 GNU 프로젝트가 추구하고 하는 목표는 '모두가 공유할 수 있는 소프트웨어'를 만드는 것을 모티브로 하였습니다.

02 리눅스 운영체제는 커널, 셸, 사용자 프로그램의 세 가지 요소로 영역을 광범위한 범주로 구분하고 있습니다. 커널은 리눅스 운영체제의 핵심역할을 수행하며 셸은 리눅스 명령어를 수행합니다. 그리고 사용자가 프로그램을 편리하게 사용할 수 있도록 기반을 제공해 줍니다.

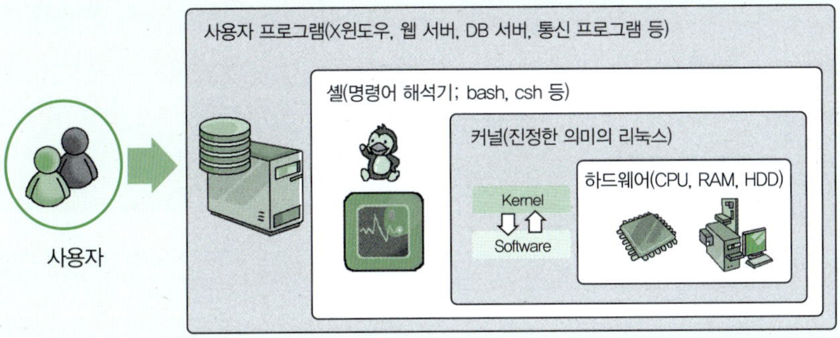

03 리눅스 커널은 1991년 리누스 토발즈에 의해 생긴 용어입니다. 운영체제와 컴퓨터 사용자 사이에는 커널과 셸이 존재합니다. 셸이란 일종의 명령어 해석기를 의미하며 운영체제에서 사용되는 언어와 사용자가 사용하는 언어가 다르기 때문에 사용자가 명령을 입력하면 셸에서 명령을 받아 운영체제가 사용할 수 있는 언어로 셸을 통해 번역을 수행합니다.

▼ Shell의 의미

- 리눅스에서 대화형 사용자 인터페이스를 의미
- 사용자가 입력하는 명령어를 이해하고 실행하는 역할
- 운영체제의 바깥 계층에 위치
- 사용자와 커널의 의사소통을 담당
- cshell, bourneshell, bashshell, tcshell, cshell 등의 다양한 종류

▼ Shell의 역할

- 입력을 읽고 해당 명령 행을 분석
- 특수 문자들을 평가
- 파이프(|), 리다이렉션(>), 백그라운드(&) 프로세스를 설정
- 시그널 처리 (예> Ctrl + C)

04 가상머신이란 실존하는 컴퓨터가 아닌 가상으로 존재하는 머신(컴퓨터)을 의미합니다. 즉, 컴퓨터에 설치되어 있는 호스트 운영체제인 Windows 안에 가상의 컴퓨터를 만들어 또 다른 운영체제(게스트 OS)를 설치하여 운영할 수 있도록 제작된 프로그램입니다.

- Windows 안에 설치된 3개의 가상머신

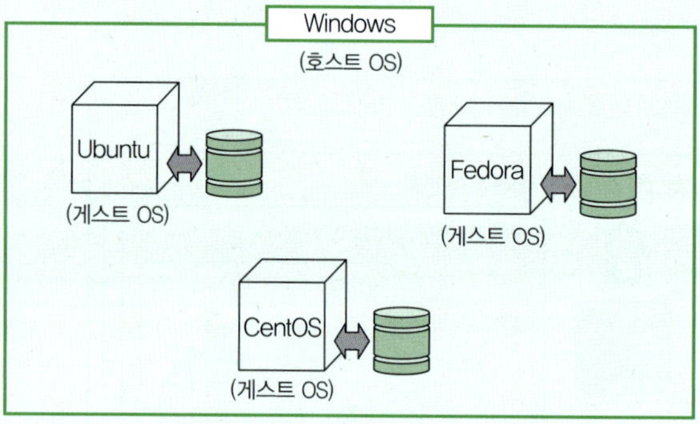

연습문제

01 GNU 프로젝트에 대해 설명하시오.

02 리눅스 운영체제의 구성요소를 서술하시오.

03 커널과 셸을 구분하여 설명하시오.

04 가상머신 프로그램의 역할에 대해 설명하시오.

05 셸의 주된 역할에 대해 설명하시오.

CHAPTER 02

우분투 설치

| 학습목표 |

- 우분투 리눅스의 종류에 대해 이해할 수 있습니다.
- 가상머신에 우분투 리눅스를 설치할 수 있습니다.
- 우분투 설치 옵션을 설정할 수 있습니다.
- 우분투 리눅스 X 윈도 환경을 설정할 수 있습니다.

SECTION

01 우분투 리눅스

1 우분투 LTS 버전

LTS 버전이란 Long Term Support의 약어로 개발사에서 10년간 유지보수와 업데이트를 제공하는 버전입니다. 무료로 제공되는 리눅스 배포판 중에서 10년 동안 업데이트를 지원하는 운영체제는 우분투 리눅스뿐입니다. 우분투 리눅스에 대한 버전 업데이트 현황은 다음 표와 같습니다.

표 2-1 우분투 버전 업데이트 현황(참고 : https://en.wikipedia.org/wiki/Ubuntu#Releases)

버전	코드 이름	버전 공개일	유틸리티 지원기한
14.04 LTS	Trusty Tahr	2014-04-17	2019-04 ~ 2022-04 (ESM)
:	:	:	:
16.04 LTS	Xenial Xerus	2016-04-21	2022-04 ~ 2024-04 (ESM)
18.04 LTS	Bionic Beaver	2018-04-26	2023-04 ~ 2028-04 (ESM)
19.10	Eoan Ermine	2019-10-17	2020-07
20.04 LTS	Focal Fossa	2020-04-23	2025-04 ~ 2030-04 (ESM)

2 우분투 설치 사양

우분투 운영체제는 성능이 좋은 컴퓨터가 아닌 성능이 낮은 컴퓨터에도 설치할 수 있습니다. 그렇다고 해서 너무 오래된 컴퓨터에도 설치할 수 있다는 의미는 아닙니다. 다만 최근 몇 년 전에 사용했던 사양 정도의 컴퓨터를 가리키는 것입니다. 우분투 리눅스 설치를 위한 최소한의 컴퓨터 요구 사양에 대해 다음 표와 같이 정리하였습니다.

표 2-2 우분투 리눅스 설치를 위한 하드웨어 사양

하드웨어	사양
CPU	2GHz 듀얼 코어 이상 프로세서
HDD	최소한 25GB 이상의 여유 공간 권장
RAM	최소 4GB 이상 권장
그래픽카드	최신 그래픽카드는 대부분 지원

3 우분투 다운로드

집필 당시 우분투 최신 버전인 20.04 LTS 버전을 설치하기 위해 우분투 리눅스 ISO 파일 다운로드를 다음과 같이 수행합니다.

- **Step 01** | https://www.ubuntu.com/download/desktop 사이트에 방문하여 우분투 리눅스 [ISO] 파일을 다운로드 할 수 있습니다. 가급적이면 안전성이 보장된 최신 LTS 버전을 다운로드하기 바랍니다.

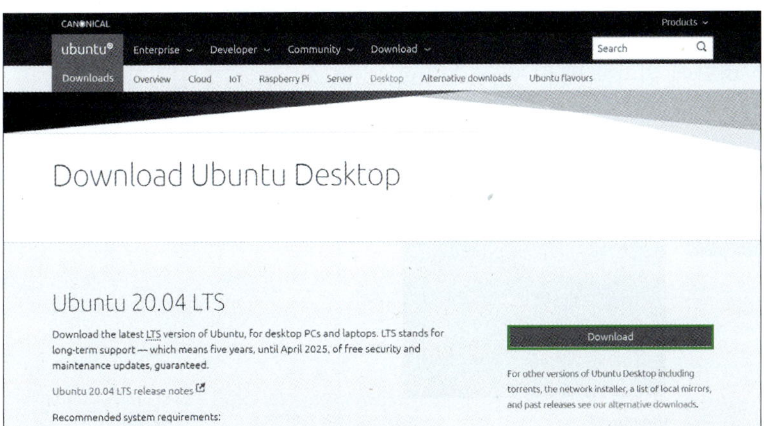

그림 2-1 우분투 리눅스 ISO 파일 다운로드 사이트

- **Step 02** | 다운로드한 우분투 리눅스 ISO 파일이 어느 디렉터리에 존재하는지 위치를 확인합니다.

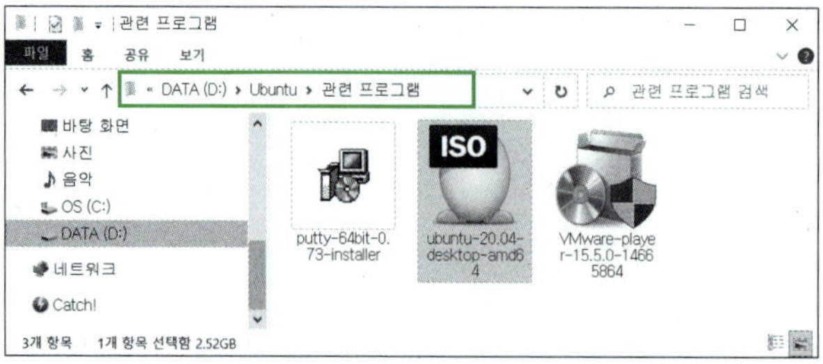

그림 2-2 우분투 리눅스 ISO 설치 파일 존재 위치 확인

4 우분투 LTS 설치

우분투 리눅스 LTS 버전을 설치하기 위해 앞에서 생성한 가상머신을 먼저 구동합니다.

가상머신 구동

앞에서 생성한 가상머신 'Ubuntu 20'을 구동하기 위해 다음 과정을 수행합니다.

- **Step 01** | VMware Workstation Player 화면의 좌측에 있는 가상머신 'Ubuntu 20'을 선택한 다음 우측 하단에 위치한 [Edit virtual machine settings]를 클릭합니다.

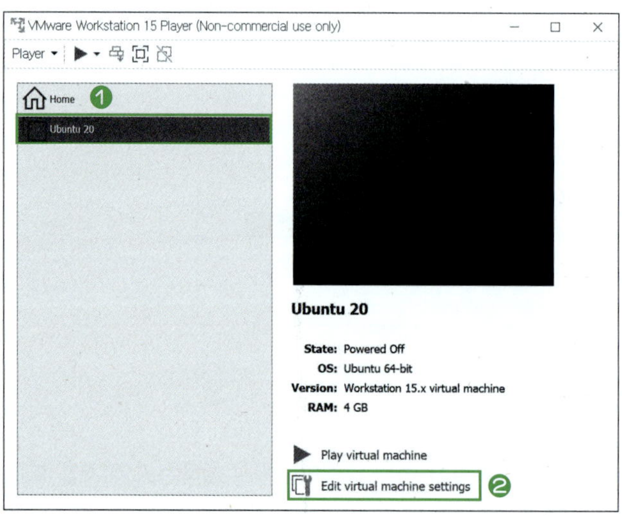

그림 2-3 가상머신 Ubuntu 20 설정

- **Step 02** | 가상머신 설정 화면의 좌측 하드웨어에서 [CD/DVD(STAT)]를 클릭하여 [Use ISO Image file:]를 선택 후 [Browse...]를 클릭하여 우분투 ISO 설치 파일이 존재하는 경로명을 지정한 다음 〈OK〉를 누릅니다.

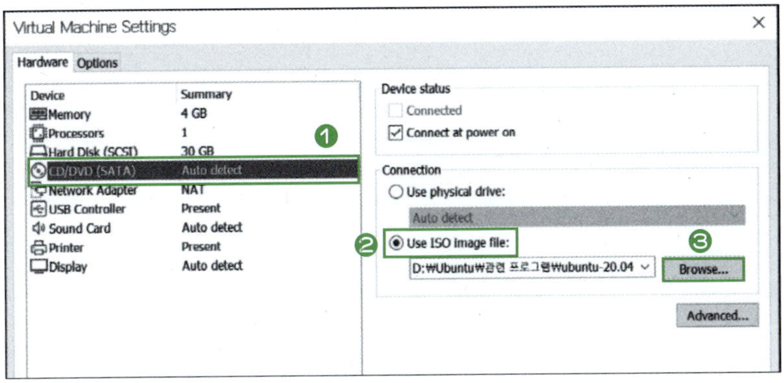

그림 2-4 우분투 ISO 이미지 파일 경로 설정

- **Step 03** | VMware Player 화면에서 [Play virtual machine]을 눌러 가상머신을 시작합니다. 이 과정은 컴퓨터의 전원을 켜는 것과 같은 의미입니다.

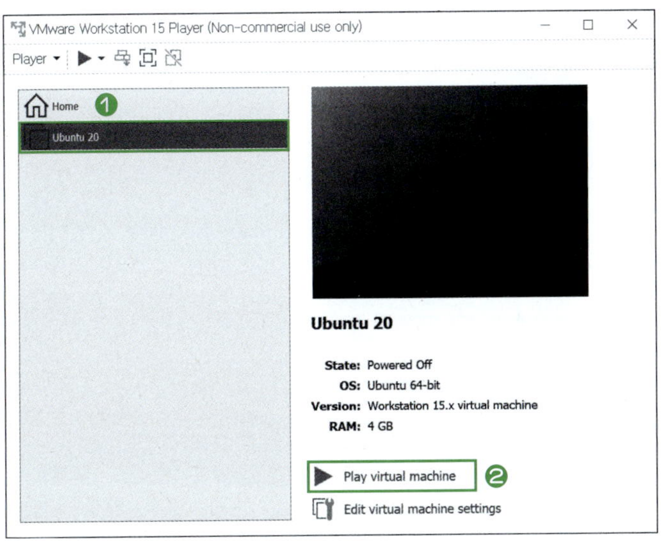

그림 2-5 가상머신 Ubuntu 20 시작

우분투 리눅스 설치

가상머신 'Ubuntu 20'에 우분투 리눅스 20.04 LTS 버전을 설치하기 위해 다음 과정을 수행합니다.

- **Step 01** | 우분투 리눅스 설치 시작 화면이 잠시 나타납니다.

그림 2-6 우분투 설치 시작 화면

- **Step 02** | 사용할 언어는 '한국어'를 선택한 다음 〈Ubuntu 설치〉를 누릅니다. 화면 하단에 나타나는 팝업창에서는 〈Remind Me Later〉를 선택합니다.

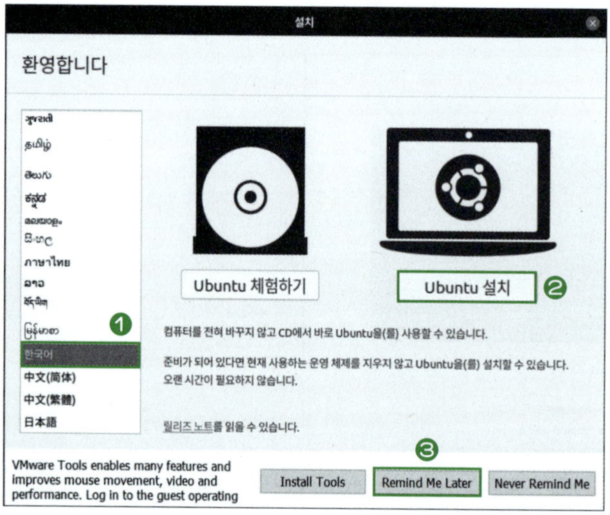

그림 2-7 사용할 언어 선택과 우분투 설치 선택

• **Step 03** | 키보드 레이아웃은 [Korean]-[Korean]을 선택한 다음 〈계속하기〉를 누릅니다.

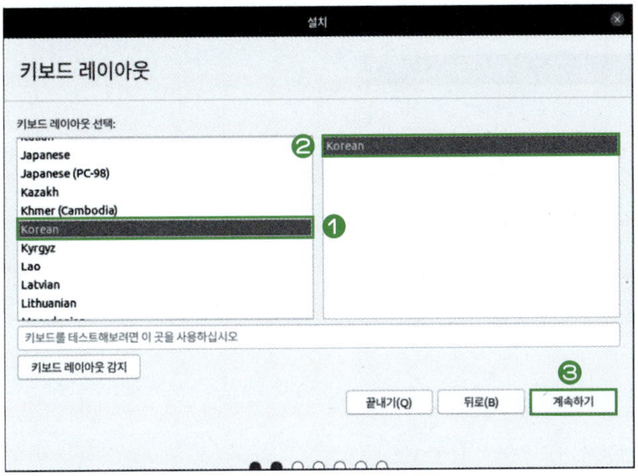

그림 2-8 키보드 레이아웃 선택

• **Step 04** | 설치 옵션과 기타 설정은 '일반 설치'와 'Ubuntu 설치 중 업데이트 다운로드'를 선택하고 〈계속하기〉를 누릅니다.

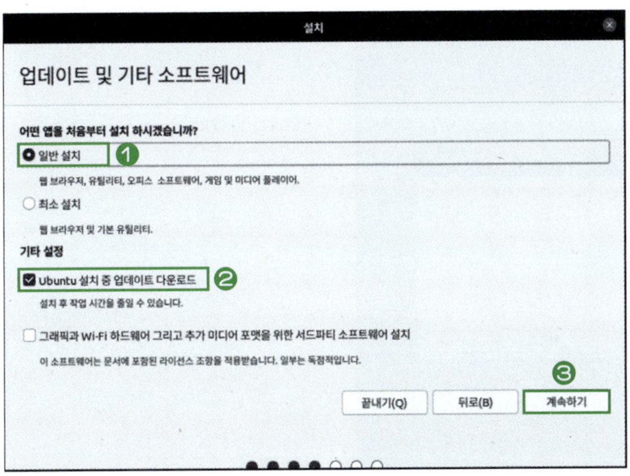

그림 2-9 설치 옵션과 기타 설정

• **Step 05** | 설치 형식은 '디스크를 지우고 Ubuntu 설치'를 선택하고 나머지 옵션은 기본값 그대로 두고 〈지금 설치(I)〉를 누릅니다.

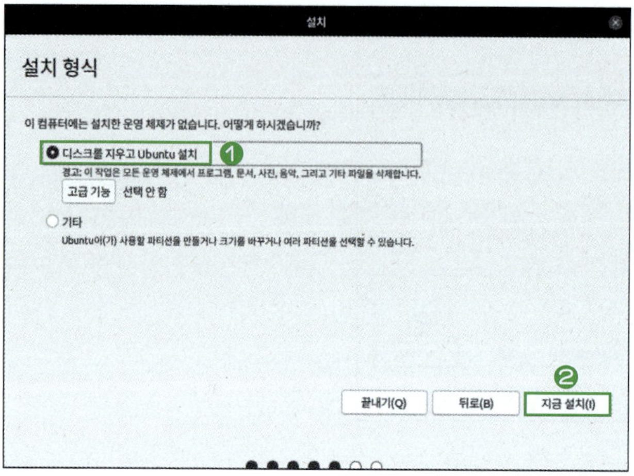

그림 2-10 설치 형식 지정

• **Step 06** | 바뀐 형식을 디스크에 쓰기 위해 〈계속하기〉를 누릅니다.

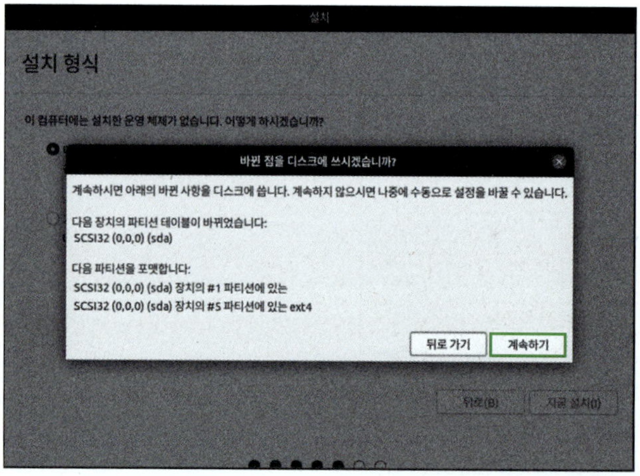

그림 2-11 바뀐 형식 적용

• **Step 07** | 거주 지역은 자동으로 'Seoul'이 선택되므로 〈계속하기〉를 누릅니다.

그림 2-12 거주 지역 설정

• **Step 08** | 사용자 이름은 'cskisa', 컴퓨터 이름은 'space', 암호는 '123456'으로 입력 후 〈계속하기〉를 누릅니다. 사용자 이름과 컴퓨터 이름, 암호는 각자 알아서 설정해도 됩니다.

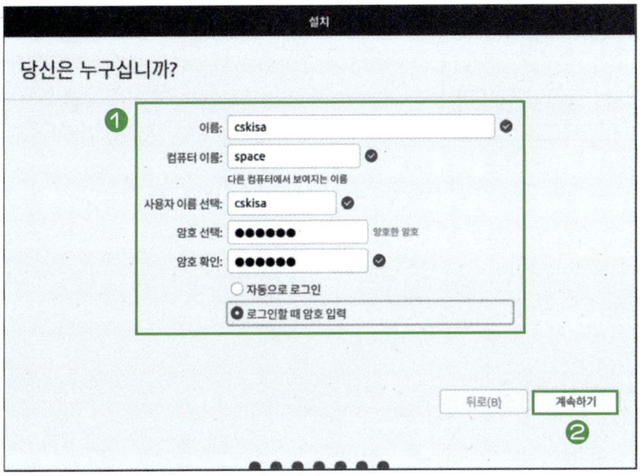

그림 2-13 사용자 정보 입력

• **Step 09** | 우분투 리눅스 설치가 완료될 때까지 잠시 기다립니다. 컴퓨터 환경에 따라 다소 시간이 소요될 수도 있습니다. 설치 중 화면이 사라지면 마우스를 한 번 클릭합니다.

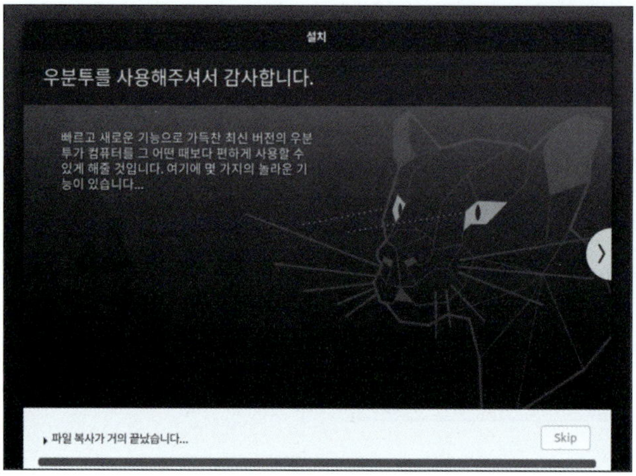

그림 2-14 우분투 리눅스 설치 중

• **Step 10** | 새로 설치한 우분투 리눅스를 사용하기 위해 〈지금 다시 시작〉을 누릅니다.

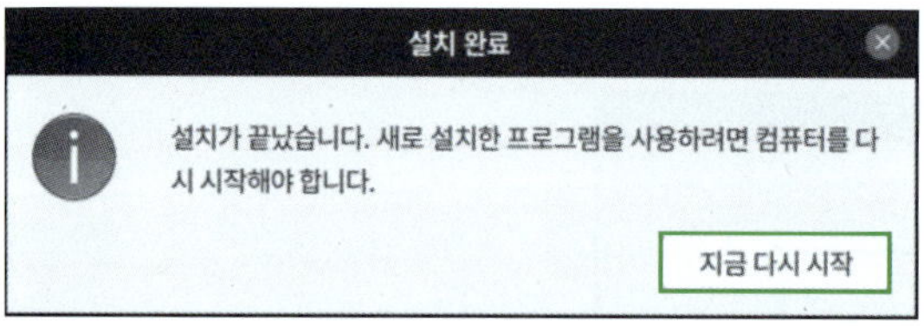

그림 2-15 설치 완료 후 우분투 다시 시작

SECTION

02 X 윈도 환경

1 화면 해상도 조절

우분투 X 윈도 화면의 해상도를 조절하기 위해 다음 과정을 수행합니다.

- **Step 01** | 우분투 로그인 화면이 나타나면 cskisa 사용자 계정을 클릭합니다.

그림 2-16 사용자 접속 화면

- **Step 02** | 소프트웨어 업데이트는 나중에 수행하기 위해 〈Remind Me Later〉를 누릅니다.

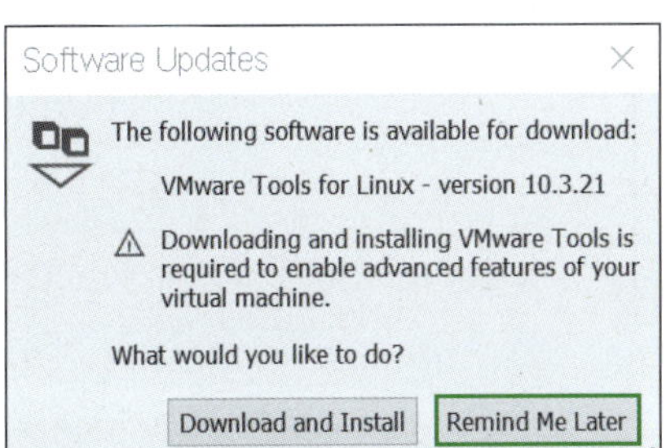

그림 2-17 소프트웨어 업데이트 팝업창

• **Step 03** | 사용자 계정 cskisa의 암호 123456을 입력 후 Enter↵를 누릅니다.

그림 2-18 암호 입력

• **Step 04** | 우분투의 추가 설정 안내 창이 나오면 〈건너뛰기〉와 〈다음〉, 〈완료〉를 이어서 누릅니다.

그림 2-19 우분투의 추가 설정 안내

• **Step 05** | 우분투 업데이트 창이 나타나면 〈나중에 알림〉을 누릅니다.

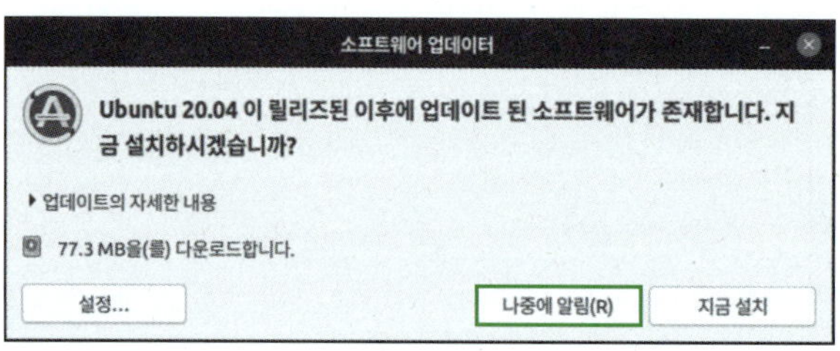

그림 2-20 소프트웨어 업데이트 팝업창

• **Step 06** | 화면 해상도를 변경하기 위해 오른쪽 상단에 위치한 [▼] 아이콘을 클릭 후 [설정] 아이콘을 누릅니다.

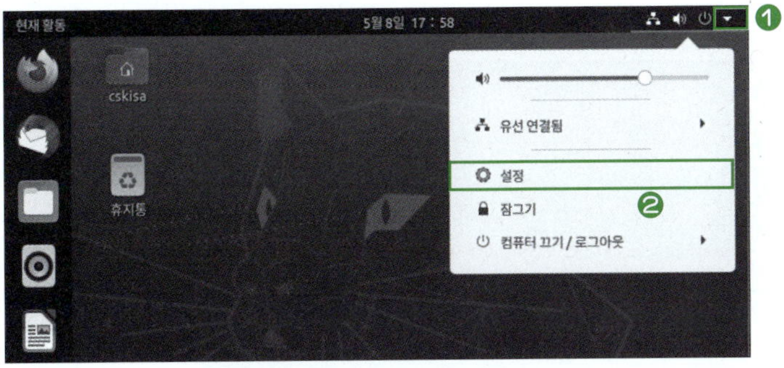

그림 2-21 화면 해상도 변경을 위한 설정 아이콘 클릭

• **Step 07** | 화면 해상도를 1360 × 768로 변경 후 〈적용〉과 〈바뀐 사항 유지〉를 누른 다음 [디스플레이] 창을 닫아줍니다.

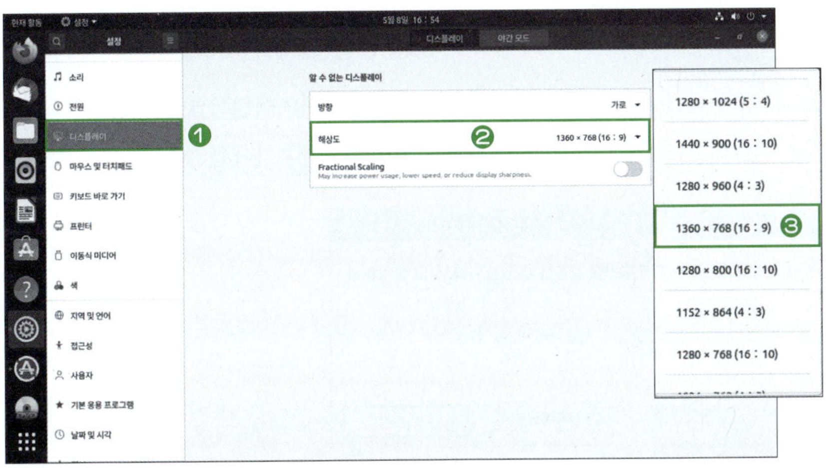

그림 2-22 화면 해상도 1360 × 768로 변경 설정

2 소프트웨어 업데이트

우분투 시스템이 최신의 상태를 유지하려면 주기적으로 소프트웨어 업데이트를 수행해 주어야 합니다. 우분투에서 가장 쉽게 소프트웨어 업데이트를 수행하는 방법에 대해 살펴보겠습니다.

• **Step 01** | 우분투 X 윈도 화면의 왼쪽에 위치한 [소프트웨어 업데이트] 아이콘을 클릭합니다. 업데이트 아이콘이 나타나 있지 않다면 [프로그램 표시]-[소프트웨어 업데이트]를 수행하면 됩니다.

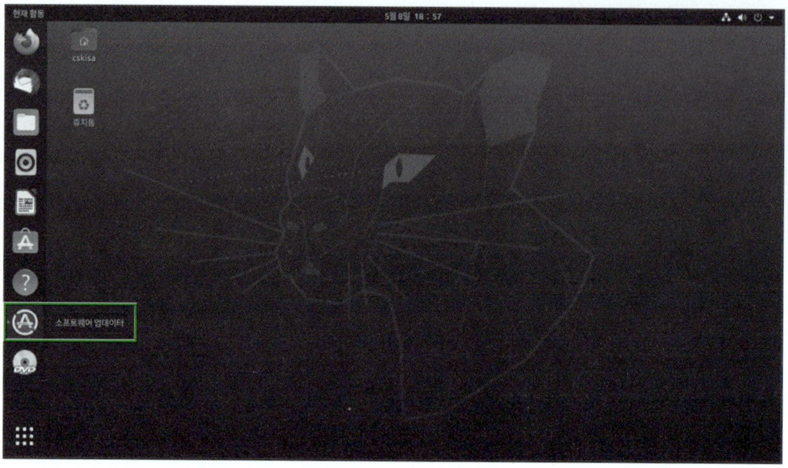

그림 2-23 소프트웨어 업데이트 아이콘

• **Step 02** | 소프트웨어 업데이트 팝업창에서 〈지금 설치〉를 눌러 업데이트를 수행합니다. 업데이트 수행은 컴퓨터 사양에 따라 다소 시간이 걸리므로 잠시 기다립니다.

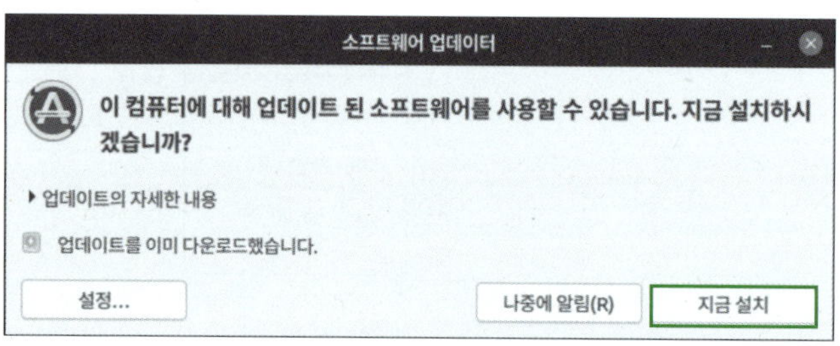

그림 2-24 소프트웨어 업데이트 수행

• **Step 03** | 업데이트된 소프트웨어가 우분투에 적용되도록 〈지금 다시 시작〉을 누릅니다.

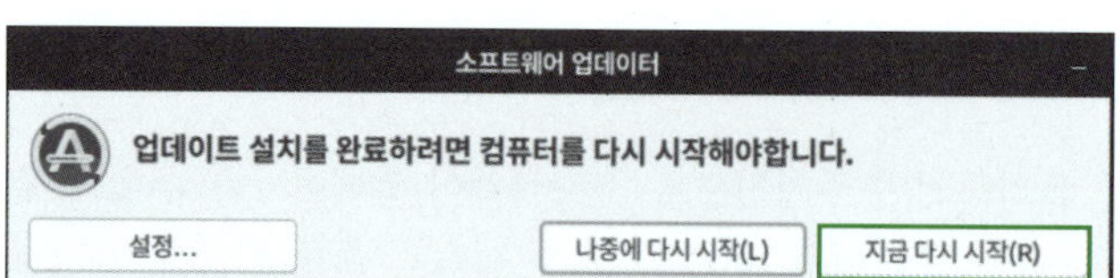

그림 2-25 우분투 시스템 다시 시작

3 컴퓨터 이름 변경

우분투 리눅스를 설치하는 과정에서 컴퓨터의 이름을 'space'로 설정하였습니다. 여기서는 컴퓨터의 이름을 변경하는 방법에 대해 살펴보도록 하겠습니다. 컴퓨터 이름은 시스템의 호스트 이름으로 설정되어 사용됩니다.

- **Step 01** | X 윈도 화면에서 [설정]–[정보]–[장치 이름]을 클릭합니다. 장치 이름은 컴퓨터 이름을 의미합니다.

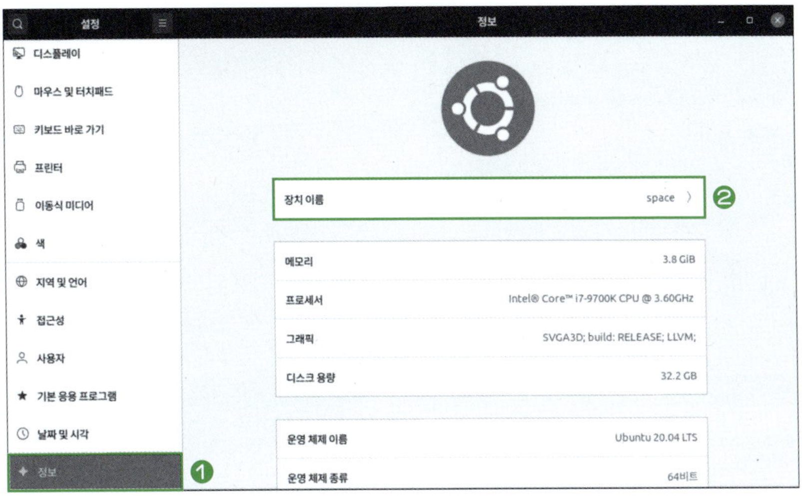

그림 2-26 컴퓨터 이름 바꾸기 메뉴 선택

- **Step 02** | 장치 이름을 'ubuntu'로 변경하고 〈이름 바꾸기〉를 누른 다음 [설정] 창을 닫아 줍니다.

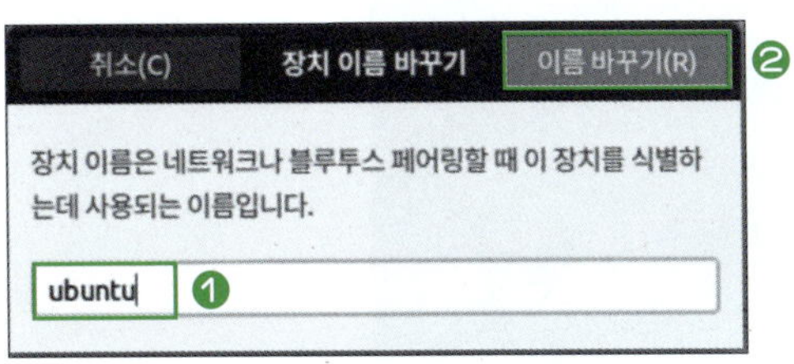

그림 2-27 바꿀 이름 입력

4 키보드 한글 입력방식 설정

우분투 리눅스에서 웹 브라우저나 텍스트 편집기 등에서 한글을 사용하기 위해서는 먼저 한글이 지원될 수 있도록 언어 선택과 설정 패키지 프로그램을 설치해야 합니다.

- **Step 01** | 활성화된 터미널 창에서 언어 선택과 설정 패키지를 설치하기 위해 다음과 같이 명령을 수행합니다. sudo 명령어는 다른 사용자의 보안 권한이나 슈퍼 유저로서 프로그램을 구동할 수 있도록 수행하는 명령어입니다.

```
cskisa@ubuntu:~$ sudo apt-get update && sudo apt-get install language-
selector-gnome gnome-tweaks gnome-shell-extensions net-tools
[sudo] cskisa의 암호 : 123456
cskisa@ubuntu:~$
```

- **Step 02** | reboot 명령으로 설치한 프로그램이 리눅스 시스템에 적용되도록 재부팅을 수행합니다.

```
cskisa@ubuntu:~$ reboot
```

- **Step 03** | 리눅스 데스크톱 화면의 좌측 상단에 위치한 [현재 활동]을 클릭한 다음 검색 창에 'Language'를 입력 후 나타난 [언어 지원] 아이콘을 클릭합니다.

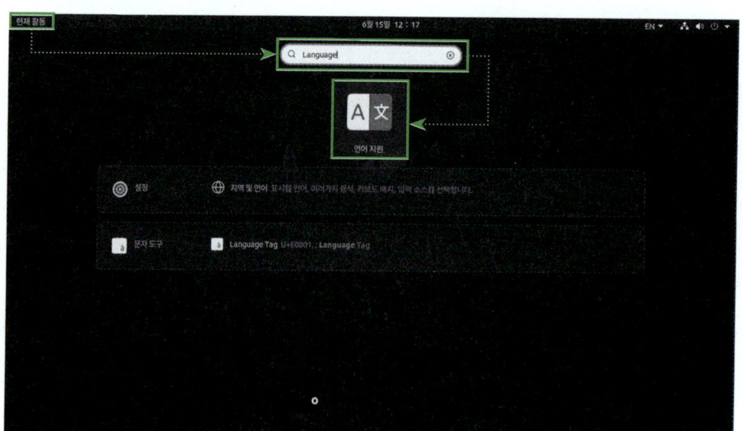

그림 2-28 '언어 지원' 소프트웨어 찾기

• **Step 04** | '언어 지원' 창에서 [언어 설치/제거...] 설정 버튼을 클릭하여 '한국어'를 선택하고 〈적용〉을 누른 다음 '언어 지원' 창은 닫아줍니다.

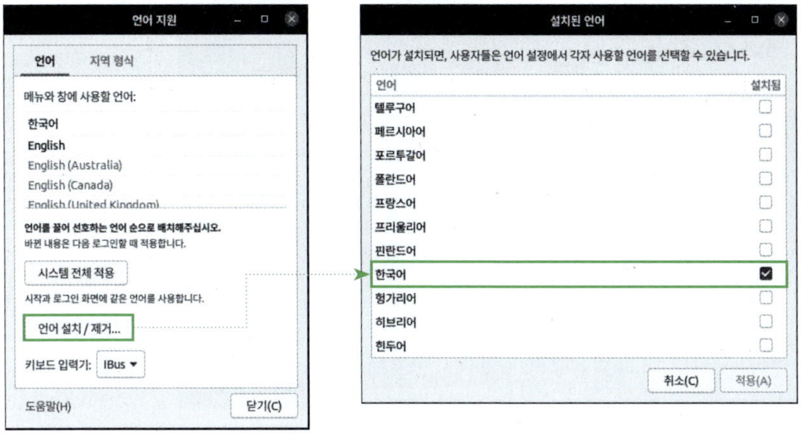

그림 2-29 한국어 설정

• **Step 05** | 터미널 창에서 [IBus] 설정 옵션을 변경하기 위해 다음과 같이 명령을 수행합니다.

```
cskisa@ubuntu:~$ ibus-setup
```

• **Step 06** | [IBus 환경설정] 창에서 [추가(A)]를 클릭하여 '한국어-Hangul'을 추가한 다음 〈닫기〉를 누릅니다.

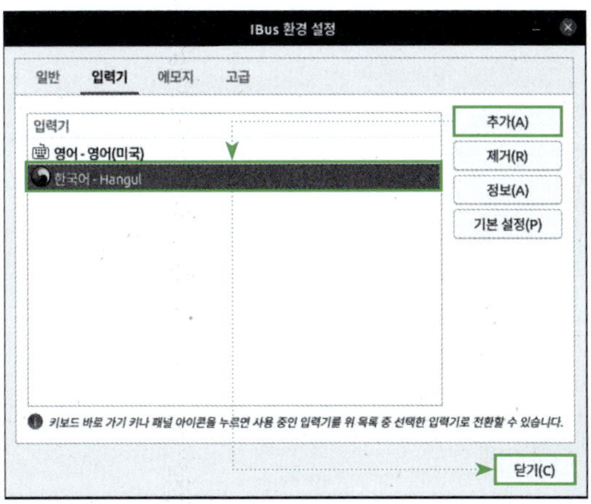

그림 2-30 한국어-Hangul 추가

• **Step 07** | X 윈도 화면에서 [설정] 아이콘을 누릅니다.

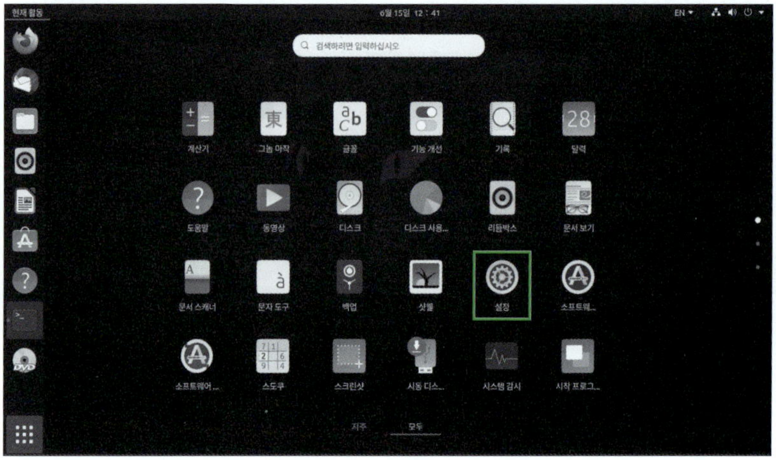

그림 2-31 X 윈도 환경에서 [설정] 아이콘 클릭

• **Step 08** | '설정' 창에서 [지역 및 언어]를 클릭하여 오른쪽에 나타난 '한국어(Hangul)'를 마우스로 드래그하여 위로 위치하도록 한 다음 '설정' 창은 닫아줍니다.

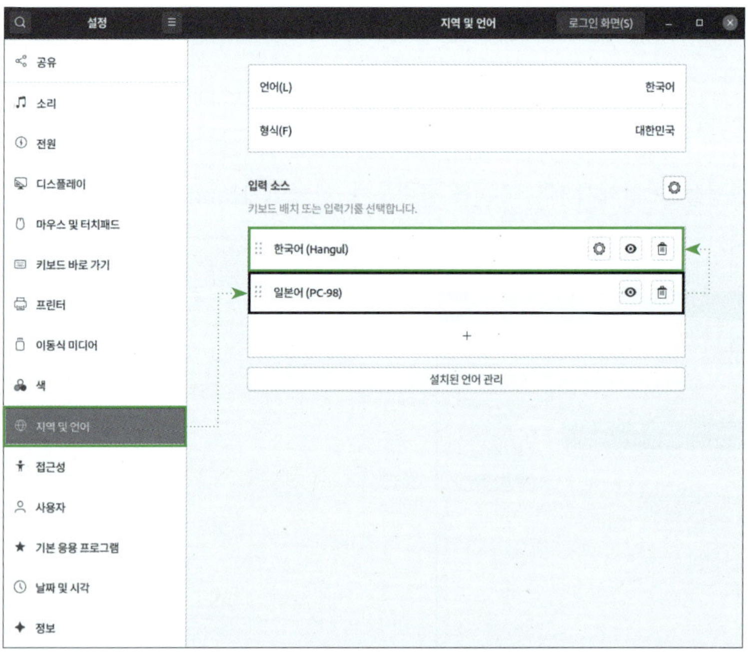

그림 2-32 '설정' 창에서 한국어(Hangul) 위치를 위로 이동

• **Step 09** | 좌측 상단에 위치한 [현재 활동]을 클릭한 다음 검색 창에 input을 입력 후 나타난 [입력기] 아이콘을 클릭합니다.

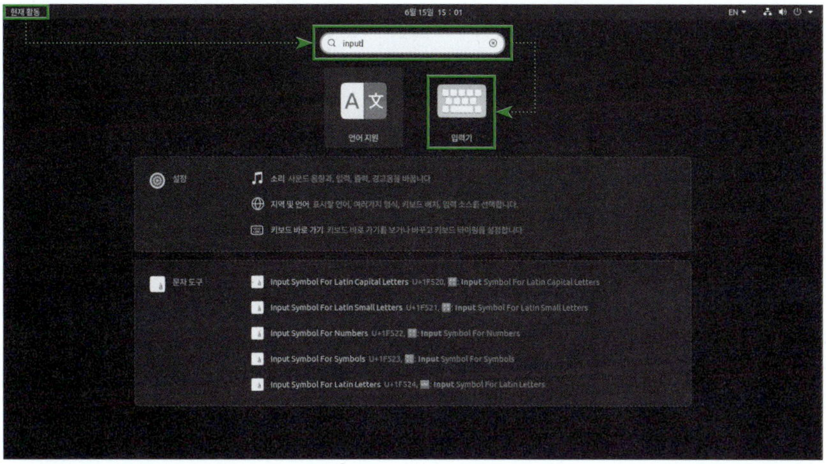

그림 2-33 '입력기' 소프트웨어 찾기

• **Step 10** | 현재 입력기는 'missing'으로 설정되어 있음을 확인 후 〈확인〉을 누릅니다.

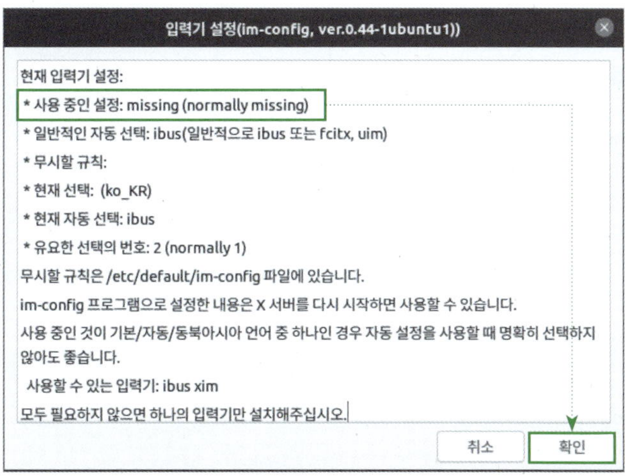

그림 2-34 현재 입력기 설정 상태

• **Step 11** | 업데이트를 수행하기 위해 〈예〉를 누릅니다.

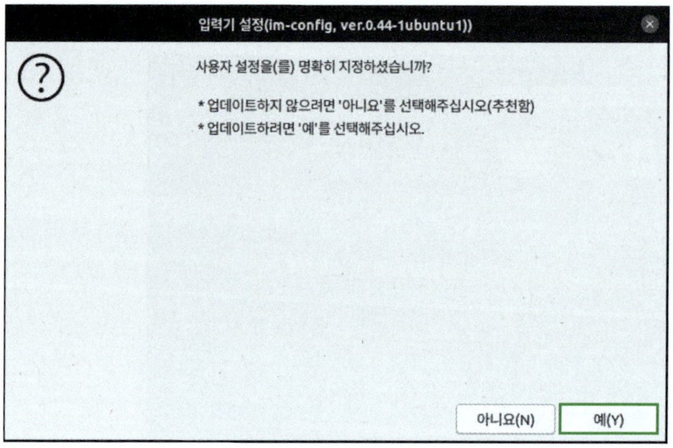

그림 2-35 입력기 설정 업데이트 선택

• **Step 12** | 현재 입력기를 'ibus'로 설정하고 〈확인〉을 누릅니다.

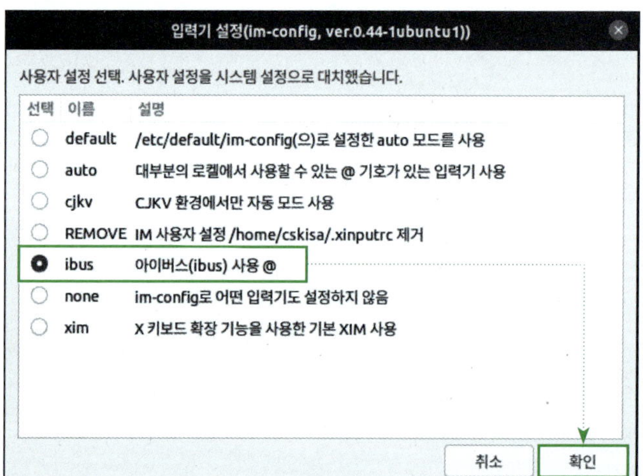

그림 2-36 현재 입력기를 'ibus'로 설정

• **Step 13** | 입력기 설정이 'ibus'로 변경되었습니다. 〈확인〉을 눌러 '입력기 설정' 창을 닫아 줍니다.

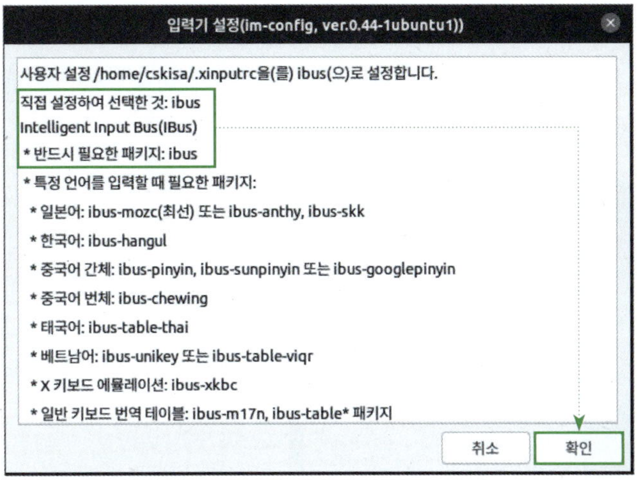

그림 2-37 입력기 설정 완료

• **Step 14** | 터미널 창에서 한글과 영문을 번갈아가며 입력해 보세요. 한글과 영문 변환키는 [Shift]+[Space Bar] 입니다.

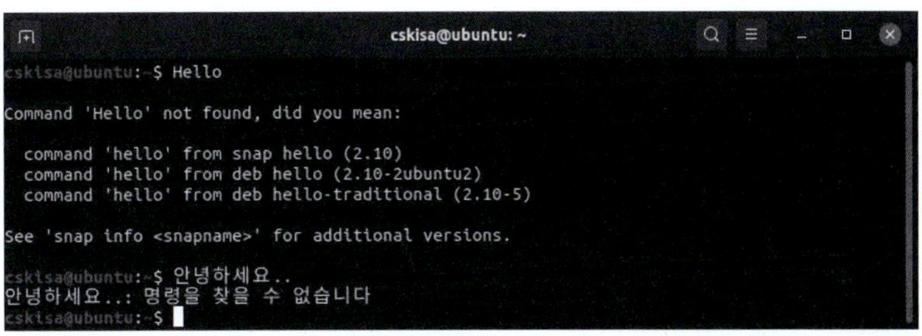

그림 2-38 터미널 창에서 한/영 모드 변환

5 우분투 시스템 종료

여기서는 우분투를 종료하는 방법에 대해 살펴보겠습니다.

- **Step 01** | 가상머신에서 실행 중인 우분투를 종료하려면 오른쪽 상단에 있는 [끄기] 아이콘(⏻)을 눌러 [컴퓨터 끄기]를 클릭합니다.

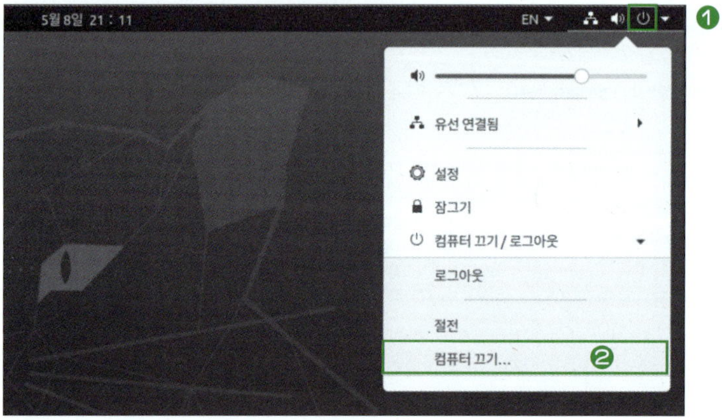

그림 2-39 우분투 시스템 종료 메뉴 선택

- **Step 02** | 컴퓨터 끄기 팝업 창의 〈컴퓨터 끄기〉를 눌러 우분투를 종료합니다.

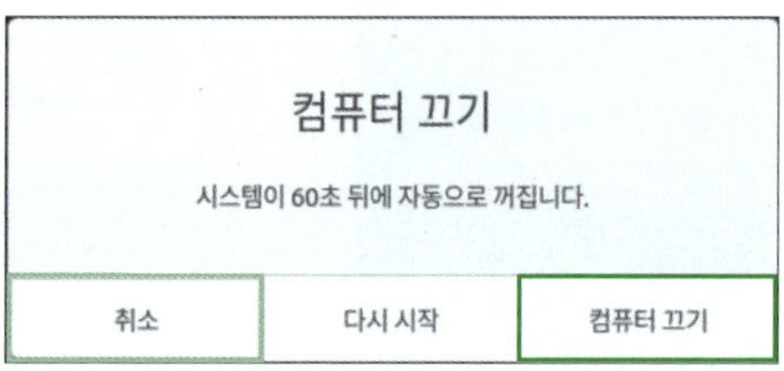

그림 2-40 컴퓨터 끄기

핵심요약

01 우분투 LTS 버전이란 Long Term Support의 약어로 개발사에서 10년간 유지보수와 업데이트를 제공하는 버전입니다.

02 우분투 리눅스 설치를 위한 최소한의 컴퓨터 요구 사양은 다음과 같습니다.

• 우분투 리눅스 설치를 위한 하드웨어 사양

하드웨어	사양
CPU	2GHz 듀얼 코어 이상 프로세서
HDD	최소한 25GB 이상의 여유 공간 권장
RAM	최소 4GB 이상 권장
그래픽카드	최신 그래픽카드는 대부분 지원

연습문제

01 우분투 LTS 버전에 대해 설명하시오.

02 우분투 20.04 LTS 버전을 설치하기 위한 컴퓨터 요구 사양에 대해 답하시오.

하드웨어	사양
CPU	
HDD	
RAM	
그래픽카드	

CHAPTER 03
우분투 기본 명령어

| 학습목표 |

- 우분투 터미널 창에서 명령을 수행할 수 있습니다.
- 시스템 날짜와 시각을 변경하여 설정할 수 있습니다.
- 시스템 사용자에 대한 로그네임과 ID를 확인할 수 있습니다.
- 우분투 시스템 정보를 출력할 수 있습니다.

SECTION

01 터미널 창 활성화

1 터미널 창의 개념

우분투 리눅스 시스템에서 명령을 사용하려면 먼저 터미널 창을 활성화해야 합니다. 터미널 창은 그래픽 기반 사용자 인터페이스(GUI)가 아닌 명령 기반 인터페이스(CLI)를 바탕으로 개발된 프로그램입니다.

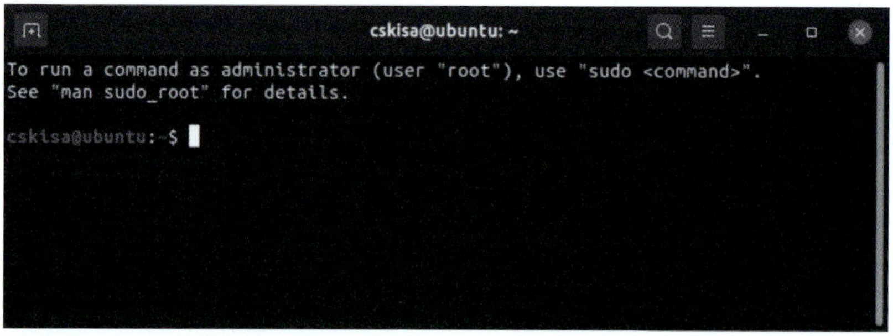

그림 3-1 터미널 창 실행 화면

2 터미널 창 활성화하기

우분투 리눅스 시스템 소프트웨어 리스트에서 [터미널] 아이콘을 클릭하여 터미널 창을 활성화합니다.

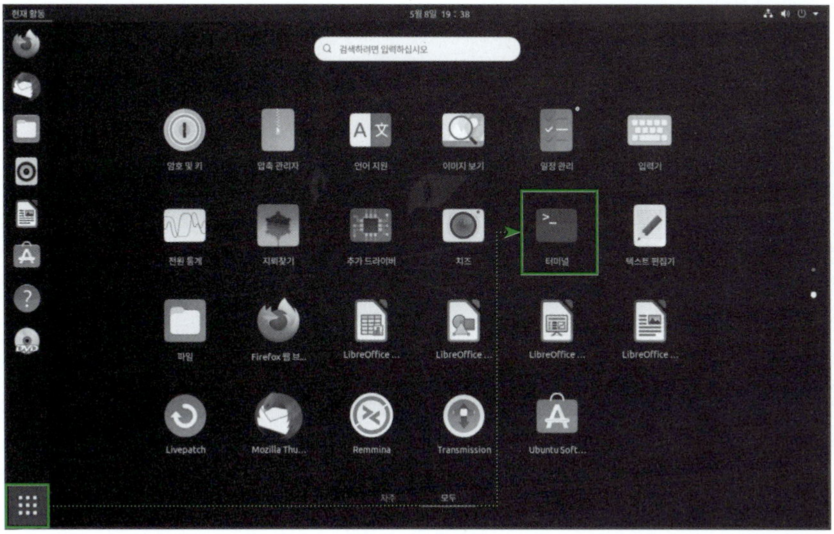

그림 3-2 터미널 창 실행 아이콘

3 터미널 창에서 한글 입력하기

- **Step 01** | 터미널 창에서 한글을 입력하기 위해서는 왼쪽 상단에 [EN ▼] 아이콘을 클릭한 다음 '한국어(Hangul)'을 선택합니다.

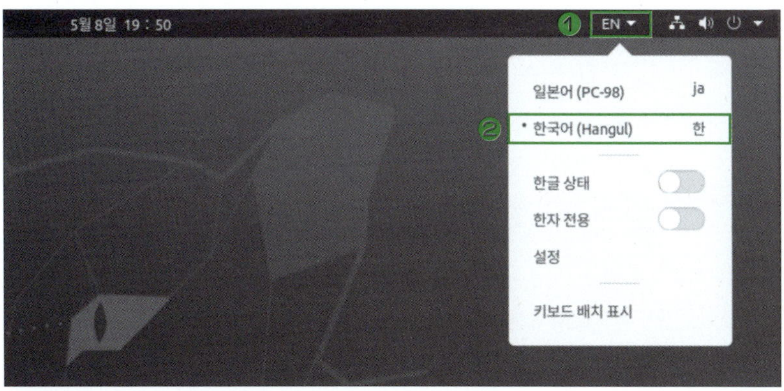

그림 3-3 한글 입력 모드 변경

• **Step 02** | 터미널 창에서 영문과 한글을 각각 입력합니다. Shift+Space Bar 키를 눌러 한글과 영문 키보드를 변환하면 됩니다. 영문 'Welcome'를 입력 후 Enter↲를 친 다음 한글 모드로 변경한 다음 '안녕하세요.'를 입력 후 Enter↲를 칩니다.

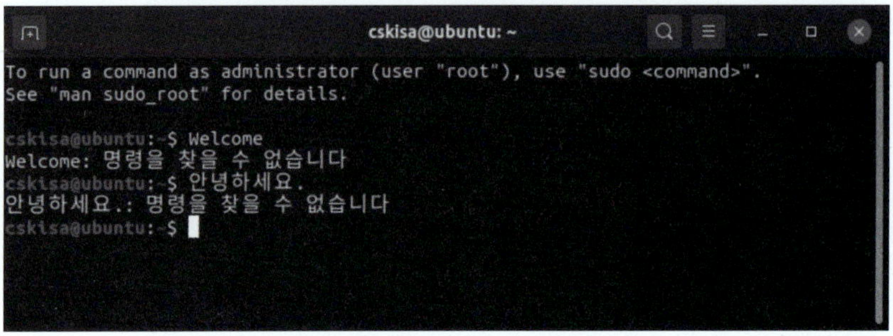

그림 3-4 터미널 창에서 영문과 한글 변환

SECTION

02 시스템 날짜와 시각

1 현재 시각과 날짜 출력

우리가 사용하고 있는 운영체제의 시각은 두 가지 형태로 제공됩니다. 하나는 마더보드(또는 메인보드)에서 배터리 전력으로 구동되는 하드웨어 시계인 RTC(Real-Time Clock)이고 다른 하나는 커널에 의해 관리되는 소프트웨어 시계(System Clock)입니다. RTC는 운영체제의 간섭을 받지 않는 독립적인 형태로 동작하고 소프트웨어 시계는 커널에 의해 관리됩니다.

현재 시각과 날짜 출력 : date

우분투 시스템에서 설정되어 있는 현재 시각과 날짜를 출력하기 위해서 사용되는 명령어는 date입니다. date 명령어의 사용형식은 $ 프롬프트 다음에 date 명령을 입력한 다음 Enter↵를 누르면 됩니다.

예제 03-01

터미널 창에서 date 명령으로 현재의 날짜와 시각을 출력합니다.

```
cskisa@ubuntu:~$ date
2020. 05. 08. (금) 20:07:19 KST
cskisa@ubuntu:~$
```

시간 동기화 : timedatectl

우분투 시스템에서 구동되고 있는 날짜와 시각에 대해서 하드웨어 시계와 소프트웨어 시계, UTC, 타임존, 시간 동기화 등을 출력하고자 할 때는 timedatectl 명령을 사용합니다.

예제 03-02

timedatectl 명령으로 우분투 시스템의 시간 동기화 상태를 확인합니다.

```
cskisa@ubuntu:~$ timedatectl
               Local time: 금 2020-05-08 20:08:06 KST
           Universal time: 금 2020-05-08 11:08:06 UTC
                 RTC time: 금 2020-05-08 11:00:06
                Time zone: Asia/Seoul (KST, +0900)
System clock synchronized: yes
              NTP service: active
          RTC in local TZ: no
cskisa@ubuntu:~$
```

2 연간 달력 출력

오늘 날짜에 해당하는 월의 달력을 출력할 때는 cal 명령을 사용합니다. 알고 싶은 연도의 달력을 출력하기 위해 특정 연도를 옵션으로 지정하게 되면 옵션에서 지정해 준 연도의 달력이 출력됩니다.

오늘의 날짜가 속한 달 출력 : cal

오늘 날짜가 속한 달력을 출력하려면 cal 명령을 사용합니다.

예제 03 - 03

cal 명령으로 오늘 날짜에 해당하는 달력을 출력합니다.

```
cskisa@ubuntu:~$ cal
      5월 2020
일 월 화 수 목 금 토
                1  2
 3  4  5  6  7 [8] 9
10 11 12 13 14 15 16
17 18 19 20 21 22 23
24 25 26 27 28 29 30
31
cskisa@ubuntu:~$
```

달력 출력 : cal [옵션]

달력을 출력하는 cal 명령 다음에 연도를 [옵션]으로 함께 지정하게 되면 옵션으로 지정된 연도의 달력이 출력됩니다. 다음 예제를 통해 2023년의 달력을 출력합니다.

예제 03 - 04

cal 명령과 함께 특정 연도인 2023년의 달력을 출력합니다.

```
cskisa@ubuntu:~$ cal 2023
                            2023

         1월                    2월                    3월
일 월 화 수 목 금 토    일 월 화 수 목 금 토    일 월 화 수 목 금 토
 1  2  3  4  5  6  7                 1  2  3  4                 1  2  3  4
 8  9 10 11 12 13 14     5  6  7  8  9 10 11     5  6  7  8  9 10 11
15 16 17 18 19 20 21    12 13 14 15 16 17 18    12 13 14 15 16 17 18
22 23 24 25 26 27 28    19 20 21 22 23 24 25    19 20 21 22 23 24 25
29 30 31                26 27 28                26 27 28 29 30 31
…
(생략)
…
cskisa@ubuntu:~$
```

지금까지 배운 내용을 상기하며 다음 문제를 도전해 보세요.

도전 03-01

1. 2025년도 달력을 출력하는 명령어 사용하기
2. 금년도 오늘 날짜가 포함된 달력 출력하기

3 화면 지우기

터미널 창에서 지금까지 사용한 명령들의 종류에 따라 다양한 실행결과가 터미널 창에 출력되었습니다. clear 명령을 사용하게 되면 터미널 창에서 수행되었던 모든 실행결과를 한꺼번에 지울 수 있습니다.

예제 03-05

clear 명령으로 터미널 창에서 수행했던 모든 명령과 실행결과를 지웁니다.

```
cskisa@ubuntu:~$ clear
cskisa@ubuntu:~$
```

지금까지 배운 내용을 상기하며 다음 문제를 도전해 보세요.

도전 03-02

1. 지금까지 사용한 명령들의 목록 출력 : history 명령 사용
2. 터미널 창에 있는 모든 명령과 출력결과 삭제하기

SECTION

03 시스템 사용자 정보

1 로그인 네임과 ID 확인

우분투는 실시간으로 많은 사용자들이 로그인하여 사용하기 때문에 동시에 접속한 사용자들의 로그인 정보와 사용자 계정인 ID에 대한 정보에 대해서도 확인할 필요성이 있는 경우도 종종 발생하게 됩니다.

사용 중인 로그인 네임 : logname

우분투에 사용자들이 동시에 접속하여 사용 중인 로그인 네임을 확인하고자 할 때는 logname 명령을 사용합니다. 로그인 네임은 우분투에 접속된 사용자 계정을 의미합니다.

예제 03 - 06

logname 명령으로 우분투에 접속하여 사용 중인 로그인 네임을 출력합니다.

```
cskisa@ubuntu:~$ logname
cskisa
cskisa@ubuntu:~$
```

접속한 사용자의 아이디 : users

우분투에 접속한 사용자들의 ID 정보를 확인하고자 할 때는 users 명령을 사용합니다. 현재 우분투에 접속한 사용자의 아이디를 출력합니다.

예제 03-07

users 명령으로 현재 우분투에 접속한 사용자의 아이디를 출력합니다.

```
cskisa@ubuntu:~$ users
cskisa
cskisa@ubuntu:~$
```

2 사용자 계정 정보

우분투에 로그인 한 모든 사용자의 계정과 터미널, 로그인 시각 등을 확인하고 현재 우분투를 사용하고 있는 사용자가 누구인지 정보를 확인하는 명령어에 대해 살펴보도록 하겠습니다.

로그인 한 모든 사용자 계정 : who

우분투에 로그인 한 모든 사용자의 계정과 터미널, 로그인 시각 등을 확인할 때는 who 명령을 사용합니다. 현재 우분투에 로그인한 모든 사용자 계정과 터미널, 로그인 시각 등의 정보를 출력합니다.

예제 03-08

who 명령으로 우분투에 로그인한 모든 사용자의 계정과 터미널, 로그인 시각 등에 대한 정보를 출력합니다.

```
cskisa@ubuntu:~$ who
cskisa     :0          2020-05-08 19:15 (:0)
cskisa@ubuntu:~$
```

현재 우분투 사용자 확인 : whoami

가상 콘솔을 사용하거나 여러 계정으로 동시에 우분투에 접속하여 로그인되어 있는 경우에는 사용자에 대한 구분이 혼란스러울 수가 있습니다. 이러한 경우 현재 우분투를 사용하고 있는 사용자가 누구인지를 확인하고자 할 때는 whoami 명령을 사용합니다.

예제 03-09

whoami 명령으로 현재 우분투에 동시에 접속된 사용자를 출력합니다.

```
cskisa@ubuntu:~$ whoami
cskisa
cskisa@ubuntu:~$
```

지금까지 배운 내용을 상기하며 다음 문제를 도전해 보세요.

도전 03-03

1. 현재 접속하여 사용 중인 로그인 네임 확인하기
2. 우분투에 접속된 사용자 아이디 확인하기
3. 우분투에 로그인한 모든 사용자의 계정과 터미널, 로그인 시각 등 확인하기

SECTION

04 우분투 시스템 정보

1 시스템 정보 출력

우분투 시스템에 대한 정보를 확인하기 위해 사용되는 명령어는 uname이며 해당 옵션을 지정하면 상세한 정보도 확인할 수 있습니다. 시스템의 모든 정보를 확인하려면 uname 명령과 함께 옵션을 사용해야 합니다.

$ uname [옵션]

기능 시스템에 대한 정보 확인

형식 uname [옵션] Enter↵

옵션 -a : 시스템의 모든 정보 확인

-m : 시스템이 사용 중인 하드웨어 정보 확인

-n : 호스트네임 확인

-r : 운영체제의 릴리즈번호 확인

-s : 운영체제의 이름 확인

-v : 운영체제의 버전출시 일자 확인

예제 03-10

uname 명령과 함께 옵션을 각각 사용하여 현재 사용 중인 시스템에 대한 정보를 출력합니다.

```
cskisa@ubuntu:~$ uname
Linux
cskisa@ubuntu:~$ uname -a
Linux ubuntu 5.4.0-29-generic #33-Ubuntu SMP Web Apr 29 14:32:27 UTC 2020 X86 _ 64 X86 _ 64
X86 _ 64 GNU/Linux
cskisa@ubuntu:~$ uname -m
```

```
x86 _ 64
cskisa@ubuntu:~$ uname -n
ubuntu
cskisa@ubuntu:~$ uname -r
5.4.0-29-generic
cskisa@ubuntu:~$ uname -s
Linux
cskisa@ubuntu:~$ uname -v
#33-Ununtu SMP Web Apr 29 14:32:27 UTC 2020
cskisa@ubuntu:~$
```

지금까지 배운 내용을 상기하며 다음 문제를 도전해 보세요.

도전 03 - 04

1. 현재 시스템이 사용 중인 하드웨어의 정보 확인하기
2. 현재 사용 중인 운영체제의 이름 확인하기
3. 현재 사용 중인 운영체제의 이름과 버전출시 일자 한꺼번에 확인하기

2 호스트 네임 출력

현재 사용 중인 우분투의 호스트 네임을 확인하고자 할 때는 hostname 명령을 사용합니다.

예제 03 - 11

hostname 명령으로 현재 사용 중인 우분투의 호스트 네임을 출력합니다.

```
cskisa@ubuntu:~$ hostname
ubuntu
cskisa@ubuntu:~$
```

3 하드웨어 정보 출력

현재 사용 중인 컴퓨터의 CPU에 대한 정보를 확인하기 위해서는 arch 명령을 사용합니다.

예제 03-12

arch 명령으로 현재 사용 중인 컴퓨터의 CPU에 대한 정보를 출력합니다.

```
cskisa@ubuntu:~$ arch
x86_64
cskisa@ubuntu:~$
```

4 환경변수 확인

우분투 시스템에서 설정된 환경변수를 확인하기 위해서는 env 명령을 사용합니다.

예제 03-13

env 명령으로 현재 시스템에 설정된 환경변수에 대한 정보를 출력합니다.

```
cskisa@ubuntu:~$ env
SHELL=bin/bash
...
(생략)
...
DBUS_SESSION_BUS_ADDRESS=unix:path=/run/user/1000/bus
_=/usr/bin/env
cskisa@ubuntu:~$
```

5 문자열 표준 출력

우분투의 터미널 창에서 문자열에 대한 표준 출력을 위해서는 echo 명령을 사용합니다. echo 명령은 주어진 문자열을 문자열 사이에 포함된 공백과 줄 마지막에 줄 바꿈 문자를 포함하여 문자열을 표준 출력해 주는 명령입니다.

echo 명령은 지정한 문자열뿐만 아니라 환경변수 출력도 지원해 줍니다. 먼저 간단한 문자열이 출력되는 과정을 살펴보기 위해 'Have a good time.' 문자열을 echo 명령으로 출력하기 위해 다음 예제를 수행합니다.

예제 03-14

echo 명령으로 지정한 문자열 'Have a good time.'을 표준형식으로 출력합니다.

```
cskisa@ubuntu:~$ echo Have a good time.
Have a good time.
cskisa@ubuntu:~$
```

옵션 출력 : echo [옵션] 이스케이프

echo 명령을 사용할 때 이스케이프 문자를 옵션으로 지정하여 표준 출력의 형태를 지정할 수 있습니다. 이스케이프 문자를 echo 명령에서 사용할 경우 반드시 인용부호("")로 묶어서 사용해야 합니다. echo 명령에서 사용할 수 있는 이스케이프 문자를 다음 표와 같이 정리하였습니다.

표 3-1 이스케이프 문자 종류 및 의미

이스케이프 문자	의미
"\a"	삑~ 경고음
"\b"	백스페이스 적용
"\c"	마지막에 줄 바꿈 문자 출력 안 함
'\f"	폼 피드 형식으로 출력(프린터에서 용지변경)
"\n"	줄 바꿈 문자 출력
"\r"	다음 행의 처음으로 커서 이동(개리지 리턴)
"\t"	수평 탭 정렬
"\v"	수직 탭 정렬
"\\"	역슬래시(또는 \) 출력
"\nnn"	아스키코드가 8진수(nnn)인 문자 출력

이스케이프 문자의 사용방법을 살펴보기 위해 다음 예제를 수행합니다.

예제 03-15

echo 명령과 함께 옵션 -e를 선언하고 이스케이프 문자 "\n"을 선언하여 하나의 문장을 두 줄로 출력합니다.

```
cskisa@ubuntu:~$ echo -e Have a good time. "\n" Nice good day.
Have a good time.
 Nice good day.
cskisa@ubuntu:~$
```

echo 명령과 이스케이프 문자를 사용하여 다음과 같이 문장이 출력되도록 도전해 보세요.

도전 03-05

```
1. 학과 : 빅데이터분석학과
2. 학번 : 203503125
3. 성명 : 홍 길 동
4. 전화 : 03-000-0000
```

6 명령어 디렉터리 경로

터미널 창에서 사용하는 명령어가 어느 디렉터리에 존재하는지를 확인하고자 할 때는 which 명령을 사용합니다. 우분투에서 제공하는 여러 디렉터리에 대한 의미에 대해 아직 배우지 않았지만 조금 전 실습했던 echo 명령이 어느 디렉터리에 존재하는지에 대해 다음 예제를 통해 살펴보도록 하겠습니다.

예제 03-16

which 명령으로 알고 싶은 echo 명령어가 어느 디렉터리에 존재하는지를 확인합니다.

```
cskisa@ubuntu:~$ which echo
/usr/bin/echo
cskisa@ubuntu:~$
```

지금까지 배운 내용을 상기하며 다음 문제를 도전해 보세요.

도전 03 - 06

1. cp 명령이 어느 디렉터리에 존재하는지를 출력하기
2. mv 명령이 어느 디렉터리에 존재하는지를 출력하기
3. cp와 mv 명령이 존재하는 디렉터리의 모든 파일목록 출력하기

7 명령어 리스트

터미널 창에서 사용했던 여러 가지 명령들을 확인하고자 할 때는 history 명령을 사용합니다. 지금까지 사용한 명령들을 전체 리스트로 출력하거나 history 명령과 함께 옵션을 지정하여 사용했던 명령어를 다시 실행할 수도 있습니다.

예제 03 - 17

history 명령으로 터미널 창에서 지금까지 사용한 모든 명령어 리스트를 출력합니다.

```
cskisa@ubuntu:~$ history
    1  Welecome
    2  안녕하세요.
    3  date
   ...
  (생략)
   ...
   24  echo -e Have a good time. "\n" Nice good day.
   25  which echo
   26  history
cskisa@ubuntu:~$
```

사용했던 명령을 라인 번호로 다시 실행 : ![라인 번호]

지금까지 사용한 명령 중에서 다시 실행하고자 하는 명령어의 라인 번호를 느낌표 옵션과 함께 라인 번호를 '![번호]'와 같이 지정하면 해당 명령을 다시 실행할 수 있습니다.

예제 03-18

앞의 예제에서 수행한 명령 중 25행에서 수행한 arch 명령을 다시 수행하기 위해 라인 번호를 느낌표와 함께 선언하여 실행합니다.

```
cskisa@ubuntu:~$ !25
which echo
/usr/bin/echo
cskisa@ubuntu:~$
```

라인 번호를 지정하여 명령 삭제 : history -[옵션] [라인 번호]

history 명령으로 출력된 명령어 리스트 중에서 명령을 수행했던 라인 번호를 확인한 다음 삭제할 명령이 있는 특정 라인 번호를 지정하면 수행했던 명령을 부분적으로 삭제할 수 있습니다.

예제 03-19

history 명령과 함께 옵션 -d를 사용하여 우분투의 터미널 창에서 수행했던 명령어 중에서 특정 라인 번호를 지정하여 수행했던 명령을 선택적으로 삭제할 수 있습니다.

```
(생략)
...
   24  echo -e Have a good time. "\n" Nice good day.
   25  which echo
   26  history
cskisa@ubuntu:~$ history -d 25
cskisa@ubuntu:~$ history
...
(생략)
...
   25  history
   26  arch
   27  history -d 25
   28  history
cskisa@ubuntu:~$
```

사용했던 모든 명령어를 한꺼번에 삭제 : history -[옵션]

지금까지 사용했던 모든 명령어를 한꺼번에 삭제하고자 할 때는 history 명령과 함께 옵션 -c를 사용하면 됩니다.

예제 03-20

history 명령과 함께 옵션 -c를 사용하여 터미널 창에서 수행했던 모든 명령을 한꺼번에 삭제합니다.

```
cskisa@ubuntu:~$ history -c
cskisa@ubuntu:~$ history
    1  history
cskisa@ubuntu:~$
```

지금까지 배운 내용을 상기하며 다음 문제를 도전해 보세요.

도전 03-07

1. 지금까지 사용한 모든 명령의 목록 출력하기 (없으면 명령어 5개 실행)
2. 수행했던 라인 번호 3의 명령을 다시 실행하기
3. 사용한 명령 중에서 라인 번호 5번만 삭제하기
4. 지금까지 수행했던 모든 명령을 한꺼번에 삭제하기

핵심요약

01 운영체제에서 제공하는 시각은 마더보드 또는 메인보드에서 배터리 전력으로 구동되는 하드웨어 시계인 RTC(Real-Time Clock)와 커널에 의해 관리되는 소프트웨어 시계(System Clock)의 두 가지 형태가 있습니다.

02 우분투 리눅스에서 명령을 사용하려면 먼저 터미널 창을 활성화해야 하며 터미널 창은 그래픽 기반 사용자 인터페이스인 GUI가 아닌 명령 기반 인터페이스(CLI)를 바탕으로 개발된 프로그램입니다.

03 소프트웨어 시계는 시스템 부팅 시 RTC(Real-Time Clock)로부터 설정되어 있는 시각을 받아오며 초기설정 이후에는 RTC와 상관없이 독자적으로 구동됩니다. 그리고 우분투 시스템 시간은 UTC(Coordinated Universal Time) 형태로 저장됩니다.

04 우분투에서 제공하는 기본 명령어는 다음과 같습니다.

명령어	의미
date	시스템의 현재 시각과 날짜 출력
timedatectl	하드웨어와 소프트웨어, 시스템 시각 및 타임존, 시간동기화 출력
cal cal [옵션]	오늘 날짜에 해당하는 달력 출력 특정 연도를 [옵션]으로 지정하면 지정한 연도의 달력 출력
clear	터미널 창에서 수행했던 모든 명령어와 실행결과를 화면에서 지움
logname	시스템에 접속하여 사용 중인 로그인 네임 확인
users	시스템에 접속하여 사용 중인 사용자들의 ID 확인
who	시스템에 로그인 한 모든 사용자의 계정과 터미널, 로그인 시간 확인
whoami	시스템에 동시에 로그인하여 접속 중인 사용자 확인
uname uname [옵션]	시스템에 대한 정보 확인 [옵션] -a : 시스템의 모든 정보 확인 -m : 시스템이 사용 중인 하드웨어 정보 -n : 호스트네임 확인 -r : 운영체제의 릴리즈 번호 확인 -s : 운영체제의 이름 확인 -v : 운영체제의 버전출시 일자

hostname	시스템의 호스트네임 정보 확인
arch	현재 사용 중인 컴퓨터의 CPU에 대한 정보 확인
env	환경변수에 대한 정보 확인
echo echo [옵션] echo [옵션] "\"	지정한 문자열 및 환경변수 표준출력 [옵션] -n : 문자열을 출력한 다음 줄을 바꾸지 않음 -e : 이스케이프 문자를 사용하기 위한 옵션 [이스케이프 문자] "\a" : 삑~ 경고음 "\b" : 백스페이스 적용 "\c" : 마지막에 줄 바꿈 문자 출력 안 함 "\f" : 폼 피드 형식으로 출력 (프린터에서 용지변경) "\n" : 줄 바꿈 문자 출력 "\r" : 다음 행의 처음으로 이동(개리지 리턴) "\t" : 수평 탭 정렬 "\v" : 수직 탭 정렬 "\\" : 역슬래시 (또는 \) 출력 "\nnn" : 아스키코드가 8진수(nnn)인 문자 출력
which [명령어]	명령어가 어느 디렉터리에 존재하는지 확인
history ![라인 번호] history [옵션] [번호]	지금까지 사용했던 모든 명령어들을 보여줌 사용했던 명령어들 중에서 [라인 번호]번째 명령어를 다시 사용 [옵션] -d : 사용했던 명령어 중에서 라인 번호를 지정하여 삭제 -c : 이전에 사용했던 모든 명령어를 삭제

05 echo 명령을 사용할 때 이스케이프 문자를 옵션으로 지정하여 표준 출력의 형태를 지정할 수 있습니다. echo 명령에서 사용할 수 있는 이스케이프 문자를 echo 명령에서 사용할 경우 반드시 인용부호("")로 묶어서 사용해야 합니다.

연습문제

01 다음 글을 읽고 빈 괄호를 채우시오

(1) 운영체제에서 제공하는 시각은 (   )에서 배터리 전력으로 구동되는 하드웨어 시계인 RTC(Real-Time Clock)와 (   )에 의해 관리되는 소프트웨어 시계(System Clock)의 두 가지 형태가 있습니다.

(2) 소프트웨어 시계는 시스템 부팅 시 (   )로부터 설정되어 있는 시각을 받아오며 초기설정 이후에는 RTC와 상관없이 독자적으로 구동됩니다. 그리고 우분투 시스템 시간은 (   ) 형태로 저장됩니다.

02 다음에 주어진 문장을 읽고 해당하는 명령어를 〈보기〉에서 찾아서 입력하시오.

〈보기〉			
date	timedatectl	cal	clear
logname	users	who	whoami
who am I	uname	hostname	arch
env	echo	which	history

(1) 시스템의 현재 시각과 날짜를 출력 (   )

(2) 시스템에 대한 정보 확인 (   )

(3) 오늘 날짜에 해당하는 달력 출력 (   )

(4) 명령어가 어느 디렉터리에 존재하는지 확인 (   )

(5) 지금까지 사용했던 모든 명령어를 보여줌 (   )

03 echo 명령어에서 [옵션]으로 사용되는 이스케이프 문자의 의미에 해당하는 이스케이프 문자를 입력하시오.

이스케이프 문자	의미
	삑~ 경고음
	백스페이스 적용
	마지막에 줄 바꿈 문자 출력 안 함
	폼 피드 형식으로 출력(프린터에서 용지변경)
	줄 바꿈 문자 출력
	다음 행의 처음으로 커서 이동(개리지 리턴)
	수평 탭 정렬
	수직 탭 정렬
	역슬래시(또는 ₩) 출력
	아스키코드가 8진수(nnn)인 문자 출력

04 다음에 주어진 문장을 보고 옵션을 사용하여 터미널 창에서 표준으로 출력되도록 수행하시오.

〈출력 예시〉

```
We are the korea student.
Today we will learn Linux system.
I am very happy.
```

05 2025년도 달력이 출력되도록 수행하시오.

CHAPTER 04

디렉터리와 파일

| 학습목표 |

- 우분투에서 제공하는 파일의 구성요소에 대해 이해할 수 있습니다.
- 우분투에서 사용되는 파일의 종류에 대해 구분할 수 있습니다.
- 우분투 환경에서 디렉터리와 파일을 관리할 수 있습니다.
- 절대 경로와 상대 경로를 구분하여 쉽게 사용할 수 있습니다.

SECTION

01 파일의 구성요소

우분투에서는 모든 처리 과정을 파일 단위로 처리하며 계층적인 구조의 특성을 지니고 있습니다. 우분투에서 다루고 있는 파일은 3개의 충족요건을 갖추고 있어야 합니다. 3개의 충족요건인 '파일 이름', 'I-node', '데이터 블록'을 모두 충족해야만 파일로서의 존재가치를 가질 수 있습니다.

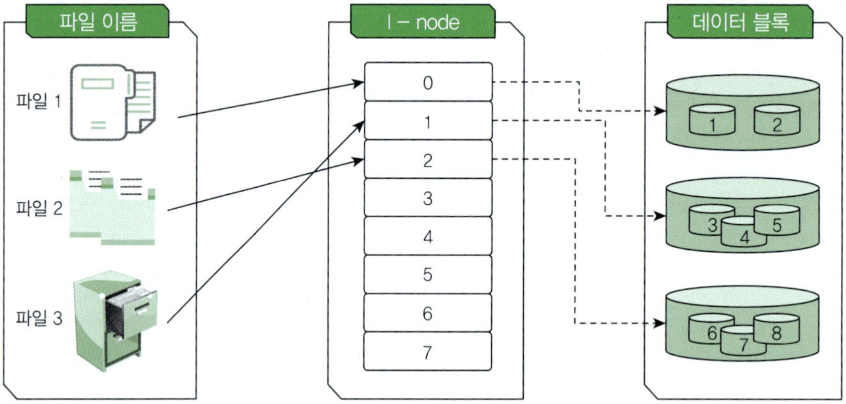

그림 4-1 우분투 시스템 파일의 구성요소

1 파일 이름

파일 이름은 사용자가 파일을 사용목적에 맞도록 사용하고 해당 파일에 정확하게 접근할 수 있도록 구별할 수 있는 변별력을 제공합니다. 이와 같은 변별력은 파일을 조작하기 위한 과정에서도 활용됩니다. 만약 파일 이름을 정확히 파악할 수 없는 상태라면 실수로 다른 파일을 조작하게 되어 우분투 시스템에 예상치 못한 결과를 초래할 수도 있습니다.

> **여기서 잠깐**
>
> Windows 운영체제에서는 파일의 속성에 따라 각각의 확장명이라는 개념을 사용하지만 우분투 시스템에서는 특별한 확장명이 제공되지는 않습니다. 단지 시스템을 관리하면서 관리가 쉽도록 파일을 구분하기 위한 차원에서 사용되는 정도입니다.

2 I-node

I-node는 Index Node라고 불리며 파일을 기술하는 디스크 상에서의 데이터 구조를 의미합니다. I-node는 파일의 데이터 블록이 디스크 상의 어느 주소에 위치하고 있는가에 대한 정보를 기록하기 위해 사용됩니다. 일반적으로 파일을 생성하게 되면 I-node의 link가 '0'인 위치에 I-node를 생성하고 정보를 저장한 다음에는 link의 값이 '1'의 위치로 이동하게 됩니다.

▼ I-node에 저장된 정보

- 파일의 종류
- 파일의 소유권 - 사용자(소유자)와 그룹
- 파일의 액세스 모드
- 파일의 타임스탬프(파일 갱신일)

> **여기서 잠깐**
>
> 우분투에서 파일을 생성하기 위해서는 파일의 데이터를 저장하기 위한 디스크 내의 공간을 먼저 확보해야 합니다. 이때 파일이 저장될 주소에 대한 정보를 기록하기 위해 I-node는 각각의 파티션마다 0부터 시작하는 정수의 형태로 고유의 식별번호를 가지게 됩니다.

3 데이터 블록

데이터 블록(Data Block)은 파일에서 데이터를 저장하는 블록을 의미합니다. 데이터 블록에는 일반 파일이나 디렉터리 파일의 데이터가 존재하며 디스크 장치에 파일을 저장할 때 실제 데이터는 특별한 구분 없이 디스크에 저장됩니다. 다시 말해서 파일 1과 파일 2가 디스크에 저장될 때 특별히 2개를 따로따로 구분하지 않고 디스크에 차례대로 기록됩니다.

이러한 방법으로 파일들의 실제 데이터는 디스크의 어느 한 곳에 차례대로 쌓여있으며 이 부분을 데이터 블록이라고 합니다. 이 영역에는 파일을 저장할 때 어떠한 파일인지를 구분하지는 않기 때문에 파일들을 구분할 수 있는 부가정보가 필요하게 됩니다. 우분투에서는 I-node를 이용해 부가정보를 구별할 수 있도록 편리성을 제공하고 있습니다.

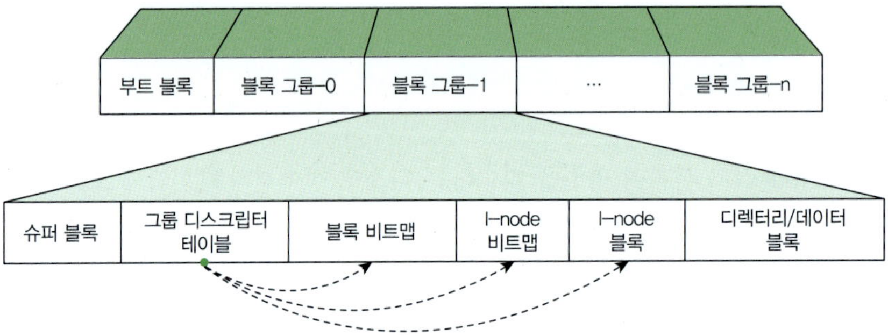

그림 4-2 블록 그룹의 개념

여기서 잠깐

블록 그룹은 블록들의 모임을 의미하며 OS 커널이 같은 파일에 속하는 데이터 블록은 같은 블록 그룹에 저장하는 기능을 제공하므로 파일의 단편화를 줄일 수 있습니다. 파일 시스템의 전체적인 정보는 슈퍼 블록(Super Block)과 그룹 디스크립터 테이블(Group Descriptor Table)에 저장됩니다.

SECTION

02 파일의 종류

우분투에서 관리하는 모든 데이터는 파일(현재 실행 중인 프로세스, 일반 파일, 하드웨어 등)로 인식되며 하나의 프로세스는 하나의 작업 디렉터리를 가집니다. 우분투는 3개의 파일 종류(일반 파일, 디렉터리 파일, 특수 파일)를 가지며 파일은 사용자가 이용할 수 있는 데이터의 실체를 의미합니다.

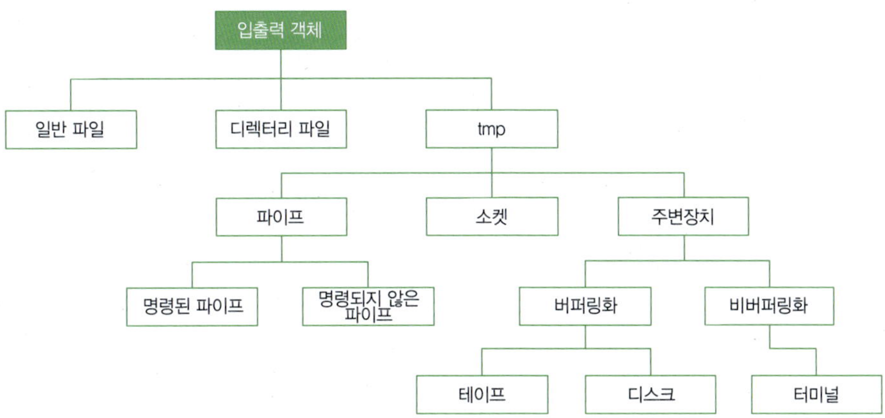

그림 4-3 우분투에서 사용하는 파일의 종류

> **여기서 잠깐**
>
> 우분투에서는 시스템이나 응용프로그램도 파일로 취급되며 키보드, 프린터, LAN 카드, 마우스 등도 파일로 다루어집니다. 즉 우분투 시스템에서는 모든 자원을 파일로 다루고 있습니다.

1 일반 파일

일반 파일(Regular File)은 데이터를 관리하는데 주로 사용되는 일상적인 파일을 의미합니다. 각종 실행 파일이나 텍스트 파일, 이미지 파일, 프로그램 소스 파일 등 우분투에서 사용하는 대부분의 파일을 의미하며 실행 파일이나 이미지 파일의 경우 데이터가 바이너리 형태로 저장됩니다.

여기서 잠깐

실행 파일을 확인하기 위해서는 해당 파일의 내용을 확인할 수 있는 유틸리티 프로그램이 있어야 하고 텍스트 파일의 경우에는 문서 편집기를 사용하여 내용을 편집하거나 볼 수 있습니다. 일반 파일을 정규 파일이라고도 하며 정규 파일은 표준 입출력 시스템의 호출을 통해 참조됩니다.

2 디렉터리 파일

우분투에서는 디렉터리(Directory) 역시 파일로 취급됩니다. 디렉터리 파일은 해당 디렉터리에 저장된 파일이나 하위 디렉터리에 대한 정보를 가지고 있습니다. 디렉터리는 일반 파일과 마찬가지로 디스크에 저장되어 다른 파일을 조작하고 액세스하는데 필요한 정보를 가지고 있습니다.

여기서 잠깐

디렉터리 안에는 파일을 액세스하는데 필요한 정보를 가지고 있으며 '디렉터리'라는 파일을 이용해서 전체 파일을 하나의 트리구조로 만들어 관리합니다.

3 링크 파일

Windows 운영체제만을 사용해온 사용자라면 링크 파일(Link File)은 왠지 낯설게만 느껴질 것입니다. 그렇지만 유닉스와 리눅스에서는 자주 사용되며 시스템 사용자에게 편리성을 제공해 주는 파일입니다. 유닉스와 리눅스에서는 링크(Link)라는 개념을 도입해 여러 개의 파일 이름이 하나의 I-node에 연결되도록 수행하여 실제 파일이나 디렉터리 혹은 또 다른 링크를 가리킵니다.

여기서 잠깐

링크를 추가한다는 것은 단순하게 디렉터리의 엔트리를 만드는 것을 의미합니다. 우분투에서 제공하는 링크 파일에는 하드 링크와 심볼릭 링크가 존재하며 링크 파일을 생성하기 위해서는 ln 명령을 사용합니다.

하드 링크

하드 링크(Hard Link)는 원본 파일을 복사하여 원본 파일과 동일한 내용의 다른 사본 파일을 만드는 것을 의미합니다. 하드 링크에서는 원본 파일과 링크 파일 두 개가 서로 다른 파일로 취급되므로 둘 중 어느 하나를 삭제하더라도 나머지 하나는 그대로 남아있습니다.

여기서 잠깐

하드 링크에서는 원본 파일의 내용이 변경될 경우에는 복사된 링크 파일의 내용 또한 자동으로 변경됩니다. 하드 링크는 동일한 I-node를 갖는 파일을 생성하는 것을 의미하며 파일의 실제 I-node의 정보를 공유하기 때문에 마치 동일한 파일이 여러 곳에 존재하는 것처럼 보이게 됩니다.

심볼릭 링크

우분투에서 통상적으로 사용되는 링크 파일은 바로 심볼릭 링크(Symbolic Link) 파일입니다. 다른 표현으로는 소프트 링크(Soft Link)라고도 합니다. 심볼릭 링크 파일의 기능은 Windows 운영체제에서 사용되는 '바로 가기' 기능이나 '단축 아이콘'과 같은 역할을 수행합니다.

여기서 잠깐

이미 생성된 심볼릭 링크 파일을 삭제하여도 존재하는 원본 파일에는 어떠한 영향도 미치지 않습니다. 원본 파일이 삭제되어 존재하지 않을 경우 링크 파일은 깜박거리면서 링크 파일의 원본 파일이 없다는 것을 알려줍니다.

4 특수 파일

특수 파일이란 우분투가 지원하는 파이프, 소켓, 디바이스(주변장치)를 의미합니다. 디바이스는 Windows 운영체제에서 하드디스크(Hard Disk)가 C:, D:, E: 등으로 표시되지만 우분투에서는 /dev/hda1, .. /dev/hda3과 같이 사용됩니다.

> **여기서 잠깐**
>
> 우분투 시스템에서 특수 파일로 다루어지는 파일의 영역을 살펴보면 키보드, 모니터, 마우스, 디스크 드라이브 등과 같이 컴퓨터의 모든 자원이 특수 파일로 사용되고 다루어집니다.

5 문서 파일과 이진 파일

문서 파일

문서 파일(Text File)은 키보드로 입력받은 값만을 가지고 있으며 ASCII 문자로 구성되어 있습니다. ASCII 문자는 알파벳 대/소문자, 숫자, 공백, 탭, 제어문자, 문장부호를 포함하여 128개의 코드로 구성되어 문서를 작성할 때 해당 알파벳을 ASCII 문자로 매칭합니다.

이진 파일

이진 파일(Binary File)은 문자가 아닌 데이터 파일이 들어있으며 기계어인 '0'과 '1'의 값으로 구성되어 있습니다. 이진 파일은 프로그램을 코딩하여 컴파일을 수행하는 과정에서 생성되는 파일을 의미하며 실행 파일이라고도 불립니다.

우분투에서 다루고 있는 파일의 종류는 앞에서 살펴본 바와 같이 일반 파일, 디렉터리 파일, 링크 파일, 특수 파일, 문서 파일, 이진 파일이 있습니다.

표 4-1 파일의 종류

문자	파일 종류
-	일반 정규적인 파일
d	디렉터리 파일
l	심볼릭 링크 파일
b	블록 단위의 Read/Write 블록장치 파일
c	섹터 단위의 Read/Write 문자장치 파일
p	프로세스 간 통신에 사용되는 특수 파일(파이프 파일)
s	네트워크 통신에 사용되는 특수 파일(소켓 파일)

SECTION

03 디렉터리와 파일 관리

1 디렉터리 계층 구조

우분투에서 제공되는 디렉터리의 구조는 계층적 형태인 트리(Tree) 구조로 구성되어 있습니다. 사용하고자 하는 목적에 따라 수행되는 명령어의 성격과 내용 및 사용 권한 부여 등의 그 사용 목적에 따라 디렉터리로 구분하여 제공되고 있습니다.

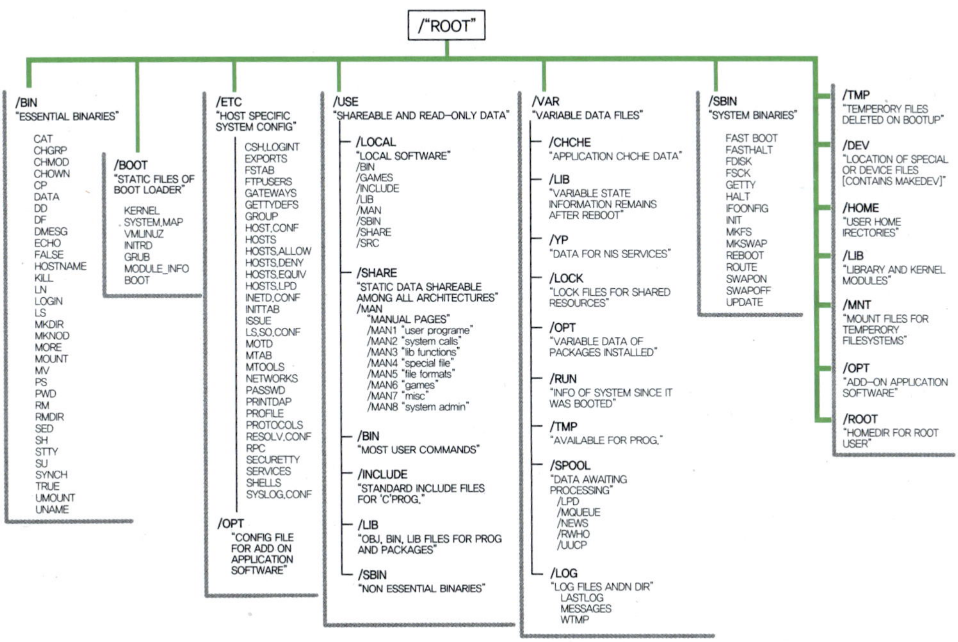

그림 4-4 우분투 시스템의 디렉터리 구조

우분투 파일 시스템은 파일과 디렉터리의 구조로 구성되어 있습니다. 최상위는 root 디렉터리에 기반을 두고 있으며 이 디렉터리를 루트 디렉터리 또는 최상위 디렉터리라고 합니다. 일반적으로 루트 디렉터리는 /(슬래시)로 표시됩니다. 루트 디렉터리를 제외한 모든 디렉터리는 서브 디렉터리 또는 하위 디렉터리라고 부릅니다.

루트 디렉터리와 서브 디렉터리

루트 디렉터리에는 기본적으로 서브 디렉터리를 가지고 있습니다. 리눅스 배포판에 따라 약간씩은 다를 수 있지만 대부분 유닉스와 호환성을 가지므로 비슷한 디렉터리를 가지고 있습니다. 파일명 뒤에 붙어있는 /는 디렉터리 파일을 의미하고 @은 심볼릭 링크 파일을 의미합니다.

예제 04-01

우분투 시스템의 루트 디렉터리와 심볼릭 링크 파일을 확인하기 위해 -F 옵션과 루트를 의미하는 /를 선언하여 존재하는 리스트를 확인합니다.

```
cskisa@ubuntu:~$ ls -F /
bin@      dev/      lib@      libx32@      mnt/   root/   snap/      sys/   var/
boot/     etc/      lib32@    lost+found/  opt/   run/    srv/       tmp/
cdrom/    home/     lib64@    media        prot/  sbin@   swapfile   usr/
cskisa@ubuntu:~$
```

작업 디렉터리

작업 디렉터리는 사용자가 우분투에 접속하여 현재 사용하고 있는 디렉터리를 의미합니다. 현재 작업 중인 디렉터리는 점(.)으로 표시되고 현재 작업 중인 디렉터리의 위치를 상세하게 확인하기 위해서는 pwd 명령을 사용합니다.

홈 디렉터리

홈 디렉터리는 각 사용자에게 할당되는 디렉터리로 사용자 계정을 처음 만들 때 지정해 줍니다. 우분투는 많은 사용자가 접속하여 사용하는 서버 시스템 구조이기 때문에 각각의 사용자별로 홈 디렉터리를 지정해 주어야 합니다.

여기서 잠깐

사용자에게 지정된 홈 디렉터리에 파일과 서브 디렉터리를 생성하여 작업할 수 있습니다. 홈 디렉터리의 표시는 틸드(~)를 사용하여 표시됩니다. 예를 들어 guest_01 계정의 홈 디렉터리는 'guest_01 ~'과 같이 표시됩니다.

2 절대 경로와 상대 경로

우분투에서 제공하고 있는 경로(Path)는 특정 파일이나 디렉터리의 위치를 나타냅니다. 각 경로는 구분자 '/'를 사용하여 구분되도록 표기됩니다. 디렉터리 관리는 절대 경로(Absolute Path)와 상대 경로(Relative Path) 두 가지의 형태로 제공됩니다.

여기서 잠깐

절대 경로는 root 디렉터리인 /를 기준으로 제공되는 디렉터리를 의미하고 상대 경로는 절대 경로인 루트(/)를 포함하지 않는 경로로 셸의 작업 디렉터리가 상대 경로의 기준이 됩니다. 현재 자신이 속해있는 디렉터리는 '.'으로 표현하고 바로 상위 디렉터리는 '..'으로 표현하는 방법이 바로 상대 경로 표기 방법입니다.

절대 경로

절대 경로를 표시할 때는 항상 루트(/) 디렉터리 위치부터 시작해야 하며 다음과 같은 특징을 가지고 있습니다.

- 반드시 루트를 의미하는 '/'로 시작해야 함
- 루트 디렉터리부터 중간 단계의 디렉터리를 모두 표시해야 함
- 특정 위치를 가리키는 절대 경로명은 항상 동일해야 함

상대 경로

상대 경로는 현재 디렉터리를 기준으로 경로명을 시작합니다. 현재 디렉터리는 사용자가 어느 디렉터리에서 작업을 하고 있느냐에 따라 경로명이 달라지기 때문에 매번 경로명이 동일하지는 않습니다. 상대 경로명을 지정하는 방법은 다음과 같은 특징을 가지고 있습니다.

- '/' 이외의 문자로 시작해야 함
- 현재 디렉터리의 위치에서 서브 디렉터리로 내려갈 경우 서브 디렉터리명을 추가
- 현재 디렉터리 위치에서 상위 디렉터리로 이동하려면 ..(마침표 2개)를 추가
- 상대 경로명은 현재 위치한 디렉터리의 위치에 따라 달라질 수 있음

3 파일과 디렉터리명 생성규칙

우분투에서 파일명과 디렉터리명을 생성할 때는 다음과 같은 규칙을 준수해야 합니다. 파일과 디렉터리명 생성규칙을 지키지 않고 파일이나 디렉터리를 생성하려고 한다면 그것은 결코 좋은 방법이 아닙니다. 파일과 디렉터리의 생성규칙은 다음과 같습니다.

- '/' 는 파일명이나 디렉터리명에 사용할 수 없음
- 파일과 디렉터리 이름에는 알파벳, 숫자, -, _, .(마침표) 만 사용할 수 있음
- 공백, *, |, ", ', @, #, $, %, ^, & 등은 사용할 수 없음
- 알파벳 대/소문자는 엄격하게 구별되어 다른 글자로 취급됨
- 파일과 디렉터리명을 선언할 때 점(.)으로 시작하면 숨김 파일로 간주됨

여기서 잠깐

예를 들어 myroot/, /test, welcome/name와 같이 생성규칙을 무시한 채 파일과 디렉터리를 생성하려고 할 때 정상적으로 파일과 디렉터리가 생성되지 않기 때문에 의도하지 않은 오류가 발생할 수도 있으므로 파일과 디렉터리의 이름은 반드시 생성규칙을 준수해서 생성해야 합니다.

지금까지 배운 내용을 상기하며 다음 문제를 도전해 보세요.

도전 04-01

1. 현재 위치한 디렉터리에 존재하는 모든 파일목록을 한꺼번에 출력하기
2. usr 디렉터리에 존재하는 모든 파일목록 출력하기

핵심요약

01 I-node는 Index Node라고 불리며 파일을 기술하는 디스크 상에서의 데이터 구조를 의미합니다. I-node는 파일의 데이터 블록이 디스크 상의 어느 주소에 위치하고 있는가에 대한 정보를 기록하기 위해 사용됩니다.

■ I-node에 저장된 정보

- 파일의 종류
- 파일의 소유권 - 사용자(소유자)와 그룹
- 파일의 액세스 모드
- 파일의 타임스탬프 (파일 갱신일)

02 데이터 블록(Data Block)은 파일에서 데이터를 저장하는 블록을 의미하며 데이터 블록에는 일반 파일이나 디렉터리 파일의 데이터가 존재합니다. 디스크 장치에 파일을 저장할 때 실제 데이터는 특별한 구분 없이 디스크에 저장됩니다.

03 우분투 시스템에서 관리하는 모든 데이터는 파일(현재 실행 중인 프로세스, 일반 파일, 하드웨어 등)로 인식되며 하나의 프로세스는 하나의 작업 디렉터리를 가집니다. 우분투 시스템은 3개의 파일 종류(일반 파일, 디렉터리 파일, 특수 파일)를 가지며 파일은 사용자가 이용할 수 있는 데이터의 실체를 의미합니다.

04 우분투에서 제공되는 디렉터리의 구조는 계층적 형태인 트리(Tree) 구조로 구성되어 있으며 사용하고자 하는 목적에 따라 수행되는 명령어의 성격과 내용 및 사용 권한 부여 등의 그 사용 목적에 따라 디렉터리로 구분하여 제공되고 있습니다.

05 우분투 시스템에서 제공하고 있는 경로(Path)는 특정 파일이나 디렉터리의 위치를 나타냅니다. 각 경로는 구분자 '/'를 사용하여 구분되도록 표기됩니다. 디렉터리 관리는 절대 경로(Absolute Path)와 상대 경로(Relative Path) 두 가지의 형태로 제공되고 있습니다.

06 절대 경로를 표시할 때는 항상 루트(/) 디렉터리 위치부터 시작해야 하며 다음과 같은 특징을 가지고 있습니다.

- 반드시 루트를 의미하는 '/'로 시작해야 함
- 루트 디렉터리부터 중간 단계의 디렉터리를 모두 표시해야 함
- 특정 위치를 가리키는 절대 경로명은 항상 동일해야 함

07 상대 경로는 현재 디렉터리를 기준으로 경로명을 시작합니다. 현재 디렉터리는 사용자가 어느 디렉터리에서 작업을 하고 있느냐에 따라 경로명이 달라지기 때문에 매번 경로명이 동일하지는 않습니다.

- '/' 이외의 문자로 시작해야 함
- 현재 디렉터리의 위치에서 서브 디렉터리로 내려갈 경우 서브 디렉터리명을 추가
- 현재 디렉터리 위치에서 상위 디렉터리로 이동하려면 ..(마침표 두 개)를 추가
- 상대 경로명은 현재 위치한 디렉터리의 위치에 따라 달라질 수 있음

08 우분투에서 파일명과 디렉터리명을 생성할 때는 다음과 같은 규칙을 준수해야 합니다.

- '/' 는 파일명이나 디렉터리명에 사용할 수 없음
- 파일과 디렉터리 이름에는 알파벳, 숫자, -, _ , .(마침표)만 사용할 수 있음
- 공백, *, |, ", ', @, #, $, %, ^, & 등은 사용할 수 없음
- 알파벳 대/소문자는 엄격하게 구별되어 다른 글자로 취급됨
- 파일과 디렉터리명을 선언할 때 점(.)으로 시작하면 숨김 파일로 간주됨

연습문제

01 다음 글을 읽고 빈 괄호를 채우시오

(1) 우분투에서의 파일이라는 개념은 (   ), (   ), (   )의 세 가지 요소를 모두 충족해야만 파일로서 가치를 가질 수 있습니다.

(2) (   ) 경로를 표시할 때는 항상 루트(/) 디렉터리 위치부터 시작해야 하며 (   ) 경로는 현재 디렉터리를 기준으로 경로명을 시작합니다.

02 I-node에 저장된 정보에 대해 설명하시오.

03 절대 경로를 표시할 때 주의해야 할 사항에 대해 서술하시오.

04 상대 경로를 표시할 때 주의해야 할 사항에 대해 서술하시오.

05 우분투 시스템에서 파일명과 디렉터리명을 생성할 때 지켜야 할 규칙에 대해 서술하시오.

CHAPTER 05

디렉터리 명령어

| 학습목표 |

- 현재 디렉터리의 위치를 확인할 수 있습니다.
- 현재 위치에서 특정 위치에 존재하는 디렉터리로 이동할 수 있습니다.
- 디렉터리에 존재하는 전체 파일의 내용을 확인할 수 있습니다.
- 디렉터리를 새로 생성하거나 삭제할 수 있습니다.

SECTION

01 디렉터리 위치 확인

터미널 창에서 작업을 수행하다 보면 현재 작업 중인 디렉터리의 위치를 확인할 필요가 종종 있습니다. 현재 작업 중인 디렉터리의 위치를 확인하기 위해서는 print working directory의 약어인 pwd 명령을 사용합니다.

예제 05-01

pwd 명령으로 우분투에서 현재 작업 중인 디렉터리의 위치를 확인합니다.

```
cskisa@ubuntu:~$ pwd
/home/cskisa
cskisa@ubuntu:~$
```

pwd 명령을 수행한 결과 화면에는 /home/cskisa와 같이 출력되었습니다. 이 경로명은 절대 경로명의 형태이며 프롬프트에 ~(틸드)가 붙은 이유는 현재 사용자 계정인 cskisa 계정의 홈 디렉터리에 있음을 의미합니다.

우분투를 설치할 때 지정한 홈 디렉터리는 다를 수 있으므로 독자분들이 설치할 때의 기억을 더듬어보면 됩니다. 홈 디렉터리에 대한 변경은 2장에서 배웠던 컴퓨터 이름 바꾸기를 통해 변경할 수 있습니다.

SECTION

02 디렉터리 위치 이동

디렉터리의 이동은 우분투에서 다른 사용자가 접근하지 못하도록 막아놓은 디렉터리를 제외하고는 모든 디렉터리의 이동이 가능합니다. 현재 디렉터리 위치에서 다른 디렉터리의 위치로 이동하기 위해서는 change directory의 약어인 cd 명령을 사용합니다.

예제 05-02

cd 명령으로 /dev 디렉터리로 이동한 다음 pwd 명령으로 현재의 위치를 확인합니다.

```
cskisa@ubuntu:~$ cd /dev
cskisa@ubuntu:/dev$ pwd
/dev
cskisa@ubuntu:/dev$
```

디렉터리의 위치가 /dev 디렉터리로 위치가 이동되었으며 프롬프트에는 '~'가 붙어있지 않음을 확인할 수 있습니다.

1 상대 경로명

상대 경로명을 지정할 경우 일단 상위 디렉터리로 이동하기 위해 '..'으로 시작한 다음 특정 디렉터리로 이동하면 됩니다.

예제 05-03

터미널 창에서 cd 명령으로 상대 경로를 이용해 디렉터리의 위치를 /usr/lib 디렉터리로 이동한 다음 pwd 명령으로 이동된 현재 디렉터리의 위치에 대한 정보를 출력합니다.

```
cskisa@ubuntu:/dev$ cd ../usr/lib
cskisa@ubuntu:/usr/lib$ pwd
/usr/lib
cskisa@ubuntu:/usr/lib$
```

상대 경로명을 ../usr/lib와 같이 사용하여 현재의 디렉터리 위치에서 /usr/lib 디렉터리로 이동하였습니다. 원래 위치했던 사용자 홈 디렉터리로 되돌아가기 위해서는 다음과 같이 다양한 방법을 사용해서 이동할 수 있습니다.

- cd ~ : 홈 디렉터리를 나타내는 기호인 '~'를 사용해서 홈 디렉터리로 이동
- cd : 이동할 목적지를 지정하고 않고 해당 계정의 홈 디렉터리로 이동
- cd /home/cskisa : 절대 경로명을 사용하여 홈 디렉터리로 이동
- cd ../../home/cskia : 상대 경로명을 사용하여 홈 디렉터리로 이동

2 홈 디렉터리

현재 작업 중인 디렉터리의 위치에서 홈 디렉터리의 위치로 이동하기 위해 cd 명령을 사용합니다.

예제 05-04

cd 명령으로 현재 작업 중인 디렉터리의 위치에서 홈 디렉터리로 바로 이동합니다.

```
cskisa@ubuntu:/usr/lib$ cd
cskisa@ubuntu:~$ pwd
/home/cskisa
cskisa@ubuntu:~$
```

지금까지 배운 내용을 상기하며 다음 문제를 도전해 보세요.

도전 05-01

1. 현재 위치에서 /usr/lib 디렉터리로 이동하기
2. 이동한 /usr/lib 디렉터리에서 홈 디렉터리로 바로 이동하기

SECTION

03 디렉터리 내용 확인

ls 명령은 list의 의미로 현재 디렉터리에 있는 파일이나 서브 디렉터리의 목록을 보여주는 명령입니다. ls 명령을 사용하면 특정 디렉터리에 어떠한 파일이나 서브 디렉터리가 존재하는지를 확인할 수 있으므로 해당 파일을 실행하거나 응용할 수 있습니다.

$ ls

기능 디렉터리에 존재하는 파일이나 서브 디렉터리에 대한 정보 확인

형식 ls [옵션] [파일명 또는 디렉터리명] Enter↵

옵션 -a : 숨겨진 파일까지 포함하여 모든 파일 리스트를 출력

-d : 지정한 디렉터리에 존재하는 파일과 디렉터리의 정보 출력

-n : 호스트네임 확인

-i : 첫 번째 열에 I-node 번호를 출력

-l : 파일의 상세한 정보를 출력

-A : .와 ..를 제외한 모든 파일 리스트를 출력

-F : 파일의 종류를 실행파일은 '*', 디렉터리는 '/', 심볼릭 링크는 '@' 표시

-L : 심볼릭 링크 파일은 원본 파일의 정보를 출력

-R : 하위 디렉터리 리스트 출력

1 현재 디렉터리

현재 디렉터리의 내용을 확인하기 위해서는 옵션이나 디렉터리를 지정하지 않은 상태에서 ls 명령을 사용하여 확인하면 됩니다.

예제 05-05

현재 디렉터리에 존재하는 디렉터리와 파일의 종류를 ls 명령으로 확인합니다.

```
cskisa@ubuntu:~$ ls
공개    다운로드  문서  바탕화면  비디오  사진  음악  템플릿
cskisa@ubuntu:~$
```

2 숨김 파일 확인

우분투에서는 파일명이나 디렉터리명을 점(.)을 사용하여 숨김 파일로 지정하고 있으므로 ls 명령만으로는 모든 파일을 확인할 수 없습니다. 숨김 파일까지 모두 확인하기 위해서는 all의 의미를 부여하는 -a 옵션을 사용해야 합니다.

예제 05-06

ls 명령과 함께 옵션 -a를 사용하여 현재 디렉터리에 존재하는 파일과 디렉터리 목록뿐만 아니라 숨겨져 있는 파일까지 모두 출력합니다.

```
cskisa@ubuntu:~$ ls -a
.     .bash_history  .bashrc  .config  .local     .profile  다운로드  바탕화면  사진
템플릿
..    .bash_logout   .cache   .gnupg   .mozilla  공개        문서      비디오    음악
cskisa@ubuntu:~$
```

실행결과에서 보는 바와 같이 숨겨져 있는 파일이 여러 개 존재한다는 것을 확인할 수 있습니다. 숨김 파일 대부분은 사용자 계정의 환경설정이나 응용 프로그램의 환경설정 등의 파일입니다. 현재 디렉터리를 나타내는 '.'(점)과 상위 디렉터리를 의미하는 '..'(점 2개)는 디렉터리가 생성될 때 자동으로 만들어진 것입니다.

3 파일의 종류 확인

ls 명령에서 파일의 종류를 확인하기 위한 옵션 -F를 사용할 경우 파일의 종류를 구분할 수 있는 기호가 표시됩니다. 파일명 뒤에 '/'가 붙은 파일은 디렉터리 파일이고 '@'은 심볼릭 링크, '*'는 실행 파일을 의미합니다. 파일명 앞이나 뒤에 아무런 표시가 없으면 일반 파일을 의미합니다.

예제 05-07

• **Step 01** | ls -F 명령으로 현재 디렉터리에 존재하는 파일의 종류와 기호가 함께 표시되도록 파일의 종류를 확인합니다.

```
cskisa@ubuntu:~$ ls -F
공개/  다운로드/  문서/  바탕화면/  비디오/  사진/  음악/  템플릿/
cskisa@ubuntu:~$
```

• **Step 02** | ls -aF 명령으로 현재 디렉터리에 존재하는 파일의 종류와 숨김 파일까지 포함하여 모든 파일의 종류를 한꺼번에 확인합니다.

```
cskisa@ubuntu:~$ ls -aF
./              .bash_logout   .config/   .mozilla/   다운로드/   비디오/   템플릿/
../             .bashrc        .gnupg/    .profile    문서/       사진/
.bash_history   .cache/        .local/    공개/       바탕화면/   음악/
cskisa@ubuntu:~$
```

지금까지 배운 내용을 상기하며 다음 문제를 도전해 보세요.

도전 05-02

1. 현재 디렉터리의 위치를 홈 디렉터리로 이동하기
2. 홈 디렉터리 위치에서 /usr/lib 디렉터리의 숨김 파일까지 모두 출력하기

4 디렉터리 상세정보

ls 명령으로 지정한 디렉터리에 존재하는 파일의 상세한 정보를 출력하기 위해서는 long의 약어인 -l 옵션을 함께 사용하면 됩니다. ls 명령에서의 -l 옵션은 [윈도우 탐색기]에서 '자세히 보기' 기능과 같은 역할을 수행합니다.

예제 05-08

ls -l 명령으로 현재 디렉터리에 존재하는 모든 파일의 상세한 정보를 출력합니다.

```
cskisa@ubuntu:~$ ls -l
합계 32
drwxr-xr-x 2 cskisa cskisa  4096  5월  8 13:01 공개
drwxr-xr-x 2 cskisa cskisa  4096  5월  8 13:01 다운로드
drwxr-xr-x 2 cskisa cskisa  4096  5월  8 13:01 문서
drwxr-xr-x 2 cskisa cskisa  4096  5월  8 13:01 바탕화면
drwxr-xr-x 2 cskisa cskisa  4096  5월  8 13:01 비디오
drwxr-xr-x 2 cskisa cskisa  4096  5월  8 13:01 사진
drwxr-xr-x 2 cskisa cskisa  4096  5월  8 13:01 음악
drwxr-xr-x 2 cskisa cskisa  4096  5월  8 13:01 템플릿
cskisa@ubuntu:~$
```

실행결과에서 보는 바와 같이 ls 명령과 함께 -l 옵션을 사용하여 디렉터리에 존재하는 파일의 상세정보가 모두 출력된 것을 확인하였습니다. 이와 같이 출력된 결과에서 보여주고 있는 정보가 무엇인지에 대해 상세하게 살펴보기 위해 다음 표와 같이 정리하였습니다.

표 5-1 파일에 대한 상세정보

구분	의미
d	디렉터리
rwxr-xr-x	파일 접근 권한(rwx : 사용 권한, r-x : 그룹 권한, r-x : 타인 권한)
2	하드 링크의 개수
cskisa	파일 소유자
cskisa	파일이 속한 그룹
4096	파일의 크기(byte 단위)
5월 8 13:01	파일이 마지작으로 수정된 날짜와 시간
공개	파일 이름

지금까지 배운 내용을 상기하며 다음 문제를 도전해 보세요.

도전 05 - 03

1. 현재 디렉터리의 위치에서 tmp 디렉터리에 있는 파일의 종류와 기호 출력하기
2. tmp 디렉터리에 존재하는 파일의 상세 정보화 파일 종류 및 기호를 한꺼번에 출력하기

5 디렉터리의 자체정보

ls 명령으로 디렉터리의 자체정보를 확인할 때는 옵션 -d를 함께 사용합니다. 옵션 두 가지를 한꺼번에 사용할 때와 하나만 사용할 경우를 비교하기 위해 다음 예제를 수행합니다.

예제 05 - 09

- **Step 01** | ls 명령과 옵션 -l을 사용하여 루트(/) 디렉터리에 존재하는 모든 파일의 상세한 정보를 출력합니다.

```
cskisa@ubuntu:~$ ls -l /
합계 1435352
lrwxrwxrwx     1 root root          7    5월   8  12:10 bin -> usr/bin
drwxr-xr-x     4 root root       4096    5월   8  12:32 boot
...
(생략)
...
cskisa@ubuntu:~$
```

- **Step 02** | 루트 디렉터리의 자체정보를 ls 명령과 옵션 -ld를 함께 선언하여 루트 디렉터리가 가지고 있는 자체정보를 살펴봅니다.

```
cskisa@ubuntu:~$ ls -ld /
drwxr-xr-x  24  root  root  4096  5월  1 18:45  /
cskisa@ubuntu:~$
```

6 I-node 번호 확인

파일에 부여된 I-node 번호를 확인하기 위해 ls 명령과 함께 옵션 -i를 사용하여 출력합니다. 파일명 앞에 출력된 숫자는 I-node 번호를 의미합니다.

예제 05-10

ls 명령과 함께 옵션 -i를 사용하여 현재 디렉터리에 존재하는 파일에 부여된 I-node 번호를 출력합니다.

```
cskisa@ubuntu:~$ ls -i
791232 공개      791233 문서        791236 비디오    791234 음악
791230 다운로드  791226 바탕화면    791235 사진      191231 템플릿
cskisa@ubuntu:~$
```

7 심볼릭 링크 출력

우분투에서 디렉터리의 내용을 살펴볼 때 사용하는 심볼릭 링크 명령으로는 dir과 vdir이 있습니다. 도스 명령에서 디렉터리와 관련하여 주로 많이 사용되었던 dir 명령을 우분투에서도 쉽게 사용할 수 있도록 심볼릭 링크 명령으로 제공하고 있습니다. dir 명령은 ls 명령에 대한 심볼릭 링크이며 vdir 명령은 ls -l 명령에 대한 심볼릭 링크입니다.

예제 05-11

- **Step 01** | ls 명령에 대한 심볼릭 링크를 출력하기 위해 dir 명령을 사용합니다.

```
cskisa@ubuntu:~$ dir
공개  다운로드  문서  바탕화면  비디오  사진  음악  템플릿
cskisa@ubuntu:~$
```

• **Step 02** | vdir 명령으로 ls -l 명령에 대한 심볼릭 링크를 출력합니다.

```
cskisa@ubuntu:~$ vdir
합계 32
drwxr-xr-x 2 cskisa cskisa  4096  5월  8 13:01 공개
drwxr-xr-x 2 cskisa cskisa  4096  5월  8 13:01 다운로드
drwxr-xr-x 2 cskisa cskisa  4096  5월  8 13:01 문서
drwxr-xr-x 2 cskisa cskisa  4096  5월  8 13:01 바탕화면
drwxr-xr-x 2 cskisa cskisa  4096  5월  8 13:01 비디오
drwxr-xr-x 2 cskisa cskisa  4096  5월  8 13:01 사진
drwxr-xr-x 2 cskisa cskisa  4096  5월  8 13:01 음악
drwxr-xr-x 2 cskisa cskisa  4096  5월  8 13:01 템플릿
cskisa@ubuntu:~$
```

지금까지 배운 내용을 상기하며 다음 문제를 도전해 보세요.

도전 05-04

1. 현재 디렉터리의 위치에서 tmp 디렉터리에 있는 심볼릭 링크 명령 출력하기
2. tmp 디렉터리에 존재하는 심볼릭 링크 명령에 대한 상세한 정보 출력하기
3. ls 명령을 사용하지 말고 dir 명령과 vdir 명령을 사용하여 출력

8 파일의 존재 확인

우분투에서 찾고자 하는 해당 파일이 존재하는지를 확인하기 위해서는 ls 명령의 인자로 '파일명'을 함께 선언하면 됩니다.

예제 05-12

ls 명령으로 우분투 시스템에 game_data 파일이 존재하는지를 확인합니다.

```
cskisa@ubuntu:~$ ls game_data
ls: 'game_data'에 접근할 수 없습니다 : 그런 파일이나 디렉터리가 없습니다
cskisa@ubuntu:~$
```

지금까지 배운 내용을 상기하며 다음 문제를 도전해 보세요.

도전 05-05

1. 현재 디렉터리의 위치에서 tmp 디렉터리에 있는 test 파일 존재여부 확인하기
2. /usr/lib 디렉터리로 이동한 다음 sample.txt 파일이 존재하는지 확인하기
3. 홈 디렉터리로 바로 이동하기

SECTION

04 디렉터리 생성 및 삭제

1 디렉터리 생성

쓰기 권한을 부여받은 디렉터리에는 새로운 디렉터리를 생성할 수 있지만 쓰기 권한을 받지 못한 사용자는 새로운 디렉터리를 생성할 수 없습니다. 사용자 홈 디렉터리에 새로운 디렉터리를 생성하기 위해서는 make directory의 약어인 mkdir 명령을 사용하면 됩니다.

$ mkdir

기능 새로운 디렉터리 생성

형식 mkdir [옵션] 생성할 디렉터리명 Enter↵

옵션 -p : 하위 디렉터리를 계층적으로 생성할 때 중간단계의 디렉터리가 없으면 자동으로 중간단계 디렉터리를 생성하면서 전체 디렉터리를 생성

새로운 디렉터리 생성하기

새로운 디렉터리를 생성할 때는 보통 현재의 디렉터리에 하위 디렉터리를 새로 생성하는 경우가 대부분입니다. 디렉터리명은 상대 경로명이나 절대 경로명으로 지정하며 보편적으로 상대 경로명을 사용하여 디렉터리를 생성합니다.

예제 05-13

• **Step 01** | mkdir 명령으로 현재 디렉터리의 위치에서 test_dir 디렉터리를 생성한 다음 ls 명령으로 test_dir 디렉터리 생성 여부를 확인합니다.

```
cskisa@ubuntu:~$ mkdir test_dir
cskisa@ubuntu:~$ ls
test_dir  공개  다운로드  문서  바탕화면  비디오  사진  음악  템플릿
cskisa@ubuntu:~$
```

• **Step 02** | ls 명령으로 비어있는 디렉터리의 파일목록을 출력해 보면 아무것도 출력되지 않습니다. 그 이유는 아직 아무것도 생성하지 않았기 때문입니다.

```
cskisa@ubuntu:~$ ls test_dir
cskisa@ubuntu:~$
```

새로운 디렉터리 한 번에 여러 개 생성하기

mkdir 명령으로 새로운 디렉터리를 한꺼번에 여러 개를 생성하고자 할 때는 생성하려는 디렉터리명을 각각 지정해 주면 됩니다. 이때 각각의 디렉터리명과 디렉터리명 사이에는 공백문자를 넣어 디렉터리명을 확실하게 구분해 주어야 합니다.

예제 05 - 14

• **Step 01** | mkdir 명령으로 3개(test_01, test_02, test_03)의 디렉터리를 한꺼번에 생성합니다.

```
cskisa@ubuntu:~$ mkdir test_01 test_02 test_03
cskisa@ubuntu:~$
```

• **Step 02** | ls 명령으로 생성된 디렉터리의 목록을 확인합니다.

```
cskisa@ubuntu:~$ ls
test_01  test_03   공개      문서      비디오  음악
test_02  test_dir  다운로드  바탕화면  사진    템플릿
cskisa@ubuntu:~$
```

지금까지 배운 내용을 상기하며 다음 문제를 도전해 보세요.

도전 05-06

1. 홈 디렉터리에 2개의 디렉터리 d_mark01, d_mark02 생성하기
2. 생성한 d_mark01 디렉터리로 커서위치 이동하기
3. d_mark01 디렉터리 위치에서 상대번지를 사용하여 d_mark02 디렉터리로 바로 이동하기
4. 커서위치를 홈 디렉터리로 바로 이동하기

중간 디렉터리 자동으로 생성하기 : -p 옵션

새로운 계층적 디렉터리를 생성하고자 할 때 디렉터리 중간 단계의 디렉터리가 없는 경우에는 자동으로 생성되도록 하려면 mkdir 명령과 함께 옵션 -p를 사용하면 됩니다.

옵션 -p를 지정하지 않은 상태로 mkdir 명령을 사용하여 계층적 디렉터리를 생성하려고 하면 디렉터리를 생성할 수 없다는 메시지가 출력됩니다. 그 이유는 중간 디렉터리가 존재하지 않기 때문입니다. 즉 옵션 -p는 중간계층의 디렉터리를 생성해 준다는 의미로 지정해 주는 것입니다.

예제 05-15

• **Step 01** | 중간 디렉터리의 구조를 갖는 tmp/data/guest 디렉터리를 생성하기 위해 mkdir 명령과 옵션 -p를 사용하여 새로운 계층형 디렉터리를 생성합니다.

```
cskisa@ubuntu:~$ mkdir -p tmp/data/guest
cskisa@ubuntu:~$
```

• **Step 02** | ls 명령으로 현재 디렉터리의 파일목록을 출력하여 tmp 디렉터리가 존재하는지를 확인합니다.

```
cskisa@ubuntu:~$ ls
test_01  test_03  tmp      공개      문서   비디오  음악
test_02  test_dir 다운로드  바탕화면  사진   템플릿
cskisa@ubuntu:~$
```

• **Step 03** | ls -R 명령으로 tmp 디렉터리가 존재하는 하위 디렉터리 목록까지 출력합니다.

```
cskisa@ubuntu:~$ ls -R tmp
tmp:
data

tmp/data:
guest

tmp/data/guest:
cskisa@ubuntu:~$
```

2 디렉터리 삭제

기존에 존재하는 디렉터리를 삭제할 때는 remove directory의 약어인 rmdir 명령을 사용합니다. 특정 디렉터리가 필요하지 않거나 디렉터리를 잘못 만들었을 경우 rmdir 명령으로 해당 디렉터리를 삭제하게 됩니다.

$ rmdir

기능 기존에 존재하는 디렉터리 삭제
형식 rmdir [옵션] 삭제할 디렉터리명 Enter↵
옵션 -p : 삭제하고자 하는 디렉터리를 삭제할 때 부모 디렉터리가 빈 디렉터리로 존재할 경우에는 부모 디렉터리도 자동으로 삭제

예제 05-16

- **Step 01** | ls 명령으로 현재 디렉터리의 파일목록을 출력하여 삭제하려는 test_dir 디렉터리가 존재하는지를 확인합니다.

```
cskisa@ubuntu:~$ ls
test_01  test_03  tmp      공개     문서      비디오  음악
test_02  test_dir 다운로드 바탕화면 사진      템플릿
cskisa@ubuntu:~$
```

- **Step 02** | rmdir 명령으로 현재 디렉터리에 존재하는 test_dir 디렉터리를 삭제합니다.

```
cskisa@ubuntu:~$ rmdir test_dir
cskisa@ubuntu:~$
```

- **Step 03** | ls 명령으로 현재 디렉터리에 존재하는 파일목록을 출력해 보면 앞에서 삭제한 test_dir 디렉터리는 존재하지 않는 것을 확인할 수 있습니다.

```
cskisa@ubuntu:~$ ls
test_01  test_02  test_03  tmp  공개  다운로드  문서  바탕화면  비디오  사진  음악
템플릿
cskisa@ubuntu:~$
```

지금까지 배운 내용을 상기하며 다음 문제를 도전해 보세요.

도전 05-07

1. 홈 디렉터리에 존재하는 디렉터리의 목록 출력하기
2. 홈 디렉터리에 2개의 디렉터리 d_mark01, d_mark02 한꺼번에 삭제하기
3. d_mark01, d_mark02 디렉터리가 삭제되었는지 확인하기

비어있지 않은 디렉터리 삭제하기 : rm 명령과 -r 옵션

rmdir 명령으로 비어있지 않은 디렉터리를 삭제하고자 할 때는 디렉터리를 삭제할 수 없습니다. rm 명령과 옵션 -r을 함께 사용해야만 비어있지 않은 디렉터리를 삭제할 수 있습니다.

$ rm -r tmp

기능 비어있지 않은 디렉터리 삭제
형식 rm [옵션] 삭제할 디렉터리명 Enter↵
옵션 -r : 삭제하기 위해 지정한 디렉터리를 삭제

예제 05-17

- **Step 01** | ls 명령으로 현재 디렉터리의 파일목록을 출력하여 삭제하려는 tmp 디렉터리가 존재하는지를 확인합니다.

```
cskisa@ubuntu:~$ ls
test_01  test_02  test_03  tmp  공개  다운로드  문서  바탕화면  비디오  사진  음악
템플릿
cskisa@ubuntu:~$
```

- **Step 02** | rm 명령으로 비어있지 않는 디렉터리 tmp/data/guest를 한꺼번에 삭제하는 명령을 수행하게 되면 아래와 같이 지울 수 없는 디렉터리라는 메시지가 출력됩니다.

```
cskisa@ubuntu:~$ rm tmp
rm: `tmp'를 지울수 없음 : 디렉터리입니다
cskisa@ubuntu:~$
```

- **Step 03** | rm -r 명령으로 비어있지 않는 디렉터리 tmp/data/guest를 한꺼번에 삭제하는 명령을 수행합니다. 명령을 수행한 결과 아무런 메시지가 나타나지 않는다면 정상적으로 명령이 수행되었음을 의미합니다.

```
cskisa@ubuntu:~$ rm -r tmp
cskisa@ubuntu:~$
```

- **Step 04** | ls 명령으로 현재 디렉터리에 존재하는 파일목록을 출력해 보면 비어있지 않았던 tmp/data/guest 디렉터리는 삭제되어 존재하지 않는 것을 확인할 수 있습니다.

```
cskisa@ubuntu:~$ ls
test_01  test_02  test_03  공개  다운로드  문서  바탕화면  비디오  사진  음악  템플릿
cskisa@ubuntu:~$
```

지금까지 배운 내용을 상기하며 다음 문제를 도전해 보세요.

도전 05 - 08

1. 홈 디렉터리에서 /work/space/zone 계층적 디렉터리 생성하기
2. work 디렉터리의 하위 디렉터리까지 한꺼번에 계층적 디렉터리 출력하기
3. zone 디렉터리로 한 번에 이동하기
4. 홈 디렉터리로 바로 이동하기
5. 한꺼번에 /work/space/zone 계층적 디렉터리 삭제하기
6. 계층적 디렉터리가 정상적으로 삭제되었는지 확인하기

핵심요약

01 현재 작업 중인 디렉터리의 위치를 확인하기 위해서는 print working directory의 약어인 pwd 명령을 사용합니다.

02 디렉터리의 이동은 우분투 시스템에서 다른 사용자가 접근하지 못하도록 막아놓은 디렉터리를 제외하고는 모든 디렉터리의 이동이 가능합니다. 현재 디렉터리 위치에서 다른 디렉터리의 위치로 이동하기 위해서는 change directory의 약어인 cd 명령을 사용합니다.

03 상대 경로명을 지정할 경우 일단 상위 디렉터리로 이동하기 위해 '..'로 시작한 다음 특정 디렉터리로 이동합니다.

04 현재 작업 중인 디렉터리의 위치에서 홈 디렉터리의 위치로 이동하기 위해 cd 명령을 사용합니다.

05 ls 명령은 list의 의미로 현재 디렉터리에 있는 파일이나 서브 디렉터리의 목록을 보여주는 명령입니다. ls 명령을 사용하면 특정 디렉터리에 어떠한 파일이나 서브 디렉터리가 존재하는지를 확인할 수 있으므로 해당 파일을 실행하거나 응용할 수 있습니다.

06 우분투 시스템에서는 파일명이나 디렉터리명을 점(.)을 사용하여 숨김 파일로 지정하고 있으므로 ls 명령만으로는 모든 파일을 확인할 수 없습니다. 숨김 파일까지 모두 확인하기 위해서는 all의 의미를 부여하는 -a 옵션을 사용합니다.

07 ls 명령에서 파일의 종류를 확인하기 위한 옵션 -F를 사용할 경우 파일의 종류를 구분할 수 있는 기호가 표시됩니다. 파일명 뒤에 '/'가 붙은 파일은 디렉터리 파일이고 '@'은 심볼릭 링크, '*'는 실행 파일을 의미합니다. 파일명 앞이나 뒤에 아무런 표시가 없으면 일반적으로 많이 다루어지는 일반 파일을 의미합니다.

08 ls 명령으로 지정한 디렉터리에 존재하는 파일의 상세한 정보를 출력하기 위해서는 long의 약어인 -l 옵션을 함께 사용하면 됩니다. ls 명령에서의 -l 옵션은 [윈도우 탐색기]에서 '자세히 보기' 기능과 같은 역할을 수행합니다.

09 ls 명령과 함께 -l 옵션을 사용하여 디렉터리에 존재하는 파일의 상세정보가 의미하는 바는 다음과 같습니다.

구분	의미
d	디렉터리
rwxr-xr-x	파일 접근 권한(rwx : 사용 권한, r-x : 그룹 권한, r-x : 타인 권한)
2	하드 링크의 개수
cskisa	파일 소유자
cskisa	파일이 속한 그룹
4096	파일의 크기(byte 단위)
5월 8 13:01	파일이 마지작으로 수정된 날짜와 시간
공개	파일 이름

10 디렉터리를 관리하는 명령은 다음과 같습니다.

디렉터리 명령	기능
pwd	현재 디렉터리의 위치 확인
cd	디렉터리의 위치 이동
ls	디렉터리 내용 보기
dir	ls 명령에 대한 심볼릭 링크 명령
vdir	ls -l 명령에 대한 심볼릭 링크 명령
mkdir	새로운 디렉터리 생성
rmdir	존재하는 디렉터리 삭제
rm -r	비어있지 않은 디렉터리 삭제

연습문제

01 다음 글을 읽고 빈 괄호를 채우시오

(1) 현재 작업 중인 디렉터리의 위치를 확인할 때는 (   ) 명령을 사용하고 다른 디렉터리의 위치로 이동할 때는 (   ) 명령을 사용합니다.

(2) ls 명령을 사용할 때 숨김 파일까지 모두 확인할 때는 옵션 (   )를 선언하고 디렉터리에 존재하는 파일의 상세한 정보를 출력할 때는 옵션 (   )을 선언합니다.

02 ls 명령과 함께 -l 옵션을 사용하여 디렉터리에 존재하는 파일의 상세정보가 출력된 각 항목별 의미에 대해 설명하시오.

구분	의미
d	
rwxr-xr-x	
2	
cskisa	
cskisa	
4096	
5월 8 13:01	
공개	

03 디렉터리 관리 명령에 대한 기능을 보고 명령을 채우시오.

디렉터리 명령	기능
	현재 디렉터리의 위치 확인
	디렉터리의 위치 이동
	디렉터리 내용 보기
	ls 명령에 대한 심볼릭 링크 명령
	ls -l 명령에 대한 심볼릭 링크 명령
	새로운 디렉터리 생성
	존재하는 디렉터리 삭제
	비어있지 않은 디렉터리 삭제

CHAPTER 06

파일 명령어

| 학습목표 |

- 우분투에서 파일 생성과 복사를 수행할 수 있습니다.
- 특정 파일의 위치를 찾아서 내용을 출력할 수 있습니다.
- 특정 파일을 원하는 위치로 이동할 수 있습니다.
- 일반 파일과 디렉터리를 삭제할 수 있습니다.

SECTION

01 파일 생성과 복사

1 파일 생성

파일을 생성할 때는 touch 명령을 사용하고 파일의 내용을 검색할 때는 grep 명령을 사용합니다. 이미 생성된 파일의 위치를 찾기 위해서는 find 명령을 사용하고 특정 명령이 어느 위치에 존재하는지를 알기 위해서는 whereis와 which 명령을 사용합니다.

실습을 위한 디렉터리 생성 : mkdir [디렉터리명]

파일 관련 명령에 대한 실습을 위해 mkdir 명령으로 file_dir 디렉터리를 생성하는 다음 예제를 수행합니다.

예제 06-01

• **Step 01** | 먼저 pwd 명령으로 현재 디렉터리의 위치를 확인합니다.

```
cskisa@ubuntu:~$ pwd
/home/cskisa
cskisa@ubuntu:~$
```

• **Step 02** | mkdir 명령으로 file_dir 디렉터리를 생성합니다.

```
cskisa@ubuntu:~$ mkdir file _ dir
cskisa@ubuntu:~$
```

• **Step 03** | ls 명령으로 file_dir 디렉터리가 존재하는지를 확인합니다.

```
cskisa@ubuntu:~$ ls
file _ dir  test _ 01  test _ 02  test _ 03  공개  다운로드  문서  바탕화면  비디오  사진
음악  템플릿
cskisa@ubuntu:~$
```

• **Step 04** | cd 명령으로 현재 디렉터리 위치에서 file_dir 디렉터리 위치로 이동합니다.

```
cskisa@ubuntu:~$ cd file _ dir
cskisa@ubuntu:~/file _ dir$
```

• **Step 05** | pwd 명령으로 현재 디렉터리 위치를 확인합니다.

```
cskisa@ubuntu:~/file _ dir$ pwd
/home/cskisa/file _ dir
cskisa@ubuntu:~/file _ dir$
```

빈 파일 생성 : touch

빈 파일을 생성할 때는 touch 명령을 사용합니다. 인자로 주어진 파일이 존재할 경우 현재 시각 또는 옵션에서 지정한 시각을 적용하여 파일 관련 시각을 변경해 줍니다. touch 명령의 리턴 코드는 존재하지 않고 작성되지 않는 파일을 포함해서 시각이 수정된 파일의 수를 의미합니다.

$ touch

기능 빈 파일을 생성하는 명령

형식 touch [-acm] [r ref _ file | -t time] Enter↵

옵션 -a : 최근에 작업한 파일의 접근시각만 변경 적용

-c : 존재하지 않는 파일은 새로 만들지 않음

-m : 최근에 작업한 파일의 수정시각만 변경 적용

-t [[CC]YY]MMDDhhmm[.ss] : 시각을 직접 입력

다음 예제를 통해 file_dir 디렉터리에 존재하지 않는 새로운 파일 ex_test을 생성한 다음 파일의 크기를 확인합니다.

예제 06-02

• **Step 01** | touch 명령으로 비어있는 text_file을 새로 생성합니다.

```
cskisa@ubuntu:~/file_dir$ touch ex_test
cskisa@ubuntu:~/file_dir$
```

• **Step 02** | ls -l 명령으로 현재 디렉터리에 존재하는 파일 목록을 자세하게 출력합니다.

```
cskisa@ubuntu:~/file_dir$ ls -l
합계 0
-rw-r--r-- 1 cskisa cskisa 0  5월  9  18:28  ex_test
cskisa@ubuntu:~/file_dir$
```

• **Step 03** | date 명령으로 우분투 시스템의 현재 시각을 확인합니다.

```
cskisa@ubuntu:~/file_dir$ date
2020. 05. 09. (토)  18:29:29  KST
cskisa@ubuntu:~/file_dir$
```

• **Step 04** | touch 명령으로 이미 존재하는 ex_test 파일의 최종 수정시각을 시스템의 현재 시각으로 변경합니다.

```
cskisa@ubuntu:~/file_dir$ touch ex_test
cskisa@ubuntu:~/file_dir$
```

• **Step 05** | ls -l 명령으로 ex_test 파일에 대한 상세한 정보를 출력하면 파일 생성 시각 18:28분에서 현재 시각 18:31분으로 변경된 것을 확인할 수 있습니다.

```
cskisa@ubuntu:~/file_dir$ ls -l ex_test
-rw-r--r-- 1 cskisa cskisa 0  5월  9  18:31  ex_test
cskisa@ubuntu:~/file_dir$
```

• **Step 06** | 현재 디렉터리에 존재하는 ex_test의 최종 수정시각을 2035년 08월 15일 10:30분으로 변경합니다.

```
cskisa@ubuntu:~/file_dir$ touch -t 203508151030 ex_test
cskisa@ubuntu:~/file_dir$
```

• **Step 07** | ls -l 명령으로 ex_test의 최종 수정시각을 확인해 보면 2035년 08월 15일로 변경된 것을 확인할 수 있습니다.

```
cskisa@ubuntu:~/file_dir$ ls -l ex_test
-rw-r--r-- 1 cskisa cskisa 0  8월  15  2035  ex_test
cskisa@ubuntu:~/file_dir$
```

지금까지 배운 내용을 상기하며 다음 문제를 도전해 보세요.

도전 06-01

1. 홈 디렉터리에서 /workspace 디렉터리 생성하기
2. workspace 디렉터리에 빈파일 sample.txt 파일 생성하기
3. 홈 디렉터리 위치에서 workspace 디렉터리에 있는 파일목록 출력하기
4. sample.txt 파일에 대한 최종 수정시각을 2055년 8월 15일 10:23분으로 변경하기
5. 홈 디렉터리 위치에서 sample.txt 파일에 대한 자세한 내용을 확인하기
6. 비어있지 않은 /workspace 디렉터리 삭제하기
7. workspace 디렉터리가 정상적으로 삭제되었는지 확인하기

2 파일 복사

파일이나 디렉터리를 복사할 때는 copy의 약어인 cp 명령을 사용합니다.

$ cp

기능 디렉터리 또는 파일을 복사

형식 cp [옵션] [첫 번째 인자] [두 번째 인자] Enter↵

옵션 -i : 복사할 파일명 또는 디렉터리명이 존재하면 덮어쓸 것인지를 물어보는 방법

-r : 디렉터리를 복사할 때 사용

원본 파일을 파일로 복사

cp 명령을 사용할 때 첫 번째 인자와 두 번째 인자가 모두 파일인 경우 파일과 파일을 복사하라는 의미입니다. 두 번째 인자로 지정한 파일명이 존재하지 않으면 원본 파일을 복사하여 생성합니다. 이미 존재하는 파일일 경우 원본 파일의 내용을 덮어쓰기를 수행하기 때문에 기존 파일에 존재하던 원래 내용은 모두 없어지게 되므로 주의해야 합니다.

예제 06-03

- **Step 01** | cp 명령으로 /etc 디렉터리에 존재하는 hosts 파일을 text_01 파일명으로 복사합니다.

```
cskisa@ubuntu:~/file_dir$ cp /etc/hosts text_01
cskisa@ubuntu:~/file_dir$
```

- **Step 02** | ls 명령으로 복사한 text_01 파일이 존재하는지를 확인합니다.

```
cskisa@ubuntu:~/file_dir$ ls
ex_test text_01
cskisa@ubuntu:~/file_dir$
```

원본 파일을 디렉터리로 복사

원본 파일을 디렉터리로 복사할 경우 복사되는 파일은 해당 디렉터리 아래에 복사됩니다. 복사될 파일이 들어갈 디렉터리는 반드시 먼저 생성되어 있어야 합니다.

예제 06 - 04

- **Step 01** | mkdir 명령으로 현재 디렉터리에 새로운 temp 디렉터리를 생성합니다.

```
cskisa@ubuntu:~/file_dir$ mkdir temp
cskisa@ubuntu:~/file_dir$
```

- **Step 02** | ls 명령으로 현재 디렉터리에 temp 디렉터리가 존재하는지를 확인합니다.

```
cskisa@ubuntu:~/file_dir$ ls
ex_test temp text_01
cskisa@ubuntu:~/file_dir$
```

- **Step 03** | cp 명령으로 현재 디렉터리에 존재하는 text_01 파일을 temp 디렉터리에 복사합니다.

```
cskisa@ubuntu:~/file_dir$ cp text_01 temp
cskisa@ubuntu:~/file_dir$
```

- **Step 04** | ls 명령으로 temp 디렉터리의 파일 목록을 출력하여 text_01 파일이 존재하는지를 확인합니다.

```
cskisa@ubuntu:~/file_dir$ ls temp
text_01
cskisa@ubuntu:~/file_dir$
```

• **Step 05** | cp 명령으로 현재 디렉터리에 존재하는 text_01 파일을 temp 디렉터리에 text_02 파일명으로 복사합니다.

```
cskisa@ubuntu:~/file_dir$ cp text_01 temp/text_02
cskisa@ubuntu:~/file_dir$
```

• **Step 06** | ls 명령으로 temp 디렉터리의 파일 목록을 출력하여 text_02 파일이 존재하는지를 확인합니다.

```
cskisa@ubuntu:~/file_dir$ ls temp
text_01  text_02
cskisa@ubuntu:~/file_dir$
```

• **Step 07** | 쓰기 권한이 없는 etc 디렉터리에 파일을 복사할 경우 '허가 거부' 메시지가 출력됩니다. etc 디렉터리는 우분투 시스템 설정을 위한 여러 파일이 들어있기 때문에 우분투 시스템 안정을 위해 디렉터리에 대한 접근 권한을 제한하고 있습니다.

```
cskisa@ubuntu:~/file_dir$ cp text_01 /etc
cp: 일반 파일 '/etc/text_01'을(를) 생성할 수 없음 : 허가 거부
cskisa@ubuntu:~/file_dir$
```

여러 개의 원본 파일을 디렉터리로 복사

여러 개의 원본 파일을 한꺼번에 복사하기 위해서는 반드시 원본 파일을 복사될 디렉터리로 지정해 주어야 파일 복사가 가능합니다.

예제 06-05

• **Step 01** | cp 명령으로 etc 디렉터리에 이미 존재하는 2개(hosts, services) 파일을 temp 디렉터리로 한꺼번에 복사합니다.

```
cskisa@ubuntu:~/file_dir$ cp /etc/hosts /etc/services temp
cskisa@ubuntu:~/file_dir$
```

• **Step 02** | ls 명령으로 temp 디렉터리의 파일 목록을 출력하여 앞에서 복사한 2개 파일이 존재하는지를 확인합니다.

```
cskisa@ubuntu:~/file_dir$ ls temp
hosts  services  text_01  text_02
cskisa@ubuntu:~/file_dir$
```

디렉터리 복사

디렉터리는 디렉터리로만 복사할 수 있습니다. 디렉터리를 복사하기 위해서는 디렉터리가 복사될 디렉터리가 존재해야 합니다. 만약 디렉터리가 존재하지 않는다면 -r 옵션을 사용하여 새로운 디렉터리 생성과 복사가 함께 수행되도록 하면 됩니다.

예제 06-06

• **Step 01** | cp 명령으로 현재 디렉터리에 존재하는 temp 디렉터리를 temp_cp 디렉터리로 복사하게 되면 다음과 같이 옵션 -r을 사용할 것을 권유하는 메시지가 출력됩니다.

```
cskisa@ubuntu:~/file_dir$ cp temp temp_cp
cp: -r not specified; omitting directory 'temp'
cskisa@ubuntu:~/file_dir$
```

• **Step 02** | cp 명령과 함께 옵션 -r을 사용하여 현재 디렉터리에 존재하는 temp 디렉터리를 temp_cp 디렉터리로 복사합니다. 옵션 -r은 복사하는 디렉터리가 존재하지 않을 경우 디렉터리를 자동으로 생성해 주는 옵션입니다.

```
cskisa@ubuntu:~/file _ dir$ cp -r temp temp _ cp
cskisa@ubuntu:~/file _ dir$
```

- **Step 03** | ls 명령으로 복사된 temp_cp 디렉터리에 존재하는 파일 목록을 출력합니다.

```
cskisa@ubuntu:~/file _ dir$ ls temp _ cp
hosts  services  text _ 01  text _ 02
cskisa@ubuntu:~/file _ dir$
```

- **Step 04** | cp 명령과 함께 옵션 -i를 사용하게 되면 기존 파일을 덮어씌울 것인지 아닌지에 대해 대화식 방법으로 진행할 수 있습니다.

```
cskisa@ubuntu:~/file _ dir$ cp -i /etc/hosts text _ 01
cp: `text _ 01'를 덮어쓸까요? y
cskisa@ubuntu:~/file _ dir$
```

지금까지 배운 내용을 상기하며 다음 문제를 도전해 보세요.

도전 06 – 02

1. 홈 디렉터리에서 workspace 디렉터리 생성하기
2. 홈 디렉터리 위치에서 workspace 디렉터리에 빈파일 sample.txt 파일 생성하기
3. workspace 디렉터리에 sample.txt 파일이 생성되었는지 확인하기
4. workspace 디렉터리를 copy _ workspace 디렉터리로 복사하기
5. /etc/hosts 파일과 /etc/services 파일을 한꺼번에 copy _ workspace 디렉터리로 복사하기
6. 홈 디렉터리 위치에서 copy _ workspace 디렉터리에 존재하는 파일 목록을 자세하게 출력하기
7. 비어있지 않은 workspace 디렉터리와 copy _ workspace 디렉터리를 한꺼번에 삭제하기
8. workspace 디렉터리와 copy _ workspace 디렉터리가 정상적으로 모두 삭제되었는지 확인하기

SECTION

02 파일 찾기와 이동

1 파일 찾기

우분투에서 파일을 찾고자 할 때는 find 명령을 사용합니다. find 명령은 파일의 생성일자, 파일명, 파일 소유자 등 다양한 조건에 맞는 파일을 찾을 수 있는 편리성을 제공합니다.

$ find

기능 검색 조건에 맞는 파일을 지정한 위치에서 찾음

형식 find 경로 검색조건 [옵션] [동작] Enter↵

옵션 -name : 파일 이름으로 검색

-type : 파일 타입으로 검색

-user : 로그인 아이디로 사용자가 소유한 모든 파일 검색

-perm : 지정한 접근 권한과 일치하는 파일 검색

옵션 -exec 명령 {} \ : 검색된 파일에 명령을 실행

-ok 명령{} \ : 사용자의 확인을 받아서 명령을 실행

-print : 검색된 파일의 절대 경로명을 화면에 출력(기본 동작)

-ls : 검색결과를 긴 목록형식으로 출력

다음 예제를 통해 find 명령으로 특정 파일의 존재 위치를 찾아보는 과정을 수행합니다.

예제 06 - 07

- **Step 01** | find 명령과 함께 옵션 -name을 사용하여 /usr 디렉터리에 존재하는 ls 파일을 찾습니다.

```
cskisa@ubuntu:~/file_dir$ find /usr -name ls
/usr/lib/klibc/bin/ls
/usr/bin/ls
cskisa@ubuntu:~/file_dir$
```

• **Step 02** | 현재 디렉터리부터 하위 디렉터리까지의 경로에서 파일 이름이 알파벳 h로 시작하는 모든 파일을 출력합니다.

```
cskisa@ubuntu:~/file_dir$ find . -type f -name 'h*' -print
./temp/hosts
./temp_cp/hosts
cskisa@ubuntu:~/file_dir$
```

• **Step 03** | 현재 디렉터리부터 하위 디렉터리까지의 경로 중에서 비어있는 파일 목록을 출력합니다.

```
cskisa@ubuntu:~/file_dir$ find . -type f -name '*' -empty -exec ls -l {} \;
-rw-r--r-- 1 cskisa cskisa 0  8월   15  2035 ./ex_test
cskisa@ubuntu:~/file_dir$
```

• **Step 04** | cd 명령과 함께 틸드(~)를 사용하여 사용자 홈 디렉터리로 이동합니다.

```
cskisa@ubuntu:~/file_dir$ cd ~
cskisa@ubuntu:~$
```

• **Step 05** | 현재 디렉터리에 h로 시작하는 모든 파일 목록을 출력합니다.

```
cskisa@ubuntu:~$ find -type f -name 'h*' -print
./.local/share/gvfs-metadata/home-9737a9ca.log
./.local/share/gvfs-metadata/home
./.mozilla/firefox/u6ovilik.default-release/handlers.json
./file_dir/temp/hosts
./file_dir/temp_cp/hosts
cskisa@ubuntu:~$
```

2 파일 내용 출력

파일 내용 출력은 기본적으로 텍스트 파일의 내용을 출력한다는 것을 의미합니다. 실행 파일은 컴파일되어 바이너리 파일로 변환되었기 때문에 일반적인 명령으로는 그 내용을 확인할 수 없습니다.

파일 내용 연속출력 : cat

파일 내용을 연속해서 출력하기 위해서는 cat 명령을 사용합니다.

$ cat

기능 파일 내용을 연속해서 출력
형식 cat [옵션] 출력할 파일명 Enter↵
옵션 -n : 파일내용을 행 번호를 붙여서 출력

다음 예제를 통해 gedit 창에서 작성한 텍스트 파일 test.txt의 내용을 cat 명령으로 출력하는 과정을 수행합니다.

예제 06-08

• **Step 01** | 터미널 창에서 gedit 명령으로 test.txt 파일을 생성합니다.

```
cskisa@ubuntu:~$ gedit test.txt
```

• **Step 02** | gedit 창에서 아래 내용을 입력 후 저장한 다음 gedit 창을 닫아줍니다.

test.txt

```
안녕하세요.
오늘도 즐거운 하루되세요.
```

• **Step 03** | cat 명령으로 test.txt 파일의 내용을 연속적으로 출력합니다.

```
cskisa@ubuntu:~$ cat test.txt

 안녕하세요.
 오늘도 즐거운 하루되세요.
cskisa@ubuntu:~$
```

• **Step 04** | cat 명령과 옵션 -n을 사용하여 test.txt 파일의 내용을 행 번호와 함께 출력합니다.

```
cskisa@ubuntu:~$ cat -n test.txt
     1
     2  안녕하세요.
     3  오늘도 즐거운 하루되세요.
cskisa@ubuntu:~$
```

화면 단위로 파일 내용 출력 : more

파일 내용을 화면 단위로 출력하기 위해서는 more 명령을 사용합니다.

$ more

기능	파일내용을 화면 단위로 출력
형식	more [옵션] 출력할 파일명 Enter↵
옵션	+행 번호 : 지정한 행 번호부터 파일내용이 화면단위로 출력

다음 예제를 통해 more 명령으로 /etc/services 파일의 내용을 출력합니다.

예제 06-09

• **Step 01** | more 명령으로 /etc 디렉터리에 존재하는 services 파일의 내용을 화면 단위로 출력합니다.

```
cskisa@ubuntu:~$ more /etc/services
# Network services, Internet style
#
# Note that it is presently the policy of IANA to assign a single well-known
...
(생략)
...
ftp-data        20/tcp
--More--(4%)
```

• **Step 02** | Space Bar 를 이용하여 etc 디렉터리에 존재하는 services 파일의 내용을 화면 단위로 확인합니다. 파일 내용의 확인 과정 중에 빠져나오려면 q를 입력하면 됩니다.

```
...
(생략)
...
fido            60179/tcp               # fidonet EMSI over TCP
--More--(99%)
q
# Local services
cskisa@ubuntu:~$
```

지금까지 배운 내용을 상기하며 다음 문제를 도전해 보세요.

도전 06-03

1. 홈 디렉터리에서 file _ dir 디렉터리에 있는 파일목록을 출력하기
2. file _ dir 디렉터리에 존재하는 test.txt 파일 내용을 행 번호와 함께 출력하기
3. 터미널 창에 사용했던 명령어와 출력결과를 모두 지우기

3 파일의 특정 문자열 검색

파일 내에서 특정 문자열을 검색할 때는 grep 명령을 사용합니다.

$ grep

기능 찾고자 하는 문자열 검색

형식 grep [옵션] [찾을 문자열] [파일명] Enter↵

옵션
-c : 찾을 문자열이 속한 행의 개수 출력
-H : 파일명과 함께 출력
-i : 대소문자를 구별하지 않고 출력
-l : 해당 패턴을 포함하는 파일이름 출력
-n : 찾으려는 문자열이 속해있는 행의 번호를 함께 출력
-r : 현재 경로부터 하위 경로까지 검색하여 출력
-v : 찾으려는 문자열이 없는 행 출력
-w : 패턴 표현식을 하나의 단어로 취급하여 검색

다음 예제를 통해 파일의 특정 문자열을 검색하는 과정을 수행합니다.

예제 06-10

• **Step 01** | cd 명령으로 작업할 file_dir 디렉터리로 이동합니다.

```
cskisa@ubuntu:~$ cd file _ dir
cskisa@ubuntu:~/file _ dir$
```

• **Step 02** | cp 명령으로 /etc/services 파일을 ex_data로 복사 후 ls 명령으로 확인합니다.

```
cskisa@ubuntu:~/file _ dir$ cp /etc/services ex _ data
cskisa@ubuntu:~/file _ dir$ ls
ex _ data  ex _ test  temp  temp _ cp  text _ 01
cskisa@ubuntu:~/file _ dir$
```

• **Step 03** | grep 명령과 함께 옵션 -n을 선언하여 ex_data 파일에서 특정 문자열 xmpp를 찾아 행 번호와 함께 출력합니다.

```
cskisa@ubuntu:~/file_dir$ grep -n xmpp ex_data
243:xmpp-client 5222/tcp       jabber-client    # Jabber Client Connection
244:xmpp-server 5269/tcp       jabber-service   # Jabber Service Connection
cskisa@ubuntu:~/file_dir$
```

지금까지 배운 내용을 상기하며 다음 문제를 도전해 보세요.

도전 06-04

1. 홈 디렉터리에서 /etc/services 파일내용을 행 번호와 함께 출력하기
2. services 파일내용 중에서 cssc 문자열이 포함된 부분을 행 번호와 함께 출력하기
3. 지금까지 사용했던 명령어를 모두 출력하기
4. grep 명령을 다시 실행하기

4 특정 명령 위치 검색

특정 명령이 어느 디렉터리에 존재하는지를 검색할 때는 whereis 또는 which 명령을 사용합니다.

고정된 경로에서 특정 명령 검색 : whereis

whereis 명령은 찾고자 하는 특정 명령을 고정된 경로에서 검색하는 기능을 수행합니다.

$ whereis

기능 찾고자 하는 명령의 바이너리 파일이나 매뉴얼 파일의 위치 검색

형식 whereis [옵션] 명령 Enter↵

옵션 -b : 바이너리 파일만 검색

-m : 매뉴얼 파일만 검색

-s : 소스 파일만 검색

다음 예제를 통해 cp 명령과 mv 명령이 어느 디렉터리에 존재하는지를 확인합니다.

예제 06-11

• **Step 01** | whereis 명령으로 cp 명령이 어느 디렉터리에 존재하는지를 확인합니다.

```
cskisa@ubuntu:~/file_dir$ whereis cp
cp: /usr/bin/cp /usr/share/man/man1/cp.1.gz
cskisa@ubuntu:~/file_dir$
```

• **Step 02** | 동일한 방법으로 mv 명령이 존재하는 디렉터리의 위치를 확인합니다.

```
cskisa@ubuntu:~/file_dir$ whereis mv
mv: /usr/bin/mv /usr/share/man/man1/mv.1.gz
cskisa@ubuntu:~/file_dir$
```

• **Step 03** | 이번에는 which 명령으로 ls 명령이 존재하는 디렉터리의 위치를 확인합니다.

```
cskisa@ubuntu:~/file_dir$ which ls
/bin/ls
cskisa@ubuntu:~/file_dir$
```

지금까지 배운 내용을 상기하며 다음 문제를 도전해 보세요.

도전 06-05

1. grep 명령이 어느 디렉터리에 있는지 위치 출력하기
2. cat 명령과 history 명령이 어느 디렉터리에 위치하고 있는지 한꺼번에 출력하기
3. 터미널 창에 출력된 모든 명령과 출력결과 지우기

5 파일 이동

파일이나 디렉터리를 다른 디렉터리로 이동하기 위해서는 move 약어인 mv 명령을 사용합니다. mv 명령은 파일이나 디렉터리의 이동뿐만 아니라 파일 이름이나 디렉터리의 이름을 변경할 때도 사용합니다.

$ mv

기능 파일이나 디렉터리를 이동 또는 파일명이나 디렉터리명 변경
형식 mv [원본 파일명] [이동할 파일명] Enter↵
옵션 -i : 이동할 디렉터리에 동일한 파일명이나 디렉터리가 존재하는지 메시지 출력

파일을 파일로 이동

mv 명령을 사용하여 원본 파일을 이동하고자 하는 디렉터리에 동일한 이름의 파일이 존재할 경우 원본 파일의 내용으로 덮어쓰고 기존의 내용은 삭제됩니다. 반대로 동일한 이름의 파일이 존재하지 않는다면 새로운 파일로 생성됩니다.

예제 06-12

• **Step 01** | ls 명령으로 현재 디렉터리에 존재하는 파일 목록을 출력합니다.

```
cskisa@ubuntu:~/file_dir$ ls
ex_data  ex_test  temp  temp_cp  text_01
cskisa@ubuntu:~/file_dir$
```

• **Step 02** | mv 명령으로 text_01 파일을 text_02 파일로 이동합니다.

```
cskisa@ubuntu:~/file_dir$ mv text_01 text_02
cskisa@ubuntu:~/file_dir$
```

• **Step 03** | ls 명령으로 파일 목록을 출력하면 당초에 있던 원본 파일인 text_01 파일은 없어지고 text_02 파일이 생성된 것을 확인할 수 있습니다.

```
cskisa@ubuntu:~/file_dir$ ls
ex_data  ex_test  temp  temp_cp  text_02
cskisa@ubuntu:~/file_dir$
```

파일을 다른 디렉터리로 이동

현재 디렉터리에 존재하는 파일을 다른 디렉터리로 이동하는 것은 파일 자체를 현재 디렉터리에서는 제거하고 지정한 디렉터리에 존재하도록 수행하는 것을 의미합니다.

예제 06-13

• **Step 01** | mv 명령으로 text_02 파일을 temp 디렉터리로 이동합니다.

```
cskisa@ubuntu:~/file_dir$ mv text_02 temp
cskisa@ubuntu:~/file_dir$
```

• **Step 02** | ls 명령으로 현재 디렉터리의 파일 목록을 ls 명령으로 출력해 보면 text_02 파일이 존재하지 않음을 확인할 수 있습니다.

```
cskisa@ubuntu:~/file_dir$ ls
ex_data  ex_test  temp  temp_cp
cskisa@ubuntu:~/file_dir$
```

• **Step 03** | temp 디렉터리에 존재하는 파일 목록을 ls 명령으로 출력해 보면 이동된 text_02 파일이 존재하는 것을 확인할 수 있습니다.

```
cskisa@ubuntu:~/file_dir$ ls temp
hosts  services  text_01  text_02
cskisa@ubuntu:~/file_dir$
```

SECTION

03 파일 삭제와 링크

1 파일 삭제

기존에 존재하는 파일을 삭제할 때는 remove의 약어인 rm 명령을 사용합니다. 디렉터리를 rm 명령으로 삭제할 때는 반드시 옵션 -r을 함께 사용해야 합니다.

$ rm

기능 파일 또는 디렉터리 삭제

형식 rm [옵션] [파일명 또는 디렉터리명] Enter↵

옵션 -i : 삭제할 파일명 또는 디렉터리명이 존재하면 삭제할 것인지를 물어보는 방법

-r : 지정한 디렉터리를 삭제할 때 사용 (특히 비어있지 않은 디렉터리를 삭제)

-ri : 지정한 디렉터리를 삭제할 때 내용을 하나씩 확인하면서 삭제

여기서 잠깐

rm 명령으로 디렉터리를 삭제할 때 정말 삭제할 것인지에 대한 물음 없이 파일이나 디렉터리를 삭제할 경우 그냥 바로 삭제되어서 복구할 수 없게 되기 때문에 신중하게 삭제해야 합니다. 특히 일반 사용자가 아닌 시스템 관리자인 경우에는 더더욱 신중함을 기울여야 합니다. 그 이유는 시스템의 중요한 파일이 삭제될 경우 전체 시스템에 심각한 영향을 줄 수 있기 때문입니다.

일반 파일 삭제

한 번 삭제한 파일은 다시 복구되지 않기 때문에 파일을 삭제할 때는 반드시 주의해야 합니다. 파일을 삭제할 때는 rm 명령과 옵션 -i를 함께 사용하여 삭제 여부를 확인해 가면서 수행할 것을 권장합니다.

예제 06-14

• **Step 01** | cp 명령으로 text_file을 text_file_cp 파일명으로 복사합니다.

```
cskisa@ubuntu:~/file _ dir$ cp ex _ test ex _ test _ cp
cskisa@ubuntu:~/file _ dir$
```

• **Step 02** | rm 명령과 함께 옵션 -i를 선언하여 복사된 text_file_cp 파일을 삭제하는 과정에서 삭제 여부를 물어보면서 진행하도록 수행합니다.

```
cskisa@ubuntu:~/file _ dir$ rm -i ex _ test _ cp
rm: 일반 빈 파일 `ex _ test _ cp'를 제거할까요? y
cskisa@ubuntu:~/file _ dir$
```

디렉터리 삭제

rmdir 명령으로는 비어있는 디렉터리에 대해서는 삭제할 수 있지만 비어있지 않은 디렉터리는 삭제할 수 없습니다. 비어있지 않은 디렉터리를 삭제하기 위해서는 rm 명령과 함께 반드시 옵션 -r을 함께 지정해 주어야 합니다.

예제 06-15

• **Step 01** | cp 명령으로 temp 디렉터리를 temp_cp 디렉터리로 복사한 다음 ls 명령으로 파일 목록을 출력합니다.

```
cskisa@ubuntu:~/file _ dir$ cp -r temp temp _ cp
cskisa@ubuntu:~/file _ dir$ ls
ex _ data  ex _ test  temp  temp _ cp
cskisa@ubuntu:~/file _ dir$
```

• **Step 02** | rm 명령과 함께 옵션 -ri를 선언하여 비어있지 않은 temp_cp 디렉터리에 대해 삭제 여부를 물어가면서 수행합니다.

```
cskisa@ubuntu:~/file_dir$ rm -ri temp_cp
rm: `temp_cp' 디렉터리로 내려가겠습니까? y
...
(생략)
...
rm: 디렉토리 `temp_cp'를 제거할까요? y
cskisa@ubuntu:~/file_dir$
```

지금까지 배운 내용을 상기하며 다음 문제를 도전해 보세요.

도전 06-06

1. 홈 디렉터리에서 workspace 디렉터리 생성하기
2. 홈 디렉터리 위치에서 workspace 디렉터리에 빈파일 sample.txt 파일 생성하기
3. workspace 디렉터리에 sample.txt 파일이 생성되었는지 확인하기
4. workspace 디렉터리를 mv_workspace 디렉터리로 이동하기
5. /etc/hosts 파일과 /etc/services 파일을 한꺼번에 mv_workspace 디렉터리로 복사하기
6. 홈 디렉터리 위치에서 copy_workspace 디렉터리에 존재하는 파일 목록을 자세하게 출력하기
7. mv_workspace 디렉터리에 sample.txt 파일 삭제하기
8. mv_workspace 디렉터리를 삭제 여부(y 또는 n)를 물어가면서 삭제하기
9. mv_workspace 디렉터리가 정상적으로 삭제되었는지 확인하기

2 파일 링크

파일 링크는 기존에 있는 파일에 새로운 파일을 연결해 주는 것으로 Windows 운영체제의 [바로 가기]와 같은 기능을 수행합니다. 파일 링크에는 기존 파일에 새로운 파일명을 추가하여 생성하는 하드 링크와 원본 파일을 가리키는 새로운 파일을 만드는 심볼릭 링크가 있습니다.

파일이나 디렉터리는 그에 해당하는 하나의 I-node를 가지고 있습니다. I-node는 하나의 파일이나 디렉터리의 모든 정보를 갖고 있는 64byte 크기로 구성된 표를 의미합니다. 즉 I-node는 파일의 어드레싱을 나타냅니다. I-node 번호가 같은 파일은 파일명이 다르더라도 같은 파일로 취급됩니다.

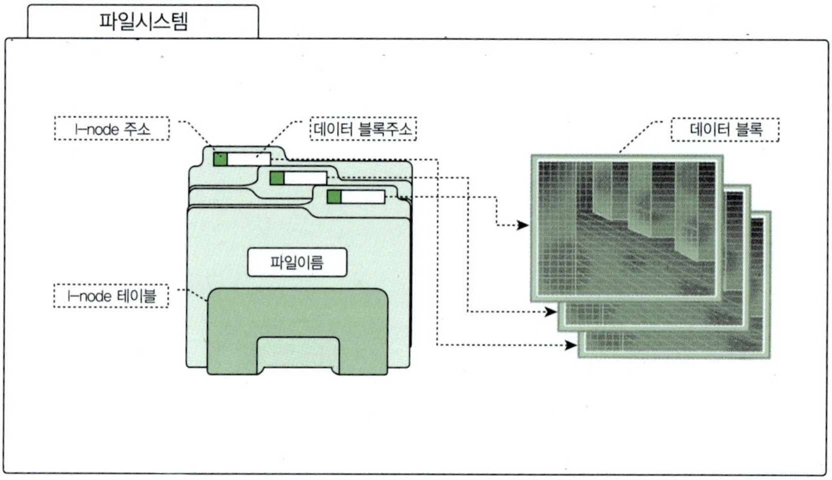

그림 6-1 우분투 파일 시스템 구성

하드 링크 만들기 : ln

우분투는 파일에 여러 개의 이름을 명명할 수 있으며 이때 부여하는 파일명을 하드 링크라고 합니다. 하드 링크는 Link의 약어인 ln 명령으로 만듭니다.

$ ln

기능 링크 파일 생성

형식 ln [옵션] 원본 파일명 링크파일명 Enter↵

옵션 -b : 링크 파일을 생성할 때 대상 파일이 이미 존재한다면 백업 파일 생성 후 링크 파일 생성

-d : 디렉터리에 대한 하드 링크 파일 생성을 가능하게 함(단, root 권한으로 수행하더라도 시스템 권한 제한으로 인해 실패 가능성 높음)

-f : 대상 파일이 존재할 경우 대상 파일을 지우고 링크 파일을 생성

-i : 대상 파일이 존재할 경우 대상 파일을 지울 것인지 확인 요청

-s : 심볼릭 링크 파일 생성

-S : 백업 파일을 생성할 경우 접미사를 지정

-t, --target-directory=DIRECTORY : 링크 파일을 생성할 디렉터리 지정

기존에 존재하는 파일을 대상으로 하드 링크를 통해 새로운 링크 파일을 생성한 다음 기존 파일과 링크 파일의 차이점을 다음 예제를 통해 자세히 살펴보도록 하겠습니다.

예제 06-16

• **Step 01** | ls -l 명령으로 현재 디렉터리에 존재하는 파일 목록을 출력합니다.

```
cskisa@ubuntu:~/file_dir$ ls -l
-rw-r--r--  1  cskisa  cskisa   14464   5월   9   19:18  ex_data
-rw-rw-r--  1  cskisa  cskisa       0   8월  15   20:35  ex_test
drwxrwxr-x  2  cskisa  cskisa    4096   5월   9   19:35  temp
cskisa@ubuntu:~/file_dir$
```

• **Step 02** | ln 명령으로 ex_data 파일에 대한 하드 링크 파일을 생성합니다.

```
cskisa@ubuntu:~/file_dir$ ln ex_data ex_data.ln
cskisa@ubuntu:~/file_dir$
```

• **Step 03** | ls -l 명령으로 ex_data 파일에 대한 ex_data.ln 하드 링크 파일이 생성된 것을 확인할 수 있습니다.

```
cskisa@ubuntu:~/file_dir$ ls -l
-rw-r--r--  2  cskisa  cskisa   14464   5월   9   19:18  ex_data
-rw-r--r--  2  cskisa  cskisa   14464   5월   9   19:18  ex_data.ln
-rw-rw-r--  1  cskisa  cskisa       0   8월  15   20:35  ex_test
drwxrwxr-x  2  cskisa  cskisa    4096   5월   9   19:35  temp
cskisa@ubuntu:~/file_dir$
```

심볼릭 링크 만들기 : -s 옵션

하드 링크 파일은 동일한 I-node 번호가 부여되는 반면 심볼릭 링크 파일은 전혀 다른 I-node 번호가 부여됩니다. 즉 원본 파일과 심볼릭 링크 파일은 서로 다른 파일로 취급된다는 것을 의미합니다.

예제 06-17

- **Step 01** | ls -i 명령으로 현재 디렉터리에 존재하는 파일의 I-node 번호를 확인합니다.

```
cskisa@ubuntu:~/file_dir$ ls -i
527134 ex_data  527134 ex_data.ln  527127 ex_test  527129 temp
cskisa@ubuntu:~/file_dir$
```

- **Step 02** | ln -s 명령으로 현재 디렉터리에 존재하는 ex_data 파일에 대한 심볼릭 링크 파일 ex_data.sl을 생성합니다.

```
cskisa@ubuntu:~/file_dir$ ln -s ex_data ex_data.sl
cskisa@ubuntu:~/file_dir$
```

- **Step 03** | ls -l 명령으로 ex_data.sl 심볼릭 링크 파일에 대한 상세한 내용을 출력합니다.

```
cskisa@ubuntu:~/file_dir$ ls -l ex_data.sl
lrwxrwxrwx  1 cskisa cskisa 7  5월  9 20:09 ex_data.sl -> ex_data
cskisa@ubuntu:~/file_dir$
```

핵심요약

01 파일을 생성할 때는 touch 명령을 사용하고 파일의 내용을 검색할 때는 grep 명령을 사용합니다. 이미 생성된 파일의 위치를 찾기 위해서는 find 명령을 사용하고 특정 명령이 어느 위치에 존재하는지를 알기 위해서는 whereis와 which 명령을 사용합니다.

02 우분투에서 파일을 찾고자 할 때는 find 명령을 사용합니다. find 명령은 파일의 생성 일자, 파일명, 파일 소유자 등 다양한 조건에 맞는 파일을 찾을 수 있다는 편리성을 제공합니다.

03 기존에 존재하는 파일을 삭제하기 위해서는 remove의 약어인 rm 명령을 사용합니다. 디렉터리를 rm 명령으로 삭제할 때는 옵션 -r을 함께 사용해야 합니다.

04 파일이나 디렉터리는 그에 해당하는 하나의 I-node를 가지고 있습니다. I-node는 하나의 파일이나 디렉터리의 모든 정보를 갖고 있는 64byte 크기로 구성된 표를 의미합니다. 즉 I-node는 파일의 어드레싱을 나타냅니다. I-node 번호가 같은 파일은 파일명이 다르더라도 같은 파일로 취급됩니다.

05 파일을 관리하는 명령 중에서 주로 많이 사용되고 있는 명령을 요약하면 다음 표와 같습니다.

파일 명령	기능
touch	빈 파일 생성
cp	파일 복사
find	파일 찾기
cat	파일내용 출력
more	화면 단위로 파일 내용 출력
grep	파일의 특정 문자열 검색
whereis	고정된 경로에서 특정 명령 검색
which	경로 또는 에일리어스 출력
mv	파일 이동
rm	파일 삭제
ln	하드 링크 만들기
ln -s	심볼릭 링크 만들기

연습문제

01 다음 글을 읽고 빈 괄호를 채우시오

(1) 파일을 생성할 때는 (　　　　) 명령을 사용하고 파일의 내용을 검색할 때는 (　　　　) 명령을 사용합니다.

(2) 우분투에서 파일을 찾고자 할 때는 (　　　　) 명령을 사용하고 디렉터리를 rm 명령으로 삭제할 때는 옵션 (　　　　)을 함께 사용해야 합니다.

(3) I-node는 하나의 파일이나 디렉터리의 모든 정보를 갖고 있는 (　　　　) 크기로 구성된 표를 의미하며 I-node는 파일의 (　　　　)을 나타냅니다.

02 파일 관리 명령에 대한 기능을 보고 명령을 채우시오.

파일 명령	기능
	빈 파일 생성
	파일 복사
	파일 찾기
	파일내용 출력
	화면 단위로 파일내용 출력
	파일의 특정문자열 검색
	고정된 경로에서 특정 명령 검색
	경로 또는 에일리어스 출력
	파일 이동
	파일 삭제
	하드 링크 만들기
	심볼릭 링크 만들기

CHAPTER 07

우분투 에디터

| 학습목표 |

- 우분투에서 사용하는 에디터에 대해 이해할 수 있습니다.
- 텍스트 편집기를 사용하여 파일 내용을 편집할 수 있습니다.
- vi 에디터 작업 모드 변경과 활용방법을 숙지할 수 있습니다.
- 텍스트 편집기와 vi 에디터를 사용하여 환경설정을 변경할 수 있습니다.

SECTION

01 텍스트 편집기

1 X 윈도에서 실행

[텍스트 편집기]는 UTF-8과의 호환성을 제공하며 프로그램 코딩, 마크업 언어와 같은 구조화된 텍스트 문서를 GUI 환경에서 편집하는 용도에 중점을 두고 개발된 에디터입니다. X 윈도 화면에서 [텍스트 편집기] 아이콘을 클릭하면 텍스트를 편집할 수 있습니다. [텍스트 편집기]는 터미널 창에서 gedit 명령으로도 수행할 수 있습니다.

그림 7-1 X 윈도에서 텍스트 편집기 실행

2 터미널 창에서 실행

터미널 창에서 [텍스트 편집기]를 실행할 때는 gedit 명령을 사용합니다.

예제 07-01

• **Step 01** | mkdir 명령으로 실습할 chap_07 디렉터리를 생성 후 디렉터리의 위치를 chap_07으로 이동한 다음 gedit 명령으로 study.txt 파일을 생성합니다.

```
cskisa@ubuntu:~$ mkdir chap_07
cskisa@ubuntu:~$ cd chap_07
cskisa@ubuntu:~/chap_07$ gedit study.txt
```

• **Step 02** | [텍스트 편집기] 창이 활성화되면 다음 문장을 입력합니다.

```
오늘은 어제 죽어간 이가
그토록 기다리던
내일이다.
```

• **Step 03** | [텍스트 편집기] 창에서 〈저장〉을 누른 다음 [텍스트 편집기] 창은 닫아줍니다. 문장을 입력할 때 행 번호는 자동으로 나타납니다.

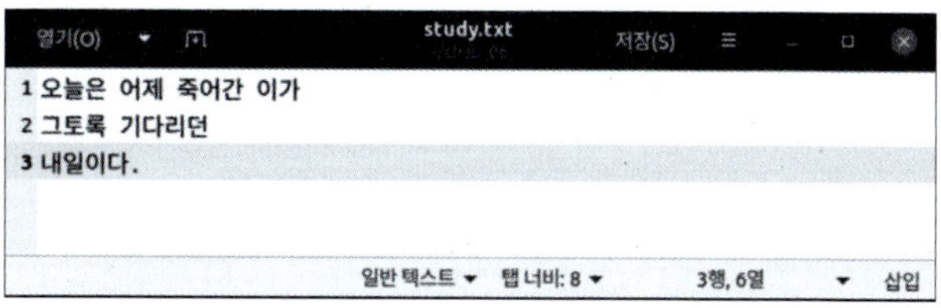

그림 7-2 텍스트 편집기에서 문자열 입력

• **Step 04** | cat 명령과 옵션 -n을 사용하여 study.txt 파일의 내용을 행 번호와 함께 출력합니다.

```
cskisa@ubuntu:~/chap_07$ cat -n study.txt
     1  오늘은 어제 죽어간 이가
     2  그토록 기다리던
     3  내일이다.
cskisa@ubuntu:~/chap_07$
```

• **Step 05** | study.txt 파일의 내용에 다음 문장을 추가하기 위해 gedit 명령을 수행합니다.

```
cskisa@ubuntu:~/chap _ 07$ gedit study.txt
```

▼ 추가할 문장

```
---------------------------------
여기서부터는 추가한 문장
최선을 다할 때 후회는 없습니다.
```

• **Step 06** | cat 명령과 옵션 -n을 사용하여 변경된 study.txt 파일의 내용을 출력합니다.

```
cskisa@ubuntu:~/chap _ 07$ cat -n study.txt
     1  오늘은 어제 죽어간 이가
     2  그토록 기다리던
     3  내일이다.
     4  --------------------------------
     5  여기부터는 추가한 문장
     6  최선을 다할 때 후회는 없습니다.
cskisa@ubuntu:~/chap _ 07$
```

지금까지 배운 내용을 상기하며 다음 문제를 도전해 보세요.

도전 07-01

1. 터미널 창에서 gedit 명령으로 mylife.txt 파일 생성하기
2. 입력한 문장을 mylife.txt 파일에 저장하기
3. 터미널 창에서 mylife.txt 파일의 내용을 행 번호와 함께 출력하기

▼ 입력할 문장

```
인생이란
결코 길지 않은 시간임에도
우리는 길다고 믿고 있음은 어리석음이 앞서기 때문이라고 생각합니다.
```

SECTION

02 vi 에디터

1 에디터 작업 모드

vi 에디터의 vi는 visual의 약어입니다. 사용자는 vi 에디터를 사용함에 있어 커서를 이동시키면서 내용을 수정할 수 있습니다. 작업은 명령 모드, 입력 모드, 라인 모드의 세 가지 모드로 구분되어 작업 모드가 전환되면서 사용됩니다. vi 에디터에서 사용되는 명령어는 대문자와 소문자를 엄격하게 구별합니다.

명령 모드에서 입력 모드로 전환하기 위해서는 i, I, a, A, o, O 중에서 알파벳 하나를 입력하면 됩니다. 반대로 입력 모드에서 명령 모드로 이동하려면 Esc 키를 눌러 이동하면 됩니다. vi 에디터의 작업 모드 전환방법은 다음 그림과 같습니다.

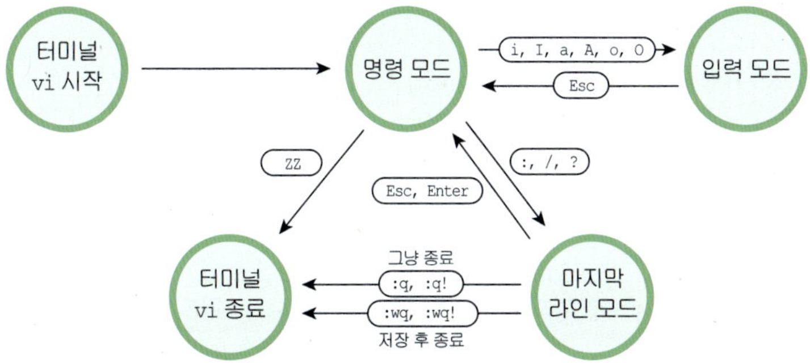

그림 7-3 vi 에디터 모드 전환 사용방법

2 vi 에디터 편집 키

입력 모드에서 사용하는 키는 다음 표와 같습니다.

표 7-1 입력 모드에서 명령 키

키	기능	키	기능
i	커서의 위치부터 입력	I	커서 행의 맨 앞부터 입력
a	커서의 다음 위치부터 입력	A	커서 행의 마지막부터 입력
o	커서의 다음 행에 입력	O	커서의 앞 행에 입력
s	커서 위치의 한 글자를 지우고 입력	S	커서의 행을 지우고 입력

명령 모드에서 커서를 이동할 때 사용하는 키는 다음 표와 같습니다.

표 7-2 명령 모드에서 커서 이동 키

키	기능	키	기능
gg	첫 행으로 이동	숫자G	숫자의 행으로 커서를 이동
G	마지막 행으로 이동	:숫자Enter↵	숫자의 행으로 커서를 이동
h	커서를 왼쪽으로 한 칸 이동(←)	Ctrl+B	이전 화면으로 커서를 이동
l	커서를 오른쪽으로 한 칸 이동(→)	Ctrl+F	다음 화면으로 커서를 이동
k	커서를 위쪽으로 한 칸 이동(↑)	^	현재 행의 처음으로 커서를 이동
j	커서를 왼쪽으로 한 칸 이동(↓)	$	현재 행의 마지막으로 커서를 이동

명령 모드에서 문자열을 찾거나 명령 취소, 복사, 붙여넣기, 삭제 등 내용을 편집할 때 사용하는 키는 다음 표와 같습니다.

표 7-3 명령 모드에서 내용편집 키

키	기능	키	기능
yy	현재 커서의 행을 복사	숫자yy	현재 커서부터 숫자만큼 행을 복사
p	복사 내용을 현재 행 뒤에 붙여넣음	P	복사 내용을 현재 행 앞에 붙여넣음
x	현재 커서 위치의 글자 삭제	X	현재 커서 위치의 앞 글자 삭제
dd	현재 커서 위치의 행 삭제	숫자dd	현재 커서부터 숫자만큼 행 삭제
r	현재 커서 위치의 글자 수정	cc	커서가 위치한 행의 내용 모두 수정
u	수행한 명령 취소	U	해당 행에서 수행한 명령 취소
?문자열Enter↵	커서 위치의 위쪽으로 문자열 검색	/문자열Enter↵	커서 위치의 아래쪽으로 문자열 검색

특정 문자열을 치환할 때 사용하는 키는 다음과 같습니다.

표 7-4 특정 문자열 치환 키

키	기능
:s/문자열1/문자열2/	커서가 위치한 행에서 첫 번째로 나오는 문자열1을 문자열2로 치환
:%s/문자열1/문자열2/g	파일 전체에서 모든 문자열1을 문자열2로 치환
:<범위>s/문자열1/문자열2/	범위 내 모든 행의 각행에서 첫 번째로 검색되는 문자열1을 문자열 2로 치환
:<범위>s/문자열1/문자열2/g	범위 내 모든 행에서 문자열1을 문자열2로 치환
:<범위>s/문자열1/문자열2/gc	범위 내 모든 행에서 문자열1을 문자열2로 치환할 때 수정할지에 대한 여부 확인

vi 에디터 명령을 종료하고 파일을 저장할 때 사용하는 다음과 같습니다.

표 7-5 vi 에디터에서 저장과 종료 시 명령키

모드	키	기능
라인 모드	q	vi 에디터에서 작업한 내용이 없으면 그냥 종료
	q!	작업한 내용을 저장하지 않고 종료
	:w[파일명]	파일명을 지정하면 새 파일로 저장 아니면 그냥 저장
	:wq 또는 :wq!	작업한 내용을 저장하고 vi 에디터를 종료
명령 모드	ZZ (Shift+Z Z)	작업한 내용을 저장하고 vi 에디터를 종료

3 파일 내용 편집

vi 편집기를 사용하여 앞에서 생성한 study.txt 파일의 내용을 수정하도록 하겠습니다.

예제 07 - 02

- **Step 01** | cp 명령으로 실습할 study.txt 파일을 study_cp.txt 파일명으로 복사합니다.

```
cskisa@ubuntu:~/chap _ 07$ cp study.txt study _ cp.txt
cskisa@ubuntu:~/chap _ 07$ ls
study.txt   study _ cp.txt
cskisa@ubuntu:~/chap _ 07$
```

• **Step 02** | vi 명령으로 study_cp.txt 파일을 엽니다. 파일을 열면 커서는 문장의 맨 처음 위치에서 깜빡거립니다.

```
cskisa@ubuntu:~/chap _ 07$ vi study _ cp.txt
```

그림 7-4 vi 편집기로 연 study_cp.txt 파일 내용

• **Step 03** | Shift+G를 눌러 커서의 위치를 마지막 행으로 이동합니다.

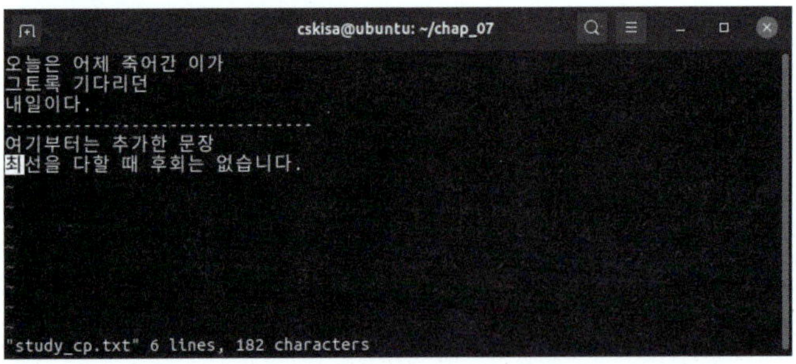

그림 7-5 커서의 위치를 마지막 행으로 이동

• **Step 04** | $를 눌러 커서의 위치를 행의 마지막 위치로 이동합니다.

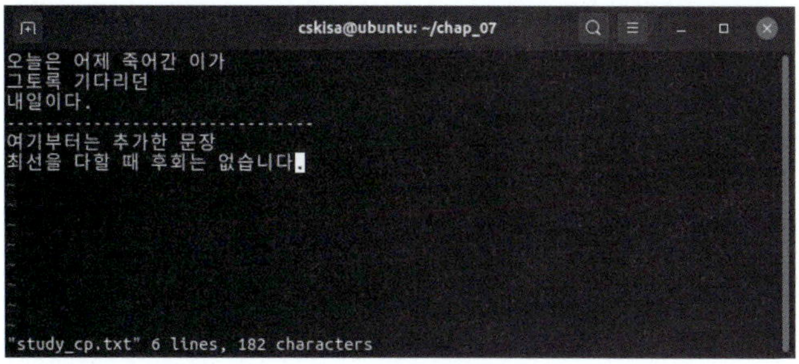

그림 7-6 커서의 위치를 행의 마지막 위치로 이동

• **Step 05** | o를 눌러 명령 모드에서 입력 모드로 전환한 다음 문자열 '오늘의 각오'를 입력합니다.

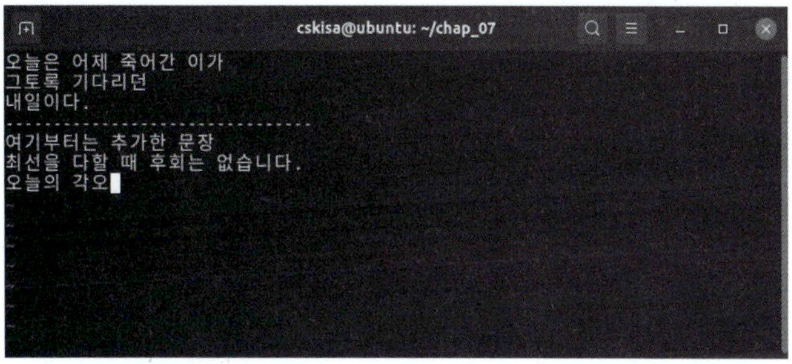

그림 7-7 문자열 추가

• **Step 06** | 변경된 파일의 내용을 저장하기 위해 Esc → :wq → Enter↵ 순으로 진행합니다.

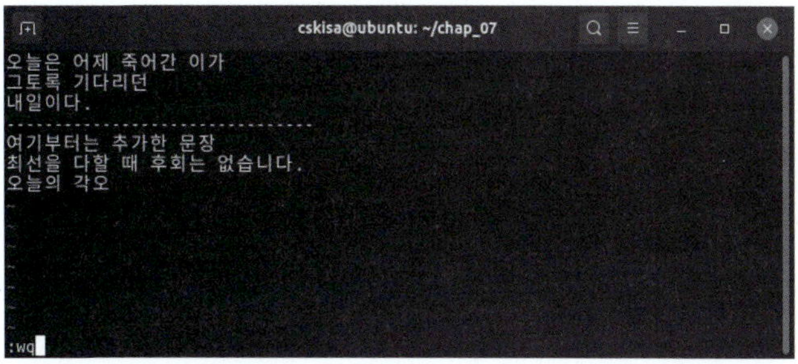

그림 7-8 파일 내용 저장

• **Step 07** | cat 명령과 옵션 -n을 사용하여 변경된 study_cp.txt 파일의 내용을 출력해 보면 7행에 추가된 내용을 확인할 수 있습니다.

```
cskisa@ubuntu:~/chap_07$ cat -n study_cp.txt
     1  오늘은 어제 죽어간 이가
     2  그토록 기다리던
     3  내일이다.
     4  --------------------------------
     5  여기부터는 추가한 문장
     6  최선을 다할 때 후회는 없습니다.
     7  오늘의 각오
cskisa@ubuntu:~/chap_07$
```

지금까지 배운 내용을 상기하며 다음 문제를 도전해 보세요.

도전 07-02

1. vi 에디터로 a.txt 파일 생성하기
2. 입력 모드로 전환한 다음 주어진 문장 입력하기
3. vi 에디터 창에서 파일 내용 저장하기
4. a.txt 파일의 내용을 행 번호와 함께 출력하기

▼ 입력할 문장

```
오늘도 최선을 다하는
당신의 모습은
정말 아름답습니다.
```

4 도움말 사용 : man

우분투에서 제공하는 많은 명령어들을 일일이 다 외울 수는 없습니다. 도움말이 필요할 때는 manual의 약어인 man 명령을 사용하면 됩니다. man 명령으로 도움말이 필요할 때마다 언제든지 사용할 수 있습니다.

우분투 명령어와 각종 옵션에 대해서 필요할 때마다 일일이 관련 자료를 뒤져서 사용하기에는 다소 무리가 있습니다. 다음 예제에서는 man 명령으로 vi 명령에 대한 도움말을 사용하는 방법에 대해 살펴보도록 하겠습니다.

예제 07 - 03

- **Step 01** | man 명령으로 vi 명령에 대한 도움말을 출력합니다.

```
cskisa@ubuntu:~/chap _ 07$ man vi
```

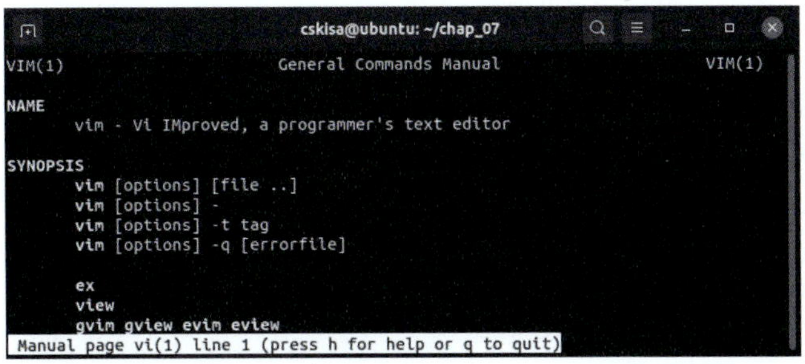

그림 7-9 vi 명령어에 대한 도움말

- **Step 02** | 도움말을 한 행씩 이동하면서 살펴보려면 Enter↵ 키를 누르면 됩니다.

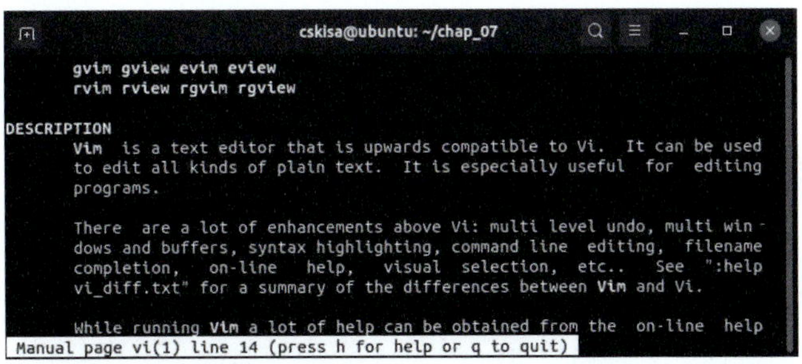

그림 7-10 도움말 내용 검색

- **Step 03** | 도움말을 종료하려면 q를 입력합니다.

```
cskisa@ubuntu:~/chap _ 07$
```

핵심요약

01 [텍스트 편집기]는 UTF-8과의 호환성을 제공하며 프로그램 코딩, 마크업 언어와 같은 구조화된 텍스트 문서를 GUI 환경에서 편집하는 용도에 중점을 두고 개발된 에디터입니다. [텍스트 편집기]는 터미널 창에서 gedit 명령으로도 수행할 수 있습니다.

02 vi 에디터의 작업 모드 전환방법은 다음 그림과 같습니다.

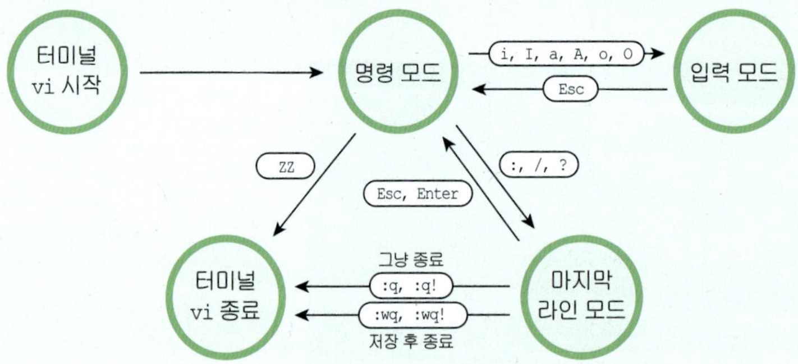

03 vi 에디터의 입력 모드에서 사용하는 키는 다음 표와 같습니다.

키	기능	키	기능
i	커서의 위치부터 입력	I	커서 행의 맨 앞부터 입력
a	커서의 다음 위치부터 입력	A	커서 행의 마지막부터 입력
o	커서의 다음 행에 입력	O	커서의 앞 행에 입력
s	커서 위치의 한 글자를 지우고 입력	S	커서의 행을 지우고 입력

04 vi 에디터의 명령 모드에서 커서를 이동할 때 사용하는 키는 다음 표와 같습니다.

키	기능	키	기능
gg	첫 행으로 이동	숫자G	숫자의 행으로 커서를 이동
G	마지막 행으로 이동	:숫자Enter↵	숫자의 행으로 커서를 이동
h	커서를 왼쪽으로 한 칸 이동(←)	Ctrl+B	이전 화면으로 커서를 이동
l	커서를 오른쪽으로 한 칸 이동(→)	Ctrl+F	다음 화면으로 커서를 이동
k	커서를 위쪽으로 한 칸 이동(↑)	^	현재 행의 처음으로 커서를 이동
j	커서를 왼쪽으로 한 칸 이동(↓)	$	현재 행의 마지막으로 커서를 이동

05 vi 에디터의 명령 모드에서 문자열을 찾거나 명령 취소, 복사, 붙여넣기, 삭제 등 내용을 편집할 때 사용하는 키는 다음 표와 같습니다.

키	기능	키	기능
yy	현재 커서의 행을 복사	숫자yy	현재 커서부터 숫자만큼 행을 복사
p	복사 내용을 현재 행 뒤에 붙여넣음	P	복사 내용을 현재 행 앞에 붙여넣음
x	현재 커서 위치의 글자 삭제	X	현재 커서 위치의 앞 글자 삭제
dd	현재 커서 위치의 행 삭제	숫자dd	현재 커서부터 숫자만큼 행 삭제
r	현재 커서 위치의 글자 수정	cc	커서가 위치한 행의 내용 모두 수정
u	수행한 명령 취소	U	해당 행에서 수행한 명령 취소
?문자열 Enter	커서 위치의 위쪽으로 문자열 검색	/문자열 Enter	커서 위치의 아래쪽으로 문자열 검색

06 vi 에디터에서 특정 문자열을 치환할 때 사용하는 키는 다음과 같습니다.

키	기능
:s/문자열1/문자열2/	커서가 위치한 행에서 첫 번째로 나오는 문자열1을 문자열2로 치환
:%s/문자열1/문자열2/g	파일 전체에서 모든 문자열1을 문자열2로 치환
:<범위>s/문자열1/문자열2/	범위 내 모든 행의 각행에서 첫 번째로 검색되는 문자열1을 문자열2로 치환
:<범위>s/문자열1/문자열2/g	범위 내 모든 행에서 문자열1을 문자열2로 치환
:<범위>s/문자열1/문자열2/gc	범위 내 모든 행에서 문자열1을 문자열2로 치환할 때 수정할지에 대한 여부 확인

07 vi 에디터 명령을 종료하고 파일을 저장할 때 사용하는 다음과 같습니다.

모드	키	기능
라인 모드	q	vi 에디터에서 작업한 내용이 없으면 그냥 종료
	q!	작업한 내용을 저장하지 않고 종료
	:w[파일명]	파일명을 지정하면 새 파일로 저장 아니면 그냥 저장
	:wq 또는 :wq!	작업한 내용을 저장하고 vi 에디터를 종료
명령 모드	ZZ (Shift+Z Z)	작업한 내용을 저장하고 vi 에디터를 종료

08 우분투에서 제공하는 많은 명령어들을 일일이 다 외울 수는 없습니다. 도움말이 필요할 때는 manual의 약어인 man 명령을 사용하면 됩니다. man 명령으로 도움말이 필요할 때마다 언제든지 사용할 수 있습니다.

연습문제

01 다음 글을 읽고 빈 괄호를 채우시오

(1) gedit는 UTF-8과의 호환성을 제공하며 (　　　), 마크업 언어와 같은 구조화된 (　　　)를 GUI 환경에서 편집하는 용도에 중점을 두고 개발된 에디터입니다.

(2) vi 에디터에서의 작업은 (　　　)모드, (　　　)모드, (　　　)모드의 세 가지 모드로 구분되어 사용됩니다.

(3) 라인 모드는 (　　　)를 누르고 (　　　) 프롬프트에서 명령을 입력하여 편집, 검색, 저장 등의 다양한 기능을 제공하는 모드입니다.

(4) 명령 모드는 (　　　) 또는 (　　　) 명령을 사용하여 커서를 이동하고 글자를 삭제 또는 교체하고 문자열을 검색하는 등 다양하게 문서를 편집할 수 있는 기능을 제공합니다.

(5) 입력 모드는 (　　　)을 원하는 글자를 입력하고 (　　　)은 입력한 상태 그대로 사용자에게 제공하는 모드입니다.

02 vi 에디터 입력 모드에서 사용하는 명령키를 입력하시오.

키	기능	키	기능
	커서의 위치부터 입력		커서 행의 맨 앞부터 입력
	커서의 다음 위치부터 입력		커서 행의 마지막부터 입력
	커서의 다음 행에 입력		커서의 앞 행에 입력
	커서 위치의 한 글자를 지우고 입력		커서의 행을 지우고 입력

03 vi 에디터의 명령 모드에서 커서를 이동할 때 사용하는 명령키를 입력하시오.

키	기능	키	기능
	첫 행으로 이동		숫자의 행으로 커서를 이동
	마지막 행으로 이동		숫자의 행으로 커서를 이동
	커서를 왼쪽으로 한 칸 이동(←)		이전 화면으로 커서를 이동
	커서를 오른쪽으로 한 칸 이동(→)		다음 화면으로 커서를 이동

[ ]	커서를 위쪽으로 한 칸 이동(↑)	[ ]	현재 행의 처음으로 커서를 이동
[ ]	커서를 왼쪽으로 한 칸 이동(↓)	[ ]	현재 행의 마지막으로 커서를 이동

04 vi 에디터의 명령 모드에서 문자열을 찾거나 명령 취소, 복사, 붙여넣기, 삭제 등 내용을 편집할 때 사용하는 명령키를 입력하시오.

키	기능	키	기능
[ ]	현재 커서의 행을 복사	[ ]	현재 커서부터 숫자만큼 행을 복사
[ ]	복사 내용을 현재 행 뒤에 붙여넣음	[ ]	복사 내용을 현재 행 앞에 붙여넣음
[ ]	현재 커서 위치의 글자 삭제	[ ]	현재 커서 위치의 앞 글자 삭제
[ ]	현재 커서 위치의 행 삭제	[ ]	현재 커서부터 숫자만큼 행 삭제
[ ]	현재 커서 위치의 글자 수정	[ ]	커서가 위치한 행의 내용 모두 수정
[ ]	수행한 명령 취소	[ ]	해당 행에서 수행한 명령 취소
[ ]	커서 위치의 위쪽으로 문자열 검색	[ ]	커서 위치의 아래쪽으로 문자열 검색

05 vi 에디터 명령을 종료하고 파일을 저장할 때 사용하는 명령키를 입력하시오.

모드	키	기능
라인 모드	[ ]	vi 에디터에서 작업한 내용이 없으면 그냥 종료
	[ ]	작업한 내용을 저장하지 않고 종료
	[ ]	파일명을 지정하면 새 파일로 저장 아니면 그냥 저장
	[ ]	작업한 내용을 저장하고 vi 에디터를 종료
명령 모드	[ ]	작업한 내용을 저장하고 vi 에디터를 종료

06 사용자 홈 디렉터리에서 work/data/exam_07과 같이 중간 디렉터리가 자동으로 생성한 다음 생성한 디렉터리로 이동하시오.

07 exam_d 디렉터리에 vi 명령으로 test.txt 파일을 생성하고 다음 문장을 입력한 다음 저장 후 종료하시오.

```
우분투 시스템에서 제공하는 에디터는 gedit와 vi 에디터가 있으며
vi 에디터는 각종 명령키가 제공되므로 gedit보다 다소 복잡하지만
많은 기능들은 문서편집에 많은 도움을 줍니다.
```

08 exam_d 디렉터리에 존재하는 test.txt 파일을 test_back.txt 파일로 복사하고 복사된 파일의 내용을 행 번호와 함께 출력하시오.

CHAPTER 08
파일 접근 권한 설정

| 학습목표 |

- 파일의 상세정보와 속성에 대해 이해할 수 있습니다.
- 파일 접근 권한 표시 방법을 구현할 수 있습니다.
- 기호를 이용하여 파일에 접근하는 권한을 부여할 수 있습니다.
- 숫자를 이용하여 파일에 접근하는 권한을 부여할 수 있습니다.

SECTION

01 파일 속성

우분투에서 사용되는 파일은 크게 디렉터리와 파일로 구분되어 사용되고 있습니다. 우분투는 기본적으로 여러 명의 사용자가 동시에 접속하여 사용하기 때문에 각각의 파일에 대한 접근 권한을 부여하고 있습니다. 만일 파일에 접근 권한을 부여하지 않는다면 해당 파일은 다른 사람에 의해 임의로 조작되거나 삭제 등의 악의적인 행위로 인해 파일이 훼손되거나 파기될 수도 있습니다.

1 파일의 상세정보 출력하기

새로운 파일을 생성한 다음 파일의 상세한 정보를 출력하기 위해 다음 예제를 수행합니다.

예제 08-01

• **Step 01** | 새로운 디렉터리 chap_08을 생성한 다음 디렉터리의 위치를 chap_08 디렉터리로 이동합니다.

```
cskisa@ubuntu:~$ mkdir chap _ 08
cskisa@ubuntu:~$ cd chap _ 08
cskisa@ubuntu:~/chap _ 08$
```

• **Step 02** | gedit 명령으로 access.txt 파일을 생성하고 주어진 문장을 입력한 다음 저장합니다.

```
cskisa@ubuntu:~/chap _ 08$ gedit access.txt
```

▼ 입력할 문장

```
파일 접근 권한에 대해
살펴보겠습니다.
```

• **Step 03** | cat 명령과 옵션 -n을 사용하여 변경된 access.txt 파일의 내용을 출력합니다.

```
cskisa@ubuntu:~/chap_08$ cat -n access.txt
     1  파일 접근 권한에 대해
     2  살펴보겠습니다.
cskisa@ubuntu:~/chap_08$
```

• **Step 04** | ls -l 명령으로 access.txt 파일에 대한 상세한 정보를 출력합니다.

```
cskisa@ubuntu:~/chap_08$ ls -l
합계 4
-rwrw-r-- 1 cskisa cskisa 54  5월  10  09:39  access.txt
cskisa@ubuntu:~/chap_08$
```

2 파일의 속성 살펴보기

우분투에서 다루고 있는 파일의 속성에 대한 상세한 정보를 살펴보면 다음과 같습니다.

-	rwrw-r--	1	cskisa	cskisa	54	5월 10 09:39	access.txt
❶	❷	❸	❹	❺	❻	❼	❽

표 8-1 파일 속성에 대한 상세한 정보

번호	속성 값	의미
❶	-	파일의 종류(-는 일반파일, d는 디렉터리)
❷	rw- r-- r--	파일을 읽고(rw-), 쓰고(r--), 실행(r--)할 수 있는 접근 권한
❸	1	하드 링크의 수
❹	cskisa	파일 소유자의 로그인 ID
❺	cskisa	파일 소유자의 그룹 이름
❻	54	파일의 크기(byte 단위)
❼	5월 10 09:39	파일을 최종 수정한 일자와 시각
❽	access.txt	파일명

SECTION

02 파일 접근 권한

1 접근 권한 종류

우분투에서 사용되는 파일에 대한 접근 권한은 읽기(r), 쓰기(w), 실행(x) 권한 등 세 가지로 권한을 제한하고 있습니다. 읽기 권한은 해당 파일을 그냥 읽을 수 있도록 부여된 권한이고 쓰기 권한은 파일의 내용을 읽고 쓸 수 있을 뿐만 아니라 수정과 삭제도 가능한 권한입니다. 실행 권한은 파일을 실행할 수 있는 권한을 의미합니다.

표 8-2 파일과 디렉터리의 접근 권한 종류

접근 권한	파일	디렉터리
읽기(r)	해당 파일을 읽거나 복사 가능	ls 명령으로 디렉터리의 목록을 확인 (옵션은 실행 권한이 있을 경우만 허용)
쓰기(w)	파일을 수정, 이동, 삭제 가능 (디렉터리에 쓰기 권한 있어야함)	해당 파일을 삭제하거나 생성할 수 있음
실행(x)	셸 스크립트 또는 실행파일에 대한 실행 가능	cd 명령 사용 가능하며 파일을 디렉터리로 이동 또는 복사 가능

2 접근 권한 표기 방법

접근 권한의 표기는 우분투에 접속한 사용자 카테고리별 누가 어떤 파일에 대해 읽기와 쓰기 그리고 실행할 수 있는지에 대해 문자로 표현하는 것을 의미합니다. 즉 읽기 권한은 r, 쓰기 권한은 w, 실행 권한은 x로 나타내며 해당 권한이 부여되지 않은 경우 -으로 표기하여 권한 없음을 나타내 줍니다.

표 8-3 파일 속성에 대한 상세한 정보

접근 권한	의미
rwx r-x r-x	소유자 권한(읽기, 쓰기, 실행), 그룹과 기타 사용자 권한(읽기, 실행)
r-x r-x r-x	소유자, 그룹, 기타 사용자(읽기, 실행) 권한만 부여
rw- --- ---	소유자(읽기, 쓰기) 권한만 부여 그룹과 기타 사용자는 권한 없음
rw- rw- rw-	소유자, 그룹, 기타 사용자 모두(읽기, 쓰기) 권한만 부여
rwx rwx rwx	소유자, 그룹, 기타 사용자 모두(읽기, 쓰기, 실행) 권한 부여
rwx --- ---	소유자(읽기, 쓰기, 실행) 권한만 부여
r-- --- ---	소유자(읽기) 권한만 부여

3 접근 권한 변경 명령

파일에 접근할 수 있는 권한에 대한 변경은 파일의 소유자와 시스템 관리자만 바꿀 수 있습니다. 일반 사용자는 소유자 자신에게 허가된 파일 접근 권한뿐만 아니라 그룹과 기타 사용자에 대한 권한도 변경할 수 있습니다. 하지만 다른 사용자가 소유한 파일에는 접근할 수 없으므로 파일 접근 권한을 변경해야만 해당 파일에 대해 접근이 가능합니다.

파일 접근 권한 변경에 대한 명령은 change mode의 약어인 chmod 명령을 사용하며 사용형식은 다음과 같습니다.

$ chmod

기능 디렉터리 또는 파일의 접근 권한 변경
형식 chmod [옵션] Enter↵
옵션 -R : 하위 디렉터리까지 접근 권한을 모두 변경

SECTION

03 심볼릭 모드

1 심볼릭 모드 접근 권한

기호를 이용한 접근 권한 변경 방법을 심볼릭 모드라고 합니다. 심볼릭 모드는 사용자 카테고리 문자, 연산자 기호, 접근 권한 문자를 사용하여 파일에 대한 접근 권한을 변경합니다.

소유자 권한(u)			그룹 권한(g)			기타 사용자 권한(o)		
읽기 (r)	쓰기 (w)	실행 (x)	읽기 (r)	쓰기 (w)	실행 (x)	읽기 (r)	쓰기 (w)	실행 (x)

그림 8-1 심볼릭 모드 구성요소

사용자 카테고리 문자는 소유자와 그룹 및 기타 사용자를 나타내는 문자를 표기하고 연산자는 권한 부여 또는 권한 제거 및 권한 설정을 나타내는 기호를 표기합니다.

표 8-4 심볼릭 모드에서 사용되는 문자와 기호의 종류

구분	문자/기호	의미
사용자 카테고리 문자	u	파일 소유자
	g	파일 소유자가 속한 그룹
	o	파일 소유자와 그룹 이외의 기타 사용자
	a	파일을 사용하려는 전체 사용자
연산자 기호	+	파일 접근 권한 부여
	-	파일 접근 권한 제거
	=	파일 접근 권한 설정
접근 권한 문자	r	파일 읽기권한
	w	파일 쓰기 권한
	x	파일 실행 권한

사용자 카테고리 문자와 연산자 기호, 접근 권한 문자를 사용하여 파일에 대한 접근 권한을 심볼릭 모드로 설정하는 권한 조합은 다음 표와 같습니다.

표 8-5 심볼릭 모드에서 다양한 파일 접근 권한 조합

권한 조합	의미
u+w	파일 소유자에게 쓰기(w) 권한 부여
u-w	파일 소유자에게 쓰기(w) 권한 제거
u=rwx	파일 소유자에게 쓰기(w), 읽기(r), 실행(x) 권한 설정
u+x,go+w	소유자에게 실행(x) 권한 부여와 그룹 및 기타 사용자에게 쓰기(w) 권한 부여
g+w	파일 그룹에게 쓰기(w) 권한 부여
g+wx	파일 그룹에게 쓰기(w)와 실행(x) 권한 부여
go+w	그룹과 기타 사용자에게 쓰기(w) 권한 부여
+wx	파일을 사용하려는 모든 사용자에게 쓰기(w)와 실행(x) 권한 부여
a+rwx	모든 사용자에게 쓰기(w), 읽기(r), 실행(x) 권한 부여
o-r	파일 기타 사용자에게 읽기(r) 권한 제거

2 심볼릭 모드로 권한 변경

심볼릭 모드로 파일에 접근 권한을 변경하기 위해 다음 예제를 수행합니다.

예제 08-02

• **Step 01** | ls -l 명령으로 access.txt 파일에 대한 상세한 정보를 출력합니다.

```
cskisa@ubuntu:~/chap_08$ ls -l
합계 4
-rw-rw-r-- 1 cskisa cskisa 54  5월  10 09:39 access.txt
cskisa@ubuntu:~/chap_08$
```

• **Step 02** | chmod 명령과 함께 u-w를 선언하면 파일의 소유자 권한 중 쓰기 권한이 당초 -rw-에서 -r--로 변경됩니다.

```
cskisa@ubuntu:~/chap_08$ chmod u-w access.txt
cskisa@ubuntu:~/chap_08$ ls -l
합계 4
-r--rw-r-- 1 cskisa cskisa 54  5월 10 09:39 access.txt
cskisa@ubuntu:~/chap_08$
```

파일에 대한 접근 권한을 변경할 때 u+w와 o-w를 한꺼번에 선언하려면 기호 모드 사이에는 u+w,o-w와 같이 콤마로 구분하고 공백이 존재해서는 안 됩니다.

지금까지 배운 내용을 상기하며 다음 문제를 도전해 보세요.

도전 08-01

1. 주어진 문장을 gedit 창에서 입력하기
2. 입력한 문장을 story.txt 파일명으로 저장하기
3. story.txt 파일의 현재 설정된 접근 권한 출력하기
4. story.txt 파일의 접근 권한을 심볼릭 모드로 파일 소유자에게 실행 권한과 그룹 및 사용자에게 쓰기 권한 부여하기
5. story.txt 파일에 변경된 접근 권한 출력하기
6. story.txt 파일의 접근 권한을 심볼릭 모드로 파일 소유자에게 실행 권한과 그룹 및 사용자에게 쓰기 권한 제거하기
7. story.txt 파일에 변경된 접근 권한 출력하기

▼ 주어진 문장

```
우분투 리눅스가
정말 재미있습니다.
```

SECTION

04 숫자 모드

1 숫자 모드 접근 권한

심볼릭 모드는 파일 소유자 또는 그룹과 기타 사용자에 대한 각각의 권한을 부여하거나 제거할 때 편리하지만 전체적으로 접근 권한을 조정할 때는 문자의 조합이 다소 많아지므로 복잡해지는 단점이 존재합니다. 이러한 단점을 해결하기 위한 좋은 방법으로는 숫자 모드를 활용하여 소유자, 그룹, 기타 사용자의 권한을 한 번에 설정하는 방법입니다.

숫자 모드에서는 접근 권한에 대해 소유자 권한은 0~700, 그룹 권한은 0~070, 기타 사용자 권한은 0~007의 숫자로 표현합니다.

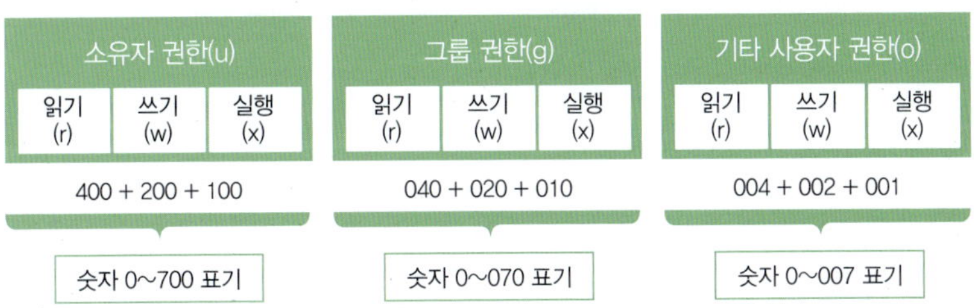

그림 8-2 숫자 모드의 구성요소

파일 접근 권한 설정에 있어서 숫자 모드에서는 2진수의 형태인 0과 1로 권한에 대한 여부를 지정합니다. 0으로 설정하면 접근 권한이 없음이고 1은 접근 권한이 부여되었음을 의미합니다. 파일에 대한 권한 묶음이 rwx r-x r-x로 설정되어 있을 때 숫자로 환산하는 과정은 다음 그림과 같습니다.

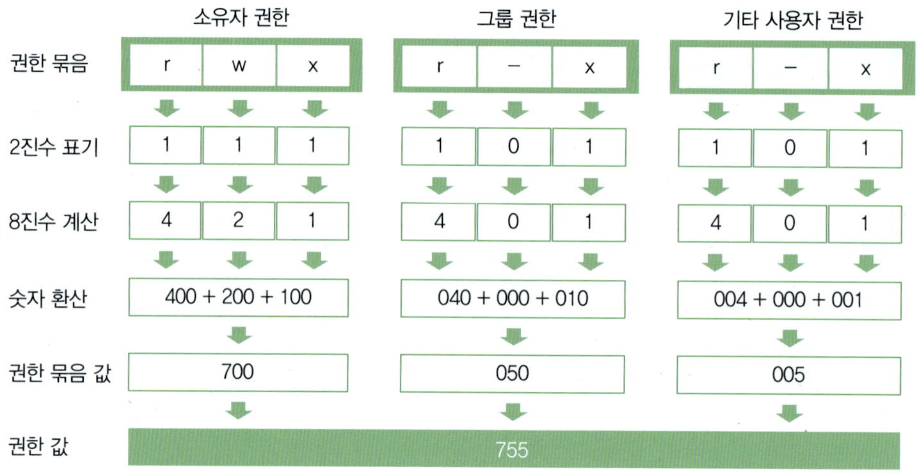

그림 8-3 파일 접근 권한 숫자 환산과정

파일 접근 권한 표기에 따른 숫자의 대응 관계를 다음 표와 같이 정리하였습니다.

표 8-6 파일 접근 권한과 숫자의 대응 관계

권한 표기	2진수	8진수	의미	접근 권한 예시
rwx	111	7 (4+2+1)	읽기, 쓰기, 실행	rwx rwx rwx → 777
rw-	110	6 (4+2+0)	읽기, 쓰기	rwx r-x r-x → 766
r-w	101	6 (4+0+1)	읽기, 실행	rw- rw- rw- → 666
r--	100	4 (4+0+0)	읽기	r-x r-x r-x → 666
-wx	011	3 (0+2+1)	쓰기, 실행	rw- r-- r-- → 644
-w-	010	2 (0+2+0)	쓰기	rwx --- --- → 700
--x	001	1 (0+0+1)	실행	rw- r-- --- → 640
---	000	0 (0+0+0)	권한 없음	r-- --- --- → 400

2 숫자 모드로 권한 변경

chmod 명령을 사용하여 숫자 모드로 파일 접근 권한을 변경하기 위해 다음 예제를 수행합니다.

예제 08-03

- **Step 01** | ls -l 명령으로 현재 디렉터리에 존재하는 파일의 접근 권한에 대한 상세한 정보를 출력합니다.

```
cskisa@ubuntu:~/chap_08$ ls -l
합계 4
-r--rw-r--  1  cskisa  cskisa  54   5월  10  09:39  access.txt
cskisa@ubuntu:~/chap_08$
```

- **Step 02** | chmod 666 access.txt 명령 수행 후 access.txt 파일 접근 권한에 대한 상세한 정보를 출력해 보면 당초 -r--rw-r--에서 -rw-rw-rw-로 변경된 것을 확인할 수 있습니다.

```
cskisa@ubuntu:~/chap_08$ chmod 666 access.txt
cskisa@ubuntu:~/chap_08$ ls -l
합계 4
-rw-rw-rw-  1  cskisa  cskisa  54   5월  10  09:39  access.txt
cskisa@ubuntu:~/chap_08$
```

지금까지 배운 내용을 상기하며 다음 문제를 도전해 보세요.

도전 08-02

1. 새로운 빈파일 yesterday.txt 생성하기
2. yesterday.txt 파일에 설정되어 있는 접근 권한 출력하기
3. yesterday.txt 파일에 대한 접근 권한을 숫자모드를 이용하여 rwx rwx r-x로 변경하기
4. 접근 권한이 변경된 yesterday.txt 파일의 접근 권한 출력하기
5. yesterday.txt 파일 삭제 여부를 물어가며 삭제하기
6. 삭제된 yesterday.txt 파일이 존재하는지 확인하기

핵심요약

01 우분투에서 사용되는 파일은 크게 디렉터리와 파일로 구분되어 사용되고 있습니다. 우분투는 기본적으로 여러 명의 사용자가 동시에 접속하여 사용하기 때문에 각각의 파일에 대한 접근 권한을 부여하고 있습니다.

02 우분투에서 다루고 있는 파일의 속성에 대한 상세한 정보를 살펴보면 다음과 같습니다.

```
-    rwrw-r--    1    cskisa    cskisa    54    5월 10 09:39    access.txt
❶       ❷        ❸      ❹          ❺       ❻          ❼             ❽
```

■ 파일 속성에 대한 상세한 정보

번호	속성 값	의미
❶	-	파일의 종류 (-는 일반파일, d는 디렉터리)
❷	rw- r-- r--	파일을 읽고(rw-) 쓰고(r--) 실행(r--)할 수 있는 접근 권한
❸	1	하드 링크의 수
❹	cskisa	파일 소유자의 로그인 ID
❺	cskisa	파일 소유자의 그룹 이름
❻	54	파일의 크기 (byte 단위)
❼	5월 10 09:39	파일을 최종 수정한 일자와 시각
❽	access.txt	파일명

03 우분투 시스템에서 사용되는 파일에 대한 접근 권한은 읽기, 쓰기, 실행 권한 등 세 가지 권한으로 제한하고 있습니다.

■ 파일과 디렉터리 접근 권한 종류

접근 권한	파일	디렉터리
읽기(r)	해당 파일을 읽거나 복사 가능	ls 명령으로 디렉터리의 목록을 확인 (옵션은 실행 권한이 있을 경우만 허용)
쓰기(w)	파일을 수정, 이동, 삭제 가능 (디렉터리에 쓰기 권한 있어야함)	해당 파일을 삭제하거나 생성할 수 있음
실행(x)	셸 스크립트 또는 실행파일에 대한 실행 가능	cd 명령 사용 가능하며 파일을 디렉터리 로 이동 또는 복사 가능

04 접근 권한의 표기는 우분투 시스템에 접속한 사용자 카테고리별로 누가 파일에 대해 읽고 쓰고 실행할 수 있는지에 대해 문자로 표현하는 것을 의미합니다. 읽기권한은 r, 쓰기 권한은 w, 실행 권한은 x로 나타내며 해당 권한이 부여되지 않은 경우에는 -으로 표기하여 권한 없음을 나타내 줍니다.

■ 파일 속성에 대한 상세한 정보

접근 권한	의미
rwx r-x r-x	소유자 권한(읽기, 쓰기, 실행), 그룹과 기타 사용자 권한(읽기, 실행)
r-x r-x r-x	소유자, 그룹, 기타 사용자(읽기, 실행) 권한만 부여
rw- --- ---	소유자 (읽기, 쓰기) 권한만 부여 그룹과 기타 사용자는 권한 없음
rw- rw- rw-	소유자, 그룹, 기타 사용자 모두(읽기, 쓰기) 권한만 부여
rwx rwx rwx	소유자, 그룹, 기타 사용자 모두(읽기, 쓰기, 실행) 권한 부여
rwx --- ---	소유자 (읽기, 쓰기, 실행) 권한만 부여
r-- --- ---	소유자 (읽기) 권한만 부여

05 파일 접근 권한 변경에 대한 명령은 change mode의 약어인 chmod 명령을 사용하며 사용형식은 다음과 같습니다.

$ chmod

기능 디렉터리 또는 파일의 접근 권한 변경
형식 chmod [옵션] Enter↵
옵션 -R : 하위 디렉터리까지 접근 권한을 모두 변경

06 심볼릭 모드는 파일에 대한 접근 권한 변경을 사용자 카테고리 문자, 연산자 기호, 접근 권한 문자를 사용하여 권한을 변경합니다.

■ 심볼릭 모드에서 사용되는 문자와 기호의 종류

구분	문자/기호	의미
사용자 카테고리 문자	u	파일 소유자
	g	파일 소유자가 속한 그룹
	o	파일 소유자와 그룹 이외의 기타 사용자
	a	파일을 사용하려는 전체 사용자

연산자 기호	+	파일 접근 권한 부여
	-	파일 접근 권한 제거
	=	파일 접근 권한 설정
접근 권한 문자	r	파일 읽기 권한
	w	파일 쓰기 권한
	x	파일 실행 권한

■ 심볼릭 모드에서 다양한 파일 접근 권한 조합

권한 조합	의미
u+w	파일 소유자에게 쓰기(w) 권한 부여
u-w	파일 소유자에게 쓰기(w) 권한 제거
u=rwx	파일 소유자에게 쓰기(w), 읽기(r), 실행(x) 권한 설정
u+x,go+w	소유자에게 실행(x) 권한 부여와 그룹 및 기타 사용자에게 쓰기(w) 권한 부여
g+w	파일 그룹에게 쓰기(w) 권한 부여
g+wx	파일 그룹에게 쓰기(w)와 실행(x) 권한 부여
go+w	그룹과 기타 사용자에게 쓰기(w) 권한 부여
+wx	파일을 사용하려는 모든 사용자에게 쓰기(w)와 실행(x) 권한 부여
a+rwx	모든 사용자에게 쓰기(w), 읽기(r), 실행(x) 권한 부여
o-r	파일 기타 사용자에게 읽기(r) 권한 제거

07 숫자 모드는 파일에 대한 접근 권한 변경을 위해 숫자를 사용하여 접근 권한을 변경하며 소유자 권한은 0~700, 그룹 권한은 0~070, 기타 사용자 권한은 0~007의 숫자로 표현합니다.

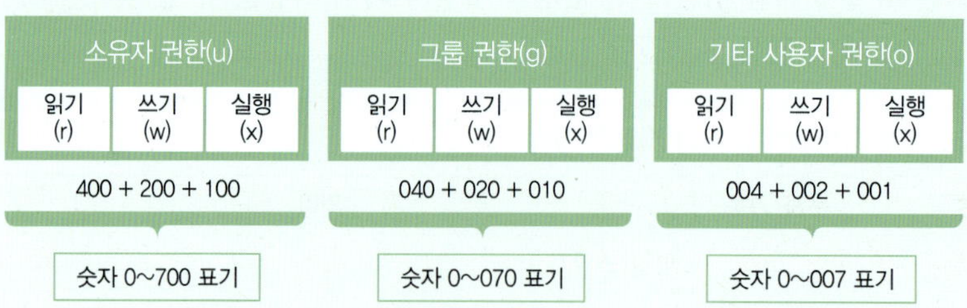

08 숫자 모드를 이용한 접근 권한 변경에서의 권한 묶음은 소유자 권한, 그룹 권한, 기타 사용자 권한의 영역으로 각각 권한 묶음이 rwx r-x r-x로 설정되어 있는 접근 권한을 숫자로 환산하는 과정은 다음과 같습니다.

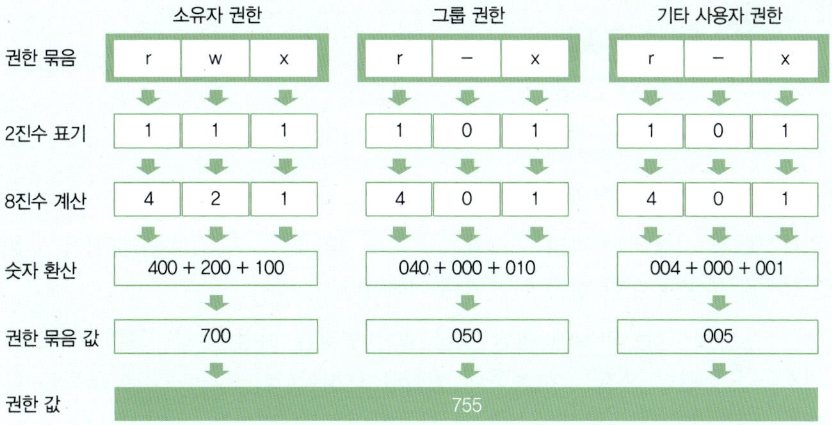

09 파일 접근 권한 표기와 숫자의 대응 관계 및 접근 권한 예시를 정리하면 다음 표와 같습니다.

■ 파일 접근 권한과 숫자의 대응 관계

권한 표기	2진수	8진수	의미	접근 권한 예시
rwx	111	7 (4+2+1)	읽기, 쓰기, 실행	rwx rwx rwx → 777
rw-	110	6 (4+2+0)	읽기, 쓰기	rwx r-x r-x → 766
r-w	101	6 (4+0+1)	읽기, 실행	rw- rw- rw- → 666
r--	100	4 (4+0+0)	읽기	r-x r-x r-x → 666
-wx	011	3 (0+2+1)	쓰기, 실행	rw- r-- r-- → 644
-w-	010	2 (0+2+0)	쓰기	rwx --- --- → 700
--x	001	1 (0+0+1)	실행	rw- r-- --- → 640
---	000	0 (0+0+0)	권한 없음	r-- --- --- → 400

연습문제

01 다음 글을 읽고 빈 괄호를 채우시오.

(1) 우분투에서 사용되는 파일은 크게 (　　　　)와 (　　　　)로 구분되어 사용되고 있으며 각 파일에 대한 접근 권한이 부여됩니다.

(2) (　　　　) 모드는 파일에 대한 접근 권한 변경을 사용자 카테고리 문자, 연산자 기호, 접근 권한 문자를 사용하여 권한을 변경합니다. (　　　　) 모드는 파일에 대한 접근 권한 변경을 위해 숫자를 사용하여 접근 권한을 변경합니다.

(3) 파일 접근 권한 설정에 있어서 숫자 모드에서는 2진수의 형태인 0과 1로 권한에 대한 여부를 지정합니다. (　　　　)으로 설정하면 접근 권한이 없음이고 (　　　　)은 접근 권한이 부여되었음을 의미합니다.

02 다음과 같이 출력된 파일의 속성을 보고 각 항목별로 의미를 설명하시오.

-	rwrw-r--	1	cskisa	cskisa	54	5월 10 09:39	access.txt
❶	❷	❸	❹	❺	❻	❼	❽

■ 파일의 속성 값과 의미

번호	속성 값	의미
❶	-	
❷	rw- rw- r--	
❸	1	
❹	cskisa	
❺	cskisa	
❻	214	
❼	9월 13 10:16	
❽	ubuntu_cp.txt	

03 다양한 파일 접근 권한에 대한 의미를 설명하시오.

접근 권한	의미
rwx r-x r-x	
r-x r-x r-x	
rw- --- ---	
rw- rw- rw-	
rwx rwx rwx	
rwx --- ---	
r-- --- ---	

04 심볼릭 모드에서 사용되는 문자와 기호를 입력하시오.

구분	문자/기호	의미
사용자 카테고리 문자		파일 소유자
		파일 소유자가 속한 그룹
		파일 소유자와 그룹 이외의 기타 사용자
		파일을 사용하려는 전체 사용자
연산자 기호		파일 접근 권한 부여
		파일 접근 권한 제거
		파일 접근 권한 설정
접근권한 문자		파일 읽기 권한
		파일 쓰기 권한
		파일 실행 권한

05 심볼릭 모드에서 다양한 파일 접근 권한 표기를 입력하시오.

권한 표기	의미
	파일 소유자에게 쓰기(w) 권한 부여
	파일 소유자에게 쓰기(w) 권한 제거
	파일 소유자에게 쓰기(w), 읽기(r), 실행(x) 권한 설정
	소유자에게 실행(x) 권한 부여와 그룹 및 기타 사용자에게 쓰기(w) 권한 부여

	파일 그룹에게 쓰기(w) 권한 부여
	파일 그룹에게 쓰기(w)와 실행(x) 권한 부여
	그룹과 기타 사용자에게 쓰기(w) 권한 부여
	파일을 사용하려는 모든 사용자에게 쓰기(w)와 실행(x) 권한 부여
	모든 사용자에게 쓰기(w), 읽기(r), 실행(x) 권한 부여
	파일 기타 사용자에게 읽기(r) 권한 제거

06 파일 접근 권한과 숫자의 대응 관계에 대한 접근 권한을 보고 2진수와 8진수, 접근 권한 예시의 빈 칸을 채우시오.

권한 표기	2진수	8진수	의미	접근 권한 예시
rwx			읽기, 쓰기, 실행	rwx rwx rwx →
rw-			읽기, 쓰기	rwx r-x r-x →
r-w			읽기, 실행	rw- rw- rw- →
r--			읽기	r-x r-x r-x →
-wx			쓰기, 실행	rw- r-- r-- →
-w-			쓰기	rwx --- --- →
--x			실행	rw- r-- --- →
---			권한 없음	r-- --- --- →

07 현재 디렉터리가 있는 위치에서 빈파일 exam_08.txt를 생성한 다음 소유자 접근 권한에서 쓰기 권한을 심볼릭 모드로 제거하고 변경된 접근 권한을 출력하시오.

08 exam_08.txt 파일의 접근 권한에서 심볼릭 모드로 그룹에 실행 권한을 부여하고 변경된 접근 권한을 출력하시오.

09 exam_08.txt 파일 소유자에게 쓰기 권한은 부여하고 그룹의 쓰기 권한을 제거하는 접근 권한을 심볼릭 모드로 권한을 변경 설정하고 변경된 접근 권한을 출력하시오.

10 현재 디렉터리가 있는 위치에서 빈파일 exam_10.txt를 생성한 다음 소유자 접근 권한에서 쓰기 권한을 숫자 모드로 제거하고 변경된 접근 권한을 출력하시오.

11 exam_10.txt 파일에 현재 설정된 접근 권한을 r-x rwx r-x와 같이 접근 권한이 설정되도록 숫자 모드로 권한을 변경한 다음 변경된 접근권한을 출력하시오.

12 현재 우분투 시스템 환경에 설정된 기본 접근 권한에 대해서 문자와 숫자의 형태를 각각 출력하시오.

13 현재 설정되어 있는 우분투 시스템 환경의 기본 권한설정을 -rw- r-- r--와 같이 설정되도록 마스크값을 적용하여 기본 권한설정을 변경하시오. 그리고 현재 디렉터리에 빈파일 exam_13.txt를 생성하고 파일에 부여된 기본 접근 권한을 출력하시오.

CHAPTER 09

관리자 권한 실행

| 학습목표 |

- 우분투에 관리자 계정으로 접속할 수 있습니다.
- 사용자 계정을 생성할 수 있습니다.
- 사용자 계정에 대한 정보를 확인할 수 있습니다.
- 기존에 존재하는 사용자 계정을 삭제할 수 있습니다.

SECTION

01 관리자 계정 접속

우분투는 기본적으로 여러 사용자가 접속하여 사용하는 시스템이므로 각 사용자를 등록하고 관리하는 방법에 대해 알아야 합니다. 여러 사용자가 접속해서 우분투를 사용하려면 우선 사용자 계정을 발급받아야 합니다.

관리자 계정은 사용자 계정생성과 권한 부여 등 우분투 시스템의 전체적인 관리를 수행합니다. 관리자 계정으로 접속하려면 먼저 터미널 창에 나타난 '$' 프롬프트를 '#' 프롬프트로 변경한 다음 관리자인 root 계정으로 로그인해야 합니다.

1 접속계정 변경

지금까지 우분투 명령을 수행하면서 터미널 창에서의 프롬프트는 $ 프롬프트 모양으로 진행해 왔습니다. 터미널 창에 나타난 $ 프롬프트는 일반 사용자 계정으로 접속된 상태임을 의미합니다. 우분투 시스템에서 접속된 사용자 계정에서 다른 사용자 계정으로 교체할 때는 su 명령을 사용합니다.

$ su

기능 다른 계정으로 변경

형식 su [옵션] 계정 이름 Enter↵

옵션 -c : 셸을 실행하지 않고 주어진 명령만 수행
-s : 지정된 셸로 접속
-, -l : 지정한 사용자의 환경변수를 적용하여 접속

> **여기서 잠깐**
>
> su 명령의 약어는 3가지 형태로 의미가 부여됩니다. 먼저 super user는 관리자 계정인 root를 의미하고 substitute는 대리 사용자를 의미하며 switch user는 사용자를 변경한다는 의미입니다. 다른 사용자 계정으로 전환 후 원래 사용자 계정으로 돌아가려면 exit 명령을 입력하면 됩니다.

2 관리자 권한 명령

sudo 명령어는 substitute user do의 약어로 사용자 계정으로 접속된 상태에서 관리자 계정인 root의 권한을 빌려서 명령을 수행할 때 사용합니다.

> **$ sudo**
>
> **기능** 다른 사용자 계정의 권한으로 명령을 수행
> **형식** sudo [옵션] 계정 이름 Enter↵
> **옵션** -i : /root 디렉터리로 이동
> -s : 현재 디렉터리를 유지

> **여기서 잠깐**
>
> sudo 명령을 사용한다는 것은 관리자 계정인 root의 권한을 빌려서 명령을 수행하는 과정이므로 root 계정의 암호가 유출되지 않도록 주의해야 합니다. root 계정의 암호가 유출된다는 것은 우분투 시스템 전체 보안에 위협을 주는 사안이므로 주의해야 합니다.

3 관리자 계정 암호설정

우분투의 터미널 창에서 관리자 계정인 root 계정으로 접속하기 위해서는 먼저 root 계정에 대한 암호를 설정하기 위해 다음 예제를 수행합니다.

예제 09-01

- **Step 01** | passwd 명령을 사용하여 root 계정의 암호를 spacezone으로 설정합니다. 암호는 각자 알아서 설정해도 됩니다.

```
cskisa@ubuntu:~$ sudo passwd root
[sudo] cskisa의 암호: 123456          ← 사용자 계정의 암호 입력
새 암호: spacezone                    ← 보안상 화면에는 보이지 않음
새 암호 재입력: spacezone             ← 변수에 대입한 문자열 출력
passwd: 암호를 성공적으로 업데이트했습니다.
cskisa@ubuntu:~$
```

• **Step 02** | 관리자 계정으로 접속을 변경하기 위해 su – root 명령을 수행합니다.

```
cskisa@ubuntu:~$ su - root
새 암호: spacezone
root@ubuntu:~#
```

cskisa 사용자 계정에서 root 관리자 계정으로 접속을 변경하게 되면 프롬프트 또한 cskisa@ubuntu:~$에서 root@ubuntu:~#으로 변경됩니다.

여기서 잠깐

su 명령을 사용할 때 - 옵션을 사용하지 않으면 root의 셸 환경변수를 가져오는 것이 아니라 원래 사용자 계정의 셸 환경변수를 사용하게 됩니다. 그러므로 온전하게 관리자 계정에 설정된 환경변수를 사용하기 위해서는 반드시 su - root와 같이 옵션을 함께 사용해 주어야 합니다.

SECTION

02 사용자 계정 관리

1 사용자 계정 생성

사용자 계정 관리는 우분투 시스템 관리자의 중요한 업무 중 하나입니다. 우분투에서 사용자 계정을 생성할 때는 adduser 명령과 useradd 명령을 제공합니다. 여기서는 adduser 명령을 사용하도록 하겠습니다.

 # adduser

기능 사용자 계정을 새로 생성

형식 adduser [옵션] [생성할 계정 이름] Enter↵

옵션
- -c : 사용자 이름 등 부가적인 설명 지정
- -d : 사용자 계정의 홈 디렉터리 지정
- -D : 기본 설정값을 출력하거나 설정
- -e : 유효기간 설정(YYYY-MM-DD)
- -f : 사용자 계정의 유효일자(-f-175 : 앞으로 175일간 사용 가능)
- -g : 사용자 계정의 로그인 기본그룹 GID 지정
- -G : 2차 그룹의 GID 지정
- -o : 사용자 계정의 UID 중복 허용
- -p : 사용자 계정의 패스워드
- -s : 사용자 계정의 기본 셸 지정
- -u : 사용자 계정의 UID 지정

일반 사용자 계정 생성은 오직 관리자만이 발급할 수 있는 고유권한이기 때문에 반드시 관리자 계정으로 접속한 다음 사용자 계정을 생성해야 합니다.

예제 09-02

• **Step 01** | 사용자 계정을 생성하기 전에 /home 디렉터리에 존재하는 사용자 계정 리스트

를 먼저 출력합니다.

```
root@ubuntu:~# ls /home
cskisa
root@ubuntu:~#
```

• **Step 02** | adduser 명령으로 member_001 사용자 계정을 생성합니다. 사용자 계정 암호는 123456으로 설정하고 나머지 정보는 그냥 Enter↵를 칩니다.

```
root@ubuntu:~# adduser member_001
'member_001' 사용자를 추가 중...
새 그룹 'member_001' (1001) 추가 ...
새 사용자 'member_001' (1001) 을(를) 그룹 'member_001' (으)로 추가 ...
'/home/member_001' 홈 디렉터리를 생성하는 중...
'/etc/skel'에서 파일들을 복사하는 중...
새 암호: 123456
새 암호 재입력: 123456
passwd: 암호를 성공적으로 업데이트했습니다
member_001의 사용자 정보를 바꿉니다
새로운 값을 넣거나, 기본값을 원하시면 엔터를 치세요
        이름 []: Enter↵
        방 번호 []: Enter↵
        직장 전화번호 []: Enter↵
        집 전화번호 []: Enter↵
        기타[]: Enter↵
정보가 올바릅니까? [Y/n] y
root@ubuntu:~#
```

• **Step 03** | ls 명령으로 member_001 사용자 계정이 /home 디렉터리에 존재하는지를 확인합니다.

```
root@ubuntu:~# ls /home
cskisa  member_001
root@ubuntu:~#
```

새로운 계정을 생성한 다음에는 ls 명령으로 /home 디렉터리에 생성한 계정이 존재하는지를 확인하기 바랍니다.

여기서 잠깐

사용자 계정 member _ 001을 생성하면 사용자 계정의 그룹 관리와 관련 파일들이 아래와 같이 생성됩니다.

- /etc/passwd : 사용자 계정 정보 파일
- /etc/shadow : 암호화된 사용자 비밀번호 저장 파일
- /etc/gropu : 사용자 그룹 정보 저장 파일
- /etc/skel : 사용자 등록 시 홈 디렉터리에 복사되는 원본 파일 저장 디렉터리
- /etc/default/useradd : 새로운 사용자 계정 등록 시 기본설정 정보 파일
- /etc/login/defs : 기타 사용자 계정 생성에 따른 옵션들이 정의된 파일

2 사용자 계정 정보

새로 생성한 member_001 사용자 계정에 대한 일반정보는 /etc/passwd 파일에 저장되어 있습니다.

예제 09-03

- **Step 01** | tail -3 명령으로 /etc/passwd 파일의 정보를 마지막 3행에 대해서만 출력합니다. 마지막 행에 새로 추가한 member_001 계정에 대한 정보를 확인할 수 있습니다.

```
root@ubuntu:~# tail -3 /etc/passwd
cskisa:x:1000:1000:cskisa,,,:/home/cskisa:/bin/bash
systemd-coredump:x:999:999:systemd Core Dumper:/:/usr/sbin/nologin
member _ 001:x:1001:1001:,,,:/home/member _ 001:/bin/bash
root@ubuntu:~#
```

여기서 잠깐 /etc/passwd 파일에 저장되어 있는 member_001 계정의 정보를 자세히 살펴보도록 하겠습니다.

```
member _ 001 : x : 1001 : 1001 : ,,, : /home/member _ 001 : /bin/bash
     ❶         ❷    ❸       ❹     ❺          ❻                ❼
```

❶ 로그인 ID

로그인 ID는 사용자 계정의 이름을 의미합니다. 로그인 ID는 최대 32자까지 지정할 수 있습니다. 하지만 너무 긴 ID는 효율성이 떨어지기 때문에 다른 운영체제와의 연동을 위해 적당한 길이(8자 정도)로 지정하는 것을 권장합니다. 로그인 ID에는 콜론(:)과 Enter↵를 제외한다면 어떤 문자라도 상관없이 사용할 수 있습니다. 그렇지만 동일한 ID를 사용할 수는 없습니다.

❷ 암호저장 항목

x는 유닉스 초기시절 사용자 암호를 저장하기 위한 항목입니다. 이 항목은 이전 프로그램과의 호환성을 위해 기본 항목을 그대로 유지하고 있으며 x로 표시합니다.

❸ UID

우분투 시스템이 사용자를 구분하기 위해 사용되는 사용자 ID 번호입니다. 일반 사용자는 1000번부터 할당되며 사용자에 대한 시스템 관리업무를 위해 내부적으로 사용자를 위해 예약되어 있으므로 임의로 변경하지 않는 것이 좋습니다. 사용자를 구별할 때 로그인 ID는 서로 다르더라도 UID가 같으면 우분투 시스템은 동일한 사용자로 판단합니다. 따라서 시스템 관리자는 UID가 중복되지 않도록 관리에 주의를 기울여야 합니다.

❹ GID

사용자가 속해있는 그룹의 ID를 나타냅니다. 우분투에서 사용되는 모든 사용자는 무조건 하나 이상의 그룹에 속해있어야 합니다. GID는 사용자를 등록할 때 정해지며 GID를 지정하지 않으면 자동으로 로그인 ID가 그룹으로 등록됩니다. 등록된 GID는 /etc/group 파일에서 확인할 수 있습니다.

❺ 설명

사용자에 대한 일반적인 정보(이름, 부서, 연락처 등)가 기록되는 항목입니다. 이 항목은 유닉스에서 유래된 기원을 바탕으로 사용자 개인정보라고도 불립니다.

❻ 홈 디렉터리

이 항목에서는 사용자 계정에 할당된 홈 디렉터리는 절대경로의 형태로 저장됩니다. 홈 디렉터리는 사용자 계정을 생성하면서 자동으로 부여됩니다. 홈 디렉터리 아래에는 서브 디렉터리와 파일 등을 생성하거나 저장할 수 있습니다.

⑦ 로그인 셸

사용자의 로그인 기본 셸을 지정해 줍니다. 우분투에서는 배시 셸을 기본 셸로 적용하여 사용자에 대한 로그인 셸을 지정합니다.

- **Step 02** | tail 명령으로 /etc/shadow 파일의 마지막 1행만 출력하여 member_001 계정의 암호화된 정보를 확인합니다.

```
root@ubuntu:~# tail -1 /etc/shadow
member _ 001:$7$5Nux1v4C$JjRyjBcERN5PYCtI91QXOxbkasYdN0iB5C1qDa2.M1CMDeCy0OSsYUjf/
AvSpC28XKTH00qO4q9bzVwF.zl2/:18392:0:99999:7:::
root@ubuntu:~#
```

지금까지 배운 내용을 상기하며 다음 문제를 도전해 보세요.

도전 09-01

1. 사용자 계정 student _ 001을 암호 123456으로 설정하여 생성하기
2. 생성된 계정이 존재하는지 홈 디렉터리의 정보 출력하기
3. tail 명령으로 사용자 계정의 일반 정보 출력하기
4. tail 명령으로 사용자 계정의 암호화된 정보 출력하기

3 사용자 계정정보 수정

이미 생성된 사용자 계정에 대한 정보를 수정할 때는 usermod 명령을 사용합니다. usermod 명령으로 로그인 ID, UID, GID, 설명, 홈 디렉터리, 기본 셸 등 계정과 관련된 모든 정보를 수정할 수 있습니다.

usermod

기능 사용자 계정정보 수정

형식 usermod [옵션] [사용자 계정 이름] Enter↵

옵션 -c : 사용자 이름 등 부가적인 설명 수정

-d : 사용자 계정의 홈 디렉터리 수정

-e : 사용자 계정 만료일(유효기간) 수정 (YYYY-MM-DD)

-f : 사용자 계정 비활성화 일자 수정

-g : 사용자 계정의 로그인 기본그룹 GID 수정

-G : 2차 그룹의 GID 수정

-l : 사용자 계정 이름 변경

-o : 사용자 계정의 UID 중복 허용

-s : 사용자 계정의 기본 셸 수정

-u : 사용자 계정의 UID 수정

사용자 계정 member_001의 UID를 변경하기 위해 다음 예제를 수행합니다.

예제 09-04

- **Step 01** | tail -1 명령으로 member_001 계정에 대한 UID를 확인해 보면 1001로 설정된 것을 알 수 있습니다.

```
root@ubuntu:~# tail -1 /etc/passwd
member_001:x:1001:1001:,,,:/home/member_001:/bin/bash
root@ubuntu:~#
```

- **Step 02** | usermod 명령으로 member_001 계정의 UID를 2001로 변경 후 UID를 확인합니다.

```
root@ubuntu:~# usermod -u 2001 member_001
root@ubuntu:~# tail -1 /etc/passwd
member_001:x:2001:1001:,,,:/home/member_001:/bin/bash
root@ubuntu:~#
```

4 사용자 계정 삭제

관리자 계정에서 생성한 사용자 계정을 삭제할 때는 userdel 명령을 사용하며 관련된 홈 디렉터리와 파일들을 모두 삭제하는 것이 바람직합니다. 필요한 경우 계정만 삭제할 때도 있지만 가급적이면 디스크에 남겨진 파일이 존재하기 때문에 한꺼번에 삭제하는 것이 좋습니다.

 # userdel

기능 사용자 계정 삭제

형식 userdel [옵션] 계정 이름 Enter↵

옵션 -r : 홈 디렉터리 삭제

-f : 사용 중인 계정 이름도 강제 삭제

-rf : 홈 디렉터리 이외에 존재하는 파일 삭제

사용자 계정 삭제 수행방법

사용자 계정의 홈 디렉터리를 root 또는 다른 소속의 그룹으로 속성을 변경하였을 경우 홈 디렉터리를 삭제하기 위해서는 groupdel 명령을 사용하여 강제로 사용자 계정의 홈 디렉터리를 삭제해야 합니다. 사용자 계정을 생성하게 되면 사용자 계정에 대한 각종 정보는 /passwd, /etc/group, /etc/shadow, /var/spool/mail 파일에 자동으로 생성됩니다.

만일 삭제한 동일 계정 이름으로 다시 사용자 계정을 생성한다고 할 때 기존에 생성했던 사용자 계정에 대한 모든 정보를 깨끗하게 삭제하지 않은 상태에서 같은 이름의 사용자 계정 이름을 사용하려고 하면 오류 메시지가 출력됩니다. 그러므로 사용자 계정을 삭제할 때는 사용자 계정만 삭제해서는 안 됩니다.

여기서 잠깐

사용자 계정을 삭제하는 과정은 다소 복잡하므로 간략하게 요약하면 다음과 같습니다.

❶ /etc/passwd 파일에서 사용자 계정 삭제 : # userdel -r 계정 이름
❷ /etc/group 파일에서 사용자 그룹 삭제 : # groupdel 계정 이름
❸ /home 디렉터리에 있는 사용자의 홈 디렉터리 삭제 : # rm -rf /home/계정 이름
❹ /var/spool/mail에 있는 사용자 메일 삭제 : # rm /var/spool/mail/계정 이름
❺ 데이터베이스 연동에서 삭제하려는 계정 이름과 암호 삭제
❻ 기타 응용 프로그램에 존재하는 사용자 계정의 정보 삭제
❼ 우분투 시스템을 재시작

UID를 이용하여 사용자 계정 관련 모든 파일 삭제 방법

사용자 계정을 생성할 때 자동으로 생성되었던 여러 파일을 일일이 찾아서 삭제하는 과정은 다소 복잡합니다. 이렇게 복잡한 과정을 생략하고 한 번에 사용자 계정을 삭제하려면 파일 찾기 명령인 find 명령을 사용하면 됩니다. find 명령으로 UID를 찾아서 사용자 계정과 관련된 모든 파일을 한꺼번에 삭제할 수 있습니다.

```
# find -user UID -exec rm -r { } \;
```

기능 파일내용 중에서 UID를 찾아서 관련된 파일을 모두 삭제

형식 find [옵션] UID [옵션] [명령] {} \; Enter↵

앞에서 생성한 member_001 계정을 삭제하기 위해 다음 예제를 수행합니다.

예제 09-05

• **Step 01** | userdel 명령과 옵션 -r을 함께 사용하여 member_001 계정을 삭제할 경우 파일을 열 수 없다는 메시지가 출력됩니다.

```
root@ubuntu:~# userdel -r member _ 001
userdel: member _ 001 mail spool (/var/mail/member _ 001) not found
root@ubuntu:~#
```

• **Step 02** | tail -1 명령으로 member_001 계정에 대한 UID를 확인하면 2001로 설정되어 있는 것을 알 수 있습니다.

```
root@ubuntu:~# tail -1 /etc/passwd
member _ 001:x:2001:1001:,,,:/home/member _ 001:/bin/bash
root@ubuntu:~#
```

- **Step 03** | find 명령과 옵션을 함께 사용하여 UID2001로 member_001 계정의 모든 정보를 한꺼번에 삭제합니다.

```
root@ubuntu:~# find -user 2001 -exec rm -r {} \;
root@ubuntu:~#
```

- **Step 04** | grep 명령과 옵션을 함께 사용하여 /etc/passwd 파일에 member_001 문자열이 존재하는지를 확인합니다.

```
root@ubuntu:~# grep member _ 001 /etc/passwd
root@ubuntu:~#
```

출력결과가 아무것도 나타나지 않았다는 것은 사용자 계정이 제대로 삭제되었음을 의미합니다.

5 기타 명령어

이 장에서 다룬 명령어 외에도 자주 사용되는 기타 명령어를 다음 표와 같이 정리하였습니다.

표 9-1 기타 명령어에 대한 수행 의미

명령어	의미
su	다른 계정으로 변경
useradd	사용자 계정 생성
passwd	사용자 계정의 암호 수정
tail	파일내용을 마지막 라인부터 10번째 라인까지만 내용 출력
usermod	사용자 계정정보 수정
grep	찾고자 하는 문자열 검색
sudo chage	시스템 보안을 위해 사용자 계정의 암호 기한설정 및 변경

sudo userdel	사용자 계정 삭제
find	파일 내용 찾기
groupadd	새 그룹 생성
gpasswd	그룹 암호 관리
sudo cat	우분투 시스템에 등록되어 있는 정보 출력
id	현재 사용자의 실제 ID와 유효 사용자 ID, 그룹 ID를 출력
newgrp	소속 그룹 변경
sudo chown	파일이나 디렉터리의 소유권 및 그룹 소유권을 변경
sudo chgrp	파일이나 디렉터리의 그룹 소유권을 변경
shutdown	우분투 시스템 종료

지금까지 배운 내용을 상기하며 다음 문제를 도전해 보세요.

도전 09-02

1. 사용자 계정 space를 암호 123456으로 설정하여 생성하기
2. space 계정의 UID를 확인하기
3. UID를 사용하여 space 계정 삭제하기
4. /etc/passwd 파일에 space 문자열이 존재하는지 확인하기

핵심요약

01 터미널 창에 나타난 '$' 프롬프트는 사용자 계정으로 접속한 상태를 의미하고 관리자 모드인 root 계정으로 접속할 경우는 '#' 프롬프트로 나타납니다.

02 이 장에서 배운 명령어의 의미는 다음과 같습니다.

명령어	의미
su	다른 계정으로 변경
useradd	사용자 계정 생성
passwd	사용자 계정의 암호 수정
tail	파일내용을 마지막 라인부터 10번째 라인까지만 내용 출력
usermod	사용자 계정정보 수정
grep	찾고자 하는 문자열 검색
sudo chage	시스템 보안을 위해 사용자 계정에 따른 암호 기한설정 및 변경
sudo userdel	사용자 계정 삭제
find	파일 내용 찾기
groupadd	새 그룹 생성
gpasswd	그룹 암호 관리
sudo cat	우분투 시스템에 등록되어 있는 정보 출력
id	현재 사용자의 실제 ID와 유효 사용자 ID, 그룹 ID를 출력
newgrp	소속 그룹 변경
sudo chown	파일이나 디렉터리의 소유권 및 그룹 소유권을 변경
sudo chgrp	파일이나 디렉터리의 그룹 소유권을 변경
shutdown	우분투 시스템 종료

03 사용자 계정을 삭제하는 방법의 순서는 다음과 같습니다.

❶ /etc/passwd 파일에서 사용자 계정 삭제 : # userdel -r 계정 이름

❷ /etc/group 파일에서 사용자 그룹 삭제 : # groupdel 계정 이름

❸ /home 디렉터리에 있는 사용자의 홈 디렉터리 삭제 : # rm -rf /home/계정 이름

❹ /var/spool/mail에 있는 사용자 메일 삭제 : # rm /var/spool/mail/계정 이름

❺ 데이터베이스 연동에서 삭제하려는 계정 이름과 암호 삭제

❻ 기타 응용 프로그램에 존재하는 사용자 계정의 정보 삭제

❼ 우분투 시스템을 재시작

연습문제

01 다음 글을 읽고 빈 괄호를 채우시오

(1) 터미널 창에 나타난 (　　　　) 프롬프트는 사용자 계정으로 접속한 상태를 의미하고 관리자 모드인 root 계정으로 접속할 경우는 (　　　　) 프롬프트로 나타납니다.

(2) 다른 계정으로 변경할 때 사용하는 su 명령은 셸을 실행하지 않고 주어진 명령만 수행할 때는 옵션 (　　　　)를 선언하고 지정된 셸로 접속할 때는 옵션 (　　　　)를 선언합니다.

02 음에 주어진 의미를 보고 해당 명령어를 기재하시오.

명령어	의미
	사용자 계정 생성
	파일 내용을 마지막 라인부터 10번째 라인까지만 내용 출력
	찾고자 하는 문자열 검색
	시스템 보안을 위해 사용자 계정에 따른 암호 기한설정 및 변경
	파일 내용 찾기
	우분투 시스템에 등록되어 있는 정보 출력
	파일이나 디렉터리의 소유권 및 그룹 소유권을 변경

03 사용자 계정에 대해 출력된 정보를 보고 ❶~❼로 표기한 항목이 의미하는 바에 대해 자세히 설명하시오.

```
member_001 : x : 1001 : 1001 : ,,, : /home/member_001 : /bin/bash
    ❶          ❷    ❸      ❹      ❺          ❻                ❼
```

04 터미널 창에서 현재 사용자 계정 cskisa로 접속되어 있는 상태이면 root 계정으로 변경하고 관리자 계정인 root 계정이면 사용자 계정 cskisa로 프롬프트를 변경하시오.

05 s_2033005 사용자 계정의 암호를 123457으로 지정하여 새로 생성한 다음 홈 디렉터리에 생성된 계정이 존재하는지를 확인하고 s_2033005 계정의 정보와 암호가 저장되어 있는 정보를 gedit 창에서 확인하시오.

06 s_2033005 사용자 계정의 UID를 2070으로 변경한 다음 변경된 내용을 tail 명령으로 마지막 2개 라인을 출력하시오.

07 s_2033005 사용자 계정에 대한 로그인 ID를 study_013으로 지정하고 홈 디렉터리를 study_home 디렉터리로 지정한 다음 사용자 로그인 ID study_013에 대한 문자열의 정보를 grep 명령으로 출력하시오.

CHAPTER 10

프로세스 관리

| 학습목표 |

- 프로세스의 개념을 설명할 수 있습니다.
- 프로세스의 상태 전이를 이해할 수 있습니다.
- 프로세스의 관리 명령어를 사용할 수 있습니다.
- 프로세스의 상태를 포그라운드와 백그라운드로 구분할 수 있습니다.

SECTION

01 프로세스

1 프로세스의 개념

하드 디스크에 저장된 프로그램을 CPU의 명령에 따라 메모리에 로딩되어 활성화된 것을 프로세스라고 합니다.

2 프로세스 상태 전이

프로세스는 운영체제의 스케줄링에 의해 상태가 전이됩니다. 하나의 프로그램이 실행되면 그 프로그램에 대응되는 프로세스가 생성되어 준비 리스트의 끝에 들어갑니다. 준비 리스트 상의 다른 프로세스들이 CPU를 할당받아 준비 리스트를 벗어나면 그 프로세스는 점차 준비 리스트의 앞으로 나가게 되고 할당된 순서가 도래되면 CPU를 사용할 수 있게 됩니다.

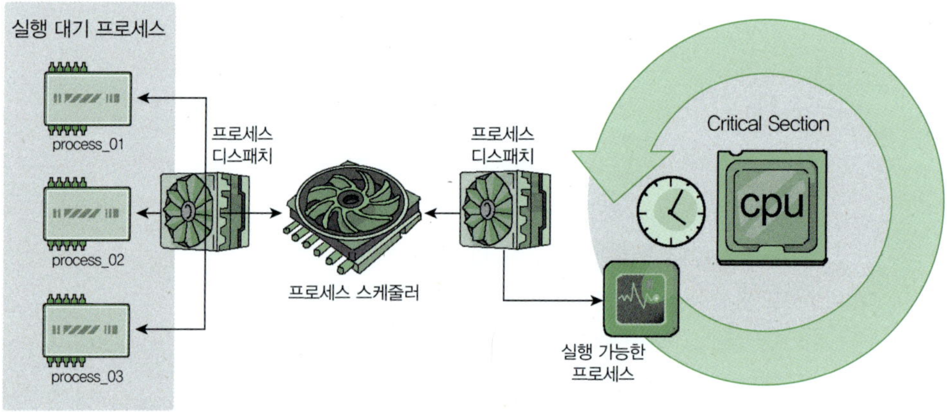

그림 10-1 프로세스 스케줄러와 상태 전이

3 프로세스 번호와 작업 번호

프로세스 번호

CPU에서 처리하고자 하는 작업이 멀티태스킹과 같이 여러 개의 프로세스가 메모리에 로딩되어 있을 경우 프로세스를 구분하려면 각각의 프로세스에 대한 고유 식별방법이 존재해야 합니다. CPU가 프로세스를 구분하기 위해 부여되는 고유번호를 바로 프로세스 번호라고 하며 각 프로세스가 가지는 고유의 번호를 PID라고 합니다.

작업 번호

현재 실행되는 백그라운드 프로세스가 CPU를 점유하여 작업을 수행할 때의 순차 번호를 작업 번호라고 합니다.

4 프로세스 서비스와 관계

데몬 프로세스

우분투에서는 데몬 프로세스를 통해 다양한 서비스를 제공합니다. 데몬 프로세스는 우분투에서 특정 서비스를 제공하기 위해 존재하는 프로세스입니다. 데몬 프로세스는 평상시에는 대기 상태로 있다가 서비스 요청이 들어오면 해당하는 서비스를 제공합니다.

부모-자식 관계의 프로세스

부모 프로세스는 PPID를 가지며 자식 프로세스는 PID를 가지고 있으므로 부모 프로세스인지 자식 프로세스인지가 구분됩니다. 부모 프로세스를 종료하게 되면 종속된 자식 프로세스 또한 강제로 종료됩니다.

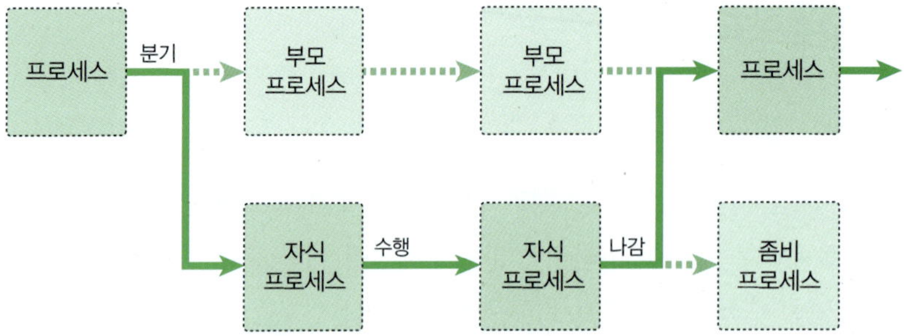

그림 10-2 부모 프로세스와 자식 프로세스의 관계

5 고아 프로세스와 좀비 프로세스

고아 프로세스

고아 프로세스는 부모-자식 관계의 프로세스에서 자식 프로세스가 종료되지 않은 상태에서 부모 프로세스가 종료되는 경우를 의미합니다. 이렇게 발생한 고아 프로세스의 종료는 1번 프로세스를 부모 프로세스로 의존하게 되어 작업을 무난히 마치고 프로세스를 종료하게 됩니다.

좀비 프로세스

좀비 프로세스가 발생하게 되는 이유는 부모 프로세스가 자식 프로세스의 종료를 기다린 뒤에 종료를 처리해 주는 정상적인 과정을 거치지 않고 부모 프로세스를 종료할 경우 발생하게 됩니다. 좀비 프로세스는 kill 명령으로 제거할 수 없습니다.

여기서 잠깐

좀비 프로세스를 제거하기 위해서는 SIGCHLD 시그널을 부모 프로세스에 보내 부모 프로세스가 자식 프로세스를 정리하도록 수행하거나 부모 프로세스 자체를 종료해야만 좀비 프로세스를 제거할 수 있습니다.

SECTION

02 프로세스 관리 명령

1 프로세스 상태 확인

현재 프로세스의 상태를 확인하려면 ps 명령을 사용합니다. ps 명령은 processor status의 약어로 ps 명령이 출력하는 PID를 통해 프로세스의 부모-자식 관계를 확인할 수 있습니다. 우분투에서 ps 명령의 옵션은 세 가지 유형(유닉스, BSD, GNU)으로 지원합니다.

$ ps

기능 현재 실행 중인 프로세스의 상태 확인

형식 ps [옵션] Enter↵

옵션 <유닉스 옵션>

-e : 시스템에서 실행 중인 모든 프로세스의 정보 출력

-f : 프로세스에 대한 상세한 정보 출력

-u UID : 특정 사용자에 대한 모든 프로세스의 정보 출력

-p PID : PID로 지정한 특정 프로세스의 정보 출력

<BSD 옵션>

a : 터미널에서 실행한 프로세스의 정보 출력

u : 프로세스 소유자의 이름, CPU와 메모리 사용량 등 상세한 정보 출력

x : 시스템에서 실행 중인 모든 프로세스의 정보 출력

<GNU 옵션>

--pid PID 목록 : 목록으로 지정한 특정 PID 정보 출력

프로세스 목록 출력 : ps

현재 사용하고 있는 터미널이나 셸에서 실행한 사용자 프로세스의 상태정보를 출력하려면 옵션 없이 ps 명령을 사용하여 수행하면 됩니다.

터미널 창에서 실행한 프로세스의 상태정보를 출력하기 위해 다음 예제를 수행합니다.

예제 10-01

• **Step 01** | ps 명령으로 현재 프로세스 상태정보를 출력합니다.

```
cskisa@ubuntu:~$ ps
    PID  TTY         TIME  CMD
   1958  pts/0   00:00:00  bnash
   1985  pts/0   00:00:00  ps
cskisa@ubuntu:~$
```

ps 명령으로 출력된 현재 프로세스의 상태정보는 다음 표와 같습니다.

표 10-1 프로세스의 항목별 상태정보

항목	의미
PID	실행 중인 프로세스를 구별하기 위한 프로세스의 고유 ID
TTY	프로세스가 시작되고 있는 현재 터미널 번호
TIME	해당 프로세스가 현재까지 사용된 CPU의 시간의 양
CMD	프로세스가 실행한 명령이 무엇인지를 알려줌

• **Step 02** | ps 명령과 함께 -f 옵션을 사용하여 현재 프로세스의 상세한 정보를 출력합니다.

```
cskisa@ubuntu:~$ ps -f
UID              PID   PPID   C  STIME  TTY          TIME  CMD
cskisa          1958   1948   0  17:47  pts/0    00:00:00  bash
cskisa          2105   1958   0  17:50  PTS/0    00:00:00  ps -f
cskisa@ubuntu:~$
```

ps -f 명령으로 출력된 현재 프로세스의 상세한 상태정보의 의미는 다음 표와 같습니다.

표 10-2 프로세스의 상세한 상태정보

항목	기능	항목	기능
UID	프로세스를 실행한 사용자 ID	STIME	프로세스 시작 날짜 또는 시각
PID	실행 프로세스 번호	TTY	터미널의 종류와 번호
PPID	부모 프로세스 번호	TIME	프로세스 실행 시간
C	CPU 사용량을 % 값으로 표시	CMD	실행되고 있는 프로그램 이름

2 프로세스 관리

특정 프로세스 정보를 검색할 때는 pgrep 명령을 사용합니다. pgrep 명령은 ps 명령과 grep 명령을 하나로 통합하여 만든 명령어라고 생각하면 됩니다. pgrep 명령은 옵션 다음에 선언한 인자와 일치하는 패턴의 프로세스를 찾아 PID를 알려줍니다.

$ pgrep

기능 인자와 일치하는 패턴의 프로세스 정보 출력

형식 pgrep [옵션] [인자] Enter↵

옵션 -x : 인자와 정확히 일치하는 패턴의 프로세스 정보 출력
-n : 인자를 포함하고 있는 가장 최근의 프로세스 정보 출력
-u 사용자 계정 이름 : 특정 사용자 계정에 대한 모든 프로세스의 정보 출력
-l : PID와 프로세스의 이름 출력
-t term : 특정 단말기와 관련된 프로세스의 정보 출력

pgrep 명령과 옵션을 사용하여 특정 프로세스에 대한 정보를 검색하기 위해 다음 예제를 수행합니다.

예제 10-02

• **Step 01** | pgrep 명령과 함께 -x 옵션을 선언하여 bash 프로세스의 PID 정보를 출력합니다.

```
cskisa@ubuntu:~$ pgrep -x bash
1958
cskisa@ubuntu:~$
```

• **Step 02** | pgrep 명령과 함께 -l 옵션을 선언하여 bash 프로세스의 PID와 프로세스의 이름을 출력합니다.

```
cskisa@ubuntu:~$ pgrep -l bash
1958  bash
cskisa@ubuntu:~$
```

• **Step 03** | pgrep 명령과 함께 -l 옵션을 선언하여 bash 프로세스의 PID와 프로세스의 이름을 출력합니다.

```
cskisa@ubuntu:~$ ps -fp $(pgrep -x bash)
UID          PID    PPID  C  STIME  TTY          TIME   CMD
cskisa      1958    1948  0  17:47  pts/0        00:00:00  bash
cskisa@ubuntu:~$
```

kill 명령으로 프로세스 종료

프로세스를 종료하는 kill 명령은 종료할 프로세스에 인자로 지정한 숫자 메시지를 시그널로 보내 해당 프로세스를 종료합니다. 프로세스에 보내는 시그널은 인터럽트, 프로세스 종료, 강제 종료 등의 숫자로 기능이 지정되어 있습니다.

$ kill

기능 프로세스 종료를 위해 지정한 시그널을 해당 프로세스에 전달
형식 kill [시그널] PID Enter↵
시그널 -2 : 인터럽트 시그널 전송 (Ctrl+C)
-9 : 프로세스 강제 종료
-15 : 프로세스가 관련 파일을 정리 후 종료(종료되지 않는 프로세스도 존재)

kill 명령으로 프로세스를 종료하기 위해 2개의 터미널 창을 실행하여 각각의 명령을 수행한 상태에서 특정 프로세스의 번호를 지정하여 종료하기 위해 다음 예제를 수행합니다.

예제 10-03

• **Step 01** | yes 명령은 단순히 yes라는 문자열을 화면에 계속 반복해서 출력하라는 의미이고 /dev/null은 아무런 반응을 하지 않는 장치를 선언한 것입니다. 강제 종료하려면 Ctrl+Z를 누르면 되지만 다음 과정 실습을 위해 강제 종료는 수행하지 않습니다 .

```
cskisa@ubuntu:~$ yes > /dev/null        ❶ ← 무한루프 명령 수행
▮
```

• **Step 02** | [현재 활동] – [터미널] – [새창]을 클릭하여 두 번째 터미널 창을 추가합니다.

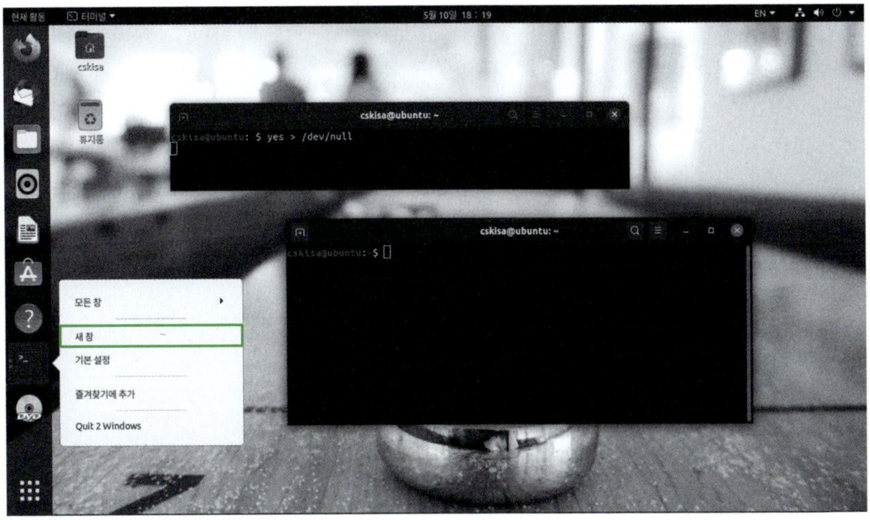

그림 10-3 터미널 창 추가

• **Step 03** | 첫 번째 터미널(부모 프로세스)에서 수행하고 있는 프로세스의 PID 2544를 두 번째 터미널 창에서 확인합니다. kill 명령과 시그널 -9 그리고 PID를 지정하여 자식 프로세스에서 부모 프로세스를 강제로 종료합니다.

```
cskisa@ubuntu:~$ yes > /dev/null ❶        ← 첫 번째 터미널 창 : 부모 프로세스
죽었음 ❹
cskisa@ubuntu:~$
```

```
cskisa@ubuntu:~$ ps -ef | grep yes ❷        ← 두 번째 터미널 창 : 자식 프로세스
cskisa      2544   2537 90 18:26 pts/0    00:00:14 yes
cskisa      2566   2556  0 18:26 pts/1    00:00:00 grep --color=auto yes
cskisa@ubuntu:~$ kill -9 2544 ❸
cskisa@ubuntu:~$
```

pkill 명령으로 프로세스 종료

pkill 명령은 프로세스를 종료할 때 kill 명령과 같이 시그널을 보내는 방식은 같습니다. 두 명령어의 다른 점이 있다면 pkill 명령은 PID를 보내는 것이 아니라 프로세스의 명령 이름으로 프로세스를 찾아서 종료해 준다는 점이 kill 명령과 다른 점입니다.

pkill 명령은 같은 명령으로 수행한 프로세스를 명령 이름으로 찾아주기 때문에 pkill yes와 같이 한꺼번에 같은 이름의 명령을 찾아서 모두 종료할 수 있다는 편리성을 제공해 줍니다.

지금까지 배운 내용을 상기하며 다음 문제를 도전해 보세요.

도전 10-01

1. ps 명령과 옵션으로 프로세스의 상세한 정보 출력하기
2. pgrep 명령으로 bash를 실행하고 있는 프로세스의 PID 출력하기
3. ps 명령과 옵션으로 터미널에서 실행한 프로세스의 정보 출력하기

SECTION

03 포그라운드와 백그라운드

1 포그라운드 작업

터미널 창에서 명령어를 입력하면 셸은 사용자가 입력한 명령을 수행하여 그 결과를 화면에 보여줍니다. 사용자는 화면에 나타난 출력결과를 보고 다른 명령을 입력하는 대화식으로 수행하는 작업, 즉 사용자와 상호작용을 하여 작업을 수행하도록 해 주는 프로세스를 포그라운드 작업이라고 합니다.

2 백그라운드 작업

백그라운드 작업은 프로세스가 실행되었지만 직접 눈으로 프로세스가 확인되지 않는 작업을 의미합니다. 예를 들어 백신 프로그램, 서버 데몬 등과 같이 화면에 나타나 눈에 보이지는 않지만 실행되는 명령을 백그라운드 작업이라고 하고 이때 수행하는 프로세스를 백그라운드 프로세스라고 합니다.

포그라운드 작업과 백그라운드 작업을 살펴보기 위해 다음 예제를 수행합니다.

예제 10-04

- **Step 01** | 프로세스가 잠시 쉬도록 sleep 명령으로 포그라운드 작업을 수행하게 되면 현재 작업이 끝날 때까지 기다려야 하므로 다른 작업을 수행할 수 없게 됩니다.

```
cskisa@ubuntu:~$ sleep 10     ← 10초 동안 포그라운드 작업
▌                             ← 작업이 끝날 때까지 기다려야 함
```

• **Step 02** | 터미널 창에서 sleep 명령과 &(앰퍼샌드) 기호를 선언하여 백그라운드 작업을 30초 동안 수행합니다. 백그라운드 작업 중에는 다른 작업을 수행할 수 있습니다.

```
cskisa@ubuntu:~$ sleep 30&   ← 백그라운드 작업
[1] 2683
cskisa@ubuntu:~$             ← 프롬프트가 나타나 다른 작업 수행이 가능함
```

3 작업 제어

작업 제어는 포그라운드 작업을 백그라운드 작업으로 전환하거나 백그라운드 작업을 포그라운드 작업으로 전환하는 제어를 의미합니다. 작업 제어는 작업 전환과 작업의 일시 중지, 작업 종료로 구분되어 수행됩니다.

작업 목록 : jobs

현재 실행 중인 작업의 목록을 출력할 때는 jobs 명령을 사용합니다.

$ jobs

기능	작업 목록 출력
형식	jobs [%작업 번호] Enter↵
%작업 번호	%번호 : 해당 작업의 정보만 출력 %+ 또는 %% : 작업순서가 +인 작업 정보를 출력 %- : 작업순서가 -인 작업 정보를 출력

포그라운드 작업과 백그라운드 작업을 제어하기 위해 다음 예제를 수행합니다.

예제 10-05

• **Step 01** | 터미널 창에서 백그라운드 작업과 포그라운드 작업을 다음과 같이 각각 수행합니다.

```
cskisa@ubuntu:~$ sleep 20&
[1] 2865
cskisa@ubuntu:~$ sleep 30&
[2] 2866
cskisa@ubuntu:~$ sleep 10
[1]-    완료                    sleep 20
cskisa@ubuntu:~$
```

- **Step 02** | jobs 명령으로 작업 목록을 출력해 보면 포그라운드 작업 목록은 나타나지 않고 백그라운드 작업 목록에 대해서만 출력됩니다.

```
cskisa@ubuntu:~$ jobs
[2]+    실행중                  sleep 30 &
cskisa@ubuntu:~$
```

jobs 명령을 수행한 결과 출력된 작업 목록의 의미는 다음 표와 같습니다.

표 10-3 jobs 명령의 출력항목

항목	출력	의미
작업 번호	[2]	백그라운드 작업 번호를 나타냄([1],[2],[3])
작업 순서	+	+ : 가장 최근에 접근한 작업
		: + 작업 전에 접근한 작업
		공백 : 그 이외의 작업
작업 상태	실행 중	실행중 : 현재 실행(Running)
		완료됨 : 작업 정상 종료(Done)
		종료됨 : 비정상 작업 종료(Terminated)
		정지됨 : 작업 잠시 중단(Stopped)
명령	sleep 30&	백그라운드로 실행 중인 명령

작업 전환

작업 전환이란 현재 포그라운드로 실행 중인 작업을 백그라운드 작업으로 전환하거나 백그라운드로 실행 중인 작업을 포그라운드 작업으로 전환하는 것을 의미합니다.

표 10-4 작업 전환 명령

명령	의미
Ctrl+Z 또는 stop [%작업 번호]	포그라운드 작업을 잠시 중단
bg [%작업 번호]	작업 번호가 지시하는 작업을 백그라운드로 전환
fg [%작업 번호]	작업 번호가 지시하는 작업을 포그라운드로 전환

작업 전환 명령을 살펴보기 위해 다음 예제를 수행합니다.

예제 10-06

• **Step 01** | 터미널 창에서 jobs 명령으로 작업 목록을 확인합니다.

```
cskisa@ubuntu:~$ jobs
cskisa@ubuntu:~$
```

• **Step 02** | sleep 명령으로 포그라운드 작업을 수행한 다음 Ctrl+Z를 눌러 작업을 일시 중단합니다.

```
cskisa@ubuntu:~$ sleep 100              ← 포그라운드 작업 실행
^Z                                      ← Ctrl+Z를 눌러 작업을 일시 중단
[1]+   정지됨              sleep 100    ← 일시 중단된 상태
cskisa@ubuntu:~$
```

• **Step 03** | 현재 중단된 포그라운드 작업을 bg [%작업 번호] 명령으로 백그라운드 작업으로 전환합니다. 작업 번호는 지정하지 않고 bg 명령만 사용할 경우 작업순서가 +인 작업에 대해서만 적용됩니다.

```
cskisa@ubuntu:~$ bg %1                  ← 백그라운드로 작업 전환
[1]+  sleep 100 &
cskisa@ubuntu:~$
```

• **Step 04** | jobs 명령으로 현재 수행 중인 백그라운드 작업 목록을 확인합니다.

```
cskisa@ubuntu:~$ jobs
[1]+    실행중                  sleep 100 &  ← 백그라운드로 실행 중
cskisa@ubuntu:~$
```

• **Step 05** | fg [%작업 번호] 명령으로 백그라운드 작업을 포그라운드 작업으로 전환한 다음 jobs 명령으로 현재 작업 중인 목록을 출력합니다. bg 명령과 마찬가지로 작업 번호는 지정하지 않고 fg 명령만 사용할 경우 작업순서가 +인 작업에 대해서만 적용됩니다.

```
cskisa@ubuntu:~$ fg                    ← 포그라운드로 작업 전환
sleep 100
▌
```

포그라운드 작업 종료 : Ctrl+C

포그라운드 작업은 Ctrl+C를 누르면 대부분 종료됩니다. 또 다른 방법은 다른 터미널 창에서 해당 프로세스의 PID를 찾아서 강제로 종료할 수도 있습니다. 여기서는 단축키를 사용하여 포그라운드 작업을 종료하기 위해 다음 예제를 수행합니다.

예제 10-07

• **Step 01** | 터미널 창에서 sleep 명령을 수행한 다음 Ctrl+C를 눌러 현재 수행 중인 포그라운드 작업을 강제로 종료합니다.

```
cskisa@ubuntu:~$ sleep 80              ← 포그라운드로 작업 수행
^C                                     ← Ctrl+C를 눌러 작업을 강제 종료
cskisa@ubuntu:~$
```

• **Step 02** | jobs 명령으로 현재 작업 중인 목록을 확인해 보면 현재 수행 중인 포그라운드 작업이 없다는 것을 알 수 있습니다.

```
cskisa@ubuntu:~$ jobs
cskisa@ubuntu:~$
```

백그라운드 작업 종료 : kill

백그라운드 작업은 kill 명령을 사용하여 강제로 종료해야 합니다. kill 명령을 사용할 때 인자로 PID 대신 '%작업 번호'를 선언해도 됩니다. 현재 수행 중인 백그라운드 작업을 강제로 종료하기 위해 다음 예제를 수행합니다.

예제 10-08

• **Step 01** | 터미널 창에서 sleep 명령으로 백그라운드 작업을 수행합니다.

```
cskisa@ubuntu:~$ sleep 50&              ← 백그라운드로 작업 수행
[1]   2306
cskisa@ubuntu:~$
```

• **Step 02** | kill 명령과 작업 번호를 선언하여 현재 실행 중인 백그라운드 작업을 강제로 종료합니다.

```
cskisa@ubuntu:~$ kill %1                ← 백그라운드로 작업 수행
cskisa@ubuntu:~$                        ← Enter↵를 누름
[+]+  종료됨              sleep 50      ← Enter↵를 눌러야만 메시지가 출력됨
cskisa@ubuntu:~$
```

지금까지 배운 내용을 상기하며 다음 문제를 도전해 보세요.

도전 10-02

1. 터미널 창에서 gedit 명령 수행하기
2. 실행 중인 gedit를 정지된 작업으로 만들기
3. 터미널 창에서 수행 중인 백그라운드 작업 목록 확인하기
4. 정지 중인 백그라운드 작업을 포그라운드 작업으로 전환하기
5. 단축키를 사용하여 수행 중인 포그라운드 작업 강제 종료하기
6. 현재 수행 중인 작업 목록 출력하기

핵심요약

01 우분투를 구동하기 위해 가장 먼저 활동하는 것은 바로 시작 프로세스입니다. 하드 디스크에 저장된 프로그램을 CPU의 명령에 따라 메모리에 로딩되어 활성화된 것을 프로세스라고 합니다.

02 하나의 프로그램이 실행되면 그 프로그램에 대응되는 프로세스가 생성되어 준비 리스트의 끝에 들어갑니다. 준비 리스트 상의 다른 프로세스들이 CPU를 할당받아 준비 리스트를 벗어나면 그 프로세스는 점차 준비 리스트의 앞으로 나가게 되고 할당된 순서가 도래되면 CPU를 사용할 수 있게 됩니다.

■ 프로세스 스케줄러와 상태 전이

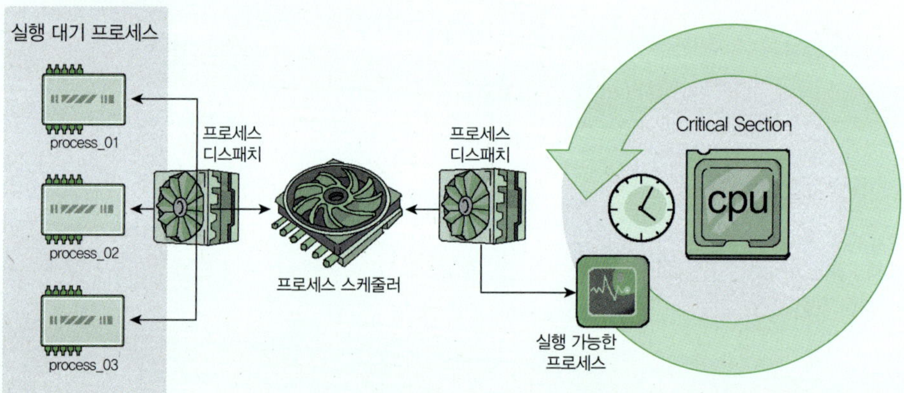

03 CPU가 프로세스를 구분하기 위해 부여되는 고유번호를 바로 프로세스 번호라고 합니다. 각 프로세스는 고유의 번호를 가지고 있는데 이를 PID라고 합니다.

04 부모 프로세스는 PPID를 가지며 자식 프로세스는 PID를 가지고 있으므로 부모 프로세스인지 자식 프로세스인지가 구분됩니다. 부모 프로세스를 종료하게 되면 종속된 자식 프로세스 또한 강제로 종료됩니다.

05 고아 프로세스는 부모-자식 관계의 프로세스에서 자식 프로세스가 종료되지 않은 상태에서 부모 프로세스가 종료되는 경우를 의미합니다.

06 좀비 프로세스가 발생하게 되는 이유는 부모 프로세스가 자식 프로세스의 종료를 기다린 뒤에 종료를 처리해 주는 정상적인 과정을 거치지 않고 부모 프로세스를 종료할 경우 발생하게 됩니다.

07 ps -f 명령으로 출력된 현재 프로세스의 상세한 상태정보의 의미는 다음과 같습니다.

항목	의미	항목	의미
UID	프로세스를 실행한 사용자 ID	STIME	프로세스 시작 날짜 또는 시각
PID	실행 프로세스 번호	TTY	터미널의 종류와 번호
PPID	부모 프로세스 번호	TIME	프로세스 실행 시간
C	CPU 사용량을 % 값으로 표시	CMD	실행되고 있는 프로그램 이름

08 사용자와 상호작용을 하여 작업을 수행하도록 해 주는 프로세스를 포그라운드 작업이라고 하고 백그라운드 작업은 프로세스가 실행되었지만 직접 눈으로 프로세스가 확인되지 않는 작업을 의미합니다.

09 작업 제어는 포그라운드 작업을 백그라운드 작업으로 전환하거나 백그라운드 작업을 포그라운드 작업으로 전환하는 제어를 의미합니다. 작업 제어는 작업 전환과 작업의 일시 중지, 작업 종료로 구분되어 수행됩니다.

10 작업 전환이란 현재 포그라운드로 실행 중인 작업을 백그라운드 작업으로 전환하거나 백그라운드로 실행 중인 작업을 포그라운드 작업으로 전환하는 것을 의미합니다.

■ 작업 전환 명령

명령	의미
Ctrl+Z 또는 stop [%작업 번호]	포그라운드 작업을 잠시 중단
bg [%작업 번호]	작업 번호가 지시하는 작업을 백그라운드로 전환
fg [%작업 번호]	작업 번호가 지시하는 작업을 포그라운드로 전환

11 현재 프로세스 상태정보 출력과 프로세스 종료에 사용되는 명령어는 다음과 같습니다.

명령어	의미
ps	현재 실행 중인 프로세스의 상태 확인
pgrep	패턴 지정으로 특정 프로세스에 대한 정보 출력
jobs	백그라운드 작업목록 출력
kill	프로세스 종료를 위해 지정한 시그널을 해당 프로세스에 전달
pkill	PID를 보내는 것이 아니고 프로세스의 명령 이름을 찾아서 종료

연습문제

01 다음 글을 읽고 빈 괄호를 채우시오

(1) 우분투를 구동하기 위해 가장 먼저 활동하는 것은 바로 시작 프로세스입니다. (　　　)에 저장된 프로그램을 (　　　)의 명령에 따라 메모리에 로딩되어 활성화된 것을 프로세스라고 합니다.

(2) CPU가 프로세스를 구분하기 위해 부여되는 (　　　)를 바로 프로세스 번호라고 합니다. 각 프로세스는 고유의 번호를 가지고 있는데 이를 (　　　)라고 합니다.

(3) 사용자와 상호작용을 하여 작업을 수행하도록 해 주는 프로세스를 (　　　) 작업이라고 하고 (　　　)작업은 프로세스가 실행되었지만 직접 눈으로 프로세스가 확인되지 않는 작업을 의미합니다.

02 프로세스의 상태를 확인하는 ps 명령의 옵션을 적으시오.

옵션	의미
	시스템에서 실행 중인 모든 프로세스의 정보 출력
	프로세스에 대한 상세한 정보 출력
	특정 사용자에 대한 모든 프로세스의 정보 출력
	PID로 지정한 특정 프로세스의 정보 출력
	터미널에서 실행한 프로세스의 정보 출력
	프로세스 소유자의 이름, CPU와 메모리 사용량 등 상세한 정보 출력
	시스템에서 실행 중인 모든 프로세스의 정보 출력
	목록으로 지정한 특정 PID 정보 출력

03 특정 프로세스의 정보를 검색할 때 사용하는 pgrep 명령의 옵션을 적으시오.

옵션	의미
	인자와 정확히 일치하는 패턴의 프로세스 정보 출력
	인자를 포함하고 있는 가장 최근의 프로세서 정보 출력
	특정 사용자계정에 대한 모든 프로세스의 정보 출력
	PID와 프로세스의 이름 출력
	특정 단말기와 관련된 프로세스의 정보 출력

04 프로세스를 종료할 때 사용하는 kill 명령의 시그널을 적으시오.

시그널	의미
	인터럽트 시그널 전송
	프로세스 강제 종료
	프로세스가 관련 파일을 정리 후 종료(종료되지 않는 프로세스도 존재)

05 프로세스의 상세한 출력정보를 보고 항목을 채우시오.

항목	의미	항목	의미
	프로세스를 실행한 사용자 ID		프로세스 시작 날짜 또는 시각
	실행 프로세스 번호		터미널의 종류와 번호
	부모 프로세스 번호		프로세스 실행 시간
	CPU 사용량을 % 값으로 표시		실행되고 있는 프로그램 이름

CHAPTER 11

소프트웨어 관리

| 학습목표 |

- 우분투 리눅스를 최신 버전으로 관리할 수 있습니다.
- 패키지 설치에 따른 명령을 수행할 수 있습니다.
- 파일 아카이브와 압축 및 해제를 수행할 수 있습니다.
- 우분투에서 소프트웨어 컴파일을 수행할 수 있습니다.

SECTION

01 패키지 설치

우분투를 최상의 상태로 관리하기 위해서는 최신 소프트웨어를 주기적으로 설치해 주어야 합니다. 우분투는 소프트웨어를 소스 코드 형식 또는 바로 설치하여 사용할 수 있는 패키지 형태로 제공됩니다. 패키지 저장소 관련 정보는 /etc/apt/sources.list 파일에 저장되어 있으므로 이 파일을 수정하면 패키지 저장소를 추가하거나 삭제할 수 있습니다.

우분투에서 패키지를 설치하는 방법은 세 가지 방법으로 수행할 수 있습니다. 첫 번째는 APT 명령을 사용하는 방법이고 두 번째는 dpkg 명령을 사용하는 방법입니다. 세 번째는 aptiude 명령을 사용하는 방법입니다. 각각의 명령어 사용방법에 대해 살펴보도록 하겠습니다.

1 APT 명령

APT 명령은 Advanced Package Tool의 약어이며 레드햇 계열 리눅스인 Fedora와 CentOS 리눅스의 Yum 명령과 동일한 명령을 수행합니다. APT의 대표적인 명령은 apt-cache와 apt-get 명령을 사용합니다.

Ubuntu 18.04 LTS 버전부터는 apt-cache와 apt-get 일부를 통합한 apt 명령도 선보이고 있습니다. 하지만 apt-cache와 apt-get 명령을 apt 명령으로 모두 대체하여 사용할 수 있는 상황은 아니므로 여기서는 그냥 apt-cache와 apt-get 명령을 모두 사용하도록 하겠습니다.

apt-cache 명령

apt-cache 명령은 패키지 데이터베이스(APT 캐시)에서 패키지와 관련된 정보를 출력합니다.

$ apt-cache

기능 패키지 검색 및 정보보기 명령

형식 apt-cache [옵션] [서브 명령] Enter↵

옵션 -f : 패키지에 대한 전체 정보 출력

-h : 관련 도움말 출력

서브 stats : 캐시 통계 정보(전체 패키지 이름과 단일 가상 패키지 등) 출력

dump : 현재 설치되어 있는 패키지 업그레이드

pkgnames : 사용 가능한 모든 패키지의 이름 출력

search [키워드] : 키워드에 해당하는 패키지 검색

show [패키지 이름] : 해당 패키지의 정보 출력

showpkg [패키지 이름] : 패키지의 의존성과 역의존성에 대한 정보 출력

APT 캐시 통계정보 출력 : stats

apt-cache stats 명령은 시스템에 설치되어 있는 전체 패키지의 이름과 일반 패키지, 순수 가상과 단일 가상 및 혼합 가상 패키지 등의 APT 캐시의 전반적인 통계정보를 출력하는 명령입니다. apt-cache stats 명령으로 우분투에 설치되어 있는 APT 캐시의 통계정보를 확인할 수 있으며 사용방법은 다음과 같습니다.

```
cskisa@ubuntu:~$ apt-cache stats
```

패키지 업데이트 : dump

apt-cache dump 명령으로 현재 시스템에 설치되어 있는 모든 패키지에 대한 업데이트를 수행할 수 있습니다.

```
cskisa@ubuntu:~$ apt-cache dump
```

모든 패키지 이름 출력 : pkgnames

apt-cache pkgnames 명령으로 현재 설치되어 있는 모든 패키지 이름을 출력할 수 있습니다.

```
cskisa@ubuntu:~$ apt-cache pkgnames
```

패키지 정보 출력 : show

apt-cache show python 명령을 선언하여 현재 우분투에 설치되어 있는 python 패키지에 대한 간단한 정보를 출력할 수 있습니다.

```
cskisa@ubuntu:~$ apt-cache show python
```

패키지 설치 및 업데이트 명령 : apt-get

apt-get 명령은 우분투를 포함한 데비안(Debian) 계열의 리눅스에서 패키지 설치 및 업데이트를 수행하는 명령입니다. 파티션 패키지인 GParted 프로그램을 설치하기 위해 apt-get(Advanced Packaging Tool) 명령을 사용합니다.

 # apt-get

기능 패키지 설치 및 업데이트 명령

형식 apt-get [옵션] [서브 명령] Enter↵

옵션 -d : 패키지 다운로드 수행

-f : 의존성이 깨진 패키지 수정

-h : 관련 도움말 출력

서브 update : 패키지 저장소에서 새로운 패키지 정보를 가져옴

upgrade : 모든 패키지를 최신 버전으로 업그레이드

install [패키지 이름] : 해당 패키지 설치

remove [패키지 이름] : 설치된 해당 패키지 제거

purge [패키지 이름] : 설치된 해당 패키지와 설정 파일을 모두 삭제

autoremove : 시스템에 설치된 패키지를 자동으로 정리 및 삭제

download [패키지 이름] : 해당 패키지를 현재 디렉터리에 다운로드

autoclean : 오래된 패키지 또는 불완전한 다운로드 패키지 제거

check : 의존성이 깨진 패키지 확인

clean : /var/cache/apt/archives 디렉터리에 캐시되어 있는 모든 패키지를 제거하여 디스크 공간 확보

패키지 정보 업데이트 : update

update 서브 명령을 수행하면 /etc/apt/sources.list에 새로운 패키지 정보를 가져와서 APT 캐시를 수정합니다. 만약 /etc/apt/sources.list 파일을 수정하였다면 반드시 이 명령을 수행해야 합니다. apt-get update 명령으로 현재 시스템에 설치되어 있는 모든 패키지에 대한 정보를 업데이트 할 수 있습니다.

```
cskisa@ubuntu:~$ sudo apt-get update
```

패키지 업그레이드 : upgrade

upgrade 서브 명령은 현재 시스템에 설치되어 있는 모든 패키지 중에서 업그레이드가 필요한 패키지를 찾은 다음 새로운 버전이 있는 패키지에 대해서는 모두 업그레이드를 수행합니다.

```
cskisa@ubuntu:~$ sudo apt-get upgrade
```

우분투에 설치된 패키지 중에서 특정 패키지에 대한 업그레이드가 필요한지를 알아보려면 upgrade 서브 명령과 grep 명령으로 검색합니다. 검색과정을 멈추려면 Ctrl+C를 눌러 강제로 중지시키면 됩니다.

```
cskisa@ubuntu:~$ sudo apt-get upgrade | grep [패키지 이름]
```

특정 패키지 설치 또는 업그레이드 : install

install 서브 명령은 하나 이상의 패키지를 설치하거나 업그레이드를 수행합니다. 패키지를 설치하는 과정 중에 설치할 것인지에 대한 물음에 y를 입력해야 패키지가 설치됩니다. 하나의 패키지만 설치할 경우 다음과 같이 명령을 수행하면 됩니다.

```
cskisa@ubuntu:~$ sudo apt-get install [패키지 이름]
```

패키지를 설치할 때 y를 입력하지 않아도 자동으로 입력되도록 수행하려면 다음과 같이 옵션 -y를 입력하면 됩니다.

```
cskisa@ubuntu:~$ sudo apt-get -y install [패키지 이름]
```

하나의 패키지가 아닌 여러 패키지를 한 번에 설치할 수도 있습니다. 예를 들어 2개의 패키지를 한 번에 설치하려면 다음과 같이 명령을 수행하면 됩니다.

```
cskisa@ubuntu:~$ sudo apt-get install [패키지 이름1] [패키지 이름2]
```

quota 패키지를 설치할 때 업그레이드를 수행하지 않으려면 --no-upgrade 옵션을 사용하면 됩니다.

```
cskisa@ubuntu:~$ sudo apt-get install [패키지 이름] --no-upgrade
```

새로운 패키지를 설치하지 않고 업그레이드만 수행하려면 --only-upgrade 옵션을 사용하면 됩니다.

```
cskisa@ubuntu:~$ sudo apt-get install [패키지 이름] --only-upgrade
```

특정 패키지 삭제 : purge 또는 remove

특정 패키지를 삭제하려면 purge 또는 remove 서브 명령을 사용합니다. remove 서브 명령만 사용하여 패키지를 삭제할 경우 해당 패키지의 설정 파일은 남아있게 됩니다. 남은 설정 파일까지 모두 삭제하려면 purge 서브 명령을 사용해야 합니다.

패키지를 삭제할 때 설정 파일을 남겨놓는 이유는 나중에 동일한 패키지를 다시 설치할 때 재사용하기 위함입니다. 특정 패키지에 대해 설정 파일을 포함하여 패키지를 삭제할 때는 purge 서브 명령을 사용합니다.

```
cskisa@ubuntu:~$ sudo apt-get purge [패키지 이름]
```

remove 서브 명령과 --purge 옵션을 함께 사용할 수도 있습니다.

```
cskisa@ubuntu:~$ sudo apt-get remove [패키지 이름] --purge
```

패키지 자동 정리 및 삭제 : autoremove

패키지를 설치하고 삭제하는 과정에서 더 이상 존재할 필요가 없는 패키지가 남아있을 수 있습니다. 잔존해 있는 패키지에 대해서는 autoremove 서브 명령으로 자동 정리 및 삭제를 수행할 수 있습니다.

```
cskisa@ubuntu:~$ sudo apt-get autoremove
```

디스크 공간 정리 : clean

clean 서브 명령으로 패키지를 검색하였거나 다운로드한 파일들을 삭제한 후 디스크 공간을 정리할 수 있습니다.

```
cskisa@ubuntu:~$ sudo apt-get clean
```

특정 패키지 다운로드 : download

특정 패키지를 직접 설치하지 않고 다운로드만 수행하려면 download 서브 명령을 사용하면 됩니다. sudo apt-get downloac 명령으로 docker.io 패키지를 다운로드한 다음 해당 파일이 존재하는 위치를 확인하기 위해서는 다음 명령을 수행하면 됩니다.

```
cskisa@ubuntu:~$ sudo apt-get download docker.io
```

특정 패키지의 소스 관련 서브 명령 : source

source 서브 명령은 특정 패키지의 소스 코드가 필요할 경우 다운로드할 때 사용합니다. 필요한 특정 패키지의 소스 코드에 대해 다운로드를 수행하려면 다음과 같이 명령을 수행하면 됩니다.

```
cskisa@ubuntu:~$ sudo apt-get --download-only source [패키지 이름]
```

다운로드를 수행한 특정 패키지의 소스 코드에 대한 압축을 해제하려면 다음과 같이 명령을 수행하면 됩니다.

```
cskisa@ubuntu:~$ sudo apt-get source [패키지 이름]
```

특정 패키지의 소스 코드를 다운로드를 수행하여 압축을 해제하고 컴파일하려면 다음과 같이 명령을 수행하면 됩니다.

```
cskisa@ubuntu:~$ sudo apt-get --compile source [패키지 이름]
```

지금까지 배운 내용을 상기하며 다음 문제를 도전해 보세요.

도전 11 - 01

1. pkgnames 서브 명령으로 모든 패키지 이름 출력하기
2. upgrade 서브 명령으로 업그레이드를 수행할 패키지 확인하기
3. install 서브 명령과 옵션 y를 설정하여 netcat 패키지 설치하기
4. 설치된 netcat 패키지의 정보 출력하기
5. netcat 패키지의 설정 파일까지 모두 삭제하기

2 DPKG 명령

DPKG 명령은 래드햇 계열의 리눅스인 Fedora와 CentOS 리눅스의 RPM 명령과 동일한 명령을 수행합니다. DPKG 명령은 데비안 계열의 리눅스인 우분투에서 패키지를 관리하기 위해 사용합니다. APT 명령은 소프트웨어를 관리하기 위해 내부적으로 DPKG 명령을 이용합니다.

보통 패키지를 설치할 때 APT 명령만으로도 충분하지만 시스템에 있는 특정 파일이 어떤

패키지에 포함되는지 등의 확인 작업을 수행하려면 DPKG 명령이 필요하게 됩니다. APT 명령과 차이점이 있다면 DPKG 명령은 시스템의 특정 파일이 어느 패키지에 포함되어 있는지 등에 대한 구체적인 기능을 확인할 때 옵션과 함께 사용합니다.

$ dpkg

기능 패키지 관리 명령

형식 dpkg [옵션] [패키지 이름 또는 파일 이름] Enter↵

옵션 -l : 설치된 패키지 목록 전체 출력

-l [패키지 이름] : 해당 패키지의 설치상태 정보 출력

-r [패키지 이름] : sudo 명령을 사용하여 해당 패키지를 삭제

-P [패키지 이름] : sudo 명령을 사용하여 해당 패키지와 설정 정보 모두 삭제

-s [패키지 이름] : 해당 패키지의 자세한 정보 출력

-L [패키지 이름] : 해당 패키지가 설치된 파일목록 출력

-S [경로명] : 경로명이 포함된 패키지 검색

-c [.파일 확장자] : 해당 파일 확장자를 가진 파일의 내용 출력

-i [.파일 확장자] : sudo 명령으로 해당 파일 확장자를 가진 파일 설치

-x [.파일 확장자] [디렉터리명] : 해당 파일 확장자를 가진 파일을 지정한 디렉터리에 풀어놓음

패키지 목록 출력 : -l

dpkg 명령과 함께 옵션 -l을 사용하면 시스템에 설치되어 있는 패키지의 목록을 출력할 수 있습니다.

```
cskisa@ubuntu:~$ dpkg -l
```

옵션 -l과 패키지 이름을 선언하여 설치된 패키지 중에서 zip 패키지에 대한 정보만 출력하는 명령은 다음과 같이 수행하면 됩니다.

```
cskisa@ubuntu:~$ dpkg -l zip
```

패키지 설치 : -i

dpkg 명령과 함께 옵션 -i를 사용하여 체스 게임인 gnome-chess 패키지를 설치하기 위해 다음 예제를 수행합니다.

예제 11-01

- **Step 01** | dpkg 명령과 함께 옵션 -l을 선언하여 gnome-chess 패키지가 설치되어 있는지를 확인합니다.

```
cskisa@ubuntu:~$ dpkg -l gnome-chess
dpkg-queyr: no packages found matching gnome-chess
cskisa@ubuntu:~$
```

- **Step 02** | apt-get 명령으로 gnome-chess 패키지 다운로드를 수행합니다.

```
cskisa@ubuntu:~$ apt-get download gnome-chess
받기:1 http://kr.archive.ubuntu.com/ubuntu bionic/universe amd64 gnome-chess amd64 1:3.36.0-1
[176 kB]
내려받기 176 k바이트, 소요시간 2초 (112 k바이트/초)
cskisa@ubuntu:~$
```

- **Step 03** | ls 명령으로 다운로드한 gnome-chess 패키지를 확인합니다.

```
cskisa@ubuntu:~$ ls gnome*
gnome-chess_1%3a3.36.0-1_amd64.deb
cskisa@ubuntu:~$
```

- **Step 04** | dpkg -i 명령으로 gnome-chess 패키지를 설치하려고 하면 관련 패키지가 설치되어 있지 않다는 메시지가 출력됩니다. 그 이유는 의존성 패키지 hoichess가 설치되어 있지 않기 때문입니다.

```
cskisa@ubuntu:~$ sudo dpkg -i gnome-chess_1%3a3.36.0-1_amd64.deb
(생략)
...
  gnome-chess 패키지는 다음 패키지에 의존: hoichess: 하지만:
   hoichess 패키지는 설치하지 않았습니다.
...
(생략)
```

• **Step 05** | gnome-chess 패키지의 의존성을 가진 hoichess 패키지를 설치합니다.

```
cskisa@ubuntu:~$ sudo apt-get install hoichess
(생략)
...
다음 새 패키지를 설치할 것입니다:
  hoichess
...
(생략)
cskisa@ubuntu:~$
```

시스템 환경설정에 따라 설치되어 있지 않은 패키지의 개수는 다르게 출력될 수 있습니다. 특정 패키지를 못 찾는다는 오류 메시지가 출력되면 해당 패키지는 제외하고 설치를 진행하면 됩니다.

• **Step 06** | dpkg -i 명령으로 gnome-chess 패키지 설치를 다시 수행합니다.

```
cskisa@ubuntu:~$ sudo dpkg -i gnome-chess_1%3a3.36.0-1_amd64.deb
...
(생략)
...
Processing triggers for man-db (2.9.1-1) ...
cskisa@ubuntu:~$
```

• **Step 07** | X 윈도 화면에 활성화된 [체스] 아이콘을 클릭하면 다음 그림과 같은 체스 게임 화면이 나타납니다.

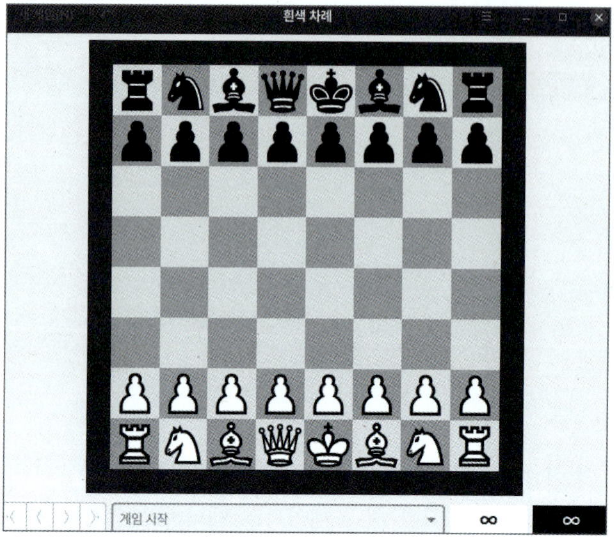

그림 11-1 체스 게임 실행 화면

지금까지 배운 내용을 상기하며 다음 문제를 도전해 보세요.

도전 11 - 02

1. dpkg 명령으로 gnome-tweak-tool 패키지가 설치되어 있는지 확인하기
2. apt-get 명령으로 gnome-tweak-tool 패키지 다운로드 수행하기
3. gnome-tweak-tool 패키지를 구성하는 파일 내용 확인하기
4. gnome-tweak-tool 패키지 설치하기
5. dpkg 명령으로 gnome-tweak-tool 의존성 패키지가 존재 확인하기
6. gnome-tweak-tool 의존성 패키지가 존재할 경우 apm-get 명령으로 설치하기
7. 의존성 패키지 설치를 하였다면 gnome-tweak-tool 패키지 다시 설치하기
8. dpkg 명령으로 설치된 파일목록 확인하기

3 APTITUDE 명령

APTITUDE 명령은 APT 명령과 같이 패키지 관리를 쉽게 작업할 수 있도록 자동화 기능을 제공합니다. APTITUDE 명령은 APT 명령의 서브 명령과 거의 유사하며 root 계정 권한을 위임받아 sudo 명령으로 실행해야 합니다.

aptitude

기능 패키지 설치 및 업데이트 명령

형식 aptitude [서브 명령] Enter↵

서브 단독 실행 : 비주얼 모드로 실행하기 위한 curses 프로그램 활성화

update : 패키지 저장소에서 새로운 패키지 정보를 가져옴

upgrade : 모든 패키지를 최신 버전으로 업그레이드

install [패키지 이름] : 해당 패키지 설치

remove [패키지 이름] : 설치된 해당 패키지 제거

purge [패키지 이름] : 설치된 해당 패키지와 설정 파일을 모두 삭제

autoremove : 시스템에 설치된 패키지를 자동으로 정리 및 삭제

download [패키지 이름] : 해당 패키지를 현재 디렉터리에 다운로드

autoclean : 오래된 패키지 또는 불완전한 다운로드 패키지 제거

check : 의존성이 깨진 패키지 확인

clean : /var/cache/apt/archives 디렉터리에 캐시되어 있는 모든 패키지 를 제거하여 디스크 공간 확보

aptitude 단독 실행

aptitude 명령을 서브 명령 없이 단독으로 실행합니다. 만약 aptitude 명령이 설치되어 있지 않다면 apt-get 명령으로 aptitude를 먼저 설치해야 합니다.

예제 11 - 02

• **Step 01** | aptitude 명령을 수행하여 aptitude 명령이 설치되어 있는지를 확인합니다.

```
cskisa@ubuntu:~$ sudo aptitude
sudo: aptitude: 명령이 없습니다.
cskisa@ubuntu:~$
```

• **Step 02** | aptitude 명령이 설치되어 있지 않으므로 apt-get 명령으로 aptitude 패키지를 설치합니다.

```
cskisa@ubuntu:~$ sudo apt-get install aptitude
패키지 목록을 읽는 중입니다... 완료
의존성 트리를 만드는 중입니다
상태 정보를 읽는 중입니다... 완료
다음의 추가 패키지가 설치될 것입니다 :
  aptitude-common libcwidget3v5 libsigc++-2.0-0v5
...
(생략)
...
cskisa@ubuntu:~$ .
```

- **Step 03** | aptitude 명령을 다시 수행하여 나타난 화면에서 상단에 있는 메뉴를 마우스로 선택하여 작업을 수행할 수 있습니다. aptitude 명령 창의 종료는 Ctrl+C를 누르면 됩니다.

```
cskisa@ubuntu:~$ sudo aptitude
```

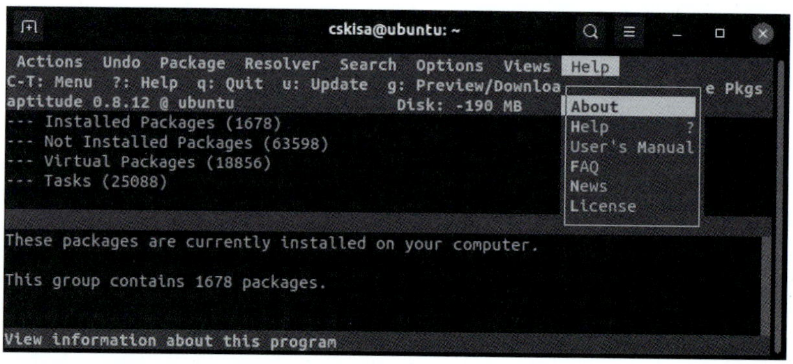

그림 11-2 aptitude 실행 화면

패키지 정보 업데이트 : update

터미널 창에서 update 서브 명령으로 기존에 설치된 패키지의 새로운 정보를 가져와서 APT 캐시를 수정하려면 다음 명령을 수행합니다.

```
cskisa@ubuntu:~$ sudo aptitude update
```

패키지 검색 : search

aptitude 명령과 update 서브 명령으로 gnome으로 시작하는 패키지를 검색하려면 다음 명령을 수행합니다.

```
cskisa@ubuntu:~$ aptitude search gnome
```

패키지 상세정보 : show

aptitude 명령과 show 서브 명령으로 gnome-clocks 패키지의 상세한 정보를 확인하려면 다음 명령을 수행합니다.

```
cskisa@ubuntu:~$ aptitude show gnome-clock
```

패키지 설치 : install

aptitude 명령과 install 서브 명령으로 gnome-clocks 패키지를 설치하려면 다음 명령을 수행합니다. 패키지 설치 후 X 윈도 화면에 생성된 해당 패키지의 아이콘을 눌러 실행하면 됩니다.

```
cskisa@ubuntu:~$ sudo aptitude install gnome-clocks
```

지금까지 배운 내용을 상기하며 다음 문제를 도전해 보세요.

도전 11-03

1. aptitude 명령으로 gnome-dictionary 패키지에 대한 상세한 정보 확인하기
2. aptitude 명령으로 gnome-dictionary 패키지 설치하기
3. apt 명령으로 gnome-dictionary 패키지가 설치한 파일목록 확인하기
4. gnome-dictionary 패키지를 실행하기
5. 우분투 소프트웨어 센터를 통해 OpenTTD 게임 설치하기

SECTION

02 파일 아카이브와 압축

1 파일 아카이브

아카이브(Archive)란 특정 시간에 함께 묶인 파일과 디렉터리의 집합을 의미하며 다른 표현으로는 '저장소' 또는 '보관소'라고도 합니다. 아카이브는 다른 시스템과 파일이나 디렉터리를 주고받거나 파일을 백업하기 위한 용도로 사용됩니다. 파일 아카이브를 위해 사용되는 명령은 tar, cpio, ar 등이 있습니다.

$ tar

기능 파일과 디렉터리를 묶어 하나의 아카이브로 생성하는 명령

형식 tar 기능[옵션] [아카이브 생성 파일명] 대상 파일명 Enter

기능 c : 새로운 tar 아카이브 생성

r : 새로운 파일 추가

t : tar 파일에 존재하는 파일 리스트 출력

u : 수정된 파일에 대해 업데이트 수행

x : tar 파일에 있는 원본 파일을 추출

옵션 C [디렉터리명] : 파일들을 특정 디렉터리에 풀어 놓음

f [디바이스명 또는 파일명] : 아카이브 파일 또는 테이프 장치를 지정
(디바이스명을 -으로 지정하면 tar 파일 대신 표준입력에서 읽어 들임)

h : 심볼릭 링크의 원본 파일 포함

j : bzip2로 압축 또는 해제

p : 파일 복구 시 원래의 접근 권한을 유지

v : 처리하고 있는 파일의 정보 출력

z : gzip으로 압축 또는 해제

Z : compress를 통해 아카이브를 필터링

아카이브 생성 : cvf

tar 명령과 c(create) 기능 및 vf 옵션을 함께 사용하여 아카이브를 생성하기 위해 다음

예제를 수행합니다.

예제 11-03

• **Step 01** | 먼저 arch_test 디렉터리를 생성한 후 arch_test 디렉터리로 이동합니다.

```
cskisa@ubuntu:~$ mkdir arch_test
cskisa@ubuntu:~$ cd arch_test
cskisa@ubuntu:~/arch_test$
```

• **Step 02** | 현재 위치한 arch_test 디렉터리에 빈 디렉터리 ex_ac.d를 생성 후 ls 명령으로 확인합니다.

```
cskisa@ubuntu:~/arch_test$ mkdir ex_ac.d
cskisa@ubuntu:~/arch_test$ ls
ex_ac.d
cskisa@ubuntu:~/arch_test$
```

• **Step 03** | touch 명령으로 arch_test 디렉터리 안에 test_01.txt와 test_02.txt 파일을 생성 후 ls 명령으로 확인합니다.

```
cskisa@ubuntu:~/arch_test$ touch test_01.txt test_02.txt
cskisa@ubuntu:~/arch_test$ ls
ex_ac.d    test_01.txt    test_02.txt
cskisa@ubuntu:~/arch_test$
```

• **Step 04** | gedit를 실행하여 test_01.txt 파일의 내용을 다음과 같이 입력 후 저장한 다음 gedit는 닫아줍니다.

```
cskisa@ubuntu:~/arch_test$ gedit test_01.txt
```

test_01.txt

```
안녕하세요.
여기는 test_01.txt 파일입니다.
```

• **Step 05** | 동일한 방법으로 gedit 창에서 test_02.txt 파일의 내용을 다음과 같이 입력 후 저장한 다음 gedit는 닫아줍니다.

```
cskisa@ubuntu:~/arch_test$ gedit test_02.txt
```

test_02.txt

```
반갑습니다.
여기는 test_02.txt 파일입니다.
```

• **Step 06** | cd ~ 명령으로 디렉터리를 사용자 계정의 홈 디렉터리로 이동한 다음 arch_test 디렉터리에 존재하는 파일 리스트를 확인합니다.

```
cskisa@ubuntu:~/arch_test$ cd ~
cskisa@ubuntu:~$ ls arch_test
ex_ac.d    test_01.txt    test_02.txt
cskisa@ubuntu:~$
```

• **Step 07** | tar 명령과 cvf 기능 및 옵션을 함께 사용하여 arch_test 디렉터리를 대상으로 아카이브 파일 arch_test.tar를 생성합니다. 파일 이름 끝에 선언한 .tar 확장자는 tar 파일임을 쉽게 파악할 수 있도록 선언한 것일 뿐 다른 의미는 없습니다.

```
cskisa@ubuntu:~$ tar cvf arch_test.tar arch_test
arch_test/
arch_test/ex_ac.d/
arch_test/test_02.txt
arch_test/test_01.txt
cskisa@ubuntu:~$
```

• **Step 08** | tar 명령으로 arch_test.tar 아카이브 파일을 생성하게 되면 기존에 존재하던 arch_test 디렉터리는 삭제되지 않고 그대로 남아있게 됩니다.

```
cskisa@ubuntu:~$ ls
arch_test
arch_test.tar
...(생략)...
cskisa@ubuntu:~$
```

아카이브 내용 출력 : tvf

이미 생성되어 있는 아카이브의 내용을 확인할 때는 tar 명령과 함께 t(table of contests) 기능을 사용하면 됩니다. 앞에서 생성한 arch_test.tar 파일에 대한 상세한 정보를 출력하기 위해서는 다음과 같이 명령을 수행하면 됩니다.

```
cskisa@ubuntu:~$ tar tvf arch_test.tar
drwxrwxr-x cskisa/cskisa     0  2020-06-02 15:42 arch_test/
-rw-rw-r-- cskisa/cskisa    56  2020-06-02 15:41 arch_test/test_01.txt
-rw-rw-r-- cskisa/cskisa    56  2020-06-02 15:42 arch_test/test_02.txt
drwxrwxr-x cskisa/cskisa     0  2020-06-02 15:38 arch_test/ex_ac.d/
cskisa@ubuntu:~$
```

아카이브 arch_test.tar에 포함된 파일의 상세정보를 살펴보면 ls -l 명령을 수행한 결과와 비슷하게 출력되었음을 알 수 있습니다.

여기서 잠깐

tar 명령과 tvf 기능 및 옵션을 함께 사용하여 출력된 파일 항목의 상세정보는 다음과 같습니다.

- - : 파일 종류 (d는 디렉터리, -는 일반 파일)
- rw-r--r-- : 디렉터리 또는 파일에 허가된 접근 권한
- cskisa/cskisa : 파일 소유자와 파일의 소속 그룹
- 숫자 : 파일의 크기
- 날짜 : 해당 파일을 마지막으로 수정한 일시
- 경로명과 이름 : 디렉터리 경로명과 파일 이름

아카이브 풀기 : xvf

tar 명령과 x(extract) 기능 및 옵션 vf를 함께 사용하여 이미 존재하는 아카이브 파일 arch_test.tar를 풀기위해 다음 예제를 수행합니다.

예제 11-04

- **Step 01** | cp 명령으로 arch_test.tar 아카이브를 arch_test/ex_ac.d 디렉터리에 복사합니다.

```
cskisa@ubuntu:~$ cp arch_test.tar arch_test/ex_ac.d
cskisa@ubuntu:~$
```

- **Step 02** | arch_test/ex_ac.d 디렉터리로 이동한 다음 디렉터리 안에 존재하는 파일목록을 확인합니다.

```
cskisa@ubuntu:~$ cd arch_test/ex_ac.d
cskisa@ubuntu:~/arch_test/ex_ac.d$ ls
arch_test.tar
cskisa@ubuntu:~/arch_test/ex_ac.d$
```

- **Step 03** | tar xvf 명령으로 디렉터리 안에 존재하는 arch_test/ex_ac.d 아카이브 파일을 풉니다.

```
cskisa@ubuntu:~/arch_test/ex_ac.d$ tar xvf arch_test.tar
arch_test/
arch_test/ex_ac.d/
arch_test/test_02.txt
arch_test/test_01.txt
cskisa@ubuntu:~/arch_test/ex_ac.d$
```

- **Step 04** | ls 명령으로 arch_test/ex_ac.d 디렉터리 안에 존재하는 파일목록을 확인합니다.

```
cskisa@ubuntu:~/arch_test/ex_ac.d$ ls
arch_test    arch_test.tar
cskisa@ubuntu:~/arch_test/ex_ac.d$
```

아카이브 업데이트 : uvf

tar 명령과 u(update) 기능 및 옵션 vf를 함께 사용하면 이미 존재하는 아카이브 파일에 수정된 파일을 추가할 수 있습니다. u 기능을 수행할 경우 기존 파일의 내용에 변경 사항이 없다면 아카이브 파일에는 아무런 변화도 일어나지 않습니다.

u 기능은 아카이브에 존재하는 파일의 내용이 수정될 경우 아카이브를 업데이트하기 위해 사용하는 기능입니다. 아카이브 업데이트를 수행하기 위해 다음 예제를 수행합니다.

예제 11 - 05

• **Step 01** | cd ~ 명령을 사용하여 사용자 계정의 홈 디렉터리로 이동합니다.

```
cskisa@ubuntu:~/arch_test/ex_ac.d$ cd ~
cskisa@ubuntu:~$
```

• **Step 02** | tar uvf 명령으로 아카이브 업데이트를 수행합니다.

```
cskisa@ubuntu:~$ tar uvf arch_test.tar arch_test
arch_test/ex_ac.d/arch_test.tar
arch_test/ex_ac.d/arch_test/
arch_test/ex_ac.d/arch_test/test_01.txt
arch_test/ex_ac.d/arch_test/test_02.txt
arch_test/ex_ac.d/arch_test/ex_ac.d
cskisa@ubuntu:~$
```

• **Step 03** | gedit를 실행하여 arch_test/test_01.txt 파일의 내용을 아래와 같이 1행의 문장을 추가하고 저장한 다음 gedit는 닫아줍니다.

```
cskisa@ubuntu:~$ gedit arch_test/test_01.txt
```

test_01.txt

```
안녕하세요.
여기는 test_01.txt 파일입니다.
내용에 대해 업데이트를 수행하였습니다.
```

• **Step 04** | tar uvf 명령으로 arch_test.tar 파일의 아카이브 업데이트를 수행합니다.

```
cskisa@ubuntu:~$ tar uvf arch_test.tar arch_test
arch_test/test_01.txt
cskisa@ubuntu:~$
```

아카이브에 파일 추가 : rvf

tar 명령과 r(replace) 기능 및 옵션 vf를 함께 사용하면 이미 존재하는 아카이브에 지정한 파일을 무조건 추가합니다. tar 명령과 rvf 기능 및 옵션을 함께 사용하여 복사한 hosts 파일을 아카이브에 추가하려면 다음과 같이 명령을 수행하면 됩니다.

```
cskisa@ubuntu:~$ tar rvf arch_test.tar hosts
```

아카이브와 파일 압축

아카이브를 생성하면서 파일 압축을 동시에 수행할 수도 있습니다. 아카이브를 생성하면서 파일 압축을 수행하는 기능은 디스크 공간이 부족할 때 유용하게 사용됩니다. tar 명령과 cvzf 옵션을 함께 사용하여 arch_test 디렉터리를 아카이브 생성과 동시에 arch_test.tar.gz 압축 파일로 생성하려면 다음과 같이 명령을 수행하면 됩니다. .

```
cskisa@ubuntu:~$ tar cvzf arch_test.tar.gz arch_test
```

파일 확장자 .gz는 gzip 형식으로 압축한 파일임을 쉽게 알아보기 위해 선언한 것입니다

아카이브 생성과 동시에 bzip2 형식으로 파일을 압축하기 위해 tar 명령과 함께 j 옵션을 사용하여 arch_test 디렉터리를 arch_test.tar.bz2 파일명으로 생성하려면 다음과 같이 명령을 수행하면 됩니다.

```
cskisa@ubuntu:~$ tar cvjf arch_test.tar.bz2 arch_test
```

2 파일 압축과 해제

파일 압축은 파일의 용량을 줄여주는 기능을 의미하며 압축 해제는 압축된 파일을 해제하여 원래의 파일 용량으로 되돌려 주는 기능을 의미합니다. 파일을 압축하는 명령에는 여러 가지가 있지만 그중에서도 많이 사용되는 오픈 소스인 gzip 형식과 bzip2 형식에 대해서만 살펴보도록 하겠습니다.

gzip 명령으로 파일 압축

gzip 명령으로 파일 압축을 수행하기 위한 사용형식은 다음과 같습니다.

$ gzip

기능	gzip 형식으로 파일 압축 명령
형식	gzip [옵션] 파일 이름 Enter↵
옵션	-d : 파일 압축 해제
	-l : 압축된 파일의 정보 출력
	-r : 하위 디렉터리로 이동하여 파일 압축
	-t : 압축 파일 검사
	-v : 압축 정보를 화면에 출력
	-9 : 최대한 압축

다음 예제를 통해 gzip 형식으로 파일을 압축하는 방법에 대해 자세히 살펴보도록 하겠습니다.

예제 11-06

• **Step 01** | gzip 명령으로 arch_test 디렉터리를 arch_test.tar 파일명으로 압축을 수행합니다.

```
cskisa@ubuntu:~$ gzip arch_test.tar arch_test
gzip: arch_test ls a directory -- ignored
cskisa@ubuntu:~$
```

• **Step 02** | ls 명령을 실행하면 기존에 존재하던 arch_test.tar 파일은 사라지고 arch_test.tar.gz 압축 파일이 새로 생성된 것을 확인할 수 있습니다.

```
cskisa@ubuntu:~$ ls
arch _ test
arch _ test.tar.gz
...(생략)...
cskisa@ubuntu:~$
```

압축 파일 내용 보기 : zcat

gzip 명령으로 압축된 파일의 내용을 확인하려면 zcat 명령을 사용하면 됩니다. 앞에서 압축을 수행한 arch_test.tar.gz 파일에 대한 압축 내용을 확인하려면 다음과 같이 명령을 수행하면 됩니다.

```
cskisa@ubuntu:~$ zcat arch _ test.tar.gz | more
```

압축 파일 풀기 : gunzip

gzip 명령으로 압축된 파일은 gunzip 명령으로 복원할 수 있으며 옵션 -d를 사용하여 압축된 파일을 복원할 수도 있습니다. gzip 명령으로 압축된 파일을 gunzip 명령으로 복원하려면 다음과 같이 명령을 수행하면 됩니다.

```
cskisa@ubuntu:~$ gunzip arch _ test.tar.gz
```

bzip2 명령으로 압축

bzip2 명령은 gzip 명령에 비해 압축률은 좋지만 속도가 약간 느리다는 단점이 있습니다. bzip2 명령으로 파일 압축을 수행하기 위한 사용형식은 다음과 같습니다.

$ bzip2

기능 bzip2 형식으로 파일 압축 명령
형식 bzip [옵션] 파일 이름 Enter↵
옵션 -d : 파일 압축 해제
-l : 압축된 파일의 정보 출력
-t : 압축 파일 검사
-v : 압축 정보를 화면에 출력
-best : 최대한 압축

bzip2 명령으로 arch_test 디렉터리를 arch_test.tar 파일명으로 압축하려면 다음과 같이 명령을 수행하면 됩니다.

```
cskisa@ubuntu:~$ bzip2 arch _ test.tar arch _ test
```

압축 파일 내용 보기 : bzcat

bzip2 명령으로 압축된 파일의 내용을 확인하려면 bzcat 명령을 사용합니다. bzcat 명령과 more 명령으로 앞에서 생성한 arch_test.tar.bz2 파일에 대한 압축 내용을 확인하려면 다음과 같이 명령을 수행하면 됩니다.

```
cskisa@ubuntu:~$ bzcat arch _ test.tar.bz2 | more
```

압축 파일 풀기 : bunzip2

bzip2 명령으로 압축된 파일은 bunzip2 명령으로 복원할 수 있습니다. 앞에서 압축한 arch_test.tar.bz2 파일을 풀려면 다음과 같이 명령을 수행하면 됩니다.

```
cskisa@ubuntu:~$ bunzip2 arch _ test.tar.bz2
```

지금까지 배운 내용을 상기하며 다음 문제를 도전해 보세요.

도전 11-04

1. 새로운 zip _ test.d 디렉터리 생성하기
2. zip _ test.d 디렉터리로 이동하기
3. touch 명령으로 ex _ 01.txt와 ex _ 02.txt 파일 생성하기
4. gedit 창에서 ex _ 01.txt와 ex _ 02.txt 파일에 간단한 내용 각각 편집하기
5. cd ~ 명령으로 사용자 계정의 홈 디렉터리로 이동하기
6. tar 명령으로 zip _ test.d 디렉터리를 대상으로 아카이브 ac _ zip.tar 생성하기
7. 아카이브 ac _ zip.tar의 내용 확인하기
8. ac _ zip.tar 아카이브 풀기

SECTION

03 소프트웨어 컴파일

1 컴파일러의 개념

컴파일러(Compiler)란 자연어로 구성된 고급언어(C 언어, 파이썬, Java 등)를 컴퓨터가 이해할 수 있는 기계어(0과 1)로 번역해 주는 소프트웨어를 의미합니다. 자연어를 기계어로 번역해 주는 과정을 컴파일(Compile)이라고 합니다. C 언어로 작성한 프로그램을 컴퓨터가 실행할 수 있도록 컴파일을 수행하려면 C 컴파일러가 필요합니다.

2 gcc 컴파일러

우분투에서 사용하는 C 컴파일러는 gcc입니다. 만약 gcc가 설치되어 있지 않다면 앞에서 배운 방법으로 패키지를 설치하면 됩니다.

gcc 컴파일러 설치

현재 사용 중인 우분투에 설치되어 있는 C 컴파일러가 존재하는지를 살펴보기 위해 다음 예제를 수행합니다.

예제 11 - 07

• **Step 01** | aptitude 명령으로 gcc 패키지가 설치되어 있는지를 확인합니다.

```
cskisa@ubuntu:~$ aptitude show gcc
Package: gcc
Version: 4:9.3.0-1ubuntu2
...
(생략)
...
cskisa@ubuntu:~$
```

• **Step 02** | 만약 gcc 패키지가 설치되어 있지 않다면 apt-get 명령으로 gcc 패키지를 설치합니다.

```
cskisa@ubuntu:~$ sudo apt-get install gcc
[sudo] cskisa의 암호: 123456
...
(생략)
...
cskisa@ubuntu:~$
```

gcc 컴파일러 사용

우분투에서 사용할 C 컴파일러인 gcc 패키지를 설치하였으므로 여기서는 간단한 C 프로그램을 작성하고 컴파일을 수행하는 과정에 대해 살펴보겠습니다. C 언어를 전혀 모르는 초보자라도 전혀 걱정할 필요는 없습니다. 그냥 순서대로 따라 하기만 하면 됩니다.

예제 11-08

• **Step 01** | gedit 창에서 C 언어 소스 코드를 작성하고 ex_01.c 파일명으로 저장한 다음 gedit 창은 닫아줍니다.

```
cskisa@ubuntu:~$ gedit ex _ 01.c
```

```
ex _ 01.c
#include <stdio.h>
int main(void)
{
  printf("안녕하세요.₩n");
  return 0;
}
```

• **Step 02** | gcc 명령으로 ex_01.c 소스 파일에 대해 컴파일을 수행합니다. 실행 파일의 이름은 사용자가 지정하지 않으면 기본적으로 a.out 파일명으로 생성됩니다.

```
cskisa@ubuntu:~$ gcc ex _ 01.c
cskisa@ubuntu:~$ ls
a.out
ex _ 01.c
...(생략)...
cskisa@ubuntu:~$
```

• **Step 03** | C 프로그램의 실행 파일인 a.out을 실행합니다. 다음과 같이 명령을 찾을 수 없다는 메시지가 출력되는 이유는 현재 위치한 디렉터리가 경로에 설정되어 있지 않기 때문입니다. 이러한 문제를 해결하려면 현재 디렉터리의 경로를 지정해주면 됩니다.

```
cskisa@ubuntu:~$ a.out
a.out: 명령을 찾을 수 없습니다
cskisa@ubuntu:~$
```

• **Step 04** | 현재 디렉터리의 경로를 지정하기 위해 ./를 사용하여 ./a.out 명령으로 C 프로그램을 실행하게 되면 프로그램의 실행결과를 확인할 수 있습니다.

```
cskisa@ubuntu:~$ ./a.out
안녕하세요.
cskisa@ubuntu:~$
```

이미 생성된 C 프로그램 실행 파일명을 사용자가 지정한 파일명으로 변경하려면 다음과 같이 수행하면 됩니다.

```
$ gcc -o [변경할 실행파일명] [C 프로그램 소스 파일명]
```

3 geany 컴파일러

우분투에서 C 프로그래밍 소스 코드를 작성할 때 vi 에디터나 gedit를 사용하는 방법은 우분투를 처음 사용하는 사용자에게는 쉽지 않을 것입니다. 여기서는 초보자도 쉽게 사용할 수 있는 지니(geany) 에디터를 소개하도록 하겠습니다. geany가 지원하는 프로그래밍 언어 목록은 https://www.geany.org/about/filetypes에서 확인할 수 있습니다.

geany 에디터 설치

터미널 창에서 지니(geany) 에디터를 설치하기 위해 다음 예제를 수행합니다.

예제 11-09

• **Step 01** | sudo apt-get 명령으로 geany 패키지를 설치합니다.

```
cskisa@ubuntu:~$ sudo apt-get install geany
...(생략)...
cskisa@ubuntu:~$
```

• **Step 02** | sudo apt-get 명령으로 geany-plugins 패키지도 설치합니다.

```
cskisa@ubuntu:~$ sudo apt-get install geany-plugins
...(생략)...
cskisa@ubuntu:~$
```

geany 컴파일러 사용

지니(geany) 에디터에서 C 프로그램 소스 코드를 작성하고 컴파일하여 실행결과를 확인하기 위해 다음 예제를 수행합니다.

예제 11 - 10

- **Step 01** | X 윈도 바탕화면에 생성된 아이콘을 더블 클릭하여 지니(geany) 에디터를 실행한 다음 메뉴에서 [파일]-[새로 만들기]를 선택합니다.

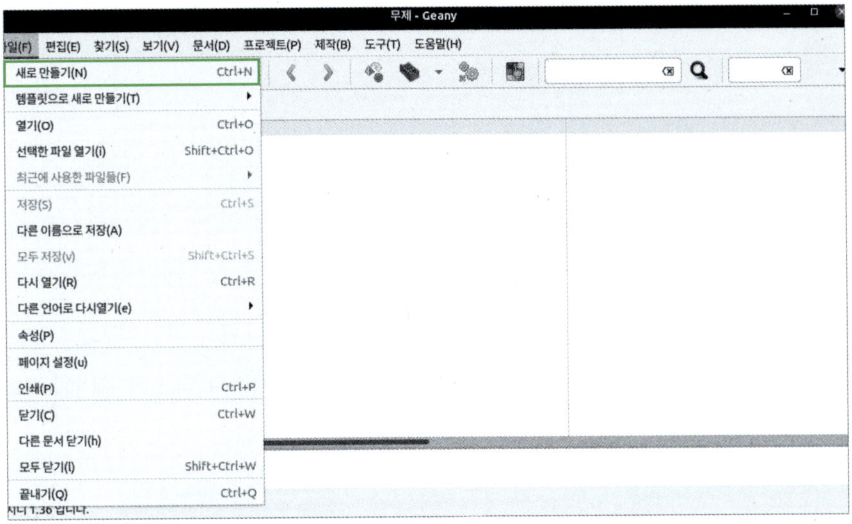

그림 11-3 geany 에디터 실행 화면

- **Step 02** | 편집 창에서 다음과 같이 C 프로그램 소스 코드를 작성 후 ex_02.c 파일명으로 저장합니다.

ex_02.c

```
#include <stdio.h>
int main(void)
{
    printf(">> 지니 에디터에서 C 프로그램을 작성합니다. \n");
    return 0;
}
```

• **Step 03** | C 프로그램 소스 코드에 대해 컴파일을 수행하기 위해 메뉴에서 [제작]-[Compile]을 클릭하거나 단축키 F8 또는 아이콘 [ ]을 눌러 컴파일을 수행합니다.

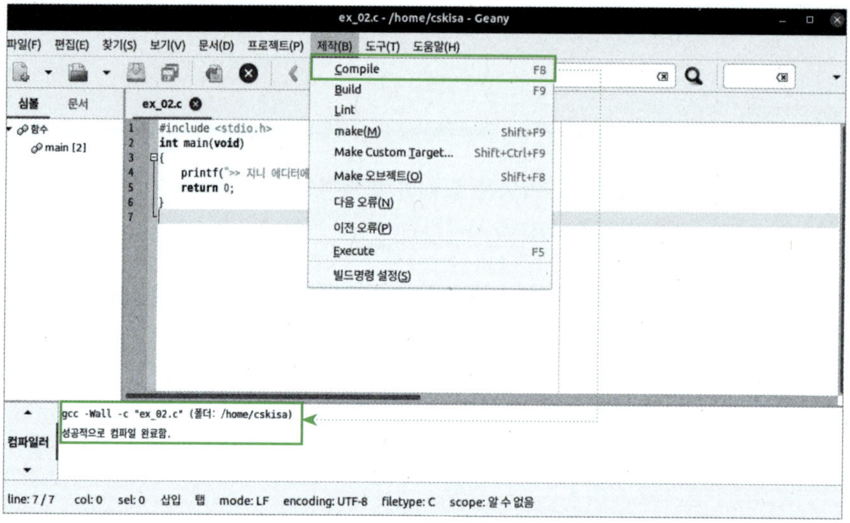

그림 11-4 컴파일 수행

• **Step 04** | 빌드를 수행하기 위해 메뉴에서 [제작]-[Build]를 클릭하거나 단축키 F9 또는 아이콘 [ ]을 누릅니다.

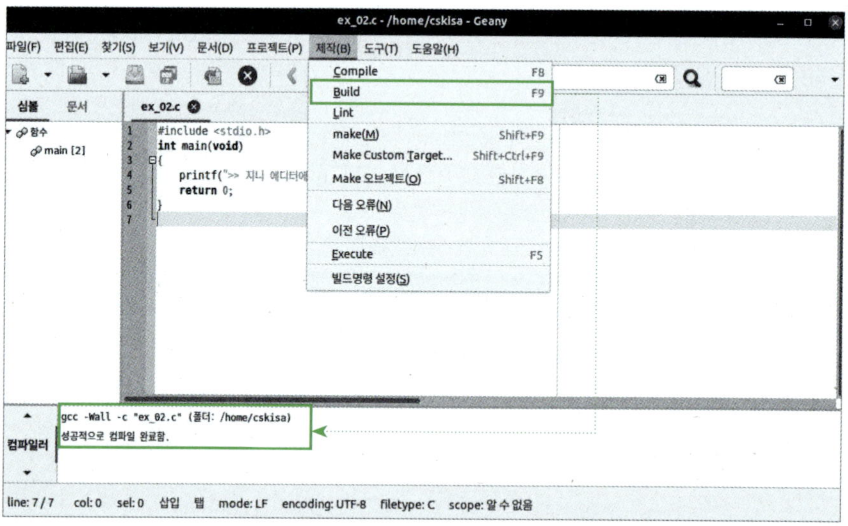

그림 11-5 빌드 수행

• **Step 05** | C 프로그램을 실행하기 위해 메뉴에서 [제작]-[Execute]를 클릭하거나 단축키 F5 또는 아이콘 [ ]을 누릅니다.

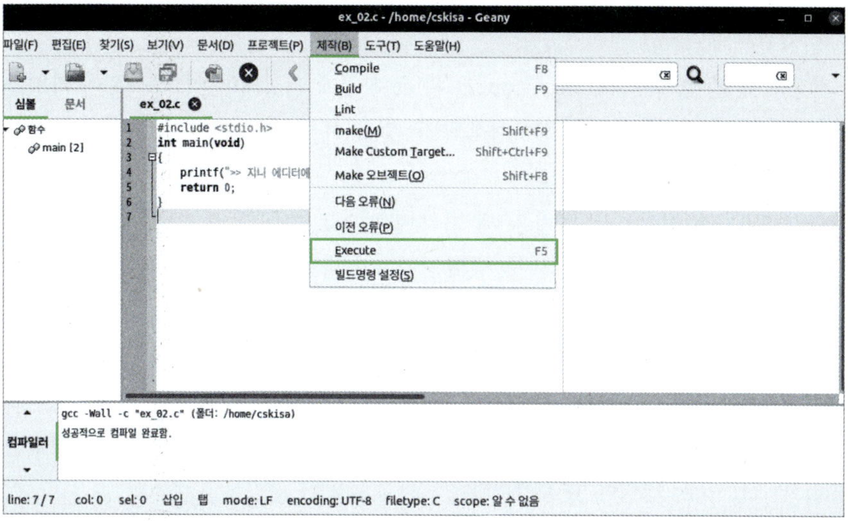

그림 11-6 C 프로그램 소스 코드 실행

• **Step 06** | C 프로그램 실행결과가 터미널 창에 출력됩니다.

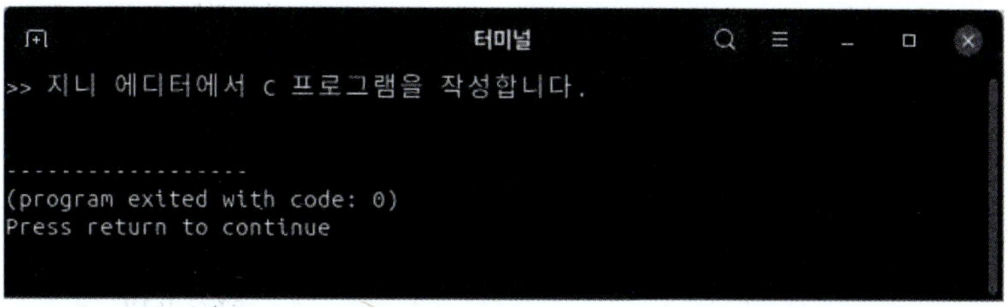

그림 11-7 C 프로그램 실행결과

핵심요약

01 패키지 저장소 관련 정보는 /etc/apt/sources.list 파일에 저장되어 있으므로 이 파일을 수정하면 패키지 저장소를 추가하거나 삭제할 수 있습니다.

02 우분투에서 패키지를 설치하는 방법은 세 가지 방법으로 수행할 수 있습니다. 첫 번째는 APT 명령을 사용하는 방법이고 두 번째는 dpkg 명령을 사용하는 방법입니다. 세 번째는 aptiude 명령을 사용하는 방법입니다.

03 APT 명령은 Advanced Package Tool의 약어이며 레드햇 계열 리눅스인 Fedora와 CentOS 리눅스의 Yum 명령과 동일한 명령을 수행합니다. APT의 대표적인 명령은 apt-cache와 apt-get 명령을 사용합니다.

04 apt-cache stats 명령은 시스템에 설치되어 있는 전체 패키지의 이름과 일반 패키지, 순수 가상과 단일 가상 및 혼합 가상 패키지 등의 APT 캐시의 전반적인 통계정보를 출력하는 명령입니다.

05 파티션 패키지인 GParted 프로그램을 설치하기 위해 apt-get(Advanced Packaging Tool) 명령을 사용합니다. apt-get 명령은 우분투를 포함한 데비안(Debian) 계열의 리눅스에서 패키지 설치 및 업데이트를 수행하는 명령입니다.

06 PKG 명령은 래드햇 계열의 리눅스인 Fedora와 CentOS 리눅스의 RPM 명령과 동일한 명령을 수행합니다. DPKG 명령은 데비안 계열의 리눅스인 우분투에서 패키지를 관리하기 위해 사용합니다. APT 명령은 소프트웨어를 관리하기 위해 내부적으로 DPKG 명령을 이용합니다.

07 APTITUDE 명령은 APT 명령과 같이 패키지 관리를 쉽게 작업할 수 있도록 자동화 기능을 제공합니다. APTITUDE 명령은 APT 명령의 서브 명령과 거의 유사하며 root 계정 권한을 위임받아 sudo 명령으로 실행해야 합니다.

08 아카이브(Archive)란 특정 시간에 함께 묶인 파일과 디렉터리의 집합을 의미하며 다른 표현으로는 '저장소' 또는 '보관소'라고도 합니다. 아카이브는 다른 시스템과 파일이나 디렉터리를 주고받거나 파일을 백업하기 위한 용도로 사용됩니다. 파일 아카이브를 위해 사용되는 명령은 tar, cpio, ar 등이 있습니다.

09 파일 압축은 파일의 용량을 줄여주는 기능을 의미하며 압축 해제는 압축된 파일을 해제하여 원래의 파일 용량으로 되돌려 주는 기능을 의미합니다.

10 컴파일러란 자연어로 구성된 고급언어(C 언어, 파이썬, Java 등)를 컴퓨터가 이해할 수 있는 기계어(0과 1)로 번역해 주는 소프트웨어를 의미합니다. 자연어를 기계어로 번역해 주는 과정을 컴파일이라고 합니다.

11 소프트웨어 관리를 위한 명령어를 다음과 같이 정리하였습니다.

명령어	의미
apt-cache	패키지 검색 및 정보보기
apt-get	패키지 설치 및 업데이트
dpkg	패키지 관리
aptitude	패키지 설치 및 업데이트
tar	파일과 디렉터리를 묶어 하나의 아카이브로 생성
gzip	gzip 형식으로 파일 압축
bzip2	bzip2 형식으로 파일 압축

연습문제

01 다음과 같이 명령을 수행하여 출력된 결과를 보고 물음에 답하시오.

```
cskisa@ubuntu:~$ cat /etc/apt/sources.list
#deb cdrom:[Ubuntu 20.04 LTS _ Focal Fossa _ - Release adm64(20200423)]/ focal
 main restricted

# See http://help.ubuntu.com/communtity/UpgradeNotes for how to upgrade to
# nuwer versions of the distribution.
deb http://kr.archive.ubuntu.com/ubuntu/ bionic main restricted
# deb-src http://kr.archive.ubuntu.com/ubuntu/ bionic main restricted
...
(생략)
...
# deb-src http://security.ubuntu.com/ubuntu bionic-security multiverse
cskisa@ubuntu:~$
```

(1) 바이너리 패키지의 저장소를 의미하는 접두어는? (   )

(2) 패키지의 소스 저장소를 의미하는 접두어는? (   )

(3) main, restricted 등이 의미하는 것은?

(   )

02 apt-get 명령으로 필요한 특정 패키지의 소스 코드에 대해 다운로드를 수행할 때 사용하는 명령 형식을 기술하시오.

```
$
```

03 다운로드를 수행한 특정 패키지의 소스 코드에 대한 압축을 해제할 때 사용하는 명령 형식을 기술하시오.

```
$
```

04 특정 패키지의 소스 코드를 다운로드를 수행하여 압축을 해제하고 컴파일할 때 사용하는 명령 형식을 기술하시오.

```
$
```

05 apt-cache 명령을 보고 빈 칸을 채우시오.

$ apt-cache

기능 [ ]
형식 apt-cache [옵션] [서브 명령] Enter↵
옵션 -f : [ ]
-h : 관련 도움말 출력
서브 stats : 캐시 통계 정보(전체 패키지 이름과 단일 가상 패키지 등) 출력
dump : [ ]
pkgnames : 사용 가능한 모든 패키지의 이름 출력
search [키워드] : [ ]
show [패키지 이름] : 해당 패키지의 정보 출력
showpkg [패키지 이름] : [ ]

06 apt-get 명령을 보고 빈 칸을 채우시오.

$ apt-get

기능 [ ]
형식 apt-get [옵션] [서브 명령] Enter↵
옵션 -d : [ ]
-f : 의존성이 깨진 패키지 수정
-h : 관련 도움말 출력
서브 update : 패키지 저장소에서 새로운 패키지 정보를 가져옴
upgrade : [ ]
install [패키지 이름] : 해당 패키지 설치
remove [패키지 이름] : 설치된 해당 패키지 제거
purge [패키지 이름] : [ ]
autoremove : 시스템에 설치된 패키지를 자동으로 정리 및 삭제
download [패키지 이름] : 해당 패키지를 현재 디렉터리에 다운로드
autoclean : 오래된 패키지 또는 불완전한 다운로드 패키지 제거
check : [ ]
clean : /var/cache/apt/archives 디렉터리에 캐시되어 있는 모든 패키지를 제거하여 디스크 공간 확보

07 dpkg 명령을 보고 빈 칸을 채우시오.

$ dpkg

기능 [   ]

형식 dpkg [옵션] [패키지 이름 또는 파일 이름] Enter↵

옵션 -l : 설치된 패키지 목록 전체 출력

-l [패키지 이름] : [   ]

-r [패키지 이름] : [   ]

-P [패키지 이름] : sudo 명령을 사용하여 해당 패키지와 설정 정보 모두 삭제

-s [패키지 이름] : 해당 패키지의 자세한 정보 출력

-L [패키지 이름] : [   ]

-S [경로명] : 경로명이 포함된 패키지 검색

-c [.파일 확장자] : [   ]

-i [.파일 확장자] : sudo 명령으로 해당 파일 확장자를 가진 파일 설치

-x [.파일 확장자] [디렉터리명] : 해당 파일 확장자를 가진 파일을 지정한 디렉터리에 풀어놓음

08 aptitude 명령을 보고 빈 칸을 채우시오.

$ aptitude

기능 [   ]

형식 aptitude [서브 명령] Enter↵

서브 단독 실행 : 비주얼 모드로 실행하기 위한 curses 프로그램 활성화

update : [   ]

upgrade : 모든 패키지를 최신 버전으로 업그레이드

install [패키지 이름] : 해당 패키지 설치

remove [패키지 이름] : [   ]

purge [패키지 이름] : 설치된 해당 패키지와 설정 파일을 모두 삭제

autoremove : [   ]

download [패키지 이름] : 해당 패키지를 현재 디렉터리에 다운로드

autoclean : 오래된 패키지 또는 불완전한 다운로드 패키지 제거

check : [   ]

clean : /var/cache/apt/archives 디렉터리에 캐시되어 있는 모든 패키지를 제거하여 디스크 공간 확보

09 tar 명령을 보고 빈 칸을 채우시오.

$ tar

기능 [ ]

형식 tar 기능[옵션] [아카이브 생성 파일명] 대상 파일명 Enter↵

기능 c : 새로운 tar 아카이브 생성

r : [ ]

t : tar 파일에 존재하는 파일 리스트 출력

u : 수정된 파일에 대해 업데이트 수행

x : [ ]

옵션 C [디렉터리명] : 파일들을 특정 디렉터리에 풀어 놓음

f [디바이스명 또는 파일명] : 아카이브 파일 또는 테이프 장치를 지정
(디바이스명을 -으로 지정하면 tar 파일 대신 표준입력에서 읽어 들임)

h : 심볼릭 링크의 원본 파일 포함

j : [ ]

p : 파일 복구 시 원래의 접근 권한을 유지

v : 처리하고 있는 파일의 정보 출력

z : [ ]

Z : compress를 통해 아카이브를 필터링

10 gzip 명령을 보고 빈 칸을 채우시오.

$ gzip

기능 gzip 형식으로 파일 압축 명령

형식 gzip [옵션] 파일 이름 Enter↵

옵션 -d : [ ]

-l : [ ]

-r : [ ]

-t : [ ]

-v : [ ]

-9 : 최대한 압축

11 bzip2 명령을 보고 빈 칸을 채우시오.

$ bzip2

기능 bzip2 형식으로 파일 압축 명령

형식 bzip [옵션] 파일 이름 Enter↵

옵션 -d : ______

-l : ______

-t : ______

-v : ______

-best : ______

CHAPTER 12

디스크 관리

| 학습목표 |

- 우분투에서 디스크 용량을 확인할 수 있습니다.
- 하드 디스크 추가 및 삭제를 수행할 수 있습니다.
- 파티션과 마운트를 설정할 수 있습니다.
- 쿼터 설정과 사용자별 디스크 용량을 할당할 수 있습니다.

SECTION

01 디스크 사용량

여러 사용자가 우분투에 접속하여 사용하다 보면 전체 디스크 용량이 부족하거나 사용 중인 디스크에 배드 섹터가 발생할 수도 있습니다. 이를 예방하기 위해서는 주기적으로 디스크를 점검하는 것이 좋습니다. 우분투에서 디스크 사용량을 확인하기 위한 명령으로는 df 명령과 du 명령이 있습니다.

1 전체 디스크 사용량

우분투에서 현재 사용 중인 디스크의 전체 사용량을 출력할 때는 df 명령을 사용합니다. df 명령은 disk freespace의 약어이며 현재 사용 중인 디스크의 용량을 파티션별로 확인할 수 있는 명령입니다.

df 명령은 현재 시스템의 디스크 사용량에 대해 파일 시스템의 장치명, 파일 시스템의 전체 용량 및 사용량, 파일 시스템의 추가 사용이 가능한 디스크의 남은 용량, 사용량에 대한 퍼센트 표시, 마운트 포인트 등을 보여줍니다.

df 명령을 사용할 때 옵션 없이 사용하게 되면 블록 단위는 기본적으로 1024byte로 출력됩니다. 다른 단위로 출력하기 위해서는 옵션을 함께 사용해야 합니다.

$ df

기능 하드 디스크의 남은 용량에 대한 정보를 출력

형식 df [옵션] [파일명] Enter↵

옵션 -a : 모든 파일 시스템에서 사용 중인 디스크의 용량에 대한 정보출력

-B : 지정한 크기를 블록단위로 디스크의 용량을 출력

-h : 디스크 사용량을 보기 쉬운 단위(GB, MB, KB)로 출력

-H : 디스크의 용량을 1024Byte가 아닌 1000Byte 단위로 출력

-i : inode의 남은 공간과 사용 공간, 사용 퍼센트를 출력

-k : 디스크 사용량을 KB 단위로 출력

-m : 디스크 사용량을 MB 단위로 출력

-t 파일타입 : 지정한 파일타입의 종류에 해당하는 디스크 사용량 출력

-T : 파일 시스템의 형태를 추가하여 각각의 파티션 정보 출력

-x 파일타입 : 지정한 파일타입을 제외한 나머지 모든 파일 시스템의 정보출력

우분투에서 현재 사용 중인 하드 디스크의 용량을 확인하기 위해 다음 예제를 수행합니다.

예제 12-01

• **Step 01** | df 명령으로 현재 사용 중인 우분투의 디스크 사용량에 대한 정보를 출력합니다.

```
cskisa@ubuntu:~$ df
Filesystem     1K-blocks      Used   Available   Use%   Mounted on
udev             1972948         0     1972948     0%   /dev
tmpfs             400224      1788      398436     1%   /run
/dev/sda5       30313412   9072732    19677800    32%   /
...
(생략)
...
cskisa@ubuntu:~$
```

- **Step 02** | df 명령과 함께 옵션 -h를 선언하여 디스크의 블록 단위보다는 사람이 쉽게 이해할 수 있도록 GB와 MB 단위로 디스크 사용량을 출력합니다.

```
cskisa@ubuntu:~$ df -h
Filesystem      Size    Used    Available   Use%    Mounted on
udev            1.9G       0         1.9G     0%    /dev
tmpfs           391M    1.8M         390M     1%    /run
/dev/sda5        29G    8.7G          19G    32%    /
...
(생략)
...
cskisa@ubuntu:~$
```

- **Step 03** | df 명령과 함께 옵션 -T를 선언하여 디스크 사용량을 파일 타입별로 출력합니다.

```
cskisa@ubuntu:~$ df -T
Filesystem         Type    1K-blocks      Used    Available   Use%    Mounted on
udev           devtmpfs      1972948         0      1972948     0%    /dev
tmpfs             tmpfs       400224      1788       398436     1%    /run
/dev/sda5          ext4     30313412   9072732     19677800    32%    /
...
(생략)
...
cskisa@ubuntu:~$
```

- **Step 04** | df 명령과 함께 옵션 -T와 -h 옵션을 한꺼번에 선언하여 파일 시스템의 타입별로 디스크 사용량에 대한 정보를 GB와 MB 단위로 출력할 수 있습니다.

```
cskisa@ubuntu:~$ df -Th
```

지금까지 배운 내용을 상기하며 다음 문제를 도전해 보세요.

도전 12-01

1. 파일 시스템의 디스크 사용량을 MB 단위로 출력하기
2. 파일 시스템의 디스크 사용량을 GB와 MB 단위로 출력하기
3. 현재 사용 중인 디스크 사용량을 파일 시스템 타입 별로 GB와 MB 단위로 출력하기
4. tmpfs 파일 시스템의 디스크 사용량 출력하기
5. 파일의 크기가 0인 파일 시스템까지 출력하기

2 사용자별 디스크 사용량

디렉터리 또는 사용자별 디스크 사용량을 출력할 때는 du 명령을 사용합니다. du 명령은 disk usage의 약어이며 특정 디렉터리 또는 파일 단위별 디스크 용량을 확인할 수 있는 명령입니다. du 명령을 사용할 때 옵션을 함께 선언하지 않으면 현재 경로의 모든 디렉터리의 크기가 KB 단위로 출력됩니다. du 명령의 사용형식은 다음과 같습니다.

$ du

기능 디렉터리 또는 사용자별 디스크 사용량 정보 출력

형식 du [옵션] [디렉터리명 또는 계정이름] Enter↵

옵션 -s : 모든 파일 시스템에서 사용 중인 디스크의 용량에 대한 정보출력

-h : 디스크 사용량을 보기 쉬운 단위(GB, MB, KB)로 출력

du 명령을 사용하여 디렉터리 또는 사용자별 디스크 사용량을 출력하기 위해 다음 예제를 수행합니다.

예제 12-02

- **Step 01** | pwd 명령으로 현재 위치한 디렉터리의 위치를 확인합니다.

```
cskisa@ubuntu:~$ pwd
/home/cskisa
cskisa@ubuntu:~$
```

- **Step 02** | du 명령으로 디렉터리 또는 사용자별 디스크 사용량을 출력합니다.

```
cskisa@ubuntu:~$ du
4       ./.config/nautilus
4       ./.config/geany/tags
8       ./.config/geany/filedefs
4       ./.config/geany/templates/files
...
(생략)
...
cskisa@ubuntu:~$
```

du 명령의 실행결과 점(.)으로 나타난 현재 디렉터리의 크기는 해당 디렉터리에서 사용하고 있는 전체 디스크의 사용량을 의미하며 서브 디렉터리에 대한 파일의 용량 또한 KB의 크기로 함께 출력되었습니다.

- **Step 03** | du 명령과 함께 옵션 -s를 선언하여 현재 위치한 디렉터리의 전체 디스크 사용량을 출력합니다.

```
cskisa@ubuntu:~$ du -s
44664
cskisa@ubuntu:~$
```

- **Step 04** | du 명령과 함께 옵션 -sh를 선언하여 cskisa 사용자 계정의 디스크 사용량을 출력합니다.

```
cskisa@ubuntu:~$ du -sh /home/cskisa
44M	/home/cskisa
cskisa@ubuntu:~$
```

지금까지 배운 내용을 상기하며 다음 문제를 도전해 보세요.

도전 12-02

1. 현재 위치한 디렉터리의 위치 출력하기
2. 현재 위치한 디렉터리의 전체 디스크 사용량을 MB 단위로 출력하기
3. /tmp 디렉터리의 서브 디렉터리까지 디스크 사용량 출력하기
4. /usr 디렉터리가 사용하고 있는 디스크의 용량을 GB와 MB 단위로 출력하기
5. 홈 디렉터리에 존재하는 사용자 계정이름 확인하기
6. 특정 사용자 계정 1개에 대한 디스크 사용량 출력하기

SECTION

02 하드 디스크

1 하드 디스크 컨트롤러

하드 디스크를 메인보드에 장착하려면 컨트롤러가 필요합니다. 메인보드에는 하드 디스크를 장착하기 위한 SATA(Serial ATA) 연결 커넥터를 제공합니다. SATA는 컴퓨터의 하드 드라이브, 광 드라이브 및 기타 저장 장치에 대한 현재 시점의 인터페이스 표준을 의미합니다.

그림 12-1 SATA 칩셋을 지원하는 메인보드

SCSI 인터페이스

SCSI(Small Computer System Interface)란 미국표준학회(ANSI)에서 채택한 소형 컴퓨터 데이터 전송 방식에 관한 규약입니다. 초기의 IDE(PATA) 인터페이스는 인터럽트가 발생할 때마다 CPU를 점유해서 성능이 낮았던 점과는 달리 SCSI 컨트롤러는 CPU와 독립적으로 처리하므로 속도가 빠르다는 장점이 있습니다.

SCSI 장치는 디스크를 연결할 수 있는 SCSI 방식의 컨트롤러를 의미합니다. SATA 컨트롤러는 CD/DVD 장치를 연결하는 인터페이스로 사용되고 SCSI 방식은 서버급 장치에서 많이 사용되는 인터페이스 방식입니다. 여기서는 메인보드에 하드 디스크를 추가하는 것이 아니고 가상머신인 VMware에 하드 디스크를 추가하는 과정을 수행합니다.

가상머신에서의 컨트롤러

VMware는 기본적으로 현재 디스크를 SCSI 0번 컨트롤러의 첫 번째 슬롯인 SCSI 0:0에 연결해 주고 CD/DVD 장치는 SATA 1:0에 연결해 줍니다. 그러므로 SATA 장치에 하드 디스크를 추가하려면 나머지 비어 있는 3개의 장치(SATA 0:0, SATA 0:1, SATA 1:1)에 장착해야 합니다.

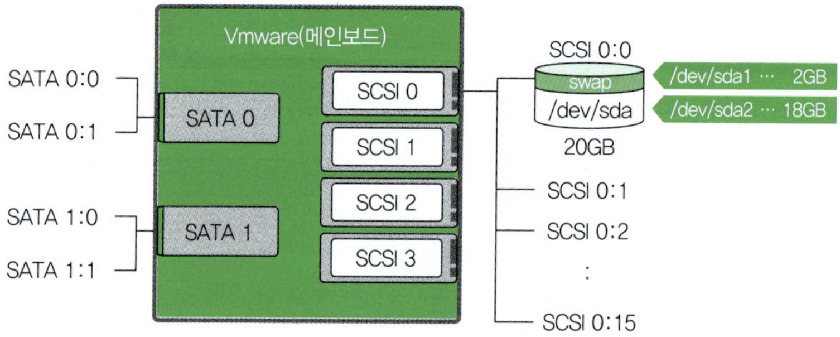

그림 12-2 가상머신의 장치 구성 개념도

현재 시스템에 장착된 SATA 컨트롤러 장치 확인

현재 사용 중인 우분투에 장착된 SATA 컨트롤러 장치를 확인하기 위해 다음 예제를 수행합니다.

예제 12-03

- **Step 01** | VMware에서 [Edit virtual machine settings]를 클릭합니다.

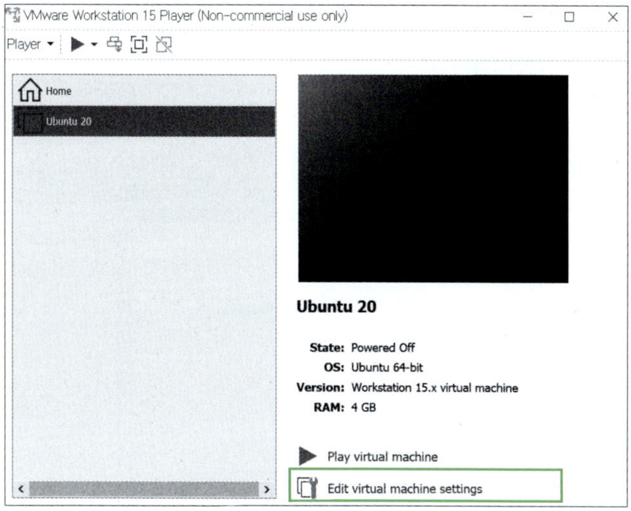

그림 12-3 가상머신 설정 옵션

• **Step 02** | [Hardware] 탭에서 'CD/DVD(SATA)' 항목을 선택한 다음 〈Advanced〉를 누르면 우분투에 장착된 SATA 장치목록을 확인할 수 있습니다.

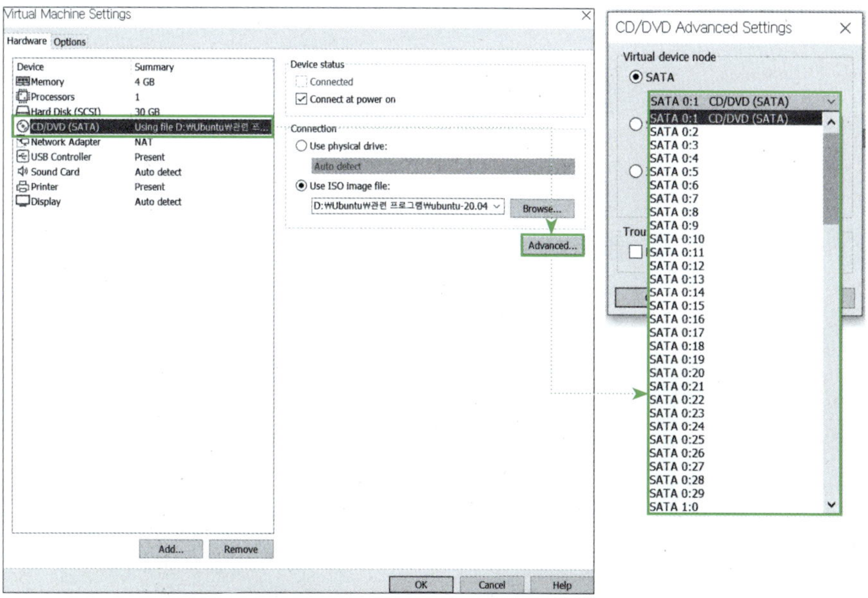

그림 12-4 SATA 장치목록 확인

• **Step 03** | 동일한 방법으로 'Hard Disk(SCSI)' 항목을 선택하고 〈Advanced〉를 눌러 우분투에 장착된 SCSI 장치목록을 확인합니다.

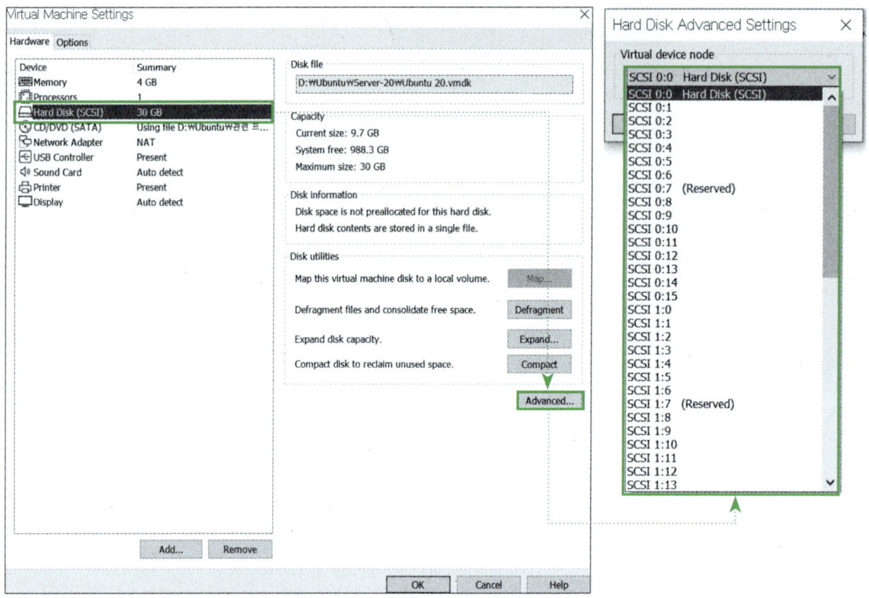

그림 12-5 SCSI 장치목록 확인

2 하드 디스크 추가

VMware 가상머신에 설치한 우분투는 SCSI 0:0에 설치되어 있음을 앞의 예제를 통해 살펴봤습니다. 여기서는 새로운 하드 디스크 1개를 SCSI 0:1에 추가 장착하도록 하겠습니다.

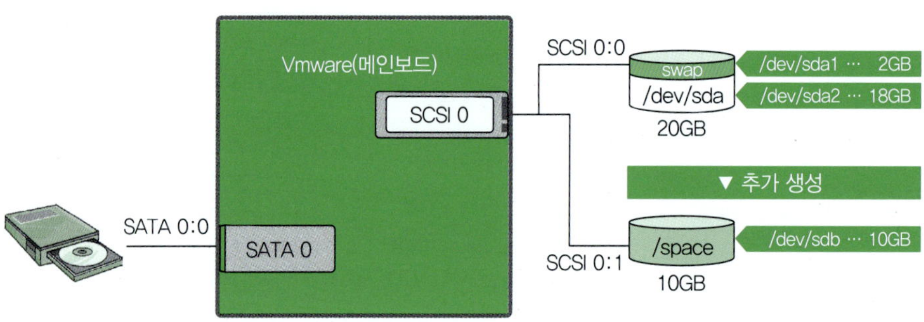

그림 12-6 SCSI 장치에 하드 디스크 추가

하드 디스크 추가 시 수행 과정

우분투에서 하드 디스크를 추가하는 것은 Windows 운영체제에서 추가하는 것보다 다소 복잡합니다. 새로운 하드 디스크를 추가할 때 수행해야 하는 과정을 다음 그림과 같이 나타냈습니다.

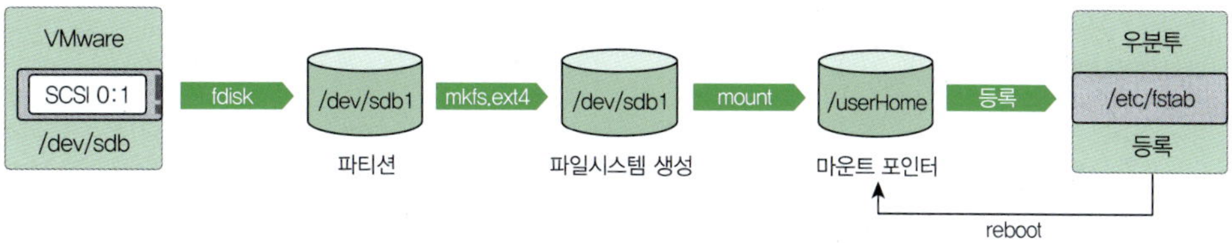

그림 12-7 하드 디스크 추가 시 수행해야 할 과정

SCSI 방식의 새로운 하드 디스크 추가

VMware 가상머신에서 SCSI 방식의 새로운 하드 디스크 1개를 추가하기 위해 다음 예제를 수행합니다.

예제 12-04

- **Step 01** | VMware 가상머신에서 [Edit virtual machine settings]를 누릅니다.

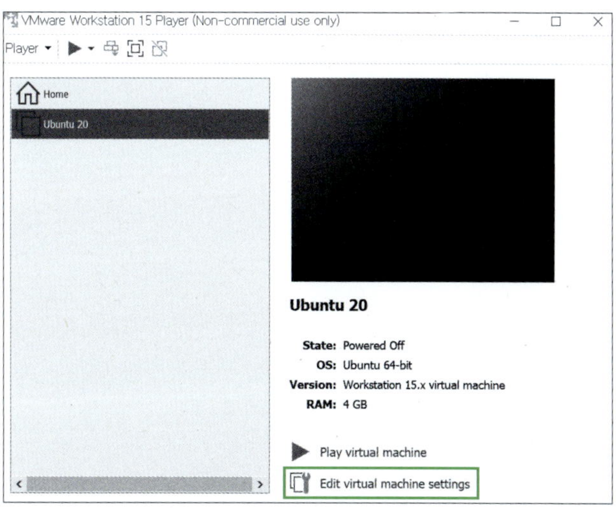

그림 12-8 하드 디스크 추가를 위한 설정

• **Step 02** | [Hardware] 탭에서 디바이스를 [Hard Disk(SCSI)]를 선택하고 아래쪽에 있는 [Add...]를 눌러 나타난 [Add Hardware Wizard] 창에서 하드웨어 타입을 [Hard Disk]로 선택한 다음 〈Next〉를 누릅니다.

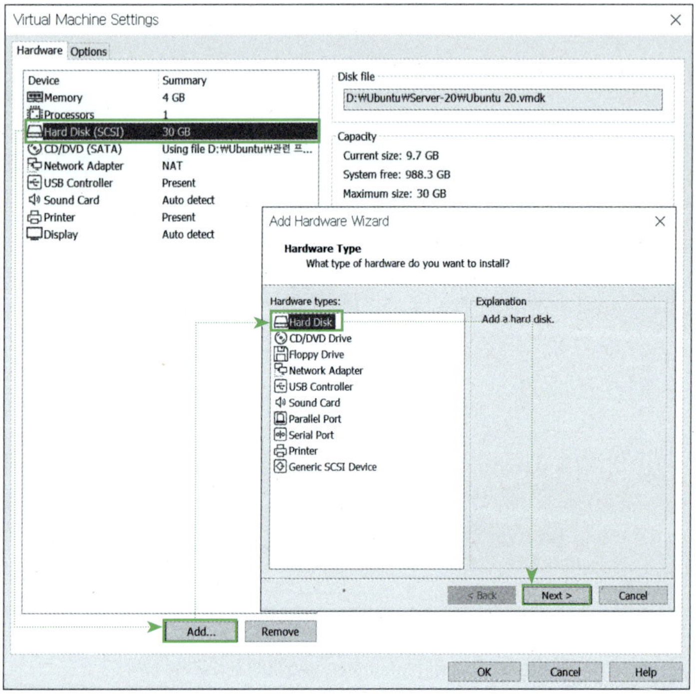

그림 12-9 추가할 디바이스 타입 선택

• **Step 03** | 가상 하드 디스크 타입은 '⊙ SCSI'로 선택하고 〈Next〉를 누릅니다.

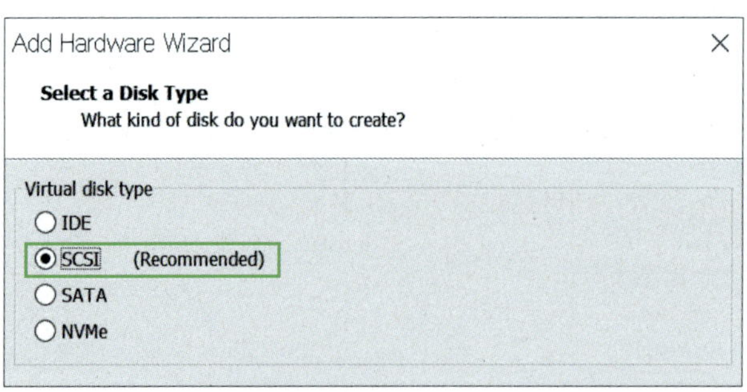

그림 12-10 하드 디스크 타입 설정

- **Step 04** | 디스크는 '⦿ Create a new virtual disk'로 선택하고 〈Next〉를 누릅니다.

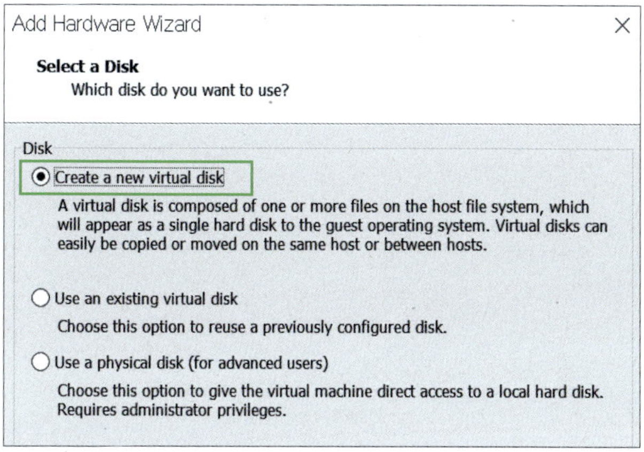

그림 12-11 하드 디스크 추가 옵션 선택

- **Step 05** | 하드 디스크 용량은 '10GB'로 입력하고 '⦿Store virtual disk as a single file'을 선택한 다음 〈Next〉를 누릅니다.

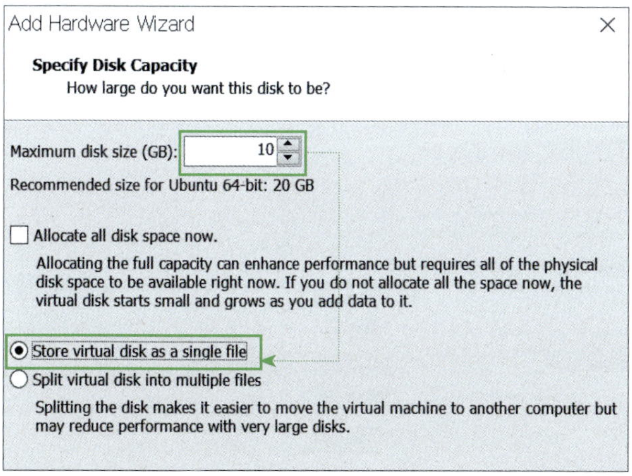

그림 12-12 하드 디스크의 용량과 옵션 설정

• **Step 06** | 하드 디스크의 이름은 'space.vmdk'로 입력하고 〈Finish〉를 클릭합니다. 디스크의 이름 space는 각자 알아서 설정해도 되지만 확장자 .vmdk는 반드시 붙여주어야 합니다.

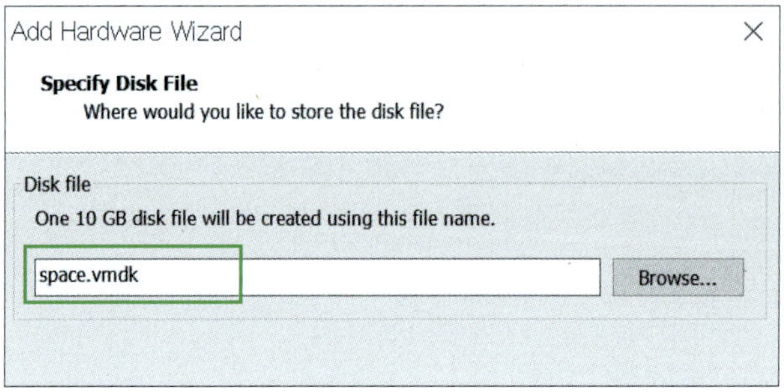

그림 12-13 하드 디스크 이름 설정

• **Step 07** | 10GB 용량의 하드 디스크가 SCSI 0:1 위치에 추가된 것을 확인할 수 있습니다. 하드 디스크 추가과정을 종료하기 위해 열려있는 모든 창에서 〈OK〉를 누릅니다.

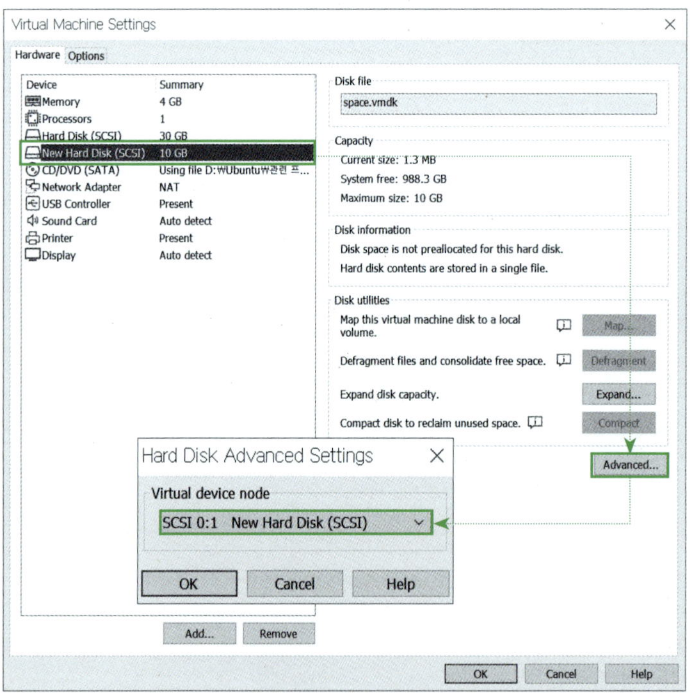

그림 12-14 하드 디스크 추가 완료

• **Step 08** | 우분투를 재부팅하여 VMware 화면 오른쪽 상단에 있는 아이콘을 보면 디스크 1개가 추가되어 전체 2개가 장착된 것을 확인할 수 있습니다.

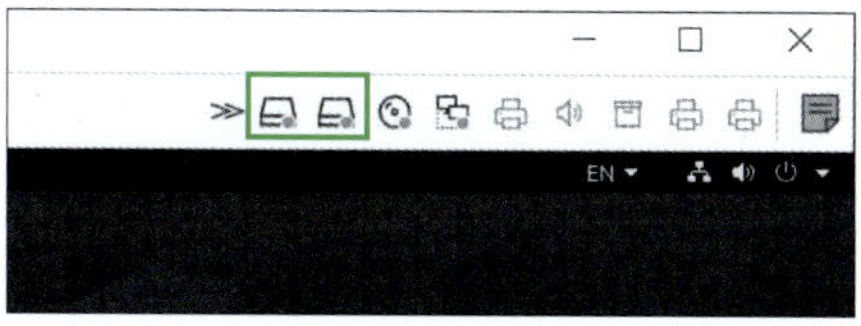

그림 12-15 추가된 디스크 목록

3 하드 디스크 삭제 : 필요한 경우만 실습

우분투에 장착되어 있는 하드 디스크를 삭제하려면 다음 예제를 수행하면 됩니다. 이 예제는 반드시 필요한 경우만 실습하기 바랍니다.

예제 12-05

• **Step 01** | VMware에서 [Edit virtual machine settings]를 클릭하여 삭제할 하드 디스크를 선택하고 〈Remove〉를 클릭합니다.

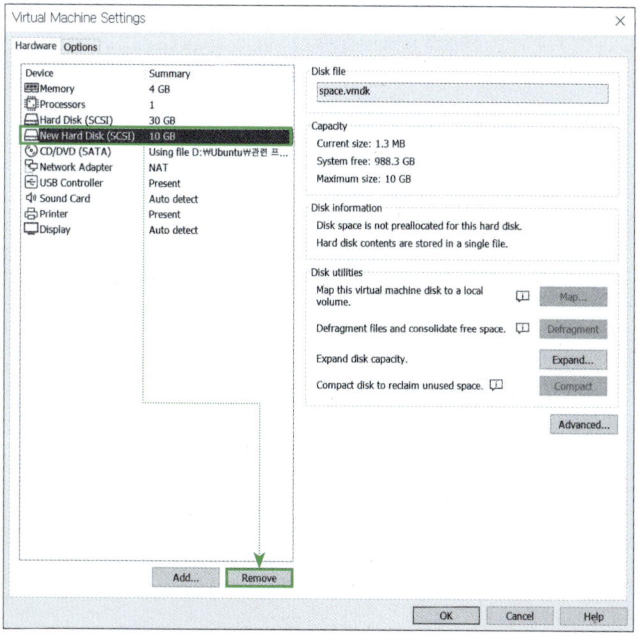

그림 12-16 장착된 하드 디스크 제거

• **Step 02** | [Edit virtual machine settings]에서 하드 디스크를 삭제했다고 해서 하드 디스크가 우분투에서 모두 제거된 것은 아닙니다. 윈도우 탐색기를 사용하여 삭제한 하드 디스크의 가상 디스크 파일까지 제거해 주어야만 하드 디스크가 모두 제거된 것입니다.

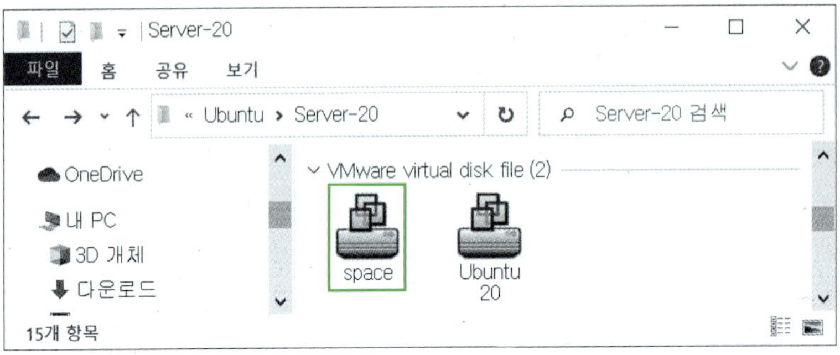

그림 12-17 가상 디스크 파일 목록

SECTION

03 파티션과 마운트 설정

1 파티션 설정

파티션(Partition)이란 물리적인 하드 디스크를 독립된 논리적 영역으로 구분하는 것을 의미합니다. 디스크 전체를 하나의 파티션으로 사용할 수도 있고 여러 개의 파티션으로 나누어서 사용할 수도 있습니다. 우분투에서 디스크와 관련된 작업을 수행하려면 먼저 디스크의 장치 이름부터 알아야 합니다.

여기서 잠깐

예전에는 SATA 컨트롤러와 SCSI, SATA 컨트롤러에 장착된 디스크에 따라 이름을 다르게 사용하였지만 최근에는 SATA, SCSI 컨트롤러의 구분 없이 모두 /dev/sd...로 시작하는 이름을 사용합니다.

- 첫 번째 디스크 : /dev/sda ← 우분투를 설치한 20GB 용량의 하드 디스크 (SCSI 0:0)
- 두 번째 디스크 : /dev/sdb ← 추가로 생성한 10GB 용량의 하드 디스크 (SCSI 0:1)

❶ /dev/sda : SCSI 0:0 장치에 우분투가 설치된 디스크

우분투를 설치하면서 시스템에서 사용하기 위해 20GB 용량의 크기로 생성된 디스크를 의미합니다.

❷ /dev/sdb : SCSI 0:1 새로 추가한 디스크

[예제 12-04]에서 SCSI 0:1 장치에 새로 추가한 10GB 용량의 디스크에 대한 정보입니다.

디스크 파티션 명령 : fdisk

fdisk 명령을 사용하여 하드 디스크에 대한 파티션 작업을 수행할 수 있으며 사용형식은 다음과 같습니다.

 # fdisk

기능 디스크의 파티션을 생성, 삭제, 관리하는 명령
형식 fdisk [옵션] [디스크 드라이브명] Enter↵
옵션 -b 크기 : 섹터의 크기 지정 (512, 1024, 2048, 4096)
-l : 디스크의 파티션 정보 출력

fdisk 명령은 반드시 관리자 계정인 root 계정으로 접속한 상태에서 명령을 수행해야 합니다. fdisk 명령으로 파티션 작업을 수행할 때 사용되는 내부명령에 대해 다음 표와 같이 정리하였습니다.

표 12-1 fdisk 명령으로 파티션 작업을 수행할 때의 내부명령

명령	의미	내부	의미
a	부팅 파티션 설정	p	파티션 테이블 출력
b	BSD 디스크 라벨 편집	q	작업 내용을 저장하지 않고 종료
c	도스 호환성 설정	s	새로운 빈 Sun 디스크 라벨 생성
d	파티션 삭제	t	파티션의 시스템 ID 변경
l	사용 가능한 파티션 정보 출력	u	항목 정보를 변경하고 출력
m	도움말 출력	v	파티션 테이블 검사
n	새로운 파티션 추가	w	파티션 정보 디스크에 저장 후 종료
o	새로운 빈 DOS 파티션 생성	x	실린더 개수 등 전문가 모드 제공

fdisk 명령으로 파티션 설정

앞에서 새로 추가한 10GB 용량(SCSI 0:1)의 /dev/sdb 하드 디스크를 fdisk 명령을 사용하여 파티션을 설정하기 위해 다음 예제를 수행합니다.

예제 12-06

• **Step 01** | fdisk -l 명령으로 /dev/sdb 디스크에 대한 파티션 정보를 출력합니다.

```
cskisa@ubuntu:~$ sudo fdisk -l /dev/sdb
Disk /dev/sdb: 10 GiB, 10737418240 bytes, 20971520 sectors
Disk model: VMware Virtual $
Unites: sectors of 1 * 512 = 512 bytes
Sector size (logical/phystcal): 512 bytes / 512 bytes
I/O size (minimum/optimal): 512 bytes / 512 bytes
cskisa@ubuntu:~$
```

• **Step 02** | 터미널 창에서 /dev/sdb 디스크에 대한 파티션을 1개로 설정하기 위해 다음 명령을 수행합니다.

```
cskisa@ubuntu:~$ sudo fdisk /dev/sdb
Command : n                  ← 새로운 파티션 분할
Select : p                   ← 파티션을 Primary로 선택
Partition number : 1         ← 파티션 번호 1번 선택 (최대 4개까지 생성 가능)
first sector : Enter↵        ← 시작 섹터 기본 값 적용
Last sector : Enter↵         ← 마지막 섹터 기본 값 적용
Command : p                  ← 설정된 파티션 정보 출력
Command : w                  ← 설정된 파티션 저장 후 종료
```

여기서는 파티션을 1개로 설정하였습니다. 만약 /dev/sdb 디스크에 대한 파티션을 2개로 설정하려면 다음과 같이 수행하면 됩니다. /dev/sdb 디스크의 파티션을 2개로 생성하게 되면 /dev/sdb1과 /dev/sdb2로 구분되어 파티션이 생성됩니다.

```
cskisa@ubuntu:~$ sudo fdisk /dev/sdb
Command : n                  ← 새로운 파티션 분할
Select : p                   ← 파티션을 Primary로 선택
Partition number : 1         ← 파티션 번호 1번 선택 (최대 4개까지 생성 가능)
first sector : Enter↵        ← 시작 섹터 기본값 적용
Last sector : +3G            ← 파티션 크기 3GB 설정
Command : p                  ← 설정된 파티션 정보 출력
Command : n                  ← 새로운 파티션 분할
Select : p                   ← 파티션을 Primary로 선택
Partition number : 2         ← 파티션 번호 2번 선택
first sector : Enter↵        ← 시작 섹터 기본값 적용
Last sector : Enter↵         ← 남은 디스크 용량 전체를 파티션으로 설정
Command : p                  ← 설정된 파티션 정보 출력
Command : w                  ← 설정된 파티션 저장 후 종료
```

• **Step 03** | fdisk -l 명령으로 /dev/sdb 디스크에 대한 파티션 정보를 출력합니다.

```
cskisa@ubuntu:~$ sudo fdisk -l /dev/sdb
...
(생략)
...
Device        Boot    Start        End      Sectors   Size   Id   Type
/dev/sdb1              2048    20971519    20969472   10G    83   Linux
cskisa@ubuntu:~$
```

• **Step 04** | mkfs 명령으로 /dev/sdb1 파티션의 파일 시스템을 ext4 형식으로 생성합니다.

```
cskisa@ubuntu:~$ sudo mkfs.ext4 /dev/sdb1
mke2fs 1.45.5 (07-Jan-2020)
Creatin filesystem with 2621184 4k blocks and 655360 inodes
Filesystem UUID: 9bdd130e-6d6d-4a49-b7e6-1bad3d818265
Superblock backups stored on blocks:
        32768, 98304, 163840, 229376, 294912, 819200, 884736, 1605632

Allocatin group tables: done
Writting inode tables: done
Creating journal (16384 blocks): done
Writing superblocks and filesystem accouting information: done

cskisa@ubuntu:~$
```

지금까지 배운 내용을 상기하며 다음 문제를 도전해 보세요.

도전 12-03

1. 현재 시스템에 설정되어 있는 파티션 정보 출력하기
2. SCSI 0:2 장치에 1GB 용량의 하드 디스크 생성하기
3. 추가된 디스크를 200MB, 300MB, 500MB의 3개로 파티션 설정하기
4. SCSI 0:2 하드 디스크 삭제하기
5. 현재 설정되어 있는 파티션 정보 출력하기

2 마운트 설정

새로 장착한 하드 디스크에 대해 파티션과 파일형식을 설정하였습니다. 여기서는 하드 디스크를 본격적으로 사용하기 위해 마운트를 설정하도록 하겠습니다.

마운트 포인터

/userHome 디렉터리를 생성하여 /dev/sdb1 파일 시스템의 마운트 포인트로 설정하기 위해 다음 예제를 수행합니다.

예제 12-07

- **Step 01** | mkdir 명령으로 /userHome 디렉터리를 생성합니다.

```
cskisa@ubuntu:~$ sudo mkdir /userHome
cskisa@ubuntu:~$ ls -l /userHome
합계 0
cskisa@ubuntu:~$
```

- **Step 02** | /dev/sdb1 파일 시스템을 /userHome 디렉터리로 마운트를 설정합니다.

```
cskisa@ubuntu:~$ sudo mount /dev/sdb1 /userHome
cskisa@ubuntu:~$
```

- **Step 03** | mount 명령으로 마운트 정보를 출력하면 맨 끝에 새로 설정한 마운트 정보를 확인할 수 있습니다.

```
cskisa@ubuntu:~$ mount
...
(생략)
...
/dev/sdb1 on /userHome type ext4 (rw, relatime)
cskisa@ubuntu:~$
```

마운트 자동화 설정

우분투가 부팅될 때마다 새로 추가한 디스크가 자동으로 마운트되도록 설정하기 위해 다음 예제를 수행합니다.

예제 12-08

• **Step 01** | 터미널 창에서 gedit로 /etc/fstab 파일을 열어서 다음 내용을 추가합니다.

```
cskisa@ubuntu:~$ sudo gedit /etc/fstab
```

fstab

```
...
(생략)
...
/dev/sdb1     /userHome    ext4     defaults     0     0
```

• **Step 02** | 수정한 /etc/fstab 파일을 저장 후 reboot 명령으로 우분투를 재부팅하게 되면 마운트 자동화 설정이 적용됩니다.

```
cskisa@ubuntu:~$ reboot
```

SECTION

04 쿼터 설정

1 쿼터 수행 절차

우분투는 여러 사용자가 동시에 접속하여 사용하는 시스템이기 때문에 특정 사용자가 많은 양의 디스크를 사용하게 될 경우 전체적인 시스템에 치명적인 문제를 일으킬 수가 있습니다. 이러한 상황을 사전에 예방하기 위해서는 각각 사용자별로 사용할 수 있는 용량에 제한을 두어야 합니다.

파일 시스템마다 사용자 또는 그룹이 생성할 수 있는 파일의 용량과 개수를 제한하는 것을 쿼터(Quota)라고 합니다. 쿼터를 수행하려면 다음 그림과 같은 과정을 거쳐야 합니다.

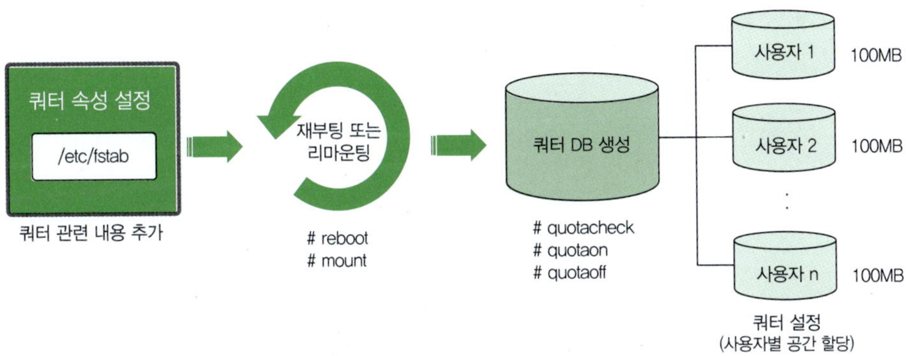

그림 12-18 쿼터를 수행하는 절차

2 사용자 계정 생성

사용자 계정은 마운트가 설정된 /userHome 디렉터리를 홈 디렉터리로 지정하여 사용자 계정을 생성하기 위해 다음 예제를 수행합니다.

예제 12-09

• **Step 01** | adduser 명령으로 사용자 계정 adam을 생성하고 /userHome/adam 디렉터리를 홈 디렉터리로 지정합니다. 암호는 계정 이름과 동일하게 설정합니다.

```
cskisa@ubuntu:~$ sudo adduser --home /userHome/adam adam
'adam' 사용자를 추가 중...
새 그룹 'adam' (1001) 추가 ...
새 사용자 'adam' (1001) 을(를) 그룹 'adam' (으)로 추가 ...
'/user_hdd/adam' 홈 디렉터리를 생성하는 중...
'/etc/skel'에서 파일들을 복사하는 중...
새 UNIX 암호 입력: adam ← 보안상 화면에는 암호가 보이지 않음
새 UNIX 암호 재입력: adam ← 보안상 화면에는 암호가 보이지 않음
passwd: 암호를 성공적으로 업데이트했습니다
adam의 사용자 정보를 바꿉니다
새로운 값을 넣거나, 기본값을 원하시면 엔터를 치세요
        이름 []: Enter↵
        방 번호 []: Enter↵
        직장 전화번호 []: Enter↵
        집 전화번호 []: Enter↵
        기타 []: Enter↵
정보가 올바릅니까? [Y/n] y
cskisa@ubuntu:~$
```

• **Step 02** | ls 명령으로 /userHome 디렉터리에 adam 계정이 생성된 것을 확인합니다.

```
cskisa@ubuntu:~$ ls /userHome
adam
cskisa@ubuntu:~$
```

• **Step 03** | tail -n 명령으로 /etc/passwd 파일 내용을 출력하여 adam 계정의 정보를 확인합니다.

```
cskisa@ubuntu:~$ tail -2 /etc/passwd
postflx:x:126:133::/var/spool/postfix:/usr/sbin/nologin
adam:x:1001:1001:,,,:/user_hdd/adam:/bin/bash
cskisa@ubuntu:~$
```

3 쿼터 속성 설정

쿼터 속성을 설정하기 위해 다음 예제를 수행합니다.

예제 12-10

- **Step 01** | /etc/fstab 파일에 defaults,usrjquota=aquota.user,jqfmt=vfsv0을 추가합니다. 입력할 때 오타가 없도록 주의해야 합니다.

```
cskisa@ubuntu:~$ sudo gedit /etc/fstab
```

fstab

```
…
(생략)
…
/dev/sdb1    /userHome     ext4     defaults,usrjquota=aquota.user,jqfmt=vfsv0  0  0
```

- **Step 02** | 수정한 /etc/fstab 파일을 저장 후 reboot 명령으로 재부팅합니다.

```
cskisa@ubuntu:~$ reboot
```

4 쿼터 명령어

쿼터를 수행하기 위해 필요한 쿼터 명령어에 대해 살펴보도록 하겠습니다. 사용자의 쿼터 정보를 저장하는 쿼터 파일의 생성과 확인 및 수정을 위해 사용되는 쿼터 명령어는 다음과 같습니다.

쿼터 파일을 생성하기 위해 파일 시스템 체크 : quotacheck

quotacheck 명령은 쿼터 파일을 생성, 확인, 수정하기 위해 파일 시스템을 체크하며 사용 형식은 다음과 같습니다.

quotacheck

기능 쿼터 파일을 생성, 확인, 수정하기 위해 파일 시스템을 체크

형식 quotacheck [옵션] -a 또는 파일 시스템 Enter↵

옵션 -a : 전체 파일 시스템을 체크

-u : 사용자 쿼터를 체크

-g : 그룹 쿼터를 체크

-m : 파일 시스템의 리마운트 생략

-n : 첫 번째 검색된 것을 사용

-p : 처리결과를 출력

-v : 파일 시스템의 상태 출력

쿼터 사용 활성화 : quotaon

quotaon 명령은 쿼터 사용을 활성화하는 명령으로 사용형식은 다음과 같습니다.

quotaon

기능 파일 시스템의 쿼터기능을 활성화

형식 quotaon [옵션] -a 또는 파일 시스템 Enter↵

옵션 -a : 전체 파일 시스템의 쿼터기능을 활성화

-u : 사용자 쿼터를 활성화

-g : 그룹 쿼터를 활성화

-v : 파일 시스템의 상태 출력

쿼터 설정 : edquota

edquota 명령은 쿼터를 설정하는 명령으로 사용형식은 다음과 같습니다.

edquota

기능 쿼터 설정

형식 edquota [옵션] 사용자계정 또는 그룹명 Enter↵

옵션 -u : 사용자 쿼터를 설정

-g : 그룹 쿼터를 설정

-p : 쿼터 설정을 복사

쿼터 정보 확인 : quota

quota 명령은 쿼터 정보를 확인하는 명령으로 사용형식은 다음과 같습니다.

 # quota

기능 쿼터 정보를 확인

형식 quota [옵션] 사용자계정 또는 그룹명 Enter↵

옵션 -u : 사용자 쿼터에 대한 정보 확인

-g : 그룹 쿼터에 대한 정보 확인

쿼터 정보 요약 출력 : repquota

repquota 명령은 쿼터 정보 요약을 출력하는 명령으로 사용형식은 다음과 같습니다.

 # repquota

기능 쿼터 정보를 요약 출력

형식 repquota [옵션] 사용자계정 또는 그룹명 Enter↵

옵션 -a : 전체 파일 시스템의 쿼터 정보를 요약하여 출력

-u : 사용자 쿼터 정보를 요약하여 출력

-g : 그룹 쿼터 정보를 요약하여 출력

-v : 사용량이 없는 쿼터의 정보도 요약하여 출력

5 쿼터 DB 생성

쿼터를 사용하기 위해서는 쿼터 DB를 먼저 생성해야 합니다. 디스크 쿼터를 관리하는 데이터베이스(DB)는 다음과 같이 두 개의 파일로 구성됩니다.

- aquota.user : 사용자 쿼터 데이터베이스 파일
- aquota.group : 그룹 쿼터 데이터베이스 파일

쿼터 DB를 생성하는 과정은 다음과 같습니다.

■ 쿼터 DB 생성과정

```
cd /user_hdd                          ← 쿼터용 파일 시스템이 마운트 된 디렉터리로 이동
quotaoff -avug                        ← 쿼터의 기능을 모두 끄기
quotacheck -augmn                     ← 파일 시스템의 쿼터와 관련하여 체크
rm -rf aquota.*                       ← 생성된 쿼터 관련 파일을 모두 삭제
quotacheck -augmn                     ← 다시 파일 시스템의 쿼터와 관련하여 체크
touch aquota.user aquota.group        ← 쿼터 관련 파일 생성
chmod 600 aquota.*                    ← 보안을 위해 root 계정 외에는 접근 불허
quotacheck -augmn                     ← 파일 시스템의 쿼터와 관련하여 최종 체크
quotaon -avug                         ← 설정된 쿼터를 시작
```

쿼터 DB를 생성하기 위해 다음 예제를 수행합니다.

예제 12-11

• **Step 01** | 관리자 계정인 root 계정으로 접속을 변경합니다.

```
cskisa@ubuntu:~$ su - root
암호: spacezone
root@ubuntu:~#
```

• **Step 02** | apt-get 명령으로 quota 패키지를 먼저 설치합니다.

```
root@ubuntu:~# apt-get -y install quota
...
(생략)
...
root@ubuntu:~#
```

• **Step 03** | 쿼터 DB를 생성하기 위해 다음 과정을 수행합니다.

```
root@ubuntu:~# cd /userHome
root@ubuntu:/userHome# quotaoff -avug
/dev/sdb2 [/userHome]: user quotas turned off
root@ubuntu:/userHome# quotacheck -augmn
roota@ubuntu:/userHome# rm -rf aquota.*
root@ubuntu:/userHome# quotacheck -augmn
root@ubuntu:/userHome# touch aquota.user aquota.group
root@ubuntu:/userHome# chmod 600 aquota.*
root@ubuntu:/userHome# quotacheck -augmn
root@ubuntu:/userHome# quotaon -avug
/dev/sdb2 [/userHome]: user quotas turned on
root@ubuntu:/userHome#
```

6 사용자별 공간 할당

쿼터 DB를 생성하였으므로 adam 계정에게 소프트웨어 100MB, 하드웨어 200MB 공간을 할당하기 위해 다음 예제를 수행합니다.

예제 12-12

• **Step 01** | edquota -u 명령으로 adam 계정의 할당량과 그룹별 할당량을 편집할 수 있도록 창을 활성화합니다. 사용방법은 vi 에디터와 동일합니다.

```
root@ubuntu:/userHome# edquota -u adam
```

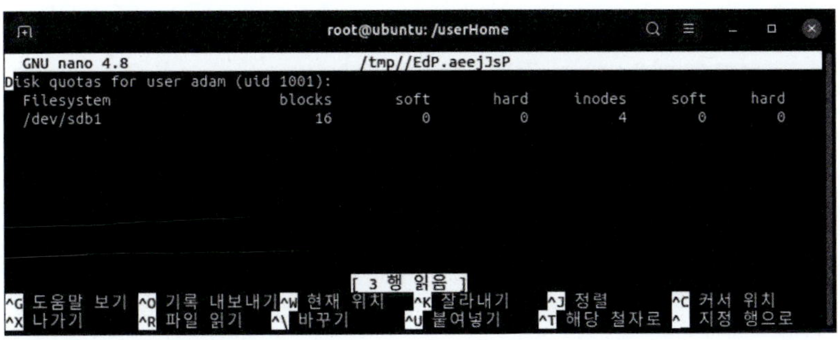

그림 12-19 adam 계정의 쿼터 속성

여기서 잠깐

edquota 화면에 나타난 항목에 대한 의미는 다음과 같습니다.

- Filesystem : 사용자별 쿼터를 할당하는 파일 시스템을 의미합니다.
- blocks : 현재 사용자가 사용하는 블록(KB) 단위입니다.
- soft : 소프트웨어의 사용 한도입니다.
- hard : 하드웨어의 사용 한도입니다.
- inodes : I-node의 개수(파일의 개수)를 의미합니다. adam 계정에서 inodes는 5로 설정되어 있으며 soft와 hard 열이 모두 0으로 설정되어 있습니다. 0으로 설정된 항목은 용량이 제한되어 있지 않다는 의미입니다.

- **Step 02** | Ctrl+C를 눌러 커서를 이동하여 [soft] 항목에는 102400(100MB), [hard] 항목에는 204800(200MB)의 제한용량을 입력합니다. 숫자를 입력할 때 칸을 정확히 맞출 필요는 없지만 순서는 틀리면 안 됩니다. 기본값으로 표기되어 있는 0은 반드시 지우고 숫자를 입력합니다. 제한용량을 입력 후 Ctrl+O와 Enter↵를 눌러 파일을 저장하고 Ctrl+X를 눌러 편집을 종료합니다.

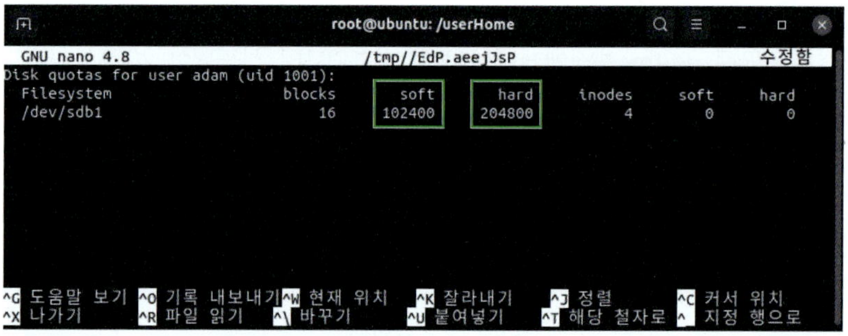

그림 12-21 adam 계정의 쿼터 설정

- **Step 03** | repquota 명령으로 사용자별 디스크 할당량을 확인합니다. 이 과정은 반드시 관리자 계정인 root 계정으로 접속된 상태에서 수행해야 합니다.

```
root@ubuntu:/userHome# repquota /userHome
*** Report for user quotas on device /dev/sdb1
Block grace time: 7days; Inode grace time: 7days
                        Block limits                File limits
User            used    soft    hard    grace    used   soft   hard    grace
----------------------------------------------------------------------------------
root      --       4       0       0                3      0      0
adam      --      16  102400  204800                6      0      0

root@ubuntu:/userHome#
```

adam 계정에 할당한 용량만큼 eve 계정에도 동일하게 할당하려면 다음과 같이 명령을 수행하면 됩니다.

```
# edquota -p [기준 사용자] [복사 대상자]
```

- **Step 04** | [예제 12-09]를 참조하여 eve 계정을 생성한 다음 adam 계정에 할당한 용량만큼 쿼터를 설정합니다.

```
root@ubuntu:/userHome# edquota -p adam eve
root@ubuntu:/userHome#
```

- **Step 05** | repquota 명령으로 eve에게 할당된 용량이 adam에게 할당한 용량만큼 쿼터가 설정되었는지를 확인합니다.

```
root@ubuntu:/userHome# repquota /userHome
*** Report for user quotas on device /dev/sdb1
Block grace time: 7days; Inode grace time: 7days
                        Block  limits                  File limits
User            used    soft       hard  grace    used   soft   hard    grace
---------------------------------------------------------------------------
root     --        4       0          0              3      0      0
adam     --       16  102400     204800              6      0      0
eve      --       16  102400     204800              6      0      0

root@ubuntu:/userHome#
```

지금까지 배운 내용을 상기하며 다음 문제를 도전해 보세요.

도전 12-04

1. 홈 디렉터리를 /userHome으로 지정하여 사용자 계정 tom과 jerry 생성하기
2. 사용자 계정의 암호는 계정 이름과 동일하게 설정하기
3. tom 계정에 소프트웨어 10MB 할당하기
4. tom 계정에 하드웨어 10MB 할당하기
5. root 계정에서 tom 계정으로 접속 변경하기
6. tom 계정에 접속해서 할당된 디스크 용량 확인하기
7. tom 계정에서 root 계정으로 접속 변경하기
8. tom 계정과 동일한 용량의 크기로 jerry 쿼터 설정하기
9. 사용자별 디스크 사용량 확인하기

핵심요약

01 이 장에서 배운 명령어의 의미를 요약하면 다음과 같습니다.

명령어	의미
df	디스크의 남은 용량에 대한 정보 출력
du	디렉터리 또는 사용자별 디스크 사용량 정보 출력
sudo fdisk	디스크의 파티션을 생성, 삭제, 관리하는 명령
sudo adduser	사용자 계정 생성
sudo apt-get	패키지 설치 및 업데이트
sudo mkfs	새로 생성된 파티션을 확인하는 명령
sudo mkfs2	mkfs가 확장된 명령
sudo quotacheck	쿼터 파일을 생성, 확인, 수정하기 위해 파일 시스템을 체크
sudo quotaon	파일 시스템의 쿼터 기능을 활성화
sudo edquota	쿼터 설정
sudo quota	쿼터 정보를 확인
sudo repquota	쿼터 정보를 요약하여 출력

02 fdisk 명령은 반드시 관리자 계정인 root 계정으로 접속한 상태에서 명령을 수행해야 합니다. fdisk 명령으로 파티션 작업을 할 때 사용되는 내부명령은 다음 표와 같습니다.

명령	의미	내부	의미
a	부팅 파티션 설정	p	파티션 테이블 출력
b	BSD 디스크 라벨 편집	q	작업 내용을 저장하지 않고 종료
c	도스 호환성 설정	s	새로운 빈 Sun 디스크 라벨 생성
d	파티션 삭제	t	파티션의 시스템 ID 변경
l	사용 가능한 파티션 정보 출력	u	항목 정보를 변경하고 출력
m	도움말 출력	v	파티션 테이블 검사
n	새로운 파티션 추가	w	파티션 정보 디스크에 저장 후 종료
o	새로운 빈 DOS 파티션 생성	x	실린더 개수 등 전문가 모드 제공

연습문제

01 다음 글을 읽고 빈 괄호를 채우시오

(1) SCSI 버스 방식은 하나의 장치에 데이터를 불러오면서 (   )에 저장할 수 있지만 SATA 인터페이스에서는 각 디스크에 대한 접근이 동시에 발생할 수 없으므로 (   )으로만 이루어지는 차별성이 존재합니다.

(2) 컨트롤러에 연결되는 디스크의 순서에 따라 이름은 알파벳이 추가되는 방식으로 부여되며 /dev/sda 다음에 3개의 하드 디스크를 추가하였다면 디스크의 이름은 (   ), (   ), (   )와 같이 부여됩니다.

02 다음 명령어를 보고 빈칸에 의미를 설명하시오.

명령어	의미
df	
du	디렉터리 또는 사용자별 디스크 사용량 정보 출력
sudo fdisk	디스크의 파티션을 생성, 삭제, 관리하는 명령
sudo adduser	
sudo apt-get	패키지 설치 및 업데이트
sudo mkfs	새로 생성된 파티션을 확인하는 명령
sudo mkfs2	
sudo quotacheck	쿼터 파일을 생성, 확인, 수정하기 위해 파일 시스템을 체크
sudo quotaon	
sudo edquota	쿼터 설정
sudo quota	쿼터 정보를 확인
sudo repquota	

03 fdisk 명령으로 파티션 작업을 할 때 사용되는 내부명령을 채우시오.

명령	의미	내부	의미
	부팅 파티션 설정		파티션 테이블 출력
	BSD 디스크 라벨 편집		작업 내용을 저장하지 않고 종료
	도스 호환성 설정		새로운 빈 Sun 디스크 라벨 생성
	파티션 삭제		파티션의 시스템 ID 변경
	사용 가능한 파티션 정보 출력		항목 정보를 변경하고 출력
	도움말 출력		파티션 테이블 검사
	새로운 파티션 추가		파티션 정보 디스크에 저장 후 종료
	새로운 빈 DOS 파티션 생성		실린더 개수 등 전문가 모드 제공

04 하드 디스크를 추가한 다음에는 파티션을 분할하는 과정을 수행해야 하며 파티션을 /dev/sdc 장치에 대해 300MB와 700MB 2개의 파티션으로 나누는 명령의 의미를 설명하시오.

```
# fdisk /dev/sdc   ← SCSI 0:2 하드 디스크 선택

Command : n                  ← [          ]
Select : p                   ← [          ]
Partition number : 1         ← [          ]
first sector : Enter↵        ← [          ]
Last sector : +300M          ← [          ]
Command : p                  ← [          ]
Command : n                  ← [          ]
Select : p                   ← [          ]
Partition number : 2         ← [          ]
first sector : Enter↵        ← [          ]
Last sector : +700M          ← [          ]
Command : p                  ← [          ]
Command : w                  ← [          ]
```

05 아래 그림을 보고 사용자 계정에 설정된 쿼터 정보를 설명하시오.

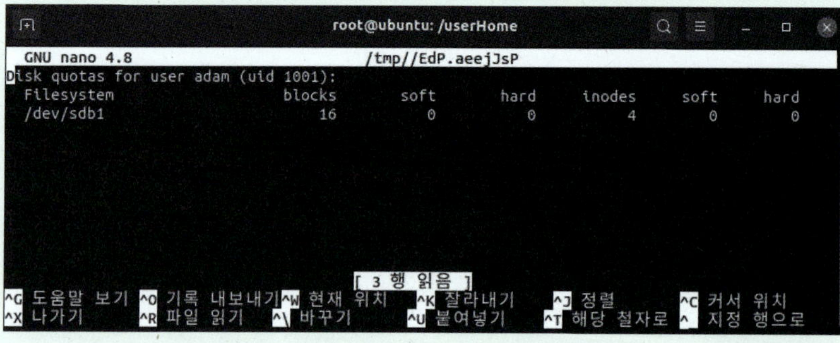

(1) Filesystem

(2) blocks

(3) soft

(4) hard

(5) inodes

CHAPTER 13

셸 스크립트

| 학습목표 |

- 우분투에서 제공하는 셸과 커널의 기능을 이해할 수 있습니다.
- 리눅스에서 사용되는 셸의 종류를 확인할 수 있습니다.
- gedit 창에서 셸 스크립트 프로그램을 작성하기 할 수 있습니다.
- 셸 스크립트에서 사용하는 문법의 구조와 함수를 활용할 수 있습니다.

SECTION

01 셸의 기능과 종류

1 셸의 기능

우분투에서 셸은 사용자와 커널 사이에서 중계자 역할을 수행하는 프로그램입니다. 셸은 한 가지만 제공되는 것은 아니고 최초의 셸인 '본 셸'부터 리눅스 셸이라는 '배시 셸'까지 다양한 셸이 제공되며 지금도 계속해서 새로운 셸이 개발되고 있습니다. 셸은 명령어 해석기, 프로그래밍, 사용자 환경 설정 등의 기능을 사용할 수 있도록 제공해 줍니다.

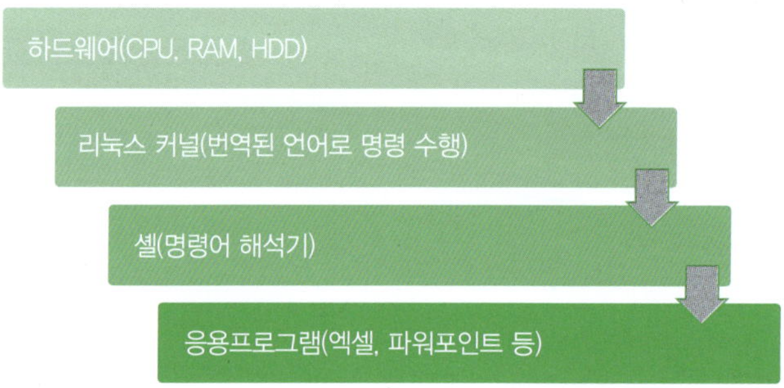

그림 13-1 커널과 셸의 기능

2 셸의 종류

셸은 유닉스 운영체제에서 제공하기 시작하였으며 대부분의 유닉스 시스템에서 지원하는 주요 셸은 본 셸, C 셸, 콘셸, 배시 셸 등이 있습니다. 각 셸은 일반적으로 명령을 입력하고 실행하는 기능은 비슷하지만 에일리어스 설정이나 초기화 파일, 스크립트 작성 문법 등 약간의 차이점은 존재합니다. 각 셸의 주요 특징에 대해 간략하게 살펴보도록 하겠습니다.

본 셸(Bourne shell)

초기의 본 셸은 단순하고 처리 속도가 빠른 이유로 많이 사용되었습니다. 지금도 시스템 관리작업을 수행할 때 많은 스크립트는 본 셸을 기반으로 사용하며 본 셸에서는 sh 명령을 사용합니다.

C 셸(C shell)

C 셸은 본 셸의 기능을 확장한 것으로 본 셸에는 없던 에일리어스나 히스토리와 같은 사용자 편의 기능이 추가되어 제공되며 셸 스크립트 작성의 문법 형식이 C 언어와 비슷하여 C 셸이라는 이름을 가지게 되었습니다. C 셸은 다양한 편의 기능을 구현하기 위해 크기가 커지고 처리 속도가 느린 단점 등의 이유로 편리한 배시 셸에 밀리고 있으며 C 셸에서는 csh 명령을 사용합니다.

콘 셸(Korn shell)

콘 셸은 C 셸과 달리 본 셸과의 호환성 및 편의 기능을 제공하면서 처리 속도가 빠르다는 장점이 있습니다. 우분투 리눅스에서는 별도로 콘 셸을 설치하여 사용할 수도 있으며 콘 셸에서는 ksh 명령을 사용합니다.

배시 셸(bash shell)

배시 셸은 본 셸을 기반으로 개발된 셸이며 본 셸과의 호환성을 유지하면서 C 셸, 콘 셸의 편리한 기능까지도 제공하는 셸입니다. 배시 셸은 GPL(General Public License)을 따르는 공개 소프트웨어로서 리눅스의 기본 셸로 제공되며 우분투 리눅스도 배시 셸을 기본 셸로 사용하고 있습니다. 배시 셸에서는 bash 명령을 사용합니다.

여기서 잠깐

GPL(General Public License)은 공개 운영체계인 GNU 프로젝트로부터 소프트웨어에 적용되는 라이선스로 많은 사용자들이 소프트웨어를 자유롭게 공유하며 내용을 수정할 수 있도록 보증하는 것을 의미합니다. 따라서 많은 사람들은 GPL을 이용하여 소프트웨어의 배포판을 만들어 배포할 수도 있고 원한다면 그 배포판을 상업용으로 이용할 수도 있습니다.

대시 셸(dash shell)

대시 셸은 본 셸을 기반으로 개발되었으며 포직스(POSIX) 표준을 준수하여 보다 작은 크기로 개발된 셸입니다. 기존의 셸에 비해 대시 셸은 부팅 시 셸 스크립트를 빠르게 실행시키며 파일 크기가 작고 신뢰성이 높아 우분투 6.10 버전부터는 본 셸 대신 대시 셸을 시스템 기본 셸로 사용하고 있습니다.

터미널 창에서 다음과 같이 명령을 수행하면 심볼릭 링크로 dash가 설정되어 있는 것을 확인할 수 있습니다.

```
cskisa@ubuntu:~$ ls -l /bin/sh
lrwxrwxrwx  1  root  root  4   5월  8  12:11  /bin/sh -> dash
cskisa@ubuntu:~$
```

여기서 잠깐

포직스(POSIX)는 이식 가능 운영체제 인터페이스(Portable Operating System interface)를 의미하며 서로 다른 유닉스 운영체제의 공통 API를 정리하여 이식성이 높은 유닉스 응용 프로그램을 개발하기 위한 목적으로 IEEE(전기전자학회)가 책정한 애플리케이션 인터페이스의 규칙을 의미합니다.

3 셸 스크립트 환경변수

셸 스크립트에서 환경변수를 사용할 때는 변수명 앞에 $를 붙여서 사용합니다. 환경변수의 이름은 소문자를 사용해도 되지만 주로 대문자를 사용하므로 가급적 환경변수는 대문자로 사용하기를 권장합니다.

주요한 환경변수

배시 셸에서 자주 사용하는 환경변수에 대해 다음 표와 같이 정리하였습니다.

표 13-1 배시 셸의 주요한 환경변수

환경변수	의미	환경변수	의미
HOME	현재 사용자의 홈 디렉터리	PATH	실행 파일 찾는 경로
LANG	기본적으로 지원되는 언어	PWD	사용자의 디렉터리 위치
TERM	로그인 터미널 타입	SHELL	로그인해서 사용하는 셸
USER	현재 사용자의 이름	DISPLAY	X 디스플레이 이름
COLUMNS	현재 터미널의 컬럼 수	LINES	현재 터미널 라인 수
PS1	1차 명령 프롬프트 변수	PS2	2차 명령 프롬프트 (>)
BASH	bash 셸의 경로	BASH_VERSION	bash 버전
HISTFILE	히스토리 파일의 경로	HISTSIZE	히스토리 파일에 저장 개수
HOSTNAME	호스트 이름	USERNAME	현재 사용자 이름
LOGNAME	로그인 이름	LS_COLORS	ls 명령의 확장자 색상
MAIL	메일을 보관하는 경로	OSTYPE	운영체제 타입

터미널 창에서 주요한 환경변수를 사용하는 방법을 살펴보기 위해 다음 예제를 수행합니다.

예제 13-01

- **Step 01** | echo 명령으로 현재 사용자의 홈 디렉터리를 확인하기 위해 다음과 같이 환경변수를 선언합니다.

```
cskisa@ubuntu:~$ echo $HOME
/home/cskisa
cskisa@ubuntu:~$
```

- **Step 02** | echo 문은 반드시 소문자를 사용해야 합니다. bash 버전을 확인하기 위해 다음 명령을 수행합니다.

```
cskisa@ubuntu:~$ echo $BASH_VERSION
5.0.16(1)-release
cskisa@ubuntu:~$
```

셸 변수 설정

셸 변수는 사용자가 지정한 이름으로 설정할 수 있습니다. 셸 변수는 =을 사용하여 선언할 때 변수 이름과 문자열 사이에 공백이 존재해서는 안 됩니다. 변수의 이름은 대/소문자를 엄격하게 구별하며 셸 변수를 설정하는 사용형식은 다음과 같습니다.

셸 변수 설정

기능 사용하고자 하는 셸 변수 선언
형식 변수 이름=문자열 Enter↵
예시 INSA=Hello

사용자가 지정하는 변수명을 선언하고 선언한 변수에 간단한 문자열을 대입한 다음 변수를 출력하는 과정을 살펴보기 위해 다음 예제를 수행합니다.

예제 13-02

- **Step 01** | 셸 변수 INSA를 선언하고 변수에 문자열 Hello를 입력하기 위해 다음과 같이 명령을 선언합니다.

```
cskisa@ubuntu:~$ INSA=Hello          ← 변수명과 문자열 사이에 공백이 존재하면 안 됨
cskisa@ubuntu:~$
```

- **Step 02** | 선언한 변수에 대해 echo 명령을 수행하게 되면 변수에 대입된 문자열이 출력됩니다. 변수를 출력할 때는 반드시 변수명 앞에 $를 붙여서 사용해야 합니다.

```
cskisa@ubuntu:~$ echo INSA           ← 변수명 앞에 $를 선언하지 않은 경우
INSA                                 ← 변수명이 아닌 문자열로 취급
cskisa@ubuntu:~$ echo $INSA          ← 변수명 앞에 $를 선언한 경우
Hello                                ← 변수에 대입한 문자열 출력
cskisa@ubuntu:~$
```

환경변수 설정 명령 : export

환경변수를 설정하기 위해서는 먼저 셸 변수를 정의하고 export 명령을 사용하여 설정된 환경변수를 변경할 수 있습니다. 환경변수 설정은 'export 환경변수=값'과 같이 선언하면 됩니다. export 명령의 사용형식은 다음과 같습니다.

$ export

기능 지정한 셸 변수를 환경변수로 변경하여 설정
형식 export [옵션] [셸 변수] Enter↵
옵션 -n : 환경변수를 셸 변수로 변경

앞에서 선언한 셸 변수인 INSA를 환경변수로 변경하기 위해 다음 예제를 수행합니다.

예제 13-03

• **Step 01** | export 명령을 사용하여 셸 변수 INSA를 환경변수로 설정하기 위해 다음과 같이 선언합니다.

```
cskisa@ubuntu:~$ export INSA          ← 셸 변수를 환경변수로 설정
cskisa@ubuntu:~$
```

• **Step 02** | env 명령을 사용하여 현재 사용자의 환경변수를 출력해 보면 셸 변수 INSA가 환경변수에 등록되어 있는 것을 확인할 수 있습니다.

```
cskisa@ubuntu:~$ env
...
(생략)
...
INSA=Hello
HOME=/home/cskisa
USERNAME=cskisa
...
(생략)
...
cskisa@ubuntu:~$
```

• **Step 03** | export 명령을 사용하여 셸 변수를 선언하면서 곧바로 환경변수로 한 번에 등록하려면 다음과 같이 명령을 수행하면 됩니다.

```
cskisa@ubuntu:~$ export SPACE=sky
cskisa@ubuntu:~$ echo $SPACE
sky
cskisa@ubuntu:~$
```

환경변수를 셸 변수로 변경 : export -n

export 명령을 사용하여 환경변수로 등록했던 셸 변수를 다시 셸 변수로 변경하려면 'export -n 환경변수' 형식으로 실행하면 됩니다. 앞에서 셸 변수 선언 후 환경변수로 등록된 SPACE를 다시 셸 변수로 변경하기 위해 다음 예제를 수행합니다.

예제 13-04

• **Step 01** | export -n 명령을 사용하여 등록된 환경변수 SPACE를 다시 셸 변수로 변경하기 위해 다음과 같이 선언합니다.

```
cskisa@ubuntu:~$ export -n SPACE
cskisa@ubuntu:~$
```

• **Step 02** | env 명령을 사용하여 현재 사용자의 환경변수를 출력해 보면 SPACE는 셸 변수로 변경되었기 때문에 환경변수 리스트에 존재하지 않는 것을 확인할 수 있습니다.

```
cskisa@ubuntu:~$ env
...
(생략)
...
cskisa@ubuntu:~$
```

셸 변수 해제 : unset

이미 정의된 셸 변수를 해제하려면 unset 명령을 사용하여 'unset 변수명'과 같이 수행하면 됩니다.

$ unset

기능 정의된 셸 변수를 해제

형식 unset 변수 이름 Enter↵

예시 unset INSA

앞에서 선언한 셸 변수 INSA와 SPACE를 unset 명령으로 해제하기 위해 다음 예제를 수행합니다.

예제 13-05

• **Step 01** | 셸 변수 INSA와 SPACE를 해제하기 전에 각 변수에 대입된 값을 출력합니다. 셸 변수를 사용할 때는 반드시 변수명 앞에 $를 붙여야 한다는 것을 유념하기 바랍니다.

```
cskisa@ubuntu:~$ echo $INSA
Hello
cskisa@ubuntu:~$ echo $SPACE
sky
cskisa@ubuntu:~$
```

• **Step 02** | unset 명령으로 INSA 셸 변수를 해제하기 위해 다음과 같이 선언합니다. 변수를 해제할 때는 변수명 앞에 $를 붙이지 않습니다.

```
cskisa@ubuntu:~$ unset INSA
cskisa@ubuntu:~$ unset SPACE
cskisa@ubuntu:~$
```

- **Step 03** | 변수 설정이 해제되었으므로 셸 변수 INSA와 SPACE를 echo 명령으로 각각 출력해 보면 아무 값도 출력되지 않는 것을 확인할 수 있습니다. 셸 변수를 사용할 때는 변수명 앞에 $를 선언하지 않으면 일반 문자열로 취급되어 출력되므로 주의해야 합니다.

```
cskisa@ubuntu:~$ echo $INSA

cskisa@ubuntu:~$ echo $SPACE

cskisa@ubuntu:~$
```

지금까지 배운 내용을 상기하며 다음 문제를 도전해 보세요.

도전 13-01

1. 셸 변수 DEPT를 선언하고 문자열 database를 대입하기
2. DEPT 변수에 대입된 문자열 출력하기
3. DEPT 변수를 환경변수로 전환하기
4. 환경변수에 등록된 정보 출력하기
5. 환경변수로 전환된 DEPT 변수를 다시 셸 변수로 전환하기
6. 등록된 DEPT 셸 변수 해제하기

SECTION

02 셸 스크립트의 특징

1 셸 스크립트의 장단점

셸 스크립트(Shell Script)는 셸이나 커맨드라인 인터프리터에서 수행하도록 작성되었으며 운영체제를 위해 사용된 스크립트를 의미합니다. 단순한 도메인 고유 언어로 여겨지기도 하지만 셸 스크립트가 수행하는 일반적인 기능은 파일 이용, 프로그램 실행, 문자열 출력 등이 있습니다.

셸 스크립트의 장점

셸 스크립트의 대표적인 장점은 다른 프로그래밍 언어에서 작성된 코드보다 훨씬 더 빠르게 처리된다는 점입니다. 다른 프로그래밍 언어들은 작성한 코드를 컴퓨터가 해석할 수 있도록 컴파일 과정을 거치게 되지만 셸 스크립트는 따로 컴파일을 수행하는 단계가 없습니다. 이와 같은 장점으로 기존보다 더 빠르게 코드를 처리할 수 있습니다.

셸 스크립트의 단점

셸 스크립트를 사용할 때 몇 가지 단점에 대해 살펴보겠습니다. 먼저 실행되는 각 명령에 대한 잠재적으로 새로운 하부 프로세스가 수많이 필요하게 됨에 따라 속도가 느려질 수 있습니다. 그리고 더 많고 복잡한 스크립트들은 셸 스크립트 언어의 자체적인 제한영역에서 실행할 수 있지만 이와 같은 제한으로 인해 다양한 셸이 문제를 개선할 목적으로 고품질의 코드와 확장을 기록하기에는 다소 힘들 수 있다는 단점도 존재합니다.

여기서 잠깐

셸 스크립트는 다양한 종류의 유닉스, 리눅스, BSD 운영체제, therof 버전, 시스템 유틸리티와의 호환성을 제공합니다. 하지만 더 복잡한 셸 스크립트의 경우에는 셸, 유틸리티 등 다른 필수 요소와의 차이로 인해 실패할 가능성도 존재합니다.

2 셸 출력 명령

터미널 창에서 문자열을 출력하는 리눅스 배시 셸의 출력 명령에는 echo 명령과 printf 명령이 있으며 각각의 명령어를 사용하는 방법에 대해 살펴보도록 하겠습니다.

공통 셸 출력 명령 : echo

echo 명령은 모든 셸 스크립트 프로그래밍에서 공통적으로 사용할 수 있는 출력 명령이며 사용형식은 다음과 같습니다.

$ echo

기능 화면에 한 줄의 문자열을 출력

형식 echo [옵션] [문자열] Enter↵

옵션 -n : 문자열 중간에 선언하게 되면 선언한 위치에서 줄 바꿈을 수행

echo 명령으로 문자열을 출력하는 방법을 살펴보기 위해 다음 예제를 수행합니다.

예제 13-06

• **Step 01** | 터미널 창에서 echo 명령으로 '우분투' 문자열을 출력합니다.

```
cskisa@ubuntu:~$ echo 우분투
우분투
cskisa@ubuntu:~$
```

• **Step 02** | echo 명령으로 문자열을 출력할 때 문자열 사이에 공백이 존재할 경우 문자열을 큰따옴표로 묶어줘야 합니다.

```
cskisa@ubuntu:~$ echo "I Love Ubuntu"
I Love Ubuntu
cskisa@ubuntu:~$ echo "Have a good time"
Have a good time
cskisa@ubuntu:~$
```

• **Step 03** | echo 명령과 줄 바꿈 문자 옵션 -n을 함께 선언하게 되면 줄 바꿈 문자 다음에 오는 문자열은 다음 행으로 줄이 바뀌어 출력됩니다.

```
cskisa@ubuntu:~$ echo -n Nice          ← 옵션 지정으로 프롬프트 전에 문자열이 출력됨
Nicecskisa@ubuntu:~$ echo Nice
Nice
cskisa@ubuntu:~$
```

여기서 잠깐

출력화면에서 보는 바와 같이 echo -n Nice 명령을 살펴보면 프롬프트 앞에 문자열이 출력된 것을 볼 수 있습니다. 줄 바꿈 문자 -n을 어느 위치에 선언하느냐에 따라 출력결과는 다르게 나타날 수 있습니다.

출력형식 지정 명령 : printf

출력형식을 %d 지시자와 \n(또는 ₩n) 줄 바꿈 문자 등 C 언어에서 사용하는 출력함수인 printf( ) 함수의 형식을 지정하여 출력할 수 있습니다. printf 명령의 사용형식은 다음과 같습니다.

$ printf

기능 출력형식을 지정하여 문자열을 출력
형식 printf [옵션] [문자열] Enter↵
옵션 %d, \n(₩n) 등 C 언어의 printf( )함수 형식을 지정

printf 명령을 사용하여 문자열을 출력하는 과정을 살펴보기 위해 다음 예제를 수행합니다.

예제 13-07

• **Step 01** | 터미널 창에서 printf 명령으로 'SPACE' 문자열을 출력하면 프롬프트 앞에 문자열이 출력됩니다.

```
cskisa@ubuntu:~$ printf SPACE
SPACEcskisa@ubuntu:~$
```

• **Step 02** | 줄 바꿈 문자 '\n(또는 ₩n)'을 문자열 안에 선언하게 되면 일부 문자열을 다음 행으로 줄을 바꿔 출력할 수 있습니다.

```
SPACEcskisa@ubuntu:~$ printf "I Love \n Ubuntu"
I Love
 Ubuntucskisa@ubuntu:~$
```

• **Step 03** | 출력 변환기호 '%d'를 문자열 안에 선언하여 정수와 일대일 대응관계로 출력할 수 있습니다.

```
 Ubuntucskisa@ubuntu:~$ printf "%d + %d = %d \n" 30 50 80
30 + 50 = 80
cskisa@ubuntu:~$
```

여기서 잠깐

출력화면에서 보는 바와 같이 printf "%d + %d = %d" 30 50 80으로 선언한 것은 정수형 숫자를 처리하기 위한 출력 변환기호 %d와 정수를 일대일로 대응해 준 것입니다. %d의 개수와 정수의 개수는 일치해야 하며 \n은 강제로 줄 바꿈을 하라는 의미입니다. C 언어를 배운 분들이라면 가장 기초가 되는 부분일 수 있겠지만 C 언어를 접해보지 않은 분들은 생소한 문자로 보일 수도 있습니다.

SECTION

03 셸 스크립트 프로그래밍

1 셸 스크립트 작성과 실행

셸 스크립트 프로그램을 작성하는 방법은 주로 gedit나 vi 에디터를 사용하여 작성합니다. 리눅스의 많은 부분들이 셸 스크립트로 작성되었기 때문에 셸 스크립트를 배워두면 리눅스를 이해하는 데 많은 도움이 됩니다. 여기서는 주로 gedit를 사용하여 셸 스크립트를 작성하도록 하겠습니다.

셸 스크립트 파일을 저장하기 위해 /sh_test.d 디렉터리를 생성하여 예제에서 작성하는 모든 파일을 이 디렉터리에 저장합니다. 그리고 셸 스크립트 파일임을 쉽게 구별할 수 있도록 확장자 .sh를 붙여서 셸 스크립트 파일명을 지정합니다.

여기서 잠깐

파일명을 부여할 때 파일명 뒤에 붙인 '.sh'는 생략해도 프로그램을 실행하는 데에는 전혀 지장을 주지는 않습니다. 다만 셸 스크립트 파일을 확실하게 구별할 수 있도록 파일명 뒤에 .sh 확장자를 붙여주는 것일 뿐 특별한 의미는 없습니다.

셸 스크립트 작성 후 sh 명령으로 실행하기

셸 스크립트 프로그래밍은 gedit 또는 vi 에디터를 사용하여 작성하면 됩니다. 현재 시스템에 접속 중인 사용자 이름과 호스트 이름을 출력하는 셸 스크립트를 작성 후 터미널 창에서 sh 명령으로 셸 스크립트 파일을 실행하는 과정을 살펴보기 위해 다음 예제를 수행합니다.

예제 13-08

- **Step 01** | 셸 스크립트 파일을 저장하기 위해 /sh_test.d 디렉터리를 생성한 다음 작업할 디렉터리의 위치를 /sh_test.d 디렉터리로 이동합니다.

```
cskisa@ubuntu:~$ sudo mkdir /sh_test.d
cskisa@ubuntu:~$ cd /sh_test.d
cskisa@ubuntu:/sh_test.d$ ls -l
합계 0
cskisa@ubuntu:~sh_test.d$
```

• **Step 02** | 터미널 창에서 명령을 수행한 다음 gedit 창에서 코드를 입력 후 저장합니다.

```
cskisa@ubuntu:~sh_test.d$ sudo gedit myname.sh
```

myname.sh

```
01  #! /bin/sh
02
03  echo " Name Print "
04  echo ">> Connect Name : " $USERNAME
05
06  exit 0
```

소스 설명

- 01행 #! /bin/sh : 특별한 형태의 주석(#!)으로 bash를 사용하는 의미(생략하면 안 됨)
- 03행 echo : 문자열 출력
- 04행 $USERNAME : 현재 시스템에 접속된 사용자 이름을 출력하는 환경변수 선언
- 06행 exit 0 : 종료 코드(0은 성공 의미)

• **Step 03** | 셸 스크립트 myname.sh 파일을 실행합니다.

```
cskisa@ubuntu:~sh_test.d$ sh myname.sh
 Name Print
 >> Connect Name : cskisa
cskisa@ubuntu:~sh_test.d$
```

디렉터리의 위치가 다를 경우 : 셸 스크립트 실행 오류

앞 예제에서는 셸 스크립트 파일이 저장되어 있는 디렉터리의 위치에서 실행 명령을 수행하였습니다. 이와 같이 작업하는 디렉터리의 위치를 설정한 이유는 sh 명령이 셸 스크립트 파일이 저장되어 있는 디렉터리에서 실행되도록 하기 위함입니다.

여기서 잠깐

만약 셸 스크립트 파일이 저장된 디렉터리가 아닌 다른 디렉터리의 위치에서 sh 명령을 수행하게 되면 셸 스크립트 파일이 없다는 메시지가 출력됩니다. 그 이유는 셸 스크립트 myname.sh 파일은 /sh_test.d/ 디렉터리에 존재하고 현재 작업 중인 프롬프트의 위치는 틸드(~)이기 때문입니다.

파일이 저장된 디렉터리의 위치와 sh 명령을 실행하는 디렉터리의 위치가 서로 다르게 되면 다음과 같이 파일이 없다는 메시지가 출력됩니다.

```
cskisa@ubuntu:~sh_test.d$ cd ~
cskisa@ubuntu:~$ sh myname.sh
sh: 0: Can't open myname.h
cskisa@ubuntu:~$ cd /sh_test.d
cskisa@ubuntu:~sh_test.d$
```

이와 같은 문제를 해결하려면 셸 스크립트 파일을 저장한 디렉터리에서 sh 명령을 수행하거나 'chmod +x 스크립트 파일명'을 사용하여 스크립트 파일을 '실행 가능' 속성으로 변경해 주면 됩니다.

2 변수 선언

C, C++, Java 등의 프로그래밍에서는 변수를 사용하기 전에 먼저 변수를 선언하지만 셸 스크립트는 변수를 사용하기 전에 먼저 변수를 선언하지 않습니다. 그 이유는 변수에 처음 값이 할당되면서 변수가 자동으로 생성되기 때문입니다.

하지만 변수 선언 시 유의해야 할 사항이 있습니다. 셸에서 사용되는 변수는 모두 문자열(String)로 취급되기 때문에 숫자도 문자열로 처리됩니다. 그리고 알파벳 대/소문자 구별이 엄격하며 변수에 값을 대입할 때는 '=' 좌우에 공백이 없어야 합니다.

```
var1 = Hi           ← 오류! '=' 좌우에 공백 있음
var2=good
var3=Nice Day       ← 오류! 두 개의 문자열인 경우 큰따옴표("")로 묶어야 함
var4="Good morning"
var5=88+95          ← 오류는 없지만 연산은 안 됨(모두 문자열로 취급되기 때문)
```

변수에 값을 대입할 때 큰따옴표("")로 묶어도 되고 묶지 않아도 되지만 대입하는 값 사이에 공백이 있을 경우에는 반드시 큰따옴표로 묶어주어야 합니다. 만일 변수에 값을 대입할 경우 이를 변수로 받기 위한 방법은 '$변수명'과 같이 변수명 앞에 $를 붙여줘야 합니다. 변수명 앞에 $를 붙이는 이유는 변수임을 알리기 위함입니다.

여기서 잠깐

변수를 선언하여 사용할 때는 $변수명 또는 "$변수명"과 같이 큰따옴표를 붙여도 되고 안 붙여도 되지만 $ 변수명 사이에 공백이 존재할 경우 "$ 변수명"과 같이 반드시 큰따옴표로 묶어서 사용하는 것이 정확한 변수의 사용방법입니다.

변수의 입력과 출력

변수 선언의 유의사항을 준수하여 키보드로 입력받은 값을 변수에 저장하여 출력하는 프로그램을 작성하기 위해 다음 예제를 수행합니다.

예제 13 - 09

- **Step 01** | 터미널 창에서 현재 디렉터리의 위치를 /sh_test.d 디렉터리로 이동한 다음 키보드로 입력받은 값을 변수에 저장하고 출력하기 위해 터미널 창에서 명령을 수행한 다음 gedit 창에서 코드를 작성 후 저장합니다.

```
cskisa@ubuntu:~sh _ test.d$ sudo gedit inout.sh
```

inout.sh

```
01  #! /bin/sh
02
03  echo " Q. Input : "
04  read input_string
05  echo " A. Output : $input_string "
06
07  exit 0
```

소스 설명

- 03행 echo 명령으로 한 줄의 문자열 출력
- 04행 키보드로 입력한 값을 변수 input _ string에 저장하는 read 명령
- 05행 키보드로 입력한 값이 저장된 변수 출력

• **Step 02** | 셸 스크립트 inout.sh 파일을 실행한 다음 문자열 Hello를 키보드로 입력 후 [Enter↵]를 칩니다.

```
cskisa@ubuntu:~sh _ test.d$ sh inout.sh
 Q. Input :
Hello
 A. Output : Hello
cskisa@ubuntu:~sh _ test.d$
```

숫자 계산

셸 스크립트는 모든 변수를 문자열로 처리하기 때문에 연산을 수행하기 위해서는 키워드 expr을 사용해야 합니다. 연산식을 사용하고자 할 때는 역따옴표(`)와 expr을 공백 없이 붙여서 사용해야 하며 역따옴표로 expr 연산식과 같이 시작과 끝을 묶어줘야 합니다.

여기서 잠깐

연산식에서 괄호를 사용하려면 괄호 앞에 ₩(한글 모드) 또는 \(영문 모드)를 반드시 붙여줘야 합니다. 사칙연산(+, -, *, /)중에서 예외적으로 곱셈 연산(*) 앞에도 반드시 ₩ 또는 \를 붙여줘야 합니다.

입력받은 두 정수로 곱셈, 나눗셈, 평균값을 산출하는 프로그램을 작성하기 위해 다음 예제를 수행합니다.

예제 13-10

- **Step 01** | 키보드로 100과 200을 입력받아 변수에 저장한 다음 덧셈, 곱셈, 나눗셈, 평균값을 산출하여 출력하기 위해 터미널 창에서 명령을 수행한 다음 gedit 창에서 코드를 입력 후 저장합니다.

```
cskisa@ubuntu:~sh _ test.d$ sudo gedit arithmetic.sh
```

arithmetic.sh

```
01  #! /bin/sh
02
03  echo " >> first : "
04  read a
05  echo " >> second :  "
06  read b
07  echo " >> a = $a, b = $b "
08
09  add=`expr $a + $b`
10  gob=`expr $a \* $b`
11  na=`expr $a / $b`
12  avg=`expr $add / 2`
13  echo " a + b = $add \n a * b = $gob \n a / b = $na \n (a + b)/2 = $avg "
14
15  exit 0
```

소스 설명

- 04행 키보드로 입력한 값을 변수 a에 저장하는 read 명령
- 06행 키보드로 입력한 값을 변수 b에 저장하는 read 명령
- 07행 변수 a와 b에 입력된 값 출력
- 09행 모든 연산식에는 역따옴표(`)로 묶어주고 expr 키워드 사용
- 10행 연산식은 모두 역따옴표(`)로 묶어주고 곱셈(*) 기호 앞에는 반드시 \를 붙여줘야 함
- 13행 echo 문의 큰따옴표 안에 $ 기호가 붙은 변수 $a와 $b는 모두 변수로 인식됨

• **Step 02** | 셸 스크립트 arithmetic.sh 파일을 실행합니다.

```
cskisa@ubuntu:~sh _ test.d$ sh arithmetic.sh
 >> first :
100
 >> second :
200
 >> a = 100, b = 200
 a + b = 300
 a * b = 20000
 a / b = 0
 (a+b)/2 = 150
cskisa@ubuntu:~sh _ test.d$
```

파라미터 변수

파라미터(Parameter) 변수는 자신이 실행한 명령어의 파라미터(매개변수)를 의미합니다. 파라미터 변수는 $0, $1, $2, ... 등과 같이 실행하는 명령의 부분을 각각 하나씩 변수로 지정합니다. 예를 들어 패키지를 설치하는 dnf -y install xinetd 명령을 실행한다고 가정할 때 파라미터 변수를 다음 표와 같이 지정할 수 있습니다.

표 13-2 파라미터 변수와 의미

구분	수행할 명령	파라미터 1	파라미터 2	파라미터 3
명령어	dnf	-y	install	xinetd
파라미터 변수	$0	$1	$2	$3
표현 방법	$0 ← dnf	$1 ← -y	$2 ← install	$3 ← xinetd

터미널 창에서 수행할 명령이 주어지게 되면 파라미터 변수와 어떻게 맵핑(Mapping) 되는지를 살펴보는 프로그램을 작성하기 위해 다음 예제를 수행합니다.

예제 13-11

• **Step 01** | 터미널 창의 /sh_test.d/ 디렉터리 위치에서 명령을 수행한 다음 gedit 창에서 코드를 입력 후 저장합니다.

```
cskisa@ubuntu:~sh _ test.d$ sudo gedit mapping.sh
```

mapping.sh

```
01    #! /bin/sh
02
03    echo " >> One : $0  "
04    echo " >> Two : $1 "
05    echo " >> Three : $2 "
06    echo " >> Total : $* "
07
08    exit 0
```

소스 설명

- 03행 sh mapping.sh 35 87 text _ string 명령에서 첫 번째 수행 명령어 $0 출력
- 04행 두 번째 파라미터 $1 출력 ← 35
- 05행 세 번째 파라미터 $2 출력 ← 87
- 06행 전체 파라미터 $* 출력 (*는 전체를 의미) ← 35 87 text _ string

• **Step 02** | 셸 스크립트 mapping.sh 파일을 실행합니다.

```
cskisa@ubuntu:~sh _ test.d$ sh mapping.sh 35 87 text _ string
>> One : mapping.sh
>> Two : 35
>> Three : 87
>> Total : 35 87 text _ string
cskisa@ubuntu:~sh _ test.d$
```

지금까지 배운 내용을 상기하며 다음 문제를 도전해 보세요.

도전 13 – 02

1. 셸 스크립트 프로그램 test _ 1302.sh 작성하기
2. 두 개의 변수 su1, su2를 선언하기
3. su1 변수에 키보드로 23을 입력하여 저장하기
4. su2 변수에 키보드로 56을 입력하여 저장하기
5. 두 수의 곱을 변수 gob에 저장하기
6. 키보드로 입력받은 값 출력하기
7. 두 수의 곱셈 연산과 결과값 출력하기

3 조건문과 관계 연산자

조건문은 프로그램의 흐름을 순차적으로 수행하다가 주어진 조건 또는 특별한 이유에 따라 다른 곳으로 흐름을 유도하는 구문을 의미합니다. 관계 연산자는 두 개 이상의 값을 서로 비교할 때 사용하는 연산자입니다. 관계 연산자는 문자열 또는 다른 데이터를 비교하기 때문에 비교 연산자라고도 합니다.

기본 if 문

기본 if 문은 주어진 조건이 참일 경우에만 수행하는 분기문으로 거짓일 경우에는 해당 명령을 수행하지 않습니다. 기본 if 문을 사용할 때 주의해야 할 점은 조건을 묶는 대괄호 [ ] 안에 조건식을 선언할 때 각 단어와 연산자 사이에는 반드시 공백이 존재해야 합니다.

■ 기본 if 문 문법구조

```
if [ 조건식 ]
then
  조건식이 참일 경우 실행할 문장
fi
```

■ 기본 if 문 사용예시

```
if [ "space" = "space" ]
then
  echo "두 문자열은 같은 문자열입니다."
fi
```

> **여기서 잠깐**
>
> 기본 if 문 사용예시에서 보는 바와 같이 if 문의 조건 ["space" = "space"]에는 좌괄호 [와 "space" 문자열 사이에 공백이 존재하고 문자열 비교 연산자 = 의 왼쪽과 오른쪽에도 공백이 존재합니다. 그리고 오른쪽에 있는 "space" 문자열 다음에 오는 우괄호] 사이에도 공백이 존재해야 함을 유념하기 바랍니다.

기본 if 문을 사용하여 프로그램을 작성하기 위해 다음 예제를 수행합니다.

예제 13-12

• **Step 01** | 터미널 창의 /sh_test.d/ 디렉터리 위치에서 명령을 수행한 다음 gedit 창에서 코드를 입력 후 저장합니다.

```
cskisa@ubuntu:~sh _ test.d$ sudo gedit basicif.sh
```

basicif.sh

```
01  #! /bin/sh
02
03  if [ "space" = "space" ]
04  then
05    echo " >> compare : space = space ?? "
06    echo " >> result : True "
07  fi
08
09  exit 0
```

소스 설명

• 03행 if 문의 시작 : 조건에는 괄호와 문자열, 비교 연산자 사이에는 반드시 공백 필요
• 04행 주어진 조건이 참일 경우 수행할 명령
• 05행 06행까지 주어진 조건이 참일 경우 출력되는 문자열이며 물음표(??)는 특별한 의미 없음
• 07행 if 문 닫기

• **Step 02** | 셸 스크립트 basicif.sh 파일을 실행합니다. 코드를 작성하면서 문법 오류가 발생하게 되면 실행결과는 아무것도 나타나지 않으므로 주의해야 합니다.

```
cskisa@ubuntu:~sh _ test.d$ sh basicif.sh
>> compare : space = space ??
>> result : True
cskisa@ubuntu:~sh _ test.d$
```

if~else 문

기본 if 문일 경우 조건이 참인 경우에만 then 이하 명령을 수행합니다. 즉 조건이 거짓일 경우에는 then 이하의 명령을 수행하지 않는다는 의미이기 때문에 거짓일 때도 수행할 명령이 필요한 경우 기본 if 문으로는 수행하기 어렵습니다.

주어진 조건이 거짓으로 판명 날 경우에도 명령을 수행하도록 하기 위해서는 if~else 문을 사용해야 합니다. if~else 문을 사용하여 프로그램을 작성하기 위해 다음 예제를 수행합니다.

예제 13-13

- **Step 01** | 터미널 창의 /sh_test.d/ 디렉터리 위치에서 명령을 수행한 다음 gedit 창에서 코드를 입력 후 저장합니다.

```
cskisa@ubuntu:~sh _ test.d$ sudo gedit ifelse _ 01.sh
```

ifelse_01.sh

```
#! /bin/sh

echo " >> compare : space != space ?? "
if [ "space" != "space" ]
then
  echo " >> result : True "
else
  echo " >> result : False "
fi

exit 0
```

CHAPTER 01 CHAPTER 02 CHAPTER 03 CHAPTER 04 CHAPTER 05 CHAPTER 06 CHAPTER 07 CHAPTER 08 CHAPTER 09 CHAPTER 10 CHAPTER 11 CHAPTER 12 CHAPTER 13 CHAPTER 14 CHAPTER 15 CHAPTER 16

소스 설명

- 03행 프로그램을 설명하는 문자열
- 04행 두 문자열의 비교를 같지 않음(!=) 비교 연산자이므로 조건은 같지 않을 때 참
- 07행 주어진 조건이 거짓이므로 08행의 명령이 수행됨

• **Step 02** | 셸 스크립트 ifelse_01.sh 파일을 실행합니다.

```
cskisa@ubuntu:~sh _ test.d$ sh basicif.sh
>> compare : space != space ??
>> result : False
cskisa@ubuntu:~sh _ test.d$
```

비교 연산자

조건문에 들어가는 비교 연산자에는 문자열과 산술 비교 연산자가 있습니다. 비교 연산자의 종류는 다음 표와 같습니다.

표 13-3 문자열 비교 연산자

연산자	의미	사용 예	결과
=	같음	"문자열1" = "문자열2"	두 문자열이 같으면 참
!=	같지 않음	"문자열1" != "문자열2"	두 문자열이 같지 않으면 참
-n	Null이 아닌 값	-n "문자열"	문자열이 빈 문자열이 아니면 참
-z	Null 값	-z "문자열"	문자열이 빈 문자열이면 참

산술 비교 연산자의 종류는 다음 표와 같습니다.

표 13-4 산술 비교 연산자

연산자	의미	사용 예	결과
-eq	같음	변수1 -eq 변수2	변수1과 변수2가 같으면 참
-ne	같지 않음	변수1 -ne 변수2	변수1과 변수2가 같지 않으면 참
-gt	큼	변수1 -gt 변수2	변수1이 변수2보다 크면 참
-ge	크거나 같음	변수1 -ge 변수2	변수1이 변수2보다 크거나 같으면 참
-lt	작음	변수1 -lt 변수2	변수1이 변수2보다 작으면 참

-le	작거나 같음	변수1 -le 변수2	변수1이 변수2보다 작거나 같으면 참
!	부정	!변수1	변수1이 아니면 참

산술 비교 연산자를 사용하여 프로그램을 작성하기 위해 다음 예제를 수행합니다.

예제 13-14

• **Step 01** | 터미널 창에서 명령을 수행한 다음 gedit 창에서 코드를 입력 후 저장합니다.

```
cskisa@ubuntu:~sh_test.d$ sudo gedit ifelse_02.sh
```

ifelse_02.sh

```
01 #! /bin/sh
02
03 echo " >> compare : 300 -gt 800 ?? "
04 if [ 300 -gt 800 ]
05 then
06   echo " >> result : True "
07 else
08   echo " >> result : False "
09 fi
10
11 exit 0
```

소스 설명

- 04행 if문의 조건식은 수식1(300)은 수식2(800)보다 큰 수인지를 비교하는 연산식
- 07행 주어진 조건식은 거짓이므로 08행의 명령이 수행됨

• **Step 02** | 셸 스크립트 ifelse_02.sh 파일을 실행합니다.

```
cskisa@ubuntu:~sh_test.d$ sh ifelse_02.sh
>> compare : 300 -gt 800 ??
>> result : False
cskisa@ubuntu:~sh_test.d$
```

파일 관련 조건

파일과 디렉터를 구별하고 파일의 읽기, 쓰기, 실행이 가능한지를 알아보기 위한 파일 관련 조건에 대해 살펴보겠습니다. 파일 관련 조건은 if~else 문에서 주어진 조건으로 판별하여 참과 거짓에 해당하는 명령을 수행하도록 선언하면 됩니다. 파일 관련 조건의 결과에 대해 다음 표와 같이 정리하였습니다.

표 13-5 파일 관련 조건

연산자	결과
-d 파일 이름	주어진 파일 이름이 디렉터리이면 참
-e 파일 이름	주어진 파일 이름이 존재하면 참
-f 파일 이름	주어진 파일 이름이 일반 파일이면 참
-g 파일 이름	주어진 파일 이름이 set-group-id가 설정되면 참
-r 파일 이름	주어진 파일 이름이 읽기가 가능하면 참
-s 파일 이름	주어진 파일의 크기가 0이 아니면 참
-u 파일 이름	주어진 파일 이름이 set-user-id가 설정되면 참
-w 파일 이름	주어진 파일 이름이 쓰기 가능한 상태이면 참
-x 파일 이름	주어진 파일 이름이 실행 가능한 상태이면 참

파일과 관련된 조건을 if~else 문으로 판별하는 프로그램을 작성하기 위해 다음 예제를 수행합니다.

예제 13-15

- **Step 01** | 터미널 창의 /sh_test.d/ 디렉터리 위치에서 명령을 수행한 다음 gedit 창에서 코드를 입력 후 저장합니다.

```
cskisa@ubuntu:~sh_test.d$ sudo gedit ifelse_03.sh
```

```
ifelse_03.sh
01 #! /bin/sh
02
03 sample=/lib/systemd/system/udev.service
04 if [ -f $sample ]
05 then
06   echo " >> result : True "
07   head -3 $sample
08 else
09   echo " >> result : False "
10 fi
11
12 exit 0
```

소스 설명

- 03행 조건문에서 판별할 /lib/systemd/system/udev.service 파일을 변수에 대입
- 04행 조건문에 선언한 옵션 -f는 3행에서 변수에 대입한 파일이 일반 파일인지를 판별하기 위함
- 07행 조건문이 참일 경우 $sample 변수에 대입한 파일 내용을 처음부터 3행만 출력

- **Step 02** | 셸 스크립트 ifelse_03.sh 파일을 실행합니다.

```
cskisa@ubuntu:/sh _ test.d$ sh ifelse _ 03.sh
 >> result : True
#  SPDX-License-Identifier: LGPL-2.1+
#
#  This file is part of systemd.
cskisa@ubuntu:~sh _ test.d$
```

case~esac 문

if~else 문은 조건이 많아지게 되면 구문이 복잡해지는 단점이 존재합니다. 이와 같은 단점을 해결하여 복잡한 구문에 효과적으로 사용할 수 있는 분기문이 바로 case~esac 문입니다. if~else 문은 조건을 참과 거짓으로 판별하여 참과 거짓에 해당하는 명령을 수행합니다.

하지만 case~esac 문은 여러 개의 조건을 펼쳐놓고 어느 조건에 해당되는지를 판별하여 명령을 수행하는 방식으로 구문이 전개되므로 if~else 문에 비해 훨씬 간결하고 이해하기가 쉬운 분기문입니다.

▪ case~esac 문법구조

```
case 파라미터 또는 키보드 입력값 in
  조건1)
    조건1에 해당할 경우 실행할 명령
  조건2)
    조건2에 해당할 경우 실행할 명령
  조건n)
    조건n에 해당할 경우 실행할 명령
  *)
    앞에서 주어진 조건 이외의 모든 경우 실행할 명령
esac
```

case~esac 문을 사용하여 프로그램을 작성하기 위해 다음 예제를 수행합니다.

예제 13-16

• **Step 01** | 터미널 창에서 명령을 구행한 다음 gedit 창에서 코드를 입력 후 저장합니다.

```
cskisa@ubuntu:~sh_test.d$ sudo gedit case_01.sh
```

case_01.sh

```
#! /bin/sh

echo " >> season choice : Spring / Summer / Fall / Winter "
case "$1" in
  Spring)
    echo " >> choice : Spring ";;
  Summer)
    echo " >> choice : Summer ";;
  Fall)
    echo " >> choice : Fall ";;
  Winter)
    echo " >> choice : Winter ";;
  *)
    echo " No choice ~ ";;
esac

exit 0
```

소스 설명

- 03행 선택할 사계절의 파라미터 안내 문자열 출력
- 04행 case 문의 시작과 첫 번째 파라미터 $1 지정(문자열이므로 "$1"과 같이 작성)
- 05행 조건 1에 주어진 파라미터는 Spring
- 06행 조건 1에 해당할 때 출력문장이며 주의할 점은 세미콜론(;;) 2개 선언해야 함
- 13행 *)는 앞에 주어진 모든 조건에 해당되지 않을 경우
- 17행 case 문 종료

- **Step 02** | 셸 스크립트 case_01.sh 파일을 실행합니다. 파라미터를 입력할 때는 알파벳 대/소문자를 확실하게 구분하므로 정확하게 입력해야 합니다.

```
cskisa@ubuntu:/sh_test.d$ sh case_01.sh Spring
 >> season choice : Spring / Summer / Fall / Winter
 >> choice : Spring
cskisa@ubuntu:/sh_test.d$
```

- **Step 03** | sh 명령을 수행할 때 파라미터로 지정하지 않은 exit를 입력하여 실행하면 주어진 조건 이외의 상황에 해당되므로 조건 *)에서 수행하는 명령문이 출력됩니다.

```
cskisa@ubuntu:/sh_test.d$ sh case_01.sh exit
 >> season choice : Spring / Summer / Fall / Winter
 No choice ~
cskisa@ubuntu:/sh_test.d$
```

키보드로 Yes 또는 No를 입력하거나 Y 또는 y 그리고 알파벳 n 또는 N으로 시작하는 모든 단어가 입력될 경우 해당 조건을 수행하도록 *를 함께 사용하여 [nN]*)와 같이 조건을 선언하는 프로그램을 작성하기 위해 다음 예제를 수행합니다.

예제 13-17

- **Step 01** | 터미널 창에서 명령을 수행한 다음 gedit 창에서 코드를 입력 후 저장합니다.

```
cskisa@ubuntu:~sh_test.d$ sudo gedit case_02.sh
```

case_02.sh

```
01 #! /bin/sh
02
03 echo " >> state choice : (Yes / No / Y / N) "
04 read mind
05 case $mind in
06   Yes | YES | yes | Y | y)
07     echo " >> choice : Yes "
08     echo " >> result : Linux Master ";;
09   [nN]*)
10     echo " >> choice : No "
11     echo " >> result : Good Luck~ ";;
12   *)
13     echo " >> choice error !! ";;
14 esac
15
16 exit 0
```

소스 설명

- 03행 명령을 입력하여 선택하기 위한 키워드 제시
- 04행 키보드로 입력한 키워드를 mind 변수에 대입
- 05행 case 문의 조건은 $mind 변수에 대입된 키워드로 정의
- 06행 Yes, YES, yes, Y, y의 5가지 형태의 문자열과 알파벳을 모두 사용할 조건 선언
- 07행 Yes를 입력할 경우 실행할 명령문(다음 행에 존재하므로 세미콜론은 붙이지 않음)
- 08행 출력 명령문의 끝에는 항상 세미콜론(;;) 2개를 선언
- 09행 알파벳 n 또는 N으로 시작하는 모든 문자열을 사용할 조건으로 제시
- 12행 앞에서 주어진 조건에 해당되지 않는 예외 발생 처리
- 14행 case문 종료

• **Step 02** | 셸 스크립트 case_02.sh 파일을 실행한 다음 키보드로 Yes를 입력합니다.

```
cskisa@ubuntu:/sh_test.d$ sh case_02.sh
 >> state choice : (Yes / No / Y / N)
Yes  ← 키보드로 입력
 >> choice : Yes
 >> result : Linux Master
cskisa@ubuntu:/sh_test.d$
```

• **Step 03** | 셸 스크립트 case_02.sh 파일을 실행한 다음 키보드로 Why를 입력하게 되면 조건 *)에 해당하는 명령이 수행됩니다.

```
cskisa@ubuntu:/sh _ test.d$ sh case _ 02.sh
 >> state choice : (Yes / No / Y / N)
Why ← 키보드로 입력
 >> choice error !!
cskisa@ubuntu:/sh _ test.d$
```

조건문에서의 관계 연산자

if~else 문과 case~esac 문에서 주어진 조건을 하나 또는 여러 개를 선언하여 분기문을 수행하였습니다. if~else 문에서는 하나의 조건만을 사용하였지만 분기문에서의 조건은 두 개 이상을 설정하여 프로그램을 작성하였습니다.

여기서 잠깐

두 개 이상의 조건을 선언하고자 할 때는 AND 또는 OR 연산자를 사용합니다. AND 연산자는 -a 또는 &&를 사용하고 OR 연산자는 -o 또는 ||(파이프)를 사용하여 두 개 이상의 조건을 선언합니다.

셸 프로그램에서 관계 연산자를 사용하여 프로그램을 작성하기 위해 다음 예제를 수행합니다.

예제 13-18

• **Step 01** | 터미널 창에서 명령을 수행한 다음 gedit 창에서 코드를 입력 후 저장합니다.

```
cskisa@ubuntu:~sh _ test.d$ sudo gedit ifandor.sh
```

ifandor.sh

```
#! /bin/sh

echo " >> Search Name : "
read file_name
if [ -f $file_name ] && [ -s $file_name ] ; then
```

```
06     echo " >> File Select : $file_name "
07     head -3 $file_name
08   else
09     echo " >> Search File : $file_name "
10     echo " >> File not found "
11   fi
12
13   exit 0
```

소스 설명

- 04행 키보드로 입력하여 찾고자 하는 파일명을 저장할 변수 fine _ name 선언
- 05행 -f : 일반 파일,
  -s : 사이즈가 0이 아닌 파일, 세미콜론(;)은 두 명령을 구분해 줌
- 06행 키보드로 입력한 파일 이름 출력
- 07행 찾은 파일의 내용을 처음부터 3행만 출력
- 09행 키보드로 입력하여 찾고자 했던 파일명을 출력

• **Step 02** | 스크립트 파일을 수행한 다음 /lib/systemd/system/udev.service 파일명을 입력하고 Enter↵를 누릅니다.

```
cskisa@ubuntu:/sh _ test.d$ sh ifandor.sh
 >> Search Name :
/lib/systemd/system/udev.service  ← 키보드로 입력
 >> File Select : /lib/systemd/system/udev.service
#  SPDX-License-Identifier: LGPL-2.1+
#
#  This file is part of systemd.
cskisa@ubuntu:/sh _ test.d$
```

• **Step 03** | 이번에는 스크립트 파일을 수행한 다음 /lib/systemd/system/ex_file 파일명을 입력하고 Enter↵를 누릅니다.

```
cskisa@ubuntu:/sh _ test.d$ sh ifandor.sh
 >> Search Name :
/lib/systemd/system/ex _ file  ← 키보드로 입력
 >> Search File : /lib/systemd/system/ex _ file
 >> File not found
cskisa@ubuntu:/sh _ test.d$
```

지금까지 배운 내용을 상기하며 다음 문제를 도전해 보세요.

도전 13-03

1. 셸 스크립트 프로그램 test_1303.sh 작성하기
2. 명령 수행 파라미터 $1 사용하기
3. 혈액형을 알파벳 대/소문자 구별 없이 A, B, O, AB 조건으로 정하기
4. 혈액형 이외의 알파벳에 대해서는 다시 입력하기
5. 혈액형에 대해서는 출력 메시지는 "무슨 형을 선택하였습니다."로 출력하기
6. 마지막에는 "프로그램을 종료합니다."를 출력하기

4 반복문과 분기문

반복문은 누적되는 합을 구하거나 수행할 명령을 반복적으로 수행할 수 있도록 조건으로 제어합니다. 반복문은 주어진 조건이 참일 동안 반복 작업을 수행하며 조건이 거짓으로 변할 때 반복 수행을 멈추게 되며 주로 지정한 특정 횟수만큼 동일한 명령을 반복해서 수행할 때 사용합니다. 특히 자동화 스크립트를 많이 작성하는 셸에서의 반복문 활용도가 높습니다.

분기문은 명령을 수행하는 과정에서 특정 위치로 이동하거나 반복문을 탈출할 때 사용하는 명령문입니다. 분기문의 종류는 break 문, continue 문, exit 문, return 문이 있습니다. 우분투에서 사용할 수 있는 반복문과 분기문의 종류 및 사용방법에 대해 살펴보도록 하겠습니다.

for 문의 기본 문법

우분투 리눅스의 셸 스크립트 프로그램에서 사용할 수 있는 for 문의 기본 문법형식은 다음과 같습니다.

```
for 변수 in [범위](리스트 또는 배열, 묶음 등)
do
  반복 수행할 명령
done
```

for 문 다음에 오는 변수는 반복문을 수행할 때 사용하기 위해 선언하는 것으로 이 변수의 활용은 주로 출력문에서 사용됩니다. 반복할 횟수는 in 다음에 주어진 개수만큼 동일한 명령문을 반복 수행합니다.

for 문의 기본 문법을 활용하는 방법을 살펴보기 위해 다음 예제를 수행합니다.

예제 13-19

• **Step 01** | 터미널 창에서 명령을 수행한 다음 gedit 창에서 코드를 입력 후 저장합니다.

```
cskisa@ubuntu:~sh_test.d$ sudo gedit for_01.sh
```

for_01.sh

```
01  #! /bin/sh
02
03  cnt=0
04  for num in 1 2 3 4 5
05  do
06    echo " >> No.$cnt : $num "
07    cnt=`expr $cnt + 1`
08  done
09  echo " >> Total count : $cnt "
10
11  exit 0
```

소스 설명

- 03행 반복문을 수행하는 횟수를 카운트할 변수를 0으로 초기화
- 04행 숫자 사이에 콤마를 삽입하여 1, 2, 3, 4, 5와 같이 선언할 경우 문법 오류 발생
  변수 num에 정수 1부터 5까지 차례대로 대입
- 05행 for 문의 반복구간 시작을 알리는 do 문
- 06행 반복되는 횟수와 숫자 1부터 5까지 차례대로 출력
- 07행 반복할 때마다 카운트 변수의 값을 1씩 증가
- 08행 for 문의 반복구간 종료
- 09행 for 문에서 반복수행한 전체 횟수 출력

• **Step 02** | 셸 스크립트 for_01.sh 파일을 실행합니다.

```
cskisa@ubuntu:/sh _ test.d$ sh for _ 01.sh
 >> No.0 : 1
 >> No.1 : 2
 >> No.2 : 3
 >> No.3 : 4
 >> No.4 : 5
 >> Total count : 5
cskisa@ubuntu:/sh _ test.d$
```

순차적으로 증가하면서 반복 : seq

seq 명령어는 sequence의 약어로 반복문을 수행할 첫 번째 값과 마지막 값을 선언하여 반복구간을 정의할 때 사용합니다. seq 명령을 사용할 때는 반드시 `(역따옴표)로 묶어 줘야 합니다. for 문에서 seq 명령의 사용형식은 다음과 같습니다.

```
for 변수 in `seq [시작 값] [종료 값]`  ← 반드시 `로 묶어줘야 함
do
  반복 수행할 명령
done
```

seq 명령을 사용하여 21부터 25까지 for 문으로 반복해서 출력하는 셸 스크립트를 작성하기 위해 다음 예제를 수행합니다.

예제 13-20

• **Step 01** | 터미널 창에서 명령을 수행한 다음 gedit 창에서 코드를 입력 후 저장합니다.

```
cskisa@ubuntu:~sh _ test.d$ sudo gedit for _ 02.sh
```

for_02.sh

```
01  #! /bin/sh
02
03  cnt=0
04  for num in `seq 21 25`  ← 반드시 역따옴표(`)로 묶어줘야 함
05  do
06    cnt=`expr $cnt + 1`
07    printf " >> No.%02d : %d \n" $cnt $num   ← 출력형식 지정자 %d 사용
08  done
09  echo " >> Total count : $cnt "
10
11  exit 0
```

소스 설명

- 03행　반복문을 수행할 때 횟수를 카운트 할 변수를 선언하고 0의 값으로 초기화
- 04행　seq 명령 구간은 반드시 역따옴표(`)로 묶어줘야 함
- 06행　숫자 계산을 위한 expr 명령 구간은 반드시 역따옴표(`)로 묶어줘야 함
- 07행　출력 형식지정자 %02d를 선언하여 0을 포함한 숫자 2자리씩 출력되도록 자릿수 지정

- **Step 02** | 셸 스크립트 for_02.sh 파일을 실행합니다.

```
cskisa@ubuntu:/sh_test.d$ sh for_02.sh
 >> No.01 : 21
 >> No.02 : 22
 >> No.03 : 23
 >> No.04 : 24
 >> No.05 : 25
 >> Total count : 5
cskisa@ubuntu:/sh_test.d$
```

파일 출력

for 문으로 특정 디렉터리 안에 존재하는 파일목록을 출력하는 형식은 다음과 같습니다.

```
for 변수 in [디렉터리명]   ← 디렉터리명 뒤에 *를 선언하게 되면 모든 파일목록을 출력
do
  반복 수행할 명령
done
```

for 문으로 /tmp 디렉터리에 존재하는 모든 파일목록을 출력하기 위해 다음 예제를 수행합니다.

예제 13-21

• **Step 01** | 터미널 창에서 명령을 수행한 다음 gedit 창에서 코드를 입력 후 저장합니다.

```
cskisa@ubuntu:~sh_test.d$ sudo gedit for_03.sh
```

for_03.sh

```
01  #! /bin/sh
02
03  for file_list in /tmp/*
04  do
05    echo ${file_list}
06  done
07
08  exit 0
```

소스 설명

- 03행 for 문으로 반복수행할 /tmp 디렉터리 지정(*는 모든 파일)
- 04행 반복문의 시작 구간
- 05행 /tmp 디렉터리에 존재하는 모든 파일목록 출력
- 06행 반복문의 종료 구간

• **Step 02** | 셸 스크립트 for_03.sh 파일을 실행합니다.

```
skisa@ubuntu:/sh_test.d$ sh for_03.sh
/tmp/VMwareDnD
/tmp/config-err-Q4PSiL
...
(생략)
...
cskisa@ubuntu:~$
```

while 문의 기본 문법

반복문 중에서 for 문은 반복 횟수를 정확히 알고 있는 경우에 주로 사용하고 while 문은 반복 횟수를 정확히 모를 때 주로 사용합니다. while 문의 사용형식은 다음과 같습니다.

```
while [ 조건식 ]
do
  조건식이 참일 경우 실행할 문장
done
```

비밀번호 확인 : 무한 반복

키보드로 입력받은 비밀번호가 일치할 때까지 while 문으로 반복해서 수행하는 셸 스크립트 프로그램을 작성하기 위해 다음 예제를 수행합니다.

예제 13-22

• **Step 01** | 터미널 창에서 명령을 수행한 다음 gedit 창에서 코드를 입력 후 저장합니다.

```
cskisa@ubuntu:~sh_test.d$ sudo gedit while_ex.sh
```

while_ex.sh

```
#! /bin/sh

echo " >> Password : "
read pw
while [ $pw != "123456" ]
do
  echo " >> Password mismatch !! "
  echo " >> replay : "
  read pw
done
echo " >> Password matching success "
echo " >> Passwodd entered : $pw "

exit 0
```

소스 설명

- 04행 키보드로 입력받은 비밀번호를 pw 변수에 저장
- 05행 $pw != "123456"으로 조건문을 설정하여 키보드로 123456이 입력될 때까지 무한 반복 수행
- 06행 while 문의 구문 시작 : 비밀번호 123456이 입력될 때까지 07행~09행 반복 수행
- 09행 다시 입력하는 비밀번호를 pw 변수에 저장 → 05행의 조건문에서 다시 판별
- 10행 while 문의 구문 종료
- 12행 정확한 비밀번호가 입력되었을 때 입력한 비밀번호를 출력

- **Step 02** | 셸 스크립트 while_ex.sh 파일을 실행한 다음 틀린 비밀번호를 입력하게 되면 올바른 비밀번호가 입력될 때까지 무한 반복하여 프로그램을 수행합니다.

```
cskisa@ubuntu:/sh_test.d$ sh while_ex.sh
 >> Password :
000000  ← 키보드로 입력
 >> Password mismatch !!
 >> replay :
333333  ← 키보드로 입력
 >> Password mismatch !!
 >> replay :
123456  ← 키보드로 입력
 >> Password matching success
 >> Passwodd entered : 123456
cskisa@ubuntu:/sh_test.d$
```

until 문

until 문은 주어진 조건식이 항상 거짓일 경우에만 명령을 수행합니다. for 문과 while 문에서는 주어진 조건식이 참일 동안 반복해서 수행하지만 until 문은 그와 반대로 조건식이 거짓이어야만 반복문을 계속해서 수행할 수 있습니다. 즉 until 문은 조건식이 참이 될 때 반복 수행을 멈춘다는 의미입니다. until 문의 사용형식은 다음과 같습니다.

```
until [ 조건식 ]
do
  조건식이 거짓일 경우 실행할 문장
done
```

until 문을 사용하여 1~50까지 5의 배수의 합을 산출하기 위해 다음 예제를 수행합니다.

예제 13-23

• **Step 01** | 터미널 창에서 명령을 수행한 다음 gedit 창에서 코드를 입력 후 저장합니다.

```
cskisa@ubuntu:~sh_test.d$ sudo gedit until_ex.sh
```

until_ex.sh

```
01  #! /bin/sh
02
03  sum=0
04  cnt=5
05  until [ $cnt -gt 30 ]
06  do
07    sum=`expr $sum + $cnt`
08    printf " >> No.%02d :  %03d \n" $cnt $sum
09    cnt=`expr $cnt + 5`
10  done
11  printf " >> Total ... %d \n" $sum
12  exit 0
```

소스 설명

- 05행 until [$cnt -gt 30]에서 cnt의 값이 30보다 크다는 것을 의미하는 조건문은 거짓이 되지만 until 문은 조건문이 거짓일 때 반복을 수행하는 특징
- 07행 until 문이 반복 수행되면서 누적되는 합계를 산출
- 08행 until 문이 수행될 때마다 누적되는 합계를 출력
- 09행 5배수의 합을 구하기 위해 반복문이 수행될 때마다 카운트 변수의 크기를 5씩 증가
- 11행 05행에서 선언한 조건식이 참이 되는 순간 반복 수행을 멈추고 1~30까지 5배수의 누적합계를 출력

• **Step 02** | 셸 스크립트 until_ex.sh 파일을 실행합니다.

```
cskisa@ubuntu:/sh_test.d$ sh until_ex.sh
 >> No.05 : 005
 >> No.10 : 015
 >> No.15 : 030
 >> No.20 : 050
```

```
 >> No.25 : 075
 >> No.30 : 105
 >> Total ... 105
cskisa@ubuntu:/sh _ test.d$
```

분기문 : break, continue, exit, return

분기문의 종류에는 break, continue, exit, return 문이 있습니다. 분기문은 반복문에서 주로 사용되며 각 분기문의 특징을 살펴보면 다음과 같습니다. break 문은 수행 중이던 반복문을 빠져나갈 때 사용하고 continue 문은 반복문의 조건식으로 돌아가도록 정의할 때 사용합니다. exit 문은 프로그램을 완전히 종료할 때 사용하고 return 문은 호출한 함수에게 값을 반환할 때 사용합니다.

분기문(break, continue, exit, return)을 사용하여 셸 스크립트 프로그램을 작성하기 위해 다음 예제를 수행합니다.

예제 13-24

• **Step 01** | 터미널 창에서 명령을 수행한 다음 gedit 창에서 코드를 입력 후 저장합니다.

```
cskisa@ubuntu:~sh _ test.d$ sudo gedit bcer.sh
```

bcer.sh

```
#! /bin/sh

echo " >> choice example : b/c/e or B/C/E "
echo " >> b:break, c:continue, e:exit "
while [ 1 ]
do
   echo " >> Choice : "
   read choice
   case $choice in
     b | B)
       echo " >> Select : break ";  break;;
     c | C)
```

```
13          echo " >> Select : continue ";  continue;;
14        e | E)
15          echo " >> Select : exit ";  exit 0;;
16        *)
17          echo " >> Input Error !! "
18          continue;;
19      esac;
20   done
21
22   exit 0
```

소스 설명

- 05행 while 문에서 조건을 [1]로 선언하면 무조건 참이므로 무한 반복 수행
- 09행 case 구문 시작 : 조건은 키보드로 입력한 알파벳이 저장된 $choice 변수를 지정
- 11행 알파벳 B 또는 b를 입력받았을 때 수행할 명령, 두 명령을 구분은 가운데 세미콜론(;) 사용
  명령문의 끝은 세미콜론(;) 2개 사용
- 13행 알파벳 C 또는 c를 입력받았을 때 수행할 명령
- 15행 알파벳 E 또는 e를 입력받았을 때 수행할 명령
- 16행 앞에서 주어진 조건 이외의 알파벳 입력은 * 문에 해당
  알파벳 대/소문자 관계없이 b, c, e 이외의 알파벳을 입력받았을 때의 조건
- 17행 알파벳 b, c, e 이외의 알파벳을 입력받았을 때 출력할 메시지
- 18행 continue 문을 사용하여 반복문의 처음인 조건식으로 다시 돌아감
- 19행 case 구문 종료
- 20행 while 반복문 종료

- **Step 02** | sh bcer.sh 명령을 실행하여 알파벳 K와 b를 차례대로 입력한 다음 실행결과를 확인합니다.

```
cskisa@ubuntu:/sh_test.d$ sh bcer.sh
 >> choice example : b/c/e or B/C/E
 >> b:break, c:continue, e:exit
 >> Choice :
K  ← 키보드로 입력
 >> Input Error !!
 >> Choice :
b  ← 키보드로 입력
 >> Select : break
cskisa@ubuntu:/sh_test.d$
```

지금까지 배운 내용을 상기하며 다음 문제를 도전해 보세요.

도전 13-04

1. 셸 스크립트 프로그램 test _ 1304.sh 작성하기
2. 프로그램은 while 문과 case~esac 문 사용하기
3. 알파벳은 변수를 선언하여 키보드로 입력받기
4. 대/소문자 구별 없이 알파벳 H, S, P, E를 조건으로 정하기
5. 출력 메시지는 H:처음, S:시작, P:멈춤, E:종료
6. H는 continue 사용, P는 break 사용, E는 exit 0 사용
7. H, S, P, E 알파벳 이외의 알파벳 입력 시 무한 반복하기

5 함수와 파라미터

함수는 특정 목적을 수행하는 프로그램 모듈을 의미합니다. 함수는 컴파일러가 제공하는 라이브러리 함수와 프로그래머가 필요에 따라 함수를 정의해서 사용하는 사용자 정의 함수가 있습니다. 함수를 사용하는 목적은 프로그램의 재사용과 유지보수의 효율성을 높이기 위함입니다. 파라미터는 함수를 호출하면서 선언하는 요소를 의미합니다.

사용자 정의 함수

사용자가 필요에 따라 함수를 정의해서 사용하는 함수를 사용자 정의 함수라고 하며 함수 정의 형식은 다음과 같습니다.

- **사용자 정의 함수 정의**

```
함수 이름 ( )  ← 함수 정의 : 함수 이름은 예약어를 사용해선 안 됨
{
  수행하고자 하는 명령
  return        ← 생략할 수도 있음
}
```

■ 사용자 정의 함수 호출

```
#! /bin/sh
      :
함수 이름      ← 함수를 호출하려는 위치에서 함수 이름을 코딩하면 호출됨
      :
exit 0
```

사용자 정의 함수를 정의할 때 함수의 이름은 예약어를 사용할 수 없습니다. 예약어라 함은 for 또는 while 등 프로그램 수행을 위해 이미 컴파일러에서 예약해 놓은 단어를 의미합니다. 사용자 정의 함수의 이름은 가급적 프로그램을 수행하려는 목적을 유추할 수 있도록 관련성 있는 단어를 사용하는 것이 바람직합니다.

사용자 함수를 정의하고 호출하는 프로그램을 작성하기 위해 다음 예제를 수행합니다.

예제 13-25

• **Step 01** | 터미널 창에서 명령을 수행한 다음 gedit 창에서 코드를 입력 후 저장합니다.

```
cskisa@ubuntu:~sh _ test.d$ sudo gedit userfun _ 01.sh
```

userfun_01.sh

```
#! /bin/sh

myfun ( )
{
  echo " ----- myfun Area ----- "
}
echo " >> Function call : "
myfun
echo " >> The End ! "

exit 0
```

소스 설명

- 03행 함수의 이름을 myfun ( )으로 사용자 함수 정의
- 04행 myfun ( ) 함수 시작 구간
- 05행 myfun ( ) 함수에서 수행할 명령문
- 08행 사용자 정의 함수 myfun ( ) 호출

- **Step 02** | 셸 스크립트 userfun_01.sh 파일을 실행합니다.

```
cskisa@ubuntu:/sh _ test.d$ sh userfun _ 01.sh
 >> Function call :
 ----- myfun Area -----
 >> The End !
cskisa@ubuntu:/sh _ test.d$
```

함수의 파라미터

키보드로 입력받은 숫자를 사용자 정의 함수를 사용하여 연산할 때는 파라미터(Parameter)를 사용해야 합니다. 함수를 호출할 때도 함수 이름 뒤에 파라미터를 붙여서 '함수 이름 $1, $2, ...'와 같은 형태로 호출해야 합니다. 함수의 파라미터 사용형식은 다음과 같습니다.

```
#! /bin/sh
      :
함수 이름 $1 $2 ...      ← 함수를 호출할 때 파라미터도 같이 선언
      :
exit 0
```

사용자 정의 함수를 정의할 때도 함수 안에 파라미터를 $1, $2, ...의 형태로 사용해야 합니다. 예를 들어 키보드로 입력받은 정수에 대한 두 수의 덧셈 연산식을 산출하는 사용자 정의 함수를 정의할 경우 첫 번째로 입력한 값은 $1 파라미터에 대응합니다.

두 번째로 입력한 값은 $2 파라미터에 대응하는 방식으로 사용자 정의 함수를 정의해야 합니다. 마찬가지로 사용자 정의 함수를 호출할 때도 함수 이름과 함께 파라미터를 같이 붙여서 호출해야 합니다. 파라미터를 사용하여 함수를 호출하는 프로그램을 작성하기 위해 다음 예제를 수행합니다.

예제 13-26

• **Step 01** | 터미널 창에서 명령을 수행한 다음 gedit 창에서 코드를 입력 후 저장합니다.

```
cskisa@ubuntu:~sh _ test.d$ sudo gedit userfun _ 02.sh
```

userfun_02.sh

```
01  #! /bin/sh
02
03  add ( )
04  {
05    total=`expr $1 + $2`
06    echo " >> Operation result "
07    echo " >> $num1 + $num2 = $total"
08  }
09  echo " >> first : "
10    read num1
11  echo " >> second : "
12    read num2
13  add $num1 $num2
14  echo " >> The End ! "
15
16  exit 0
```

소스 설명

- 03행 add ( ) 사용자 함수 정의
- 05행 2개의 파라미터로 덧셈 연산 후 결과값을 total 변수에 대입
- 07행 키보드로 입력받은 2개의 정수와 덧셈 연산결과 출력
- 11행 첫 번째 정수값을 입력받아 num1 변수에 저장
- 13행 두 번째 정수값을 입력받아 num2 변수에 저장
- 14행 2개의 파라미터와 함께 사용자 정의 함수 add 호출

• **Step 02** | 셸 스크립트 userfun_02.sh 파일을 실행합니다.

```
cskisa@ubuntu:/sh_test.d$ sh userfun_02.sh
 >> first :
100   ← 키보드로 입력
 >> second :
200   ← 키보드로 입력
 >> Operation result
 >> 100 + 200 = 300
 >> The End !
cskisa@ubuntu:/sh_test.d$
```

지금까지 배운 내용을 상기하며 다음 문제를 도전해 보세요.

도전 13-05

1. 셸 스크립트 프로그램 test_1305.sh 작성하기
2. 사용자 정의 함수 2개(hap, cha) 정의하기
3. hap( ) 함수는 덧셈을 cha( ) 함수는 뺄셈을 연산하기
4. 함수 사용 선택은 숫자 1과 2로 구분하여 호출하기 (1 : hap 함수, 2 : cha 함수)
5. 키보드로 두 수를 입력 받아 변수 num1과 num2에 저장하기
6. 함수를 선택하는 숫자 1, 2이외의 숫자가 입력되었을 경우에는 종료하기
7. 각각의 함수에는 return 문은 생략하기

6 기타 알아두면 좋은 내용

지금까지 살펴본 조건문과 관계 연산자 및 반복문과 분기문, 함수와 파라미터 이외에도 알아두면 좋은 내용에 대해 간략하게 살펴보도록 하겠습니다.

문자열을 명령문으로 인식 : eval

eval은 프로그램에서 문자열로 처리한 부분을 명령문으로 인식할 때 사용합니다. eval을 선언하여 문자열을 명령문으로 인식하는 프로그램을 작성하기 위해 다음 예제를 수행합니다.

예제 13-27

• **Step 01** | 터미널 창에서 명령을 수행한 다음 gedit 창에서 코드를 입력 후 저장합니다.

```
cskisa@ubuntu:~sh _ test.d$ sudo gedit eval.sh
```

eval.sh

```
01 #! /bin/sh
02
03 filename="ls /tmp"
04 echo " >> echo : String Processing "
05 echo $filename
06 echo " >> eval : Command Processing"
07 eval $filename
08
09 exit 0
```

소스 설명

- 03행 문자열 "ls /tmp"를 변수 filename에 대입
- 05행 "ls /tmp" 문자열이 대입된 변수 $filename 출력
- 07행 eval 명령으로 ls /tmp 문자열을 명령문으로 인식하여 수행

• **Step 02** | 셸 스크립트 eval.sh 파일을 실행합니다.

```
cskisa@ubuntu:/sh _ test.d$ sh eval.sh
 >> echo : String Processing
ls /tmp
 >> eval : Command Processing
VMwareDnD
config-err-Q4PSiL
pulse-PKdhtXMmr18n
...
(생략)
cskisa@ubuntu:~sh _ test.d$
```

명령어 형식 지정

우분투에서 사용하는 명령어를 파라미터로 세팅하여 사용하려면 set 명령과 $(명령어) 형식을 함께 지정하여 사용하면 됩니다. 오늘의 날짜와 시각 중에서 요일만 출력하고자 할 때 명령어에 대한 형식지정 방법은 다음과 같습니다.

```
                 $1  $2  $3  $4     $5      $6
                 ↓   ↓   ↓   ↓      ↓       ↓
$date       ←   2020. 06. 15 (월)  19:59:14 KST : 오늘의 날짜를 기준
set $4      ←  (월) : 요일에 해당하는 네 번째 파라미터를 지정하여 선언
```

set과 $를 사용하여 명령어 형식을 지정하는 프로그램을 작성하기 위해 다음 예제를 수행합니다.

예제 13-28

• **Step 01** | 터미널 창에서 명령을 수행한 다음 gedit 창에서 코드를 입력 후 저장합니다.

```
cskisa@ubuntu:~sh _ test.d$ sudo gedit set _ date.sh
```

set_date.sh

```
01  #! /bin/sh
02
03  echo " >> Today's date : $(date) "
04  set $(date)
05  echo " >> Today' day :  $4 "
06
07  exit 0
```

소스 설명

- 03행 오늘의 날짜와 요일, 시각을 출력하기 위해 $(date) 명령어 지정
- 04행 명령어 형식지정을 위한 set $(date) 선언
- 05행 set $(date) 형식지정에서 네 번째 요소인 요일을 출력하기 위해 $4를 선언

• **Step 02** | 셸 스크립트 set_date.sh 파일을 실행합니다.

```
cskisa@ubuntu:/sh_test.d$ sh set_date.sh
 >> Today's date : 2020. 06. 15. (월) 19:59:14 KST
 >> Today' day :  (월)
cskisa@ubuntu:/sh_test.d$
```

지금까지 배운 내용을 상기하며 다음 문제를 도전해 보세요.

도전 13-06

1. 셸 스크립트 프로그램 test_1306.sh 작성하기
2. set와 $(명령어)를 사용하여 오늘의 날짜와 요일 시각 형식 지정하기
3. 출력 메시지는 다음과 같이 출력하기
   a. 연도 출력 :
   b. 월일 출력 :
   c. 요일 출력 :
   d. 시각 출력 :
4. 출력형식은 아래 실행결과 그림 참조

《 실행결과 》

```
cskisa@ubuntu:~sh_test.d$ sh test_1305.sh
>> 오늘의 날짜 출력 : 2020. 06. 15. (월) 20:05:33  KST
 a. 연도 출력 : [2020.]년도
 b. 월일 출력 : [06.]월 [15.]일
 c. 요일 출력 : (월)요일
 d. 시각 출력 : [20:05:33]초
cskisa@ubuntu:~sh_test.d$
```

핵심요약

01 우분투에서 셸은 사용자와 커널 사이에서 중계자 역할을 수행하는 프로그램이며 셸이 제공하는 기능은 크게 명령어 해석기 기능, 프로그래밍 기능, 사용자 환경 설정 기능으로 구분됩니다.

02 셸은 유닉스 운영체제에서 제공하기 시작하였습니다. 대부분의 유닉스 시스템에서 지원하는 주요 셸은 본 셸, C 셸, 콘셸, 배시 셸 등이 있습니다. 각 셸은 일반적으로 명령을 입력하고 실행하는 기능은 비슷하지만 에일리어스 설정이나 초기화 파일, 스크립트 작성 문법 등 약간의 차이점은 존재합니다.

03 배시 셸에서 자주 사용하는 환경변수는 다음 표와 같습니다.

환경변수	의미	환경변수	의미
HOME	현재 사용자의 홈 디렉터리	PATH	실행 파일 찾는 경로
LANG	기본적으로 지원되는 언어	PWD	사용자의 디렉터리 위치
TERM	로그인 터미널 타입	SHELL	로그인해서 사용하는 셸
USER	현재 사용자의 이름	DISPLAY	X 디스플레이 이름
COLUMNS	현재 터미널의 컬럼 수	LINES	현재 터미널 라인 수
PS1	1차 명령 프롬프트 변수	PS2	2차 명령 프롬프트 (>)
BASH	bash 셸의 경로	BASH_VERSION	bash 버전
HISTFILE	히스토리 파일의 경로	HISTSIZE	히스토리 파일에 저장 개수
HOSTNAME	호스트 이름	USERNAME	현재 사용자 이름
LOGNAME	로그인 이름	LS_COLORS	ls 명령의 확장자 색상
MAIL	메일을 보관하는 경로	OSTYPE	운영체제 타입

04 셸 스크립트의 대표적인 장점은 다른 프로그래밍 언어에서 작성된 코드보다 훨씬 더 빠르게 처리된다는 장점이 있는 반면 실행되는 각 명령에 대한 잠재적으로 새로운 하부 프로세스가 수많이 필요하게 됨에 따라 속도가 느려질 수 있으며 복잡한 스크립트들은 셸 스크립트 언어의 자체적인 제한영역에서 실행할 수 있다는 단점 또한 존재합니다.

05 셸 스크립트는 모든 변수를 문자열로 처리하기 때문에 연산을 수행하기 위해서는 키워드 expr을 사용해야 합니다. 연산식을 사용하고자 할 때는 역따옴표(`)와 expr을 공백 없이 붙여서 사용해야 하며 역따옴표로 expr 연산식과 같이 시작과 끝을 묶어줘야 합니다.

06 이 장에서 배운 명령어의 의미는 다음과 같습니다.

명령어	의미
export	지정한 셸 변수를 환경변수로 변경하여 설정
unset	정의된 셸 변수를 해제
echo	화면에 한 줄의 문자열을 출력
printf	출력형식을 지정하여 문자열을 출력

연습문제

01 다음 글을 읽고 빈 괄호를 채우시오

(1) 리눅스 시스템에서 셸은 (   )와 (   ) 사이에서 중계자 역할을 수행하는 프로그램이며 셸이 제공하는 기능은 크게 명령어 해석기 기능, 프로그래밍 기능, 사용자 환경 설정 기능으로 구분됩니다.

(2) 셸 스크립트는 모든 변수를 문자열로 처리하기 때문에 연산을 수행하기 위해서는 (   ) 키워드와 함께 (   )를 사용하여 연산식의 시작과 끝을 묶어줘야 합니다.

(3) seq 명령어는 sequence의 약어로 반복문을 수행할 (   ) 값과 (   ) 값을 선언하여 반복구간을 정의할 때 사용합니다.

(4) 분기문에서 (   ) 문은 수행 중이던 반복문을 빠져나갈 때 사용하고 (   )문은 반복문의 조건식으로 돌아가도록 정의할 때 사용합니다.

(5) (   )은 프로그램에서 문자열로 처리한 부분을 명령문으로 인식할 때 사용하고 (   )는 함수를 사용하여 출력형식을 지정하여 출력할 때 사용합니다.

02 export 명령을 보고 빈 괄호를 채우시오.

$ export

기능 [   ]

형식 export [옵션] [셸 변수] Enter↵

옵션 -n : [   ]

03 unset 명령을 보고 빈 괄호를 채우시오.

$ unset

기능 [ ]
형식 [ ]
예시 unset INSA

04 echo 명령을 보고 빈 괄호를 채우시오.

$ echo

기능 [ ]
형식 echo [옵션] [문자열] Enter↵
옵션 [ ] : 문자열 중간에 선언하게 되면 선언한 위치에서 줄 바꿈을 수행

05 printf 명령을 보고 빈 괄호를 채우시오.

$ printf

기능 [ ]
형식 printf [옵션] [문자열] Enter↵
옵션 %d, \n(₩n) 등 C 언어의 printf( )함수 형식을 지정

06 배시 셸의 주요한 환경변수가 의미하는 바에 대해 빈 괄호를 채우시오.

환경변수	의미	환경변수	의미
HOME	현재 사용자의 홈 디렉터리	PATH	실행 파일 찾는 경로
LANG	기본적으로 지원되는 언어	PWD	( )
TERM	( )	SHELL	로그인해서 사용하는 셸
USER	현재 사용자의 이름	DISPLAY	X 디스플레이 이름
COLUMNS	현재 터미널의 컬럼 수	LINES	( )
PS1	( )	PS2	2차 명령 프롬프트(>)
BASH	bash 셸의 경로	BASH_VERSION	bash 버전
HISTFILE	히스토리 파일의 경로	HISTSIZE	히스토리 파일에 저장 개수
HOSTNAME	호스트 이름	USERNAME	현재 사용자 이름
LOGNAME	로그인 이름	LS_COLORS	ls 명령의 확장자 색상
MAIL	메일을 보관하는 경로	OSTYPE	( )

07 주어진 변수 1과 변수 2 사이에 들어갈 산술 비교 연산자를 채우시오.

산술 비교 연산자	결과
변수1 ( ) 변수2	변수1과 변수2가 같으면 참
변수1 ( ) 변수2	변수1과 변수2가 같지 않으면 참
변수1 ( ) 변수2	변수1이 변수2보다 크면 참
변수1 ( ) 변수2	변수1이 변수2보다 크거나 같으면 참
변수1 ( ) 변수2	변수1이 변수2보다 작으면 참
변수1 ( ) 변수2	변수1이 변수2보다 작거나 같으면 참
( ) 변수1	변수1이 아니면 참

08 파일과 디렉터리를 구별하고 파일의 읽기, 쓰기, 실행이 가능한지를 if~else 문의 조건으로 판별하여 참과 거짓에 해당하는 명령을 수행하는 파일 관련 조건에서 수행할 연산자를 채우시오.

연산자	결과
-d 파일 이름	주어진 파일 이름이 디렉터리이면 참
	주어진 파일 이름이 존재하면 참
	주어진 파일 이름이 일반 파일이면 참
-g 파일 이름	주어진 파일 이름이 set-group-id가 설정되면 참
-r 파일 이름	주어진 파일 이름이 읽기가 가능하면 참
	주어진 파일의 크기가 0이 아니면 참
-u 파일 이름	주어진 파일 이름이 set-user-id가 설정되면 참
	주어진 파일 이름이 쓰기 가능한 상태이면 참
-x 파일 이름	주어진 파일 이름이 실행 가능한 상태이면 참

CHAPTER 14

네트워크와 인터페이스

| 학습목표 |

- 네트워크 인터페이스에 대해 이해할 수 있습니다.
- 우분투에 할당된 IP 주소를 검색할 수 있습니다.
- 네트워크 환경설정에 필요한 요소와 연결 상태를 확인할 수 있습니다.
- 리눅스 외부 환경에서 텔넷과 Open SSH 접속을 수행할 수 있습니다.

SECTION

01 네트워크 인터페이스

네트워크 인터페이스(Network Interface)란 지역적으로 분산된 위치에서 컴퓨터 시스템 간의 데이터 통신을 위해 네트워크 장비와 각 장치 간의 주소를 설정하여 원활한 통신 상태를 유지해 주는 것을 의미합니다.

1 네트워크 인터페이스 설정 확인

우분투를 네트워크에 연결하려면 IP(Internet Protocol) 주소를 할당받아야 합니다. IP 주소는 같은 네트워크 내에서는 동일한 주소를 가질 수 없으므로 반드시 시스템 관리자에게 문의하여 사용할 수 있는 IP 주소를 할당받아 사용해야 합니다. 현재 사용 중인 우분투의 네트워크 인터페이스 설정을 확인하려면 ifconfig 명령을 사용해야 하며 사용형식은 다음과 같습니다.

 # ifconfig

기능 현재 사용 중인 시스템의 네트워크 인터페이스 설정 확인

형식 ifconfig [인터페이스명] [옵션] [값] Enter↵

옵션 -a : 시스템의 전체 네트워크 인터페이스에 대한 정보 출력
up/down : 인터페이스를 활성화(up)/비활성화(down)
netmask 주소 : 넷마스크 주소값 설정
broadcast 주소 : 브로드캐스트 주소값 설정

현재 사용 중인 우분투에 설정된 네트워크 인터페이스의 정보를 출력하기 위해 다음 예제를 수행합니다.

예제 14-01

• **Step 01** | 터미널 창에서 네트워크 인터페이스 설정을 확인하기 위해 sudo apt 명령으로 net-tools 패키지를 설치합니다.

```
cskisa@ubuntu:~$ sudo apt install net-tools
[sudo] cskisa의 암호: 123456
패키지 목록을 읽는 중입니다... 완료
의존성 트리를 만드는 중입니다
상태 정보를 읽는 중입니다... 완료
패키지 net-tools는 이미 최신 버전입니다 (1.60+git20180626.aebd88e-1ubuntu1).
0개 업그레이드, 0개 새로 설치, 0개 제거 및 0개 업그레이드 안 함.
cskisa@ubuntu:~$
```

• **Step 02** | ifconfig 명령으로 우분투에 설정된 네트워크 정보를 확인합니다.

```
cskisa@ubuntu:~$ ifconfig
ens33: flags=4163<UP,BROADCAST,RUNNING,MULTICAST>  mtu 1500
        inet 192.168.202.129  netmask 255.255.255.0  broadcast 192.168.202.255
        inet6 fe80::cc39:6202:6ce9:2470  prefixlen 64  scopeid 0x20<link>
        ether 00:0c:29:ea:56:42  txqueuelen 1000  (Ethernet)
        RX packets 1708  bytes 1409178 (1.4 MB)
        RX errors 0  dropped 0  overruns 0  frame 0
        TX packets 1153  bytes 107886 (107.8 KB)
        TX errors 0  dropped 0 overruns 0  carrier 0  collisions 0
...
(생략)
...
cskisa@ubuntu:~$
```

여기서 잠깐

우분투의 네트워크 인터페이스 설정 정보를 살펴보면 다음과 같습니다. 이 정보는 컴퓨터 환경과 시스템 사양에 따라 다르게 나타날 수 있으므로 반드시 확인하고 넘어가야 합니다.

- IP 주소(inet) → 192.168.202.129
- 넷마스크(netmask) → 255.255.255.0
- 브로드캐스트 주소(broadcase) → 192.168.202.255
- IPv6 주소(inet6) → fe80::cc39:6202:6ce9:2470
- MAC 주소(ether) → 00:0c:29:ea:56:42
- RX → 부팅 후 현재까지 받은 패킷 수와 바이트 용량
- TX → 부팅 후 현재까지 보낸 패킷 수와 바이트 용량

2 IP 주소 체제

IP 주소(Internet Protocol Address)란 네트워크 내에서 각종 장치(Device)들이 서로를 인식하고 구별하여 상호 통신이 가능하기 위해 사용되는 특수한 번호를 의미합니다. 네트워크에 접속된 모든 장치는 각각의 고유 IP 주소를 반드시 가지고 있어야 합니다. 그 이유는 데이터를 전송할 때 목적지 IP 주소를 찾아서 데이터를 정확하게 전달하기 위해 필요하기 때문입니다.

여기서 잠깐

IP 주소를 줄여서 IP라고도 부르기도 하지만 IP는 인터넷 규약을 의미하므로 엄밀하게는 구별되어 사용되는 것이 바람직합니다. 지금까지 주로 사용되어 온 IP 주소는 IPv4 버전의 주소 체제를 사용해 왔지만 IP 주소의 고갈로 인해 IP 주소의 길이를 늘린 IPv6 버전의 주소 체제로 확산되고 있습니다.

IPv4 버전

이 주소의 범위는 32bit 체제로 보통 0~255 사이의 10진수 4자리를 점(.)으로 구분하여 사용하고 있습니다. IP 주소의 범위는 0.0.0.0~255.255.255.255까지를 주소의 범위로 제한하고 있습니다. 중간의 일부 번호들은 특별한 용도로 사용하기 위해 IP 주소를 예약해 놓기도 합니다.

예를 들어 localhost를 의미하는 127.0.0.1의 주소와 같이 호스트 자신을 의미하는 용도로 IP 주소가 사용됩니다. IPv4 버전을 사용하는 용도에 따라 클래스별로 구분하여 다음 표와 같이 정리하였습니다.

표 14-1 IPv4 버전의 사용 클래스 영역

클래스	클래스 영역	주소	용도
A	0~127	0.0.0.0~127.255.255.255	국가기관 네트워크 구축
B	128~191	128.0.0.0~191.255.255.255	중/대형급 서버 구축
C	192~223	192.0.0.0~223.255.255.255	일반인에게 사용되는 IP 주소
D	224~239	224.0.0.0~239.255.255.255	멀티캐스팅을 위한 IP 주소
E	240~255	240.0.0.0~255.255.255.255	실험 및 연구 목적용

IPv6 버전

이 주소의 범위는 128bit 체제로 IPv4 버전의 32bit 주소 체제에서의 IP 주소 고갈 문제를 해결하기 위해 등장하였습니다. IPv6 버전의 주소는 보통 2자리 16진수 8개를 사용하고 주소의 영역은 콜론(:)으로 구분합니다. IPv6 버전은 2의 제곱수를 크기로 갖는 주소들의 집합으로 네트워크의 프리픽스 뒤에 프리픽스 기호인 / 기호와 함께 비트 수를 붙여서 나타냅니다.

> **여기서 잠깐**
>
> IPv6 버전의 주소 체제를 예를 들어 살펴보면 2001:1234:5678:9ABC::/64와 같이 출력되었다고 가정할 때 2001:1234:5678:9ABC부터 2001:1234:5678:9ABC:FFFF:FFFF:FFFF:FFFF까지의 주소를 갖는 네트워크를 구축할 수 있습니다.

IP 주소에 대해 IPv4 버전과 IPv6 버전의 차이점을 다음 표와 같이 정리하였습니다.

표 14-2 IPv4 버전과 IPv6 버전의 차이점

구분	IPv4	IPv6
주소 길이	32bit	128bit
표시 방법	8bit씩 4개 부분 10진수 표시	16bit씩 8개 부분 16진수 표시
주소 개수	약 43억개	거의 무한대
주소 할당	클래스 단위의 비순차적	규모와 단말기에 따라 순차적
품질 제어	타입/서비스 QoS 일부 지원	등급/서비스별 패킷구분 보장
보안 기능	IPsec 프로토콜 별도 설치	확장기능에서 기본적으로 지원
플래그 앤 플레이	지원수단 없음	지원수단 있음
모바일 IP	곤란	용이
웹 캐스팅	곤란	용이

3 네트워크 환경설정에 필요한 요소

네트워크 인터페이스 설정과 관련된 네트워크 장비에 대한 전문용어는 많이 존재합니다. 여기서는 자세한 설명은 생략하기로 하고 이 단원에서 꼭 필요한 용어만 간략하게 살펴보도록 하겠습니다.

서브넷 마스크

서브넷 마스크(Subnet mask)는 각 네트워크에서의 시작 주소를 구분하는 기준이 되는 것으로 IP 주소에는 반드시 서브넷 마스크가 졸졸 따라다닙니다. 서브넷 마스크는 기본적으로 255와 0으로 이루어져 있으며 255는 네트워크 부분이고 0은 호스트 부분을 의미합니다.

> **여기서 잠깐**
>
> 0으로 된 부분은 IP가 부족할 경우를 대비하여 주소를 나눠서 사용하기 위함이며 255로 된 부분은 특별히 신경 쓰지 않아도 되는 부분입니다. 마스크는 덧씌운다는 의미로 논리곱(AND) 연산을 의미합니다.

게이트웨이

게이트웨이(Gateware)는 네트워크에서 서로 다른 통신망과의 원활한 접속을 유지하기 위해 사용되는 네트워크의 포인트를 의미합니다. 즉 네트워크 A망과 B망 사이를 연결해 주는 가교역할을 수행하여 입구이면서도 동시에 출구인 역할을 수행합니다.

> **여기서 잠깐**
>
> 네트워크상에서 게이트웨이 주소는 따로 하나가 정해져 있을 수도 있고 그렇지 않을 수도 있습니다. 그 이유는 호스트 주소 자신을 가리키는 의미이기 때문입니다.

브로드캐스트

브로드캐스트(Broadcase)는 자신의 호스트가 속해 있는 네트워크 전체를 대상으로 패킷을 전송하는 1:n 통신방식을 의미합니다. 브로드캐스트는 로컬 LAN 상에 접속된 모든 네트워크 장비에게 보내는 통신입니다. 여기서 로컬(Local)이란 라우터에 의해 구분되는 공간, 즉 브로드캐스트 도메인 공간을 의미합니다.

MAC 주소

MAC(Media Access Control) 주소는 네트워크 세그먼트의 데이터 링크 계층에서 통신을 위한 네트워크 인터페이스에 할당된 고유 식별자입니다. MAC 주소가 사용되는 용도를 살펴보면 이더넷과 와이파이를 포함한 대부분의 IEEE 802 네트워크 기술에서의 네트워크 주소로 사용됩니다.

4 네트워크 연결 상태 확인

네트워크상에서 상대방과의 통신이 원활하게 이루어지고 있는지를 확인하려면 ping 명령을 사용하여 확인할 수 있습니다. 그리고 호스트 네임과 DNS 서버가 정상적으로 잘 작동되고 있는지를 확인하기 위해서는 nslookup 명령을 사용하면 됩니다.

ping 명령

이 명령어는 서버와 클라이언트 사이에서 원활하게 통신이 이루어지고 있는지를 확인할 때 사용하는 명령으로 사용형식은 다음과 같습니다.

$ ping

기능 서버와 클라이언트 사이에서 원활하게 통신이 이루어지고 있는지를 확인

형식 ping IP주소 또는 URL Enter↵

nslookup 명령

이 명령어는 유닉스와 윈도우 운영체제에서도 많이 사용되고 있습니다. 이 명령은 호스트 네임 또는 DNS 서버의 작동을 테스트할 때 사용하는 명령으로 사용형식은 다음과 같습니다.

$ nslookup

기능 호스트 네임 또는 DNS 서버 작동 테스트

형식 nslookup 호스트네임 또는 DNS Enter↵

ping 명령과 nslookup 명령으로 특정 사이트에 대한 통신 상태와 호스트 네임 또는 DNS 서버의 작동 테스트를 확인하기 위해 다음 예제를 수행합니다.

예제 14-02

- **Step 01** | 서버와 클라이언트 사이에서 원활하게 통신이 이루어지고 있는지를 확인하기 위해 www.daum.net 사이트에 대해 ping 명령을 수행합니다. ping 명령에 따른 프로세스 종료는 Ctrl+C를 누르면 됩니다.

```
cskisa@ubuntu:~$ ping www.daum.net
PING www.g.daum.net (203.133.167.16) 56(84) bytes of data.
^C  ← Ctrl +C 누름
--- www.g.daum.net ping statistics ---
6 packets transmitted, 0 received, 100% packet loss, time 5104ms

cskisa@ubuntu:~$
```

• **Step 02** | nslookup 명령으로 www.naver.com 사이트의 호스트 네임 또는 DNS 서버의 작동을 테스트하기 위해 다음과 같이 명령을 수행합니다.

```
cskisa@ubuntu:~$ nslookup www.naver.com
Server: 127.0.0.53
Address:    127.0.0.53#53

Non-authoritative answer:
www.naver.com  canonical name = www.naver.com.nheos.com.
Name:   www.naver.com.nheos.com
Address: 125.209.222.142
Name:   www.naver.com.nheos.com
Address: 210.89.160.88

cskisa@ubuntu:~$
```

지금까지 배운 내용을 상기하며 다음 문제를 도전해 보세요.

도전 14-01

1. 현재 사용 중인 서버의 IP 주소 확인하기
2. 사용 중인 시스템의 넷마스크 확인하기
3. 현재 시스템의 브로드캐스트 주소 확인하기
4. 사용 중인 IPv6 버전의 IP 주소 확인하기
5. 현재 시스템의 MAC 주소 확인하기
6. www.google.com의 호스트 네임 및 DNS 서버 작동상태 테스트하기

SECTION

02 텔넷 접속

1 텔넷 서비스

텔넷(Telnet)은 원격지에 있는 서버(Server)에 접속하는 프로그램의 의미가 부여되고 있습니다. 하지만 사실은 네트워크에서 사용되는 프로토콜을 의미합니다. 텔넷을 사용하기 위해서는 텔텟 서버와 텔넷 클라이언트가 설치되어 있어야 합니다. 서버란 서비스를 제공해주는 고성능 컴퓨터를 의미하고 클라이언트는 일반 사용자가 개인용 PC로 접속하여 해당 서버에서 제공하는 서비스를 이용하는 사용자를 의미합니다.

2 텔넷 서버 설치

텔넷 서버와 텔넷 클라이언트가 현재 사용 중인 우분투 리눅스 시스템에 설치되어 있는지를 살펴보고 텔넷 서버 패키지가 설치되어 있지 않다면 설치하는 과정에 대해 살펴보도록 하겠습니다.

텔넷 서버 패키지 설치

현재 사용 중인 우분투 시스템에 텔넷 서버 패키지가 설치되어 있는지를 살펴보기 위해 다음 예제를 수행합니다.

예제 14-03

- **Step 01** | dpkg 명령으로 확인해보면 telnet은 텔넷 클라이언트를 의미하므로 우리가 사용하고자 하는 텔넷 서버는 시스템에 설치되어 있지 않은 상태입니다.

```
cskisa@ubuntu:~$ dpkg -l | grep telnet
ii  telnet          0.17-41.2build1      amd64        basic telnet client
cskisa@ubuntu:~$
```

• **Step 02** | 텔넷 서버는 슈퍼 데몬인 xinetd에 의해 동작하므로 xinetd 패키지를 먼저 설치해야 합니다. 이 과정은 관리자 계정의 권한을 부여받아 수행해야 하므로 sudo apt-get install xinetd 명령을 수행하여 xinetd 패키지를 설치합니다.

```
cskisa@ubuntu:~$ sudo apt-get install xinetd
[sudo] cskisa의 암호 : 123456   ← 보안상 화면에는 나타나지 않음
패키지 목록을 읽는 중입니다... 완료
의존성 트리를 만드는 중입니다
...
(생략)
...
xinetd (1:2.3.15.3-1) 설정하는 중입니다 ...
Processing triggers for man-db (2.9.1-1) ...
Processing triggers for systemd (245.4-4ubuntu3.1) ...
cskisa@ubuntu:~$
```

• **Step 03** | apt-get 명령으로 텔넷 서버인 telnetd 패키지도 설치합니다.

```
cskisa@ubuntu:~$ sudo apt-get install telnetd
패키지 목록을 읽는 중입니다... 완료
의존성 트리를 만드는 중입니다
...
(생략)
...
update-inetd: warning: cannot add service, /etc/inetd.conf does not exist
Processing triggers for man-db (2.9.1-1) ...
cskisa@ubuntu:~$
```

• **Step 04** | dpkg 명령을 수행하여 다음과 같은 메시지가 출력되었다면 텔넷 서버 패키지는 정상적으로 설치된 것입니다.

```
cskisa@ubuntu:~$ dpkg -l | grep telnet
ii  telnet                                    0.17-41.2build1                    amd64
    basic telnet client
ii  telnetd                                   0.17-41.2build1                    amd64
    basic telnet server
cskisa@ubuntu:~$
```

텔넷 서버 활성화

앞에서 설치한 텔넷 서버를 활성화하려면 /etc/xinetd.conf 파일의 설정을 변경해야 합니다. 다음 예제를 통해 텔넷 서버와 xinetd 데몬을 활성화하는 과정을 살펴보도록 하겠습니다.

예제 14-04

• **Step 01** | gedit 명령으로 /etc/xinedt.conf 파일을 엽니다.

```
cskisa@ubuntu:~$ sudo gedit /etc/xinetd.conf
```

• **Step 02** | 파일 내용의 맨 끝에 다음 내용을 추가하고 저장한 다음 gedit 창은 닫아줍니다.

xinetd.conf

```
...
(생략)
includedir /etc/xinetd.d

service telnet
{
  disable = no
  flags = REUSE
  socket_type = stream          ← 새로 추가할 내용
  wait = no
  user = root
  server = /usr/sbin/in.telnetd
  log_on_failure += USERID
}
```

• **Step 03** | xinetd 데몬을 동작시키기 위해 다음 명령을 수행합니다.

```
cskisa@ubuntu:~$ sudo /etc/init.d/xinetd restart
Restarting xinetd (via systemctl): xinetd.service.
cskisa@ubuntu:~$
```

• **Step 04** | ps 명령으로 xinetd 데몬의 상태를 확인해 보면 정상적으로 활성화된 상태임을 알 수 있습니다.

```
cskisa@ubuntu:~$ ps -ef | grep xinetd
root        4982       1  0 18:33 ?        00:00:00 /usr/sbin/xinetd -pidfile /run/xinetd.pid
-stayalive -inetd_compat -inetd_ipv6
cskisa      4986    2907  0 18:34 pts/0    00:00:00 grep --color=auto xinetd
cskisa@ubuntu:~$
```

3 텔넷 서버 접속

텔넷 서버 패키지를 모두 설치하였으므로 여기서는 텔넷 접속 후 로그인과 암호를 입력하는 과정은 생략하기로 하고 텔넷에 접속하는 방법에 대해서만 살펴보도록 하겠습니다.

로컬 호스트 접속과 종료

로컬 호스트에 접속하려면 터미널 창에서 telnet 0과 같이 명령을 수행하면 됩니다. 여기서 0은 로컬 호스트를 의미합니다. 로컬 호스트에 접속하는 과정을 살펴보기 위해 다음 예제를 수행합니다.

예제 14-05

• **Step 01** | 터미널 창에서 telnet 0의 명령을 수행하면 다음과 같은 메시지가 출력됩니다. 메시지 중에서 '^]' 기호는 Ctrl+] 를 입력하라는 의미이며 이 키를 누르게 되면 명령어를 입력하기 위한 telnet〉 프롬프트가 활성화됩니다.

```
cskisa@ubuntu:~$ telnet 0
Trying 0.0.0...
Connected to 0.
Escape character is '^]'.
Ubuntu 20.04 LTS
Ubuntu login:  ← Ctrl + ] 를 누름
telnet>
```

• **Step 02** | 활성화된 telnet> 프롬프트에서 quit를 입력하거나 Ctrl+D를 눌러 로컬 호스트에 접속된 텔넷을 종료합니다.

```
telnet> quit ← 키보드로 quit 입력 또는 Ctrl + D 를 누름
Connection closed.
cskisa@ubuntu:~$
```

인자없이 접속

앞에서 ifconfig 명령으로 현재 사용 중인 리눅스의 ID 주소 192.168.202.129(필자의 IP 주소이므로 독자분들의 IP 주소를 사용)를 open 명령과 함께 telnet> 프롬프트에 입력하기 위해 다음 예제를 수행합니다.

예제 14-06

• **Step 01** | 터미널 창에서 아무 인자없이 telnet 명령을 수행하게 되면 다음과 같이 telnet> 프롬프트가 나타납니다.

```
cskisa@ubuntu:~$ telnet
telnet>
```

• **Step 02** | open 명령과 함께 IP 주소 192.168.202.129를 입력하여 리눅스 시스템에 접속합니다.

```
telnet> open 192.168.202.129
Trying 192.168.202.128...
Connected to 192.168.202.129.
Escape character is '^]'.
Ubuntu 20.04 LTS
Ubuntu login:
```

• **Step 03** | Ubuntu login: 위치에서 Ctrl+]를 누른 다음 quit를 입력하거나 Ctrl+D를 눌러 리눅스 시스템에 접속된 텔넷을 종료합니다.

```
Ubuntu login:                   ← Ctrl + ] 를 누름
telnet> Connection closed.      ← Ctrl + D 를 누름
cskisa@ubuntu:~$
```

직접 서버로 접속

텔넷에 인자로 접속할 서버의 주소나 호스트 이름을 지정하여 해당 시스템에 접속하기 위해 다음 예제를 수행합니다.

예제 14-07

• **Step 01** | 터미널 창에서 telnet 명령과 함께 localhost를 입력하여 텔넷 접속을 수행합니다.

```
cskisa@ubuntu:~$ telnet localhost
Trying 127.0.0.1...
Connected to localhost.
Escape character is '^]'.
Ubuntu 20.04 LTS
Ubuntu login:
```

• **Step 02** | Ubuntu login: 위치에서 Ctrl+]를 누른 다음 Ctrl+D를 눌러 리눅스 시스템에 접속된 텔넷을 종료합니다.

```
Ubuntu login:                  ← Ctrl + ] 를 누름
telnet> Connection closed.     ← Ctrl + D 를 누름
cskisa@ubuntu:~$
```

• **Step 03** | 이번에는 로컬 호스트의 IP 주소 192.168.202.129를 입력하여 서버에 접속합니다.

```
cskisa@ubuntu:~$ telnet 192.168.202.129
Trying 192.168.202.129...
Connected to 192.168.202.129.
Escape character is '^]'.
Ubuntu 20.04 LTS
Ubuntu login:
```

• **Step 04** | Ubuntu login: 위치에서 Ctrl+]를 누른 다음 Ctrl+D를 눌러 서버에 접속된 텔넷을 종료합니다.

```
Ubuntu login:                  ← Ctrl + ] 를 누름
telnet> Connection closed.     ← Ctrl + D 를 누름
cskisa@ubuntu:~$
```

지금까지 배운 내용을 상기하며 다음 문제를 도전해 보세요.

도전 14 - 02

1. 현재 사용 중인 시스템에 텔넷 서버가 설치되어 있는지 확인하기
2. 슈퍼 데몬 xinetd 패키지 설치하기
3. 텔넷 서버 패키지 설치하기
4. 로컬 호스트에 텔넷 접속하기
5. 로컬 호스트 텔넷 접속 종료하기

SECTION

03 Open SSH

1 Open SSH 설치

텔넷은 원격지에 있는 서버에 접속할 수 있는 대표적인 방법이지만 데이터가 암호화되지 않은 상태로 전송되기 때문에 보안에 취약할 수밖에 없습니다. 따라서 누군가 불순한 의도로 패킷 캡쳐 프로그램 등을 사용하여 패킷을 캡쳐할 경우 심각한 상황이 초래될 수도 있습니다.

SSH(secure shell)는 PGP와 마찬가지로 공개키 방식의 암호 방식을 사용하여 원격지 시스템에 접근하여 암호화된 메시지를 전송할 수 있는 시스템입니다. 따라서 LAN 상에서 다른 시스템에 로그인할 때 스니퍼(Sniffer)에 의해서 도청당하는 것을 막을 수 있습니다.

Windows 운영체제에서 리눅스로 SSH 프로토콜을 이용해 접속하려고 할 때 가장 많이 사용하는 프로그램은 PuTTY입니다. PuTTY는 시리얼 포트를 이용한 장비접속과 텔넷 접속에도 많이 사용됩니다.

여기서 잠깐

SSH(Secure SHELL)는 텔넷과 마찬가지로 원격지에 있는 서버에 접속하는 방법은 동일하지만 주고받는 데이터와 모든 통신을 암호화해 주기 때문에 비교적 안전하게 데이터를 보호할 수 있습니다.

다음 그림은 PuTTY를 이용한 원격지 리눅스 서버에 접속하는 과정을 나타낸 그림입니다.

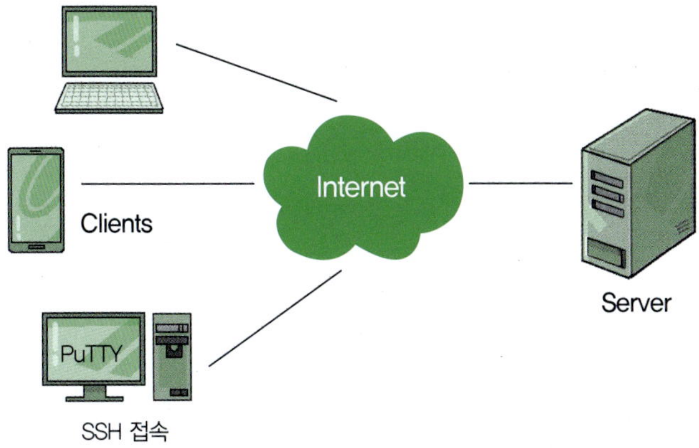

그림 14-1 PuTTY를 이용하여 원격지 서버에 SSH 접속

PuTTY 다운로드

PuTTY는 SSH 프로토콜을 이용해 리눅스 또는 유닉스 계열에 원격으로 접속할 수 있는 클라이언트 프로그램입니다. 현재 사용하고 있는 Windows 운영체제 환경에 맞는 최신 영문 PuTTY 버전을 웹 브라우저에서 다운로드를 수행합니다. PuTTY를 다운로드를 수행할 수 있는 URL 주소는 다음과 같습니다.

- http://www.chiark.greenend.org.uk/~sgtatham/putty/download.html

본인이 사용하고 있는 windows 운영체제의 버전에 맞는 PuTTY를 다운로드하면 됩니다.

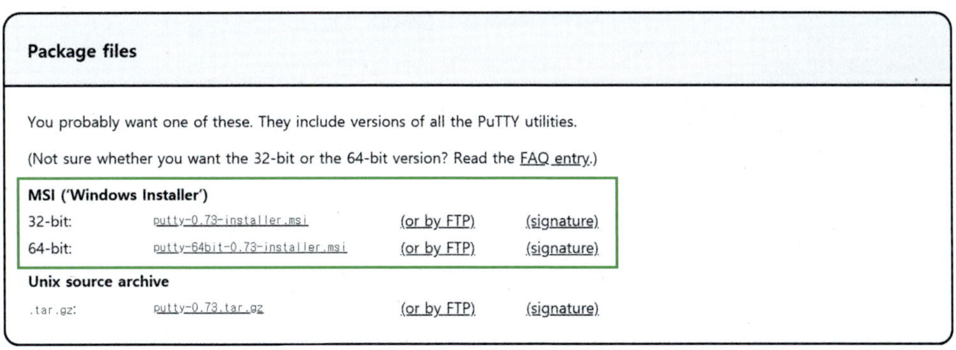

Package files

You probably want one of these. They include versions of all the PuTTY utilities.

(Not sure whether you want the 32-bit or the 64-bit version? Read the FAQ entry.)

MSI ('Windows Installer')

32-bit:	putty-0.73-installer.msi	(or by FTP)	(signature)
64-bit:	putty-64bit-0.73-installer.msi	(or by FTP)	(signature)

Unix source archive

.tar.gz:	putty-0.73.tar.gz	(or by FTP)	(signature)

그림 14-2 PuTTY 다운로드 사이트

PuTTY 설치

Windows 운영체제 환경에서 다운로드한 PuTTY를 설치합니다.

• **Step 01** | 설치과정에서 특별히 옵션을 설정하지 않아도 되므로 〈Next〉를 눌러 간단하게 설치하면 됩니다.

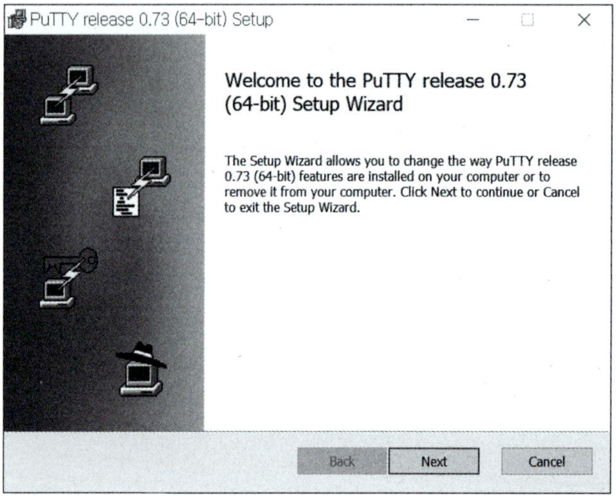

그림 14-3 PuTTY 설치 초기화면

• **Step 02** | 설치 완료 화면에서 〈Finish〉를 누릅니다.

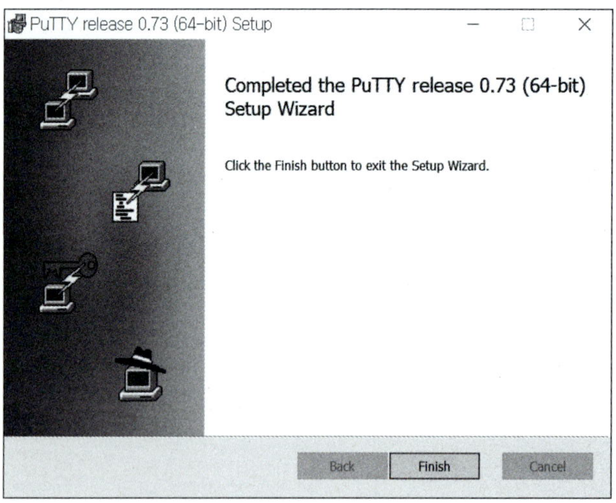

그림 14-4 PuTTY 설치 완료 화면

2 PuTTY로 리눅스 서버 접속

Windows 운영체제 환경에서 PuTTY로 우분투 리눅스 서버로 접속하기 위해서는 먼저 IP 주소를 알아야 합니다. 앞에서 ifconfig 명령으로 IP 주소 192.168.202.129(필자의 IP 주소임)를 확인하였으므로 이 주소를 사용하여 리눅스 서버에 접속하는 과정에 대해 살펴보도록 하겠습니다.

> **여기서 잠깐**
>
> 이 책에서 다루는 IP 주소는 필자가 설치한 컴퓨터 환경에서 부여된 IP 주소이므로 독자분들은 각자 컴퓨터 환경에서 지정한 IP 주소를 사용해야 합니다. 그렇지 않으면 우분투 리눅스 서버로 접속할 수 없게 됩니다.

텔넷 포트 열기

PuTTY를 사용하여 우분투 리눅스 서버에 텔넷으로 접속하기 위해서는 23번 포트 번호를 열어주어야 합니다. 포트 번호 23을 열어주기 위해 다음 예제를 수행합니다.

예제 14-08

- **Step 01** | 터미널 창에서 23번 포트를 열어주기 위해 다음 명령을 수행합니다.

```
cskisa@ubuntu:~$ sudo iptables -A INPUT -p tcp --dport 23 -j ACCEPT
cskisa@ubuntu:~$ sudo iptables-save
# Generated by iptables-save v1.8.4 on Tue Jun 16 19:16:03 2020
*filter
:INPUT ACCEPT [12:1087]
:FORWARD ACCEPT [0:0]
:OUTPUT ACCEPT [9:662]
-A INPUT -p tcp -m tcp --dport 23 -j ACCEPT
COMMIT
# Completed on Tue Jun 16 19:16:03 2020
cskisa@ubuntu:~$
```

• **Step 02** | xinetd 데몬을 동작시키기 위해 다음 명령을 수행합니다.

```
cskisa@ubuntu:~$ sudo /etc/init.d/xinetd restart
Restarting xinetd (via systemctl): xinetd.service.
cskisa@ubuntu:~$
```

PuTTY 텔넷 접속

Windows 운영체제 환경에서 PuTTY를 실행한 다음 우분투 서버에 원격으로 접속하기 위해 다음 예제를 수행합니다.

예제 14-09

• **Step 01** | Windows 환경에서 PuTTY를 실행하여 IP 주소 192.168.202.129(필자의 IP 주소임)와 포트 번호 23을 입력하고 '⦿ Telnet'을 선택한 다음 〈Open〉을 누릅니다.

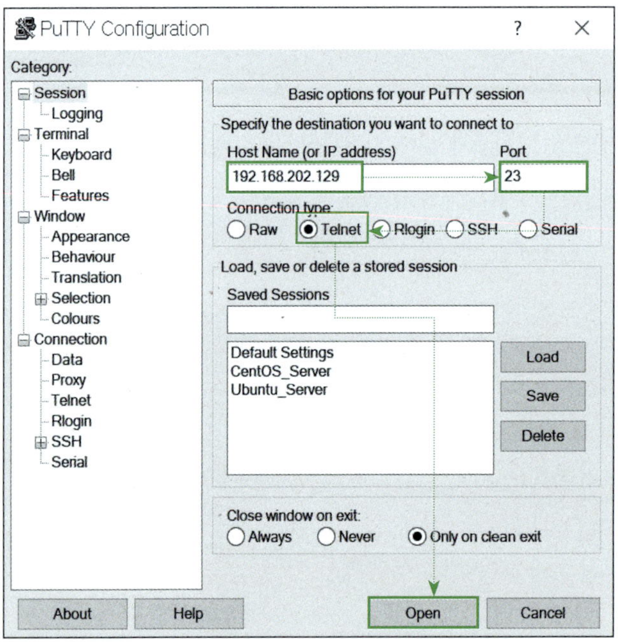

그림 14-5 Windows 운영체제 환경에서 PuTTY 텔넷 접속

• **Step 02** | PuTTY 텔넷이 접속되면 다음과 같은 화면이 나타납니다.

그림 14-6 PuTTY 텔넷 접속 성공화면

• **Step 03** | 사용자 계정 cskisa와 암호 123456을 차례대로 입력하여 로그인을 수행합니다.

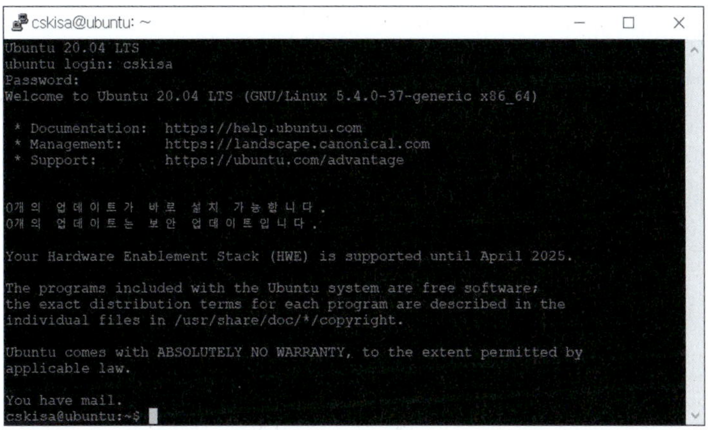

그림 14-7 cskisa 계정으로 로그인 화면

• **Step 04** | PuTTY 원격접속된 텔넷을 종료하려면 exit 명령을 입력 후 [Enter↵]를 누르면 됩니다.

```
cskisa@ubuntu:~$ exit Enter↵
```

SSH 접속

텔넷은 원격지에서 리눅스 시스템에 접속하는 가장 대표적인 방법이기는 하지만 주고받는 데이터가 암호화되지 않는다는 치명적인 단점이 존재합니다. 특히 root 계정의 암호가 그대로 노출될 수 있으므로 보안에 취약하기 때문에 이를 방지하기 위해 선보인 것이 바로 SSH(Hecure SHELL)입니다.

SSH는 텔넷처럼 원격지에서 리눅스 시스템에 접속할 수 있도록 수행하는 기능은 동일합니다. 하지만 SSH는 모든 통신을 암호화하여 데이터를 주고받는다는 장점이 제공되므로 텔넷에 비해 SSH로 원격 접속을 수행하는 것이 보다 안전한 방법입니다.

우분투에서는 SSH 데몬이 기본으로 동작하지 않으므로 SSH를 설치 후 원격 접속하기 위해 다음 예제를 수행합니다.

예제 14-10

• **Step 01** | 터미널 창에서 apt-get 명령으로 ssh 패키지를 설치합니다.

```
cskisa@ubuntu:~$ sudo apt-get install -y ssh
...
(생략)
...
Processing triggers for man-db (2.9.1-1) ...
Processing triggers for ufw (0.36-6) ...
cskisa@ubuntu:~$
```

• **Step 02** | Windows 환경에서 PuTTY를 실행하여 IP 주소 192.168.202.129(필자의 IP 주소임)와 포트 번호 22를 입력하고 '⦿ SSH'를 선택 후 〈Open〉을 누릅니다.

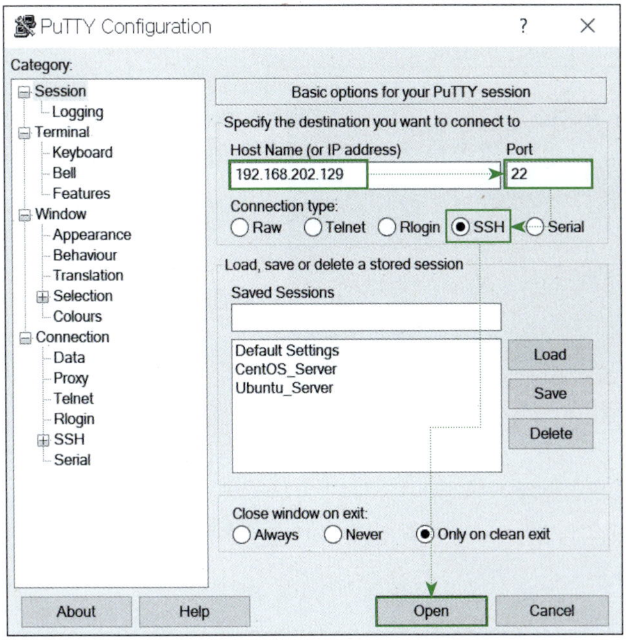

그림 14-8 우분투 서버에 SSH 접속

- **Step 03** | 처음 접속하게 되면 암호화 기법인 RSA를 사용한 인증키를 생성할 것인지를 묻는 창이 나타나면 〈예(Y)〉를 누릅니다.

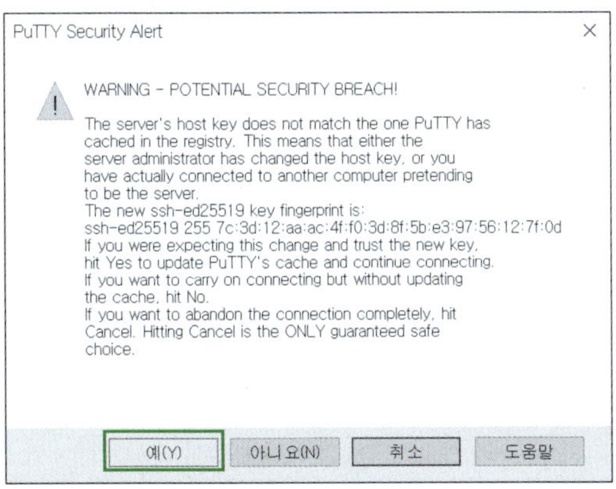

그림 14-9 RSA 인증키 생성 질의 화면

• **Step 04** | 사용자 계정 cskisa와 암호 123456을 입력하여 로그인을 수행합니다.

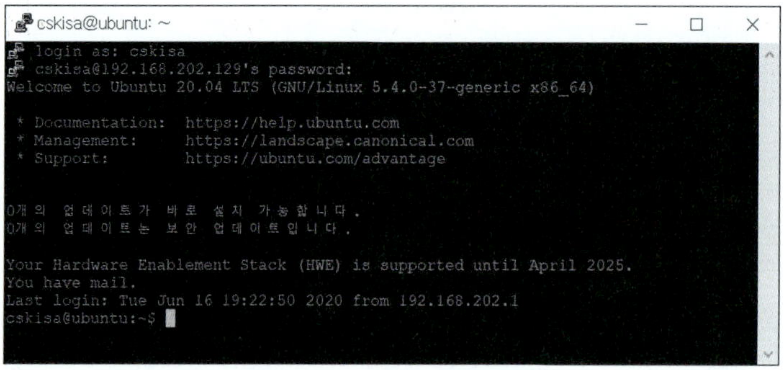

그림 14-10 cskisa 계정으로 접속 성공

• **Step 05** | SSH 원격 접속을 종료하려면 exit 명령을 입력 후 Enter↵를 누르면 됩니다.

```
cskisa@ubuntu:~$ exit Enter↵
```

여기서 잠깐

우분투를 사용하다 보면 원격에서 접속해야 할 일들이 많으므로 텔넷 접속보다는 보안이 강화된 SSH를 사용하여 원격접속하는 것이 바람직합니다.

핵심요약

01 네트워크 인터페이스(Network Interface)란 지역적으로 분산된 위치에서 컴퓨터 시스템 간의 데이터 통신을 위해 네트워크 장비와 각 장치 간의 주소를 설정하여 원활한 통신 상태를 유지해 주는 것을 의미합니다.

02 현재 사용 중인 리눅스 시스템의 네트워크 인터페이스 설정을 확인하려면 ifconfig 명령을 사용해야 하며 사용형식은 다음과 같습니다.

 # ifconfig

기능 현재 사용 중인 시스템의 네트워크 인터페이스 설정 확인

형식 ifconfig [인터페이스명] [옵션] [값] Enter↵

옵션 -a : 시스템의 전체 네트워크 인터페이스에 대한 정보 출력
up/down : 인터페이스를 활성화(up)/비활성화(down)
netmask 주소 : 넷마스크 주소값 설정
broadcast 주소 : 브로드캐스트 주소값 설정

03 P 주소(Internet Protocol Address)란 네트워크 내에서 각종 장치(Device)들이 서로를 인식하고 구별하여 상호 통신이 가능하기 위해 사용되는 특수한 번호를 의미합니다.

04 IPv4 버전의 주소 범위는 32bit 체제로 보통 0~255 사이의 10진수 4자리를 점(.)으로 구분하여 사용되고 있습니다. IP 주소의 범위는 0.0.0.0~255.255.255.255까지를 주소의 범위로 제한하고 있습니다.

05 IPv4 버전을 사용하는 용도에 따라 클래스별로 구분하면 다음 표와 같습니다.

■ IPv4 버전의 사용 클래스 영역

클래스	클래스 영역	주소	용도
A	0~127	0.0.0.0~127.255.255.255	국가기관 네트워크 구축
B	128~191	128.0.0.0~191.255.255.255	중/대형급 서버 구축
C	192~223	192.0.0.0~223.255.255.255	일반인에게 사용되는 IP 주소
D	224~239	224.0.0.0~239.255.255.255	멀티캐스팅을 위한 IP 주소
E	240~255	240.0.0.0~255.255.255.255	실험 및 연구 목적용

06 IPv6 버전의 주소 범위는 128bit 체제로 IPv4 버전의 32bit 주소체제에서의 IP 주소 고갈 문제를 해결하기 위해 등장하였습니다. IPv6 버전의 주소는 보통 2자리 16진수 8개를 사용하고 주소의 영역은 콜론(:)으로 구분합니다.

07 IP 주소에 대해 IPv4 버전과 IPv6 버전의 차이점을 정리하면 다음 표와 같습니다.

■ IPv4 버전과 IPv6 버전의 차이점

구분	IPv4	IPv6
주소 길이	32bit	128bit
표시 방법	8bit씩 4개 부분 10진수 표시	16bit씩 8개 부분 16진수 표시
주소 개수	약 43억개	거의 무한대
주소 할당	클래스 단위의 비순차적	규모와 단말기에 따라 순차적
품질 제어	타입/서비스 QoS 일부 지원	등급/서비스별 패킷구분 보장
보안 기능	IPsec 프로토콜 별도 설치	확장기능에서 기본적으로 지원
플래그 앤 플레이	지원수단 없음	지원수단 있음
모바일 IP	곤란	용이
웹 캐스팅	곤란	용이

08 서브넷 마스크(Subnet mask)는 각 네트워크에서의 시작 주소를 구분하는 기준이 되는 것으로 IP 주소에는 반드시 서브넷 마스크가 졸졸 따라 다닙니다. 서브넷 마스크는 기본적으로 255와 0으로 이루어져 있으며 255는 네트워크 부분이고 0은 호스트 부분을 의미합니다.

09 게이트웨이(Gateware)는 네트워크에서 서로 다른 통신망과의 원활한 접속을 유지하기 위해 사용되는 네트워크의 포인트를 의미합니다. 즉 네트워크 A망과 B망 사이를 연결해 주는 가교역할을 수행하여 입구이면서도 동시에 출구인 역할을 수행합니다.

10 브로드캐스트(Broadcase)는 자신의 호스트가 속해 있는 네트워크 전체를 대상으로 패킷을 전송하는 1 대 n 통신방식을 의미합니다. 브로드캐스트는 로컬 LAN 상에 접속되어 있는 모든 네트워크 장비들에게 보내는 통신이며 여기서 로컬이란 라우터에 의해 구분되어지는 공간 즉 브로드캐스트 도메인 공간을 의미합니다.

11 MAC(Media Access Control) 주소는 네트워크 세그먼트의 데이터 링크 계층에서 통신을 위한 네트워크 인터페이스에 할당된 고유 식별자입니다. MAC 주소가 사용되는 용도를 살펴보면 이더넷과 와이파이를 포함한 대부분의 IEEE 802 네트워크 기술에서의 네트워크 주소로 사용됩니다.

12 네트워크상에서 상대방과의 통신이 원활하게 이루어지고 있는지를 확인하기 위해서는 ping 명령을 사용하여 확인할 수 있습니다. 그리고 호스트 네임과 DNS 서버가 정상적으로 잘 작동되고 있는지를 확인하기 위해서는 nslookup 명령을 사용하면 됩니다.

$ ping

기능 서버와 클라이언트 사이에서 원활하게 통신이 이루어지고 있는지를 확인

형식 ping IP주소 또는 URL Enter↵

$ nslookup

기능 호스트 네임 또는 DNS 서버 작동 테스트

형식 nslookup 호스트네임 또는 DNS Enter↵

13 텔넷(Telnet)은 원격지에 있는 서버(Server)에 접속하는 프로그램의 의미가 부여되고 있지만 사실은 네트워크에서 사용되는 프로토콜을 의미합니다. 텔넷을 사용하기 위해서는 텔텟 서버와 텔넷 클라이이언트가 설치되어 있어야 합니다.

14 SSH(secure shell)는 텔넷과 마찬가지로 원격지에 있는 서버에 접속하는 방법은 동일하지만 주고받은 데이터와 모든 통신을 암호화 해 주기 때문에 비교적 안전하게 데이터를 보호할 수 있습니다.

연습문제

01 다음 글을 읽고 빈 괄호를 채우시오.

(1) 네트워크 인터페이스란 지역적으로 분산된 위치에서 컴퓨터 시스템 간의 데이터 통신을 위해 (　　　　)와 각 장치간의 (　　　　)를 설정하여 원활한 통신 상태를 유지해 주는 것을 의미합니다.

(2) IP 주소란 네트워크 내에서 각종 장치들이 서로를 (　　　　)하고 (　　　　)하여 상호 통신이 가능하기 위해 사용되는 특수한 번호를 의미합니다.

(3) IPv6 버전의 주소 범위는 (　　　　)체제로 IPv4 버전의 (　　　　) 주소체제에서의 IP 주소 고갈 문제를 해결하기 위해 등장하였습니다.

(4) 게이트웨이는 네트워크에서 서로 다른 통신망과의 원활한 접속을 유지하기 위해 사용되는 네트워크의 (　　　　)를 의미합니다. 즉 네트워크 A망과 B망 사이를 연결해주는 (　　　　)을 수행하여 입구이면서도 동시에 출구인 역할을 수행합니다.

(5) 네트워크상에서 상대방과의 통신이 원활하게 이루어지고 있는지를 확인하기 위해서는 (　　　　) 명령을 사용하고 호스트 네임과 DNS 서버가 정상적으로 잘 작동되고 있는지를 확인하기 위해서는 (　　　　)명령을 사용하면 됩니다.

02 텔넷 접속과 SSH 접속의 차이점을 비교 설명하시오.

03 터미널 창에 나타난 메시지를 보고 RX와 TX가 의미하는 바를 설명하시오.

```
cskisa@ubuntu:~$ ifconfig
ens33: flags=4163<UP,BROADCAST,RUNNING,MULTICAST>  mtu 1500
        inet 192.168.202.129  netmask 255.255.255.0  broadcast 192.168.202.255
        inet6 fe80::cc39:6202:6ce9:2470  prefixlen 64  scopeid 0x20<link>
        ether 00:0c:29:ea:56:42  txqueuelen 1000  (Ethernet)
        RX packets 1708  bytes 1409178  (1.4 MB)
        RX errors 0  dropped 0  overruns 0  frame 0
        TX packets 1153  bytes 107886  (107.8 KB)
        TX errors 0  dropped 0 overruns 0  carrier 0  collisions 0
...
(생략)
...
cskisa@ubuntu:~$
```

(1) RX -

(2) TX -

04 ifconfig 명령을 보고 빈 칸을 채우시오.

$ ifconfig

기능 [   ]

형식 ifconfig [인터페이스명] [옵션] [값] Enter↵

옵션 -a : 시스템의 전체 네트워크 인터페이스에 대한 정보 출력

[   ] : 인터페이스를 활성화(up)/비활성화(down)

netmask 주소 : 넷마스크 주소값 설정

broadcast 주소 : 브로드캐스트 주소값 설정

05 ping 명령을 보고 빈 칸을 채우시오.

$ ping

기능 [   ]

형식 ping IP주소 또는 URL Enter↵

06 nslookup 명령을 보고 빈 칸을 채우시오.

```
$ nslookup
```

기능 [ ]

형식 nslookup 호스트네임 또는 DNS Enter↵

07 주어진 클래스 영역의 용도에 대해 빈 칸을 채우시오.

클래스	클래스 영역	주소	용도
A	0~127	0.0.0.0~127.255.255.255	
B	128~191	128.0.0.0~191.255.255.255	
C	192~223	192.0.0.0~223.255.255.255	
D	224~239	224.0.0.0~239.255.255.255	
E	240~255	240.0.0.0~255.255.255.255	

08 IP 주소에 대해 IPv4 버전과 IPv6 버전의 차이점에 대해 빈 칸을 채우시오.

구분	IPv4	IPv6
주소 길이		
표시 방법	8bit씩 4개 부분 10진수 표시	16bit씩 8개 부분 16진수 표시
주소 개수	약 43억개	거의 무한대
주소 할당		
품질 제어	타입/서비스 QoS 일부 지원	등급/서비스별 패킷구분 보장
보안 기능	IPsec 프로토콜 별도 설치	확장기능에서 기본적으로 지원
플래그 앤 플레이		
모바일 IP	곤란	용이
웹 캐스팅	곤란	용이

CHAPTER 15

데이터베이스 서버 구축

| 학습목표 |

- DBMS의 역할에 대해 이해할 수 있습니다.
- SQL 명령문을 사용할 수 있습니다.
- MariaDB를 설치하고 접속할 수 있습니다.
- 데이터베이스와 테이블을 생성할 수 있습니다.

SECTION

01 DBMS

1 DBMS 역할

DBMS(DataBase Management System)는 데이터베이스를 직접 응용 프로그램들이 조작하는 것이 아니고 데이터베이스를 조작하는 별도의 소프트웨어를 의미합니다. DBMS를 좀 더 쉽게 설명한다면 데이터를 저장할 때 무작위로 저장하는 것이 아니라 테이블의 형태로 저장해 두고 필요에 따라 데이터를 가공 처리해서 용도에 맞는 데이터를 사용한다는 것을 의미합니다.

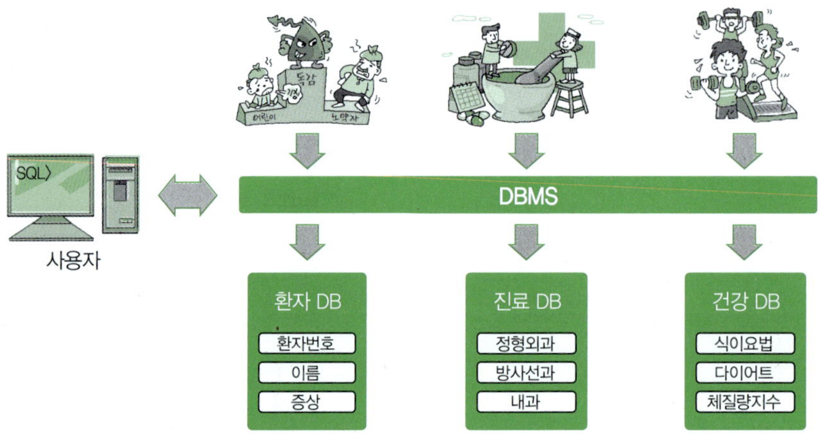

그림 15-1 DBMS의 역할과 수행 기능

예를 들어 환자에 대해 최상의 치료를 권유하려면 먼저 증상별 환자에 대한 데이터 수집이 요구됩니다. 데이터를 수집할 때는 무작위로 수집하는 것이 아니고 데이터의 종류에 따라 체계적으로 수집하기 위해 DBMS가 필요한 것입니다.

2 데이터베이스

데이터베이스(DB; DataBase)는 많은 데이터를 모아 사용하고자 하는 목적에 따라 특정한 형식에 의거 저장되어 가공처리 되는 것을 의미합니다. 그냥 흩어져 있는 데이터만을 수집하는 것이 아니고 수집하는 방법과 절차에 대해서 다루고 있는 분야입니다.

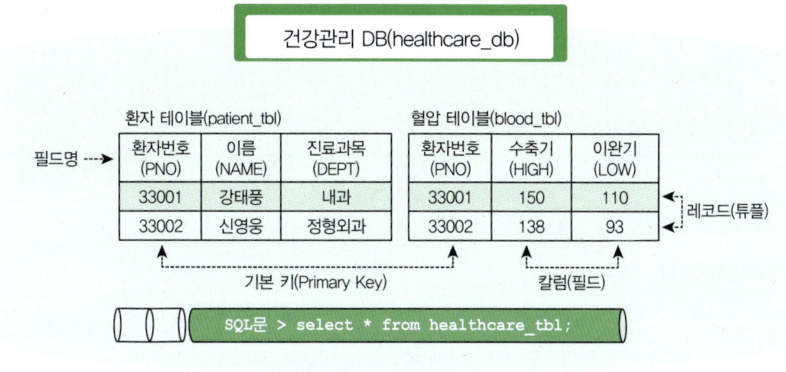

그림 15-2 건강관리 데이터베이스 구성요소

데이터베이스의 형태로 저장된 방대한 양의 각종 정보를 체계적으로 관리하는 기업용 소프트웨어와 인터넷의 발달과 함께 기업 정보화가 급속도로 진행되면서 DBMS는 컴퓨터 운영체제(OS;Operating System)에 버금가는 중요한 소프트웨어로 인식되어 자리매김하고 있습니다.

3 SQL 문

SQL(Structured Query Language)이란 데이터베이스를 사용할 때 데이터베이스에 접근할 수 있는 데이터베이스의 하부 언어를 의미하며 다른 표현으로는 구조화 질의어라고 합니다. 데이터베이스용 질의 언어인 SQL 명령문에는 데이터 정의어(DDL;Data Definition Language)와 데이터 조작어(DML;Data Definition Language)를 포함하고 있습니다.

SQL 명령문과 관련하여 많은 내용이 있지만 여기서는 꼭 필요한 SQL 명령문에 대해서만 살펴보도록 하겠습니다. SQL 명령문은 대/소문자를 엄격하게 구별하지 않으므로 대문자 또는 소문자를 사용하여 SQL 명령문을 수행할 수 있습니다.

데이터베이스 관련 명령문

데이터베이스의 생성, 삭제, 조회, 사용과 관련된 SQL 명령문을 먼저 살펴보도록 하겠습니다. SQL 명령문에서는 알파벳 대/소문자를 구별하지 않으며 각 문장의 끝은 세미콜론(;)으로 끝내야 합니다. 그 이유는 한 문장의 명령은 여기까지라는 마침표와 같은 의미이기 때문입니다. 자주 사용하는 데이터베이스 관련 SQL 명령문에 대해서만 살펴보기 위해 다음 표와 같이 정리하였습니다.

표 15-1 데이터베이스 관련 SQL 명령문

명령문	의미	사용 예
SHOW	데이터베이스 목록 출력	> show databases;
CREATE	새로운 데이터베이스 생성	> create database DB이름;
USE	작업할 데이터베이스 선택	> user DB이름;
DROP	데이터베이스 삭제(소속된 테이블도 모두 삭제됨)	> drop database DB이름;

테이블 관련 명령문

데이터베이스를 생성한 다음에는 테이블을 생성하는 과정으로 전개됩니다. 이 과정에서 DBMS가 수행되므로 선행되어야 할 부분은 DB 생성이 우선이라는 점입니다. 생성된 DB를 삭제하게 되면 그와 관련된 모든 테이블도 함께 삭제됩니다. 테이블을 조작하려면 먼저 소속되어 있는 데이터베이스와의 연관성에 대한 이해가 필요합니다. 자주 사용하는 테이블 관련 SQL 명령문을 다음 표와 같이 정리하였습니다.

표 15-2 테이블 관련 SQL 명령문

명령문	의미	사용 예
SHOW	테이블 목록 출력	db> show tables;
CREATE	새로운 테이블 생성	db> create table 테이블 이름;
DESC	테이블 구조 확인(또는 explain 명령문 사용)	db> desc 테이블 이름;
DROP	테이블 삭제	db> drop table 테이블 이름;

테이블 필드 자료형

테이블을 생성할 때는 각 필드에 어떠한 데이터를 저장할 것인지에 대한 자료형을 지정해 주어야 합니다. 필드에 자료형을 정의할 때는 입력할 데이터의 종류와 크기를 감안하여 선언해야 합니다. 데이터의 크기보다 필드의 크기를 적게 선언할 경우 오류가 발생하거나 데이터 중 일부가 소실될 수 있으므로 주의해야 합니다. MariaDB에서 테이블을 생성할 때 사용되는 자료형을 다음 표와 같이 정리하였습니다.

표 15-3 테이블 필드의 자료형

자료형	의미
varchar(n)	개수 n개를 지정하여 가변성 문자열 지정 (메모리 효율성)
char(n)	개수 n개를 지정하여 고정성 문자열 지정 (메모리 비효율성)
int	정수형 숫자를 입력받을 필드의 자료형 지정
float	실수형 숫자를 입력받을 필드의 자료형 지정
date	날짜를 입력받을 필드의 자료형 지정
time	시각을 입력받을 필드의 자료형 지정

테이블 생성 명령문

테이블을 생성할 때는 테이블 이름 다음에 괄호를 열고 필드명과 자료형을 다음과 같은 형태로 지정합니다. 테이블을 생성하기 위한 SQL 명령문은 다음과 같습니다.

```
MariaDB[healthcare_db]> CREATE TABLE 테이블명(     ← 테이블명은 각자 알아서 선언
    -> 필드명1 타입,                              ← 필드명 이름과 데이터 타입 지정
    -> 필드명2 타입,
    -> .....
    -> PRIMARY KEY(필드명)                        ← 중복성을 배제하기 위한 기본키 설정
    -> default charset=utf8                       ← 한글 깨짐현상 방지
    -> );
```

레코드 관련 명령문

데이터베이스의 테이블에 데이터를 입력하거나 삭제할 때는 레코드 단위로 작업이 수행됩니다. 레코드를 삽입하거나 삭제, 수정하기 위해서 사용되는 SQL 명령문에 대해 살펴보겠습니다.

❶ 레코드 삽입

insert into 명령을 사용하여 지정한 테이블에 새로운 레코드를 추가합니다. 이 과정에서 주의해야 할 점은 테이블을 생성할 때 지정한 자료형과 일치되도록 데이터를 입력해야 합니다.

```
insert into 테이블명 values(값1, 값2, …);
```

❷ 레코드 수정

update 명령을 사용하여 기존 테이블에 저장되어 있는 레코드를 수정합니다.

```
update 테이블명 set 필드명1=수정할 값, 필드명2=수정할 값, … where 조건;
```

❸ 레코드 삭제

delete 명령을 사용하여 기존 테이블에 저장된 레코드 중에서 지정한 레코드를 삭제합니다.

```
delete from 테이블명 where 조건;
```

❹ 레코드 조회

select 명령을 사용하여 테이블에 저장된 레코드를 조회합니다.

```
select 필드명1, 필드명2, … from 테이블명 where 조건;
```

4 접근 권한 부여

데이터베이스 작업은 주로 관리자가 DB를 생성하여 관리하지만 때로는 사용자에게 권한을 부여할 때도 있습니다. 예를 들어 제로 보드와 같은 게시판을 설치하고자 할 때는 관리자가 일일이 데이터베이스를 관리하는 것보다는 해당 사용자에게 모든 권한을 부여하여 관리하도록 하는 것이 유지관리 측면에서 훨씬 더 효과적일 수 있습니다.

데이터베이스에 대한 접근 권한은 grant 명령을 사용하여 다음과 같이 권한을 부여합니다.

```
grant all privileges on DB명.* to 사용자계정@localhost identified by '암호';
```

사용자 계정 cskisa에게 healthcare_db 데이터베이스에게 접근할 수 있는 권한을 부여하려면 다음과 같이 관리자 계정 암호 123456으로 지정하여 접근 권한을 부여하면 됩니다.

```
grant all privileges on healthcare _ db.* to cskisa@localhost identified by '123456';
```

데이터베이스를 처음 접하는 독자들에게는 DBMS와 SQL 명령문이 다소 어렵게 느껴지는 부분이겠지만 실습을 하게 되면 차츰 익숙해질 용어들과 사용방법이니 너무 걱정하지 않아도 됩니다. SQL 명령문은 훨씬 다양하고 복잡한 기능을 제공하고 있습니다. 하지만 여기서는 꼭 필요한 내용에 대해서만 살펴봤습니다. 이 정도 내용만 이해하고 넘어가도 앞으로 실습하는 과정에서 큰 불편함은 없을 것입니다.

SECTION

02 MariaDB

MySQL은 ORALE사에 인수되어 라이선스 정책에 포함되었기 때문에 이를 동조하지 않는 주요 핵심 개발자들이 별도로 데이터베이스 도구를 개발하였습니다. 이것이 바로 MariaDB 입니다. 우리가 MariaDB를 사용해야 하는 이유는 언제 유료화될지 모른다는 시대적 배경과 오픈 소스의 관계형 데이터베이스 관리시스템(RDBMS)을 사용할 수 있다는 장점 때문입니다. 우분투에서는 MariaDB를 기본 DBMS로 제공하고 있습니다.

1 MariaDB 설치

MariaDB 서버는 예전에 사용하던 MySQL과 동일한 소스를 사용하여 호환성을 높였습니다. MariaDB에서의 명령은 MySQL과 정확한 대응 서비스를 제공하고 있기 때문에 점증적으로 MySQL에서 MariaDB로 전환하는 사용빈도가 높아지고 있습니다.

여기서 잠깐

MariaDB는 기본적으로 우분투에 설치된 MySQL의 드롭인 대체품이며 많은 스토리지 엔진을 제공하고 있으므로 MySQL에 비해 빠른 속도와 향상된 성능을 사용할 수 있게 되었습니다. https://mariadb.org 사이트에 방문하면 MariaDB를 설치하는 방법에 대해 자세하게 살펴볼 수 있습니다.

MariaDB 서버 패키지를 설치하기 위해 다음 예제를 수행합니다. MairaDB 서버 패키지의 이름은 mariadb-server입니다.

예제 15-01

- **Step 01** | sudo 명령과 함께 apt-get 명령으로 MariaDB 서버 패키지를 설치하기 위해 다음과 같이 수행합니다.

```
cskisa@ubuntu:~$ sudo apt-get install -y mariadb-server
패키지 목록을 읽는 중입니다... 완료
의존성 트리를 만드는 중입니다
...
(생략)
...
Processing triggers for man-db (2.9.1-1) ...
Processing triggers for libc-bin (2.31-0ubuntu9) ...
cskisa@ubuntu:~$
```

만약 mariadb-server 패키지를 설치 후 정상적으로 MySQL에 접속되지 않거나 오류가 발생할 경우 다음과 같이 mariadb-server 패키지를 모두 삭제 후 다시 설치하기 바랍니다.

```
cskisa@ubuntu:~$ sudo apt-get purge mariadb-server
cskisa@ubuntu:~$ sudo apt-get purge mariadb-common
cskisa@ubuntu:~$ sudo rm -rf /var/log/mysql
cskisa@ubuntu:~$ sudo rm -rf /var/log/mysql.*
cskisa@ubuntu:~$ sudo rm -rf /var/lib/mysql
cskisa@ubuntu:~$ sudo rm -rf /etc/mysql
```

- **Step 02** | MariaDB를 사용하기 위한 명령은 mariadb가 아니고 mysql이므로 주의해야 합니다. ps 명령으로 MariaDB 서버의 데몬인 mysqld가 정상적으로 동작하는지를 확인하기 위해 다음 명령을 수행합니다.

```
cskisa@ubuntu:~$ ps -ef | grep mysql
mysql      4120       1  0 18:58 ?        00:00:00 /usr/sbin/mysqld
cskisa     5638    3068  0 19:01 pts/0    00:00:00 grep --color=auto mysql
cskisa@ubuntu:~$
```

2 MariaDB 접속

MariaDB와 관련된 패키지를 모두 설치하였으므로 MariaDB에 접속하는 방법을 살펴보기 위해 다음 예제를 수행합니다.

예제 15-02

- **Step 01** | 외부에서 우분투 서버에 접속할 수 있도록 mysql 포트(3306)를 열어주기 위해 다음과 같이 명령을 수행합니다.

```
cskisa@ubuntu:~$ sudo ufw allow mysql
규칙이 업데이트됐습니다
규칙이 업트이트됐씁니다(v6)
cskisa@ubuntu:~$
```

- **Step 02** | mysql을 실행하기 위해 다음과 같이 명령을 수행합니다.

```
cskisa@ubuntu:~$ sudo systemctl start mysql
cskisa@ubuntu:~$
```

- **Step 03** | 우분투가 재시작되더라도 mysql 자동으로 시작되도록 다음과 같이 명령을 수행합니다.

```
cskisa@ubuntu:~$ sudo systemctl enable mysql
Synchronizing state of mysql.service with SysV service script with
/lib/systemd/systemd-sysv-install.
Executing: /lib/systemd/systemd-sysv-insatall enable mysql
Failed to enable unit: Refusing to oprrate on linked unit file mysql.service
cskisa@ubuntu:~$
```

• **Step 04** | MariaDB에 접속하기 위해 mysql 명령만 사용할 경우 다음과 같은 오류 메시지가 출력됩니다.

```
cskisa@ubuntu:~$ mysql
ERROR 1698 (28000): Access denied for user 'cskisa'@'localhost'
cskisa@ubuntu:~$
```

• **Step 05** | MariaDB에서 사용하는 root 계정은 리눅스 시스템의 root 계정을 의미하는 것은 아닙니다. MariaDB의 root 계정을 의미하는 것이므로 자칫 혼동해서는 안 됩니다. MariaDB에 접속하기 위해 암호 123456을 입력합니다.

```
cskisa@ubuntu:~$ sudo mysql -u root -p
Enter password: 123456  ← 보안상 화면에는 보이지 않음
Wecome to the MariaDB monitor.  Commands end with ; or ₩g.
Your MariaDB connection id is 48
Server version: 10.3.22-MariaDB-1ubuntu1 Ubuntu 20.04

Copyright (c) 2000, 2018, Oracle, MariaDB Corporation Ab and others.

Type 'help;' or '₩h' for help. Type '₩c' to clear the current input statement.

MariaDB [(none)]>
```

MariaDB에 접속이 성공적으로 수행되면 프롬프트는 'MariaDB [(none)]>'와 같이 나타납니다. 프롬프트의 변화는 본격적으로 SQL 명령문을 작성할 수 있게 되었다는 것을 알려주는 의미입니다.

SECTION

03 DBMS 구축과 운영

1 데이터베이스 생성

데이터베이스의 생성은 create 명령을 사용합니다. 데이터베이스를 활용하기 위해 특정 데이터베이스를 지정하여 선택할 경우 use 명령을 사용하여 SQL 명령문을 수행합니다. 여기서는 다음 장에서 필요로 하는 데이터베이스의 생성과 활용하는 방법에 대해서만 다루기로 하겠습니다.

기존 데이터베이스 목록 확인

MariaDB 서버에 접속된 상태에서 기존에 생성되어 있는 데이터베이스 목록을 살펴보기 위해 다음 예제를 수행합니다.

예제 15-03

- **Step 01** | 쿼리문 show 명령을 사용하여 데이터베이스의 목록을 출력합니다. SQL 문의 끝에는 ;(세미콜론)을 붙여 명령문의 마지막임을 MariaDB 서버에게 통보합니다.

```
MariaDB [(none)]> show databases;
+-----------------------+
| Database              |
+-----------------------+
| information_schema |
| mysql                 |
| performance_schema |
+-----------------------+
3 rows in set (0.000 sec)

MariaDB [(none)]>
```

• **Step 02** | system clear 명령으로 화면에 출력된 내용을 모두 지웁니다.

```
MariaDB [(none)]> system clear;
MariaDB [(none)]>
```

여기서 잠깐

터미널 창에서 접속된 MariaDB 서버 화면에서 여러 SQL 명령문을 작성하다 보면 화면을 깨끗이 지우고 싶을 때가 생깁니다. 이럴 때는 system clear 명령을 사용하여 화면을 깨끗하게 지우면 됩니다.

새로운 데이터베이스 생성 및 선택

데이터베이스 생성은 create 명령을 사용합니다. 새로운 데이터베이스인 healthcare_db를 생성하고 데이터베이스 목록을 출력하기 위해 다음 예제를 수행합니다.

예제 15-04

• **Step 01** | create 명령으로 healthcare_db 데이터베이스를 생성합니다.

```
MariaDB [(none)]> create database healthcare_db;
Query OK, 1 row affected (0.000 sec)

MariaDB [(none)]>
```

• **Step 02** | show 명령으로 데이터베이스 목록을 출력합니다.

```
MariaDB [(none)]> show databases;
+-----------------------+
| Database              |
+-----------------------+
| information_schema    |
| mysql                 |
| performance_schema    |
| healthcare_db         |  ← 새롭게 생성된 데이터베이스
+-----------------------+
4 rows in set (0.000 sec)

MariaDB [(none)]>
```

• **Step 03** | use 명령을 사용하여 앞에서 생성한 healthcare_db 데이터베이스를 선택합니다. 특정 데이터베이스를 선택하게 되면 프롬프트의 모양은 선택된 데이터베이스명으로 자동 변경됩니다.

```
MariaDB [(none)]> use healthcare _ db;
Database changed
MariaDB [healthcare _ db]>
```

여기서 잠깐

데이터베이스를 선택한다는 의미는 테이블을 생성하겠다는 의지를 나타냅니다. 데이터베이스만 생성하였다고 해서 바로 사용할 수 있는 것은 아니고 선택된 데이터베이스에는 데이터를 저장하기 위한 테이블을 반드시 생성해야 합니다. 테이블은 우리가 흔히 볼 수 있는 표와 같은 행태로 행과 열로 구성되어 데이터를 입력할 포지션을 정해줍니다.

지금까지 배운 내용을 상기하며 다음 문제를 도전해 보세요.

도전 15-01

1. MariaDB 서버에 root 계정과 암호 123456으로 접속하기
2. backup _ db 데이터베이스 생성하기
3. 전체 데이터베이스 목록 출력하기
4. backup _ db 데이터베이스 선택하기
5. backup _ db 데이터베이스에 존재하는 테이블 목록 출력하기
6. backup _ db 데이터베이스 삭제하기

2 테이블 생성

테이블을 생성할 때는 먼저 데이터베이스를 선택해 주어야 합니다. 그 이유는 테이블은 데이터베이스의 부속물이기 때문입니다. MariaDB에 접속된 상태에서 환자 테이블과 혈압 테이블을 각각 생성하도록 하겠습니다.

환자 테이블 생성

테이블을 생성하기 위해서는 먼저 작업할 데이터베이스를 선택해야 합니다. 데이터베이스는 앞에서 healthcare_db를 선택하였습니다. 선택한 healthcare_db 데이터베이스에 환자 2명에 대한 신상정보 데이터 3개인 환자 번호(PNO), 성명(NAME), 진료과(DEPT)를 처리하기 위한 환자 테이블(patient_tbl)을 생성하겠습니다.

표 15-4 환자 테이블(patient_tbl)

PNO	NAME	DEPT
33001	강태풍	내과
33002	신영웅	정형외과

환자 테이블(patient_tbl)의 구조는 다음 표와 같이 설정합니다.

표 15-5 환자 테이블(patient_tbl)의 구조

필드명	자료형	Null 값 설정	키 설정	기본값
PNO	int	YES		NULL
NAME	varchar(20)	YES		NULL
DEPT	varchar(30)	YES		NULL

MariaDB에서 처리하는 데이터의 크기를 살펴보면 한글은 한 글자당 2byte, 영문은 1byte로 처리됩니다. 테이블에 저장할 데이터의 필드 자료형은 varchar 자료형으로 선언해 주고 필드의 크기는 입력할 데이터 중에서 가장 긴 문자열의 크기를 산정하여 적정한 크기를 선언해 주면 됩니다.

여기서 잠깐

varchar 자료형을 설정할 때 필드의 크기를 너무 적게 설정하게 되면 입력하는 문자열 중 끝부분이 일부 잘려 저장되기 때문에 주의해야 합니다. NAME 필드와 DEPT 필드를 char 자료형으로 설정하지 않고 모두 varchar 자료형으로 설정한 것은 메모리의 효율성을 높이기 위함입니다. char 자료형은 주어진 크기만큼 무조건 메모리 공간을 확보하기 때문에 실제로 입력되는 값이 적게 되면 나머지 메모리 공간은 그냥 비어 있게 되어 메모리의 낭비를 초래하게 됩니다.

SQL 명령문으로 환자 테이블(patient_tbl)을 생성하고 생성된 테이블이 목록에 존재하는지를 확인하기 위해 다음 예제를 수행합니다.

예제 15-05

- **Step 01** | show 명령으로 healthcare_db 데이터베이스에 존재하는 테이블의 목록을 출력합니다. 아직은 생성된 테이블이 없으므로 비어 있다는 메시지가 나타납니다.

```
MariaDB [healthcare_db]> show tables;
Empty set (0.000 sec)

MariaDB [healthcare_db]>
```

- **Step 02** | create 명령으로 환자에 대한 정보를 저장할 patient_tbl 테이블을 생성합니다. SQL 명령문을 한 줄에 모두 작성하기 어려울 때는 [Enter↵]를 눌러 다음 행에 입력해도 됩니다. SQL 문을 작성할 때 여러 줄로 이어서 작성할 때 -> 표시는 자동으로 나타납니다.

```
MariaDB [healthcare_db]> create table patient_tbl
    -> (PNO int, NAME varchar(20), DEPT varchar(30))
    -> default charset=utf8;     ← 한글 깨짐 방지
Query OK, 0 rows affected (0.00 sec)

MariaDB [healthcare_db]>
```

- **Step 03** | show 명령으로 환자 테이블(patient_tbl)이 제대로 생성되었는지를 확인합니다.

```
MariaDB [healthcare_db]> show tables;
+------------------------------+
| Tables_in_healthcare_db |
+------------------------------+
| patient_tbl                  |  ← 새롭게 생성된 테이블
+------------------------------+
1 rows in set (0.000 sec)

MariaDB [healthcare_db]>
```

혈압 테이블 생성

여기서는 환자 2명에 대한 환자 번호(PNO), 수축기(HIGH)와 이완기(LOW) 3개의 혈압 측정(수축기와 이완기) 데이터를 처리하기 위한 혈압 테이블(blood_tbl)을 생성합니다.

표 15-6 혈압 테이블(blood_tbl)

PNO	HIGH	LOW
33001	150	110
33002	138	93

혈압 테이블(blood_tbl)의 구조는 다음과 표와 같이 설정합니다.

표 15-7 혈압 테이블(blood_tbl)의 구조

필드명	자료형	Null 값 설정	키 설정	기본값
PNO	int	YES		NULL
HIGH	int	YES		NULL
LOW	int	YES		NULL

SQL 문으로 혈압 테이블(blood_tbl)을 생성하고 생성된 테이블의 존재를 확인하기 위해 다음 예제를 수행합니다.

예제 15-06

• **Step 01** | create 명령으로 blood_tbl 테이블을 생성합니다.

```
MariaDB [healthcare_db]> create table blood_tbl
    -> (PNO int, HIGH int, LOW int)
    -> default charset=utf8;
Query OK, 0 rows affected (0.000 sec)

MariaDB [healthcare_db]>
```

• **Step 02** | show 명령으로 혈압 테이블(blood_tbl)이 정상적으로 생성되어 테이블 목록에 존재하는지를 확인해보면 2개의 테이블이 생성되어 있음을 알 수 있습니다.

```
MariaDB [healthcare _ db]> show tables;
+------------------------------+
| Tables _ in _ healthcare _ db |
+------------------------------+
| blood _ tbl                  |
| patient _ tbl                |
+------------------------------+
2 rows in set (0.000 sec)

MariaDB [healthcare _ db]>
```

3 테이블 구조

앞에서 생성한 2개의 테이블의 구조를 살펴보고 테이블의 구조를 변경하는 방법에 대해 살펴보도록 하겠습니다.

테이블 구조 확인

테이블의 구조를 살펴보기 위해서는 desc와 explain 명령어 중에서 어느 하나를 선택하여 사용하면 됩니다. 2개의 테이블 구조를 각각 살펴보기 위해 다음 예제를 수행합니다.

예제 15-07

• **Step 01** | 먼저 desc 명령으로 patient_tbl 테이블의 구조를 살펴봅니다.

```
MariaDB [healthcare _ db]> desc patient _ tbl;
+-------+-------------+------+-----+---------+-------+
| Field | Type        | Null | Key | Default | Extra |
+-------+-------------+------+-----+---------+-------+
| PNO   | int(11)     | YES  |     | NULL    |       |
| NAME  | varchar(20) | YES  |     | NULL    |       |
| DEPT  | varchar(30) | YES  |     | NULL    |       |
+-------+-------------+------+-----+---------+-------+
3 rows in set (0.000 sec)

MariaDB [healthcare _ db]>
```

• **Step 02** | 이번에는 explain 명령으로 blood_tbl 테이블의 구조를 살펴봅니다.

```
MariaDB [healthcare_db]> explain blood_tbl;
+-------+---------+------+-----+---------+-------+
| Field | Type    | Null | Key | Default | Extra |
+-------+---------+------+-----+---------+-------+
| PNO   | int(11) | YES  |     | NULL    |       |
| HIGH  | int(11) | YES  |     | NULL    |       |
| LOW   | int(11) | YES  |     | NULL    |       |
+-------+---------+------+-----+---------+-------+
3 rows in set (0.000 sec)

MariaDB [healthcare_db]>
```

테이블 필드 기본 키 추가

테이블의 구성요소 중 레코드에는 여러 개의 필드가 존재합니다. 여러 개의 필드 중에서 중복성이 없는 고유의 필드를 지정해 줄 필요가 있습니다. 중복성을 구분하기 위한 고유의 값을 기본 키(Primary Key)라고 합니다.

여기서 잠깐

환자들이 입원하게 되면 환자 고유의 식별자인 환자 번호를 부여하듯이 여러 개의 필드 중에서 고유의 식별자로 사용하기 위해 특정 필드에 기본 키를 지정할 필요가 있습니다. 테이블의 여러 개 필드 중에서 하나의 데이터를 검색할 때 중복되지 않는 데이터를 정의하는 것이 바로 기본 키입니다.

SQL 명령문으로 앞에서 생성한 환자 테이블과 혈압 테이블의 환자 번호 필드에 기본 키를 각각 설정하기 위해 다음 예제를 수행합니다.

예제 15-08

• **Step 01** | alter 명령으로 환자 테이블(patient_tbl)의 환자 번호(PNO) 필드에 기본 키와 Not Null을 설정합니다. Not Null로 지정한 필드는 입력값을 생략할 수 없으므로 무조건 값을 입력해야 합니다.

```
MariaDB [healthcare_db]> alter table patient_tbl modify PNO int Not Null;
Query OK, 0 rows affected (0.000 sec)
Records: 0  Duplicates: 0  Warnings: 0

MariaDB [healthcare_db]>
```

• **Step 02** | desc 명령으로 patient_tbl 테이블을 확인해 보면 PNO 필드의 Null 값이 YES에서 NO로 변경된 것을 확인할 수 있습니다.

```
MariaDB [healthcare_db]> desc patient_tbl;
+-------+-------------+------+-----+---------+-------+
| Field | Type        | Null | Key | Default | Extra |
+-------+-------------+------+-----+---------+-------+
| PNO   | int(11)     | NO   |     | NULL    |       |
| NAME  | varchar(20) | YES  |     | NULL    |       |
| DEPT  | varchar(30) | YES  |     | NULL    |       |
+-------+-------------+------+-----+---------+-------+
3 rows in set (0.000 sec)

MariaDB [healthcare_db]>
```

여기서 잠깐

Null 값이라 함은 생략할 수 있음을 의미합니다. 기본 키에 저장되는 값은 생략하게 되면 중복되는 사례가 발생하게 되므로 절대로 입력값을 생략해서는 안 되도록 Not Null로 설정해야 합니다.. alter 명령은 테이블의 속성을 변경할 때 사용하는 명령이며 modify 이하는 필드에 대한 속성을 변경할 때 사용합니다.

• **Step 03** | 환자 번호(PNO) 필드에 중복되지 않는 고유의 값을 의미하는 기본 키를 설정하기 위해 다음과 같이 SQL 명령문을 수행합니다.

```
MariaDB [healthcare_db]> alter table patient_tbl add constraint pk_stinfo
    -> primary key (PNO);
Query OK, 0 rows affected (0.006 sec)
Records: 0  Duplicates: 0  Warnings: 0

MariaDB [healthcare_db]>
```

• **Step 04** | desc 명령으로 환자 테이블(patient_tbl)의 구조를 확인해 보면 PNO 필드의 Key 값에 기본 키를 의미하는 PRI가 표기된 것을 확인할 수 있습니다.

```
MariaDB [healthcare _ db]> desc patient _ tbl;
+--------+-------------+------+-----+---------+-------+
| Field  | Type        | Null | Key | Default | Extra |
+--------+-------------+------+-----+---------+-------+
| PNO    | int(11)     | NO   | PRI | NULL    |       |
| NAME   | varchar(20) | YES  |     | NULL    |       |
| DEPT   | varchar(30) | YES  |     | NULL    |       |
+--------+-------------+------+-----+---------+-------+
3 rows in set (0.001 sec)

MariaDB [healthcare _ db]>
```

• **Step 05** | 혈압 테이블(blood_tbl)의 환자 번호(PNO) 필드에 Not Null을 설정합니다.

```
MariaDB [healthcare _ db]> alter table blood _ tbl modify PNO int Not Null;
Query OK, 0 rows affected (0.001 sec)
Records: 0  Duplicates: 0  Warnings: 0

MariaDB [healthcare _ db]>
```

• **Step 06** | 이번에는 혈압 테이블(blood_tbl)의 환자 번호(PNO) 필드에 기본 키를 설정합니다.

```
MariaDB [healthcare _ db]> alter table blood _ tbl add constraint pk _ stinfo
    -> primary key (PNO);
Query OK, 0 rows affected (0.007 sec)
Records: 0  Duplicates: 0  Warnings: 0

MariaDB [healthcare _ db]>
```

• **Step 07** | explain 명령으로 혈압 테이블(blood_tbl)의 구조를 살펴보면 PNO 필드의 Key 값에 기본 키를 의미하는 PRI가 표기된 것을 확인할 수 있습니다.

```
MariaDB [healthcare _ db]> explain blood _ tbl;
+--------+---------+------+------+---------+-------+
| Field | Type    | Null | Key  | Default | Extra |
+--------+---------+------+------+---------+-------+
| PNO    | int(11) | NO   | PRI  | NULL    |       |
| HIGH   | int(11) | YES  |      | NULL    |       |
| LOW    | int(11) | YES  |      | NULL    |       |
+--------+---------+------+------+---------+-------+
3 rows in set (0.001 sec)

MariaDB [healthcare _ db]>
```

4 레코드 삽입과 검색

레코드(Record)라 함은 한 사람에 대한 환자 번호, 이름, 학과 등 여러 개의 필드로 구성된 하나의 행 단위를 의미합니다. 레코드 삽입은 환자 테이블 patient_tbl과 혈압 테이블 blood_tbl에 대해 [표 15-8]과 같이 2개의 레코드를 각각 삽입하도록 하겠습니다.

레코드 삽입 순서는 환자 테이블(patient_tbl)의 데이터를 먼저 입력한 다음 혈압 테이블(blood_tbl)을 입력하는 순서로 진행하겠습니다.

환자 레코드 삽입

SQL 명령문을 사용하여 다음 표에서 주어진 2명의 환자에 대한 데이터를 레코드 단위로 테이블에 입력하겠습니다.

표 15-8 환자 테이블(patient_tbl)

PNO	NAME	DEPT
33001	강태풍	내과
33002	신영웅	정형외과

SQL 명령문으로 2명의 환자 데이터를 patient_tbl 테이블에 입력하기 위해 다음 예제를 수행합니다.

예제 15-09

- **Step 01** | 먼저 insert 명령으로 '강태풍' 환자의 데이터를 입력합니다.

```
MariaDB [healthcare_db]> insert into patient_tbl
    -> values (33001, '강태풍', '내과');
Query OK, 1 row affected (0.001 sec)

MariaDB [healthcare_db]>
```

- **Step 02** | 이번에는 insert 명령으로 '신영웅' 환자의 데이터를 입력합니다.

```
MariaDB [healthcare_db]> insert into patient_tbl
    -> values (33002, '신영웅', '정형외과');
Query OK, 1 row affected (0.001 sec)

MariaDB [healthcare_db]>
```

- **Step 03** | 환자 2명에 대한 데이터의 입력을 완료하였으므로 select 명령으로 테이블에 등록된 레코드 정보를 모두 출력합니다.

```
MariaDB [healthcare_db]> select * from patient_tbl;
+----------+-----------+-------------+
| PNO      | NAME      | DEPT        |
+----------+-----------+-------------+
| 33001    | 강태풍    | 내과        |
| 33002    | 신영웅    | 정형외과    |
+----------+-----------+-------------+
2 rows in set (0.000 sec)

MariaDB [healthcare_db]>
```

혈압 레코드 삽입

SQL 명령문을 사용하여 다음 표에서 주어진 혈압 데이터를 레코드 단위로 혈압 테이블(blood_tbl)에 입력하겠습니다.

표 15-9 혈압 테이블(blood_tbl)

PNO	HIGH	LOW
33001	150	110
33002	138	93

SQL 명령문을 사용하여 환자 2명의 혈압 데이터를 blood_tbl 테이블에 입력하기 위해 다음 예제를 수행합니다.

예제 15-10

- **Step 01** | insert 명령으로 환자 2명의 혈압 데이터를 blood_tbl 테이블에 입력합니다.

```
MariaDB [healthcare_db]> insert into blood_tbl
     -> values (33001, 150, 110);
Query OK, 1 row affected (0.001 sec)

MariaDB [healthcare_db]> insert into blood_tbl
     -> values (33002, 138, 93);
Query OK, 1 row affected (0.001 sec)

MariaDB [healthcare_db]>
```

- **Step 02** | select 명령으로 blood_tbl 테이블에 저장된 환자 2명의 혈압 데이터를 확인합니다.

```
MariaDB [healthcare_db]> select * from blood_tbl;
+--------+-------+-------+
| PNO    | HIGH  | LOW   |
+--------+-------+-------+
| 33001  |   150 |  110  |
| 33002  |   138 |   93  |
+--------+-------+-------+
2 rows in set (0.000 sec)

MariaDB [healthcare_db]>
```

레코드 검색

기존 테이블에 존재하는 레코드를 검색할 때는 select 명령과 함께 옵션을 사용합니다. SQL 명령문으로 환자 테이블과 혈압 테이블의 레코드를 특정 조건에 맞는 검색 결과를 출력하기 위해 다음 예제를 수행합니다.

예제 15-11

- **Step 01** | select 명령과 함께 옵션을 선언하여 blood_tbl 테이블에서 환자 번호가 33001인 환자의 수축기 혈압(HIGH)을 검색합니다.

```
MariaDB [healthcare_db]> select HIGH from blood_tbl where PNO=33001;
+--------+
| HIGH   |
+--------+
|  150   |
+--------+
1 row in set (0.000 sec)

MariaDB [healthcare_db]>
```

- **Step 02** | 이번에는 patient_tbl 테이블에 존재하는 환자 번호 33002의 환자 이름과 진료과(DEPT)를 검색합니다.

```
MariaDB [healthcare_db]> select NAME, DEPT from patient_tbl
    -> where PNO=33002;
+-----------+--------------+
| NAME      | DEPT         |
+-----------+--------------+
| 신영웅    | 정형외과     |
+-----------+--------------+
1 row in set (0.00 sec)
```

- **Step 03** | select 명령으로 patient_tbl 테이블과 blood_tbl 테이블에 존재하는 환자 번호 33001의 환자 이름과 진료과, 수축기 혈압을 한꺼번에 검색합니다.

```
MariaDB [healthcare_db]> select patient_tbl.NAME, patient_tbl.DEPT,
    -> blood_tbl.HIGH
    -> from patient_tbl, blood_tbl
    -> where patient_tbl.PNO=33001 and blood_tbl.PNO=33001;
+-----------+----------+-------+
| NAME      | DEPT     | HIGH  |
+-----------+----------+-------+
| 강태풍    | 내과     |   150 |
+-----------+----------+-------+
1 row in set (0.000 sec)

MariaDB [healthcare_db]>
```

여기서 잠깐

환자 테이블과 혈압 테이블에 대한 조인검색은 다소 복잡하게 SQL 명령문을 수행하였습니다. SQL 명령문을 처음 접하는 독자에게는 복잡하게 느껴지겠지만 중요한 부분을 살펴보면 from은 검색하고자 하는 테이블을 지정해 주는 부분이고 where절 이하는 수행할 조건을 선언하는 부분이라고 이해하면 됩니다.

데이터 수정하기

기존 테이블에 저장된 데이터를 수정하는 방법에 대해 살펴보도록 하겠습니다. 데이터를 수정할 때는 update 명령을 사용합니다. SQL 명령으로 기존 테이블에 저장된 데이터를 수정하기 위해 다음 예제를 수행합니다.

예제 15-12

- **Step 01** | select 명령으로 blood_tbl 테이블에 저장된 레코드 중에서 33002 환자의 혈압 데이터를 확인합니다.

```
MariaDB [healthcare_db]> select * from blood_tbl where PNO=33002;
+-------+-------+------+
| PNO   | HIGH  | LOW  |
+-------+-------+------+
| 33002 |  138  |   93 |
+-------+-------+------+
1 row in set (0.000 sec)

MariaDB [healthcare_db]>
```

- **Step 02** | update 명령으로 blood_tbl 테이블에 저장된 레코드 중에서 33002 환자의 이완기 혈압(LOW) 데이터를 93에서 88로 수정합니다.

```
MariaDB [healthcare_db]> update blood_tbl set LOW=88 where PNO=33002;
Query OK, 1 row affected (0.001 sec)
Rows matched: 1  Changed: 1  Warnings: 0

MariaDB [healthcare_db]>
```

- **Step 03** | select 명령으로 33002 환자의 이완기 혈압(LOW) 데이터가 93에서 88로 수정되었는지를 확인합니다.

```
MariaDB [healthcare_db]> select * from blood_tbl where PNO=33002;
+---------+-------+------+
| PNO     | HIGH  | LOW  |
+---------+-------+------+
| 33002   |   138 |  88  |
+---------+-------+------+
1 row in set (0.000 sec)

MariaDB [healthcare_db]>
```

5 MariaDB 접속 종료

MariaDB 서버에 접속된 상태를 종료하려면 exit 명령을 사용하면 됩니다.

```
MariaDB [healthcare_db]> exit
Bye
cskisa@ubuntu:~$
```

지금까지 배운 내용을 상기하며 다음 문제를 도전해 보세요.

도전 15-02

1. MariaDB 서버 접속하기
2. 새로운 데이터베이스 test15_db 생성하기
3. test15_db 선택하기
4. 테이블 addr_tbl 생성하기 → 아래 주소 테이블과 구조 참조
5. 테이블 addr_tbl의 구조 확인하기
6. 레코드 삽입하기 → 아래 주소 테이블(addr_tbl) 참조
7. 테이블에 삽입된 모든 레코드 검색하기
8. MariaDB 서버 접속 종료하기

■ 주소 테이블(addr_tbl)

NO	NAME	ADDR
1001	이순신	서울특별시 중구 신당동 1850
1002	을지문덕	부산광역시 금정구 부산대학로 15

■ 주소 테이블의 구조

필드명	자료형	Null 값 설정	키 설정	기본값
NO	int	NO	PRI	NULL
NAME	varchar(14)	YES		NULL
ADDR	varchar(50)	YES		NULL

핵심요약

01 데이터베이스는 많은 데이터를 수집하여 사용하고자 하는 목적에 따라 특정한 형식에 의거 저장되어 가공처리 되는 것을 의미하고 DBMS는 데이터베이스를 직접 응용 프로그램들이 조작하는 것이 아니고 데이터베이스를 조작하는 별도의 소프트웨어를 DBMS(데이터베이스 관리 시스템)이라고 합니다.

02 SQL 명령문이란 데이터베이스를 사용할 때 데이터베이스에 접근할 수 있는 데이터베이스의 하부 언어를 의미하며 다른 표현으로는 구조화 질의어라고 합니다.

03 데이터베이스 조회 및 생성과 삭제할 때 사용하는 SQL 명령문은 다음과 같습니다.

■ 데이터베이스 관련 SQL 명령문

명령문	의미	사용 예
SHOW	데이터베이스 목록 출력	> show databases;
CREATE	새로운 데이터베이스 생성	> create database DB이름;
USE	작업할 데이터베이스 선택	> user DB이름;
DROP	데이터베이스 삭제(소속된 테이블도 모두 삭제됨)	> drop database DB이름;

04 테이블 조회와 생성 및 변경과 삭제할 때 사용하는 SQL 명령문은 다음과 같습니다.

■ 테이블 관련 SQL 명령문

명령문	의미	사용 예
SHOW	테이블 목록 출력	db> show tables;
CREATE	새로운 테이블 생성	db> create table 테이블 이름;
DESC	테이블 구조 확인(또는 explain 명령문 사용)	db> desc 테이블 이름;
DROP	테이블 삭제	db> drop table 테이블 이름;

05 테이블을 생성할 때는 각 필드에 어떠한 데이터를 저장할 것인지에 대한 자료형을 지정해 주어야 합니다. 필드에 자료형을 정의할 때는 입력할 데이터의 종류와 크기를 감안하여 선언해야 합니다. 데이터의 크기보다 필드의 크기를 적게 선언할 경우 오류가 발생하거나 데이터 중 일부가 소실될 수 있으므로 주의해야 합니다.

■ 테이블 필드의 자료형

자료형	의미
varchar(n)	개수 n개를 지정하여 가변성 문자열 지정 (메모리 효율성)
char(n)	개수 n개를 지정하여 고정성 문자열 지정 (메모리 비효율성)
int	정수형 숫자를 입력받을 필드의 자료형 지정
float	실수형 숫자를 입력받을 필드의 자료형 지정
date	날짜를 입력받을 필드의 자료형 지정
time	시각을 입력받을 필드의 자료형 지정

06 테이블을 생성할 때는 테이블 이름 다음에 괄호를 열고 필드명과 자료형을 다음과 같은 형태로 지정합니다. 테이블을 생성하기 위한 SQL 명령문은 다음과 같습니다.

```
MariaDB[healthcare_db]> CREATE TABLE 테이블명(    ← 테이블명은 각자 알아서 선언
    -> 필드명1 타입,                              ← 필드명 이름과 데이터 타입 지정
    -> 필드명2 타입,
    -> .....
    -> PRIMARY KEY(필드명)                        ← 중복성을 배제하기 위한 기본키 설정
    -> default charset=utf8                       ← 한글 깨짐현상 방지
    -> );
```

07 레코드 관련 SQL 명령문은 다음과 같습니다.

① 레코드 삽입 : insert into 명령을 사용하여 지정한 테이블에 새로운 레코드를 추가합니다. 이 과정에서 주의해야 할 점은 테이블을 생성할 때 지정한 자료형과 일치되도록 데이터를 입력해야 합니다.

```
insert into 테이블명 values(값1, 값2, …);
```

② 레코드 수정 : update 명령을 사용하여 기존 테이블에 저장되어 있는 레코드를 수정합니다.

```
update 테이블명 set 필드명1=수정할 값, 필드명2=수정할 값, … where 조건;
```

③ 레코드 삭제 : delete 명령을 사용하여 기존 테이블에 저장된 레코드 중에서 지정한 레코드를 삭제합니다.

```
delete from 테이블명 where 조건;
```

④ 레코드 조회 : select 명령을 사용하여 테이블에 저장된 레코드를 조회합니다.

```
select 필드명1, 필드명2, … from 테이블명 where 조건;
```

08 데이터베이스 작업은 주로 관리자가 DB를 생성하여 관리하지만 때로는 사용자에게 권한을 부여하는 경우도 있습니다. 데이터베이스에 대한 접근 권한은 grant명령을 사용하여 다음과 같이 권한을 부여합니다.

```
grant all privileges on DB명.* to 사용자계정@localhost identified by '암호';
```

09 mariadb-server 패키지를 설치 후 정상적으로 MySQL에 접속되지 않거나 오류가 발생할 경우 다음과 같이 mariadb-server 패키지를 모두 삭제 후 다시 패키지를 설치하면 됩니다.

```
cskisa@ubuntu:~$ sudo apt-get purge mariadb-server
cskisa@ubuntu:~$ sudo apt-get purge mariadb-common
cskisa@ubuntu:~$ sudo rm -rf /var/log/mysql
cskisa@ubuntu:~$ sudo rm -rf /var/log/mysql.*
cskisa@ubuntu:~$ sudo rm -rf /var/lib/mysql
cskisa@ubuntu:~$ sudo rm -rf /etc/mysql
```

연습문제

01 다음 글을 읽고 빈 괄호를 채우시오

(1) 데이터베이스는 많은 데이터를 모아 사용하고자 하는 (   )에 따라 특정한 형식에 의거 저장되어 (   ) 되는 것을 의미합니다.

(2) DBMS는 (   )를 직접 응용 프로그램들이 조작하는 것이 아니고 데이터베이스를 조작하는 별도의 (   )라고 합니다.

(3) SQL이란 데이터베이스를 사용할 때 데이터베이스에 접근할 수 있는 데이터베이스의 (   )를 의미하며 다른 표현으로는 (   )라고 합니다.

02 DBMS란 무엇인지 설명하시오.

03 MariaDB에 접속된 상태에서 sample_db 데이터베이스를 생성하고 데이터베이스를 선택한 다음 sample_db에 존재하는 테이블 목록을 출력하는 명령을 프롬프트의 변화와 함께 기술하시오.

04 다음에 주어진 의미를 살펴보고 해당하는 SQL 명령문을 빈칸에 채우시오.

SQL 문	의미
	데이터베이스 목록 조회
	데이터베이스 생성
	데이터베이스 지정
	데이터베이스 삭제
	테이블 생성
	테이블 구조 조회
	테이블 수정
	테이블 삭제
	레코드 삽입
	레코드 수정
	레코드 삭제
	레코드 조회

05 다음에 주어진 의미를 살펴보고 해당하는 테이블의 데이터 타입에 대한 설명을 빈칸에 채우시오.

데이터 타입	의미
	n개를 지정하여 가변성 문자열 지정 (메모리 효율성)
	n개를 지정하여 고정성 문자열 지정 (메모리 비효율성)
	정수형 숫자를 입력받을 필드의 데이터 타입 지정
	실수형 숫자를 입력받을 필드의 데이터 타입 지정
	날짜를 입력받을 필드의 데이터 타입 지정
	시각을 입력받을 필드의 데이터 타입 지정

CHAPTER 16

웹 서버 구축

| 학습목표 |

- 아파치 웹 서버를 설치하고 구동 상태를 확인할 수 있습니다.
- 우분투 리눅스 외부에서 아파치 웹 서버에 접속할 수 있습니다.
- APM 패키지를 설치하고 연동 과정을 수행할 수 있습니다.
- XE를 활용하여 자신만의 웹 사이트를 구축할 수 있습니다.

SECTION

01 아파치 웹 서버

1 아파치 웹 서버 설치

유닉스와 리눅스에서 가장 많이 활용되고 있는 분야는 웹 서버 운영입니다. 그중에서도 가장 많은 사랑을 받는 것이 바로 Apache 웹 서버입니다. 우분투에서 제공하는 Apache 서비스에 대한 이름은 Apache2 입니다.

Apache 웹 서버 패키지인 Apache2를 설치하기 위해 다음 예제를 수행합니다.

예제 16-01

• **Step 01** | 아파치 웹 서버를 설치하기 전에 저장소의 패키지 목록 업데이트와 기존에 설치되어 있던 패키지의 업그레이드를 한꺼번에 수행하기 위해 다음 명령을 실행합니다.

```
cskisa@ubuntu:~$ sudo apt update && sudo apt upgrade
[sudo] cskisa의 암호 : 123456    ← 보안상 화면에는 나타나지 않음
받기:1 http://security.ubuntu.com/ubuntu focal-security InRelease [107 kB]
기존:2 http://kr.archive.ubuntu.com/ubuntu focal InRelease
...
(생략)
...
Processing triggers for initramfs-tools (0.136ubuntu6.1) ...
update-initramfs: Generating /boot/initrd.img-5.4.0-37-generic
cskisa@ubuntu:~$
```

- **Step 02** | apt 명령으로 apache2 패키지를 설치합니다.

```
cskisa@ubuntu:~$ sudo apt -y install apache2
패키지 목록을 읽는 중입니다... 완료
의존성 트리를 만드는 중입니다
...
(생략)
...
Processing triggers for man-db (2.9.1-1) ...
Processing triggers for libc-bin (2.31-0ubuntu9) ...
cskisa@ubuntu:~$
```

- **Step 03** | 아파치 웹 서버를 활성화한 다음 ps 명령으로 Apache2 데몬이 정상적으로 동작하는지를 확인합니다.

```
cskisa@ubuntu:~$ sudo service apache2 start
cskisa@ubuntu:~$ ps -ef | grep apache
root        11662      1     0 22:40 ?        00:00:00 /usr/sbin/apache2 -k start
www-data    11665  11662     0 22:40 ?        00:00:00 /usr/sbin/apache2 -k start
www-data    11666  11662     0 22:40 ?        00:00:00 /usr/sbin/apache2 -k start
cskisa      12822   3002     0 22:42 pts/0    00:00:00 grep --color=auto apache
cskisa@ubuntu:~$
```

2 우분투에서 웹 서버 접속

Apache2 패키지가 모두 설치되었으므로 우분투 내부에서 아파치 웹 서버 접속을 위해 다음 예제를 수행합니다.

예제 16-02

- **Step 01** | 우분투의 FireFox에서 웹 주소를 localhost 또는 127.0.0.1을 입력하여 다음 그림과 같은 웹 페이지가 나타나는지를 확인합니다. 만약 웹 페이지가 다음 그림과 같이 정상적으로 나타나지 않는다면 아파치 패키지를 다시 설치해야 합니다.

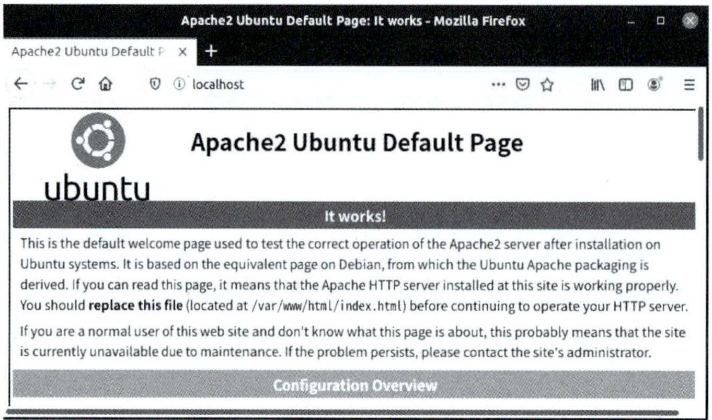

그림 16-1 아파치 웹 서버 정상 가동 화면

- **Step 02** | FireFox 화면을 아래로 이동하여 'Document Roots' 카테고리의 내용을 살펴보면 아파치 웹서버의 기본 문서가 저장되는 root 디렉터리는 /var/www/html인 것을 확인할 수 있습니다.

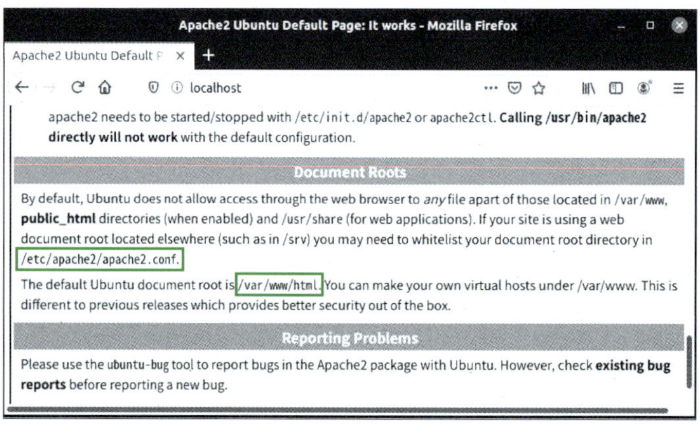

그림 16-2 아파치 웹 서버의 root 경로명 확인

3 방화벽 설정 옵션

우분투 리눅스 시스템에서 방화벽에 대한 활성화와 비활성화를 수행하는 방법을 살펴보기 위해 다음 예제를 수행합니다.

예제 16-03

- **Step 01** | 터미널 창에서 방화벽 프로그램인 ufw를 활성화합니다.

```
cskisa@ubuntu:~$ sudo ufw enable
방화벽이 활성 상태이며 시스템이 시작할 때 사용됩니다
cskisa@ubuntu:~$
```

- **Step 02** | 방화벽이 활성화된 상태에서 웹 서비스가 가능하도록 80번 포트(http)를 열어주기 위해 다음 명령을 수행 후 아파치 웹 서버를 다시 구동합니다.

```
cskisa@ubuntu:~$ sudo ufw allow 80/tcp
규칙이 추가되었습니다
규칙이 추가되었습니다 (v6)
cskisa@ubuntu:~$ sudo service apache2 start
```

- **Step 03** | 방화벽 상태를 확인하기 위해 다음 명령을 수행합니다.

```
cskisa@ubuntu:~$ sudo ufw status
상태: 활성

목적                동작        출발
--                  --          --
3306/tcp            ALLOW       Anywhere
80/tcp              ALLOW       Anywhere
3306/tcp (v6)       ALLOW       Anywhere (v6)
80/tcp (v6)         ALLOW       Anywhere (v6)

cskisa@ubuntu:~$
```

- **Step 04** | 방화벽 프로그램을 비활성화 상태로 변경하려면 다음과 같이 수행하면 됩니다.

```
cskisa@ubuntu:~$ sudo ufw disable
방화벽이 비활성 되었으며 시스템이 시작할 때 사용되지 않습니다
cskisa@ubuntu:~$
```

• **Step 05** | 다음 실습을 위해 방화벽 프로그램인 ufw를 다시 활성화합니다.

```
cskisa@ubuntu:~$ sudo ufw enable
방화벽이 활성 상태이며 시스템이 시작할 때 사용됩니다
cskisa@ubuntu:~$
```

4 Windows 환경에서 웹 서버 접속

Windows 운영체제의 웹 브라우저에서 아파치 웹 서버에 접속하기 위해 다음 예제를 수행합니다.

예제 16-04

• **Step 01** | Windows 운영체제 환경의 웹 브라우저에서 http://192.168.202.129(필자의 IP 주소이므로 독자분들은 각자 IP 주소를 사용)를 입력하여 접속합니다.

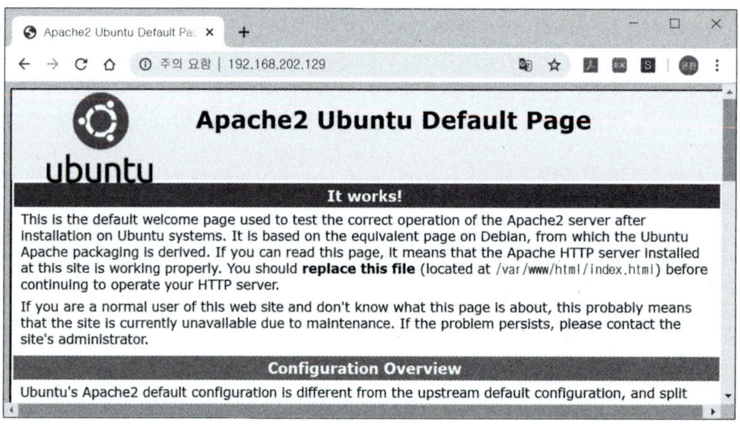

그림 16-3 아파치 웹 서버 접속 성공화면

• **Step 02** | 터미널 창에서 /var/www/html 디렉터리로 이동한 다음 ls 명령으로 디렉터리에 존재하는 파일 목록을 출력합니다.

```
cskisa@ubuntu:~$ cd /var/www/html
cskisa@ubuntu:/var/www/html$ ls
index.html
cskisa@ubuntu:/var/www/html$
```

• **Step 03** | gedit 창에서 index.html 파일의 내용을 확인할 수 있습니다.

```
cskisa@ubuntu:/var/www/html$ sudo gedit index.html
```

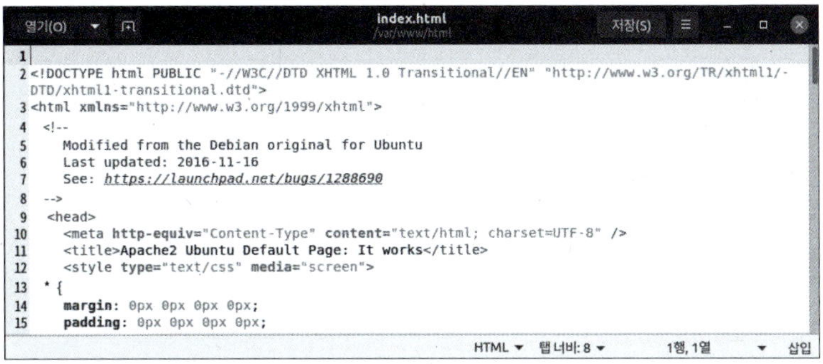

그림 16-4 index.html 파일 내용

• **Step 04** | cd 명령과 함께 틸드(~)를 사용하여 디렉터리의 위치를 이동합니다.

```
cskisa@ubuntu:/var/www/html$ cd ~
cskisa@ubuntu:~$
```

지금까지 배운 내용을 상기하며 다음 문제를 도전해 보세요.

도전 16-01

1. 아파치 웹 서버 초기화면이 저장되어 있는 디렉터리로 이동하기
2. 새로운 HTML 문서 hello.html 생성하기 → 문장 : 안녕하세요. 리눅스입니다.
3. 익스플로러 웹 브라우저에서 index.html 파일 실행하기
4. 터미널 창에서 생성한 html 문서가 존재하는지 확인하기

SECTION

02 APM 설치 및 연동

1 APM 설치

APM은 Apache2 웹 서버와 PHP, MySQL의 첫 글자만 조합하여 만든 약어입니다. 웹 사이트 구축을 위해서는 아파치와 PHP, MySQL 패키지가 필요합니다. 본격적으로 APM을 설치하고 연동하는 방법에 대해 살펴보겠습니다.

아파치 패키지 설치 확인

앞에서 설치한 아파치 웹 서버 패키지에 대한 정보를 다음과 같이 확인합니다.

```
cskisa@ubuntu:~$ sudo dpkg -l apache2
희망상태=알수없음(U)/설치(I)/지우기(R)/깨끗이(P)/고정(H)
| 상태=아님(N)/설치(I)/설정(C)/풀림(U)/절반설정(F)/일부설치(H)/트리거대기(W)/
| /      트리거밀림(T)
|/ 오류?=(없음)/다시설치필요(R)  (상태, 오류가 대문자=불량)
||/ 이름          버전                Architecture     설명
+++-==========-=================-=================-========================
ii  apache2      2.4.41-4ubuntu3     amd64             Apache HTTP Server
cskisa@ubuntu:~$
```

MySQL 패키지 설치

MySQL 패키지를 설치하기 위해 다음 예제를 수행합니다.

예제 16-05

• **Step 01** | 패키지가 설치되어 있지 않으므로 mysql-server 패키지가 설치되어 있는지를 확인합니다.

```
cskisa@ubuntu:~$ sudo dpkg -l mysql-server
dpkg-query: no packages found matching mysqlserver
cskisa@ubuntu:~$
```

• **Step 02** | mysql-server 패키지를 설치합니다.

```
cskisa@ubuntu:~$ sudo apt-get -y install mysql-server
패키지 목록을 읽는 중입니다... 완료
의존성 트리를 만드는 중입니다
상태 정보를 읽는 중입니다... 완료
몇몇 패키지를 설치할 수 없습니다. 요청한 상황이 불가능할 수도 있고,
불안정 배포판을 사용해서 일부 필요한 패키지를 아직 만들지 않았거나,
아직 Incoming에서 나오지 않은 경우일 수도 있습니다.
이 상황을 해결하는데 다음 정보가 도움이 될 수도 있습니다:

다음 패키지의 의존성이 맞지 않습니다:
 mysql-server : 의존: mysql-server-8.0 하지만 %s 패키지를 설치하지 않을 것입니다
E: 문제를 바로잡을 수 없습니다. 망가진 고정 패키지가 있습니다.
cskisa@ubuntu:~$
```

• **Step 03** | 설치된 mysql-server 패키지의 버전을 확인해 보면 mysql-server 패키지를 찾을 수 없다는 메시지가 출력됩니다. 이와 같은 문제점을 해결하려면 다음 단계를 수행해야 합니다.

```
cskisa@ubuntu:~$ sudo dpkg -l mysql-server
dpkg-query: no packages found matching mysql-server
cskisa@ubuntu:~$
```

• **Step 04** | 다음 명령을 수행하여 mysql-server 패키지를 모두 삭제합니다. 삭제과정에서 옵션은 기본값 그대로 두고 진행합니다.

```
cskisa@ubuntu:~$ sudo apt-get purge mysql-server
cskisa@ubuntu:~$ sudo apt-get purge mysql-common
cskisa@ubuntu:~$ sudo rm -rf /var/log/mysql
cskisa@ubuntu:~$ sudo rm -rf /var/log/mysql.*
cskisa@ubuntu:~$ sudo rm -rf /var/lib/mysql
cskisa@ubuntu:~$ sudo rm -rf /etc/mysql
```

• **Step 05** | mysql-server 패키지를 다시 설치합니다.

```
cskisa@ubuntu:~$ sudo apt-get -y install mysql-server
...
(패키지 설치 중)
...
cskisa@ubuntu:~$
```

• **Step 06** | 설치된 mysql-server 패키지의 버전을 다시 확인해 보면 패키지가 정상적으로 설치되어 버전을 확인할 수 있습니다.

```
cskisa@ubuntu:~$ sudo dpkg -l mysql-server
...
(생략)
...
||  이름              버전                          Architecture    설명
=================-=============================-===============-======================
ii mysql-server     8.0.20-0ubuntu0.20.04.1        all             MySQL database server
(metapackage depen>
<- Q를 눌러 빠져나옴
cskisa@ubuntu:~$
```

PHP 패키지 설치

PHP 패키지를 설치하기 위해 다음 예제를 수행합니다.

예제 16-06

• **Step 01** | 먼저 PHP 패키지가 설치되어 있는지를 확인합니다.

```
cskisa@ubuntu:~$ sudo dpkg -l php
dpkg-query: no packages found matching php
cskisa@ubuntu:~$
```

• **Step 02** | 패키지가 설치되어 있지 않으므로 PHP 패키지를 설치합니다.

```
cskisa@ubuntu:~$ sudo apt-get -y install php
...
(패키지 설치 중)
...
cskisa@ubuntu:~$
```

• **Step 03** | 설치된 PHP 패키지의 버전을 확인합니다.

```
cskisa@ubuntu:~$ sudo dpkg -l php
...
(생략)
...
||  이름        버전          Architecture     설명
============-============-================-====================================
i  php        2:7.4+75      all             server-side, HTML-embedded scripti>
<- Q를 눌러 빠져 나옴
cskisa@ubuntu:~$
```

2 APM 서비스 설정

APM 패키지가 모두 설치되었으므로 아파치 웹 서버와 MySQL 서버가 상시 구동하도록 설정하기 위해 다음 예제를 수행합니다.

예제 16-07

• **Step 01** | 아파치 웹 서버 구동과 상시 구동을 설정합니다.

```
cskisa@ubuntu:~$ sudo systemctl restart apache2   ← 아파치 웹 서버 다시 구동
cskisa@ubuntu:~$ sudo systemctl enable apache2    ← 아파치 웹 서버 상시 구동 설정
Synchronizing state of apache2.service with SysV service script with
/lib/systemd/systemd-sysv-install.
Executing: /lib/system/systemd-sysv-install enable apache2
cskisa@ubuntu:~$
```

• **Step 02** | 아파치 웹 서버의 구동 상태를 확인합니다. 구동 상태가 active(running)으로 설정되어 있다면 정상적으로 구동하고 있음을 의미합니다. Q를 누르면 다시 프롬프트 상태로 돌아갑니다.

```
cskisa@ubuntu:~$ sudo systemctl status apache2
● apache2.service - The Apache HTTP Server
     Loaded: loaded (/lib/systemd/system/apache2.service; enabled; vendor
 preset: enabled)
     Active: active (running) since Wed 2020-06-17 23:51:20 KST; 3min 11s ago
       Docs: https://httpd.apache.org/docs/2.4/
   Main PID: 18628 (apache2)
...
(생략)
...
lines 1-18/18 (END)  ← Q를 눌러 빠져 나옴
```

• **Step 03** | MySQL 구동과 상시 구동을 설정합니다.

```
cskisa@ubuntu:~$ sudo systemctl restart mysql   ← MySQL 서버 다시 구동
cskisa@ubuntu:~$ sudo systemctl enable mysql    ← MySQL 서버 상시 구동 설정
Synchronizing state of mysql.service with SysV service script with
 /lib/systemd/systemd-sysv-install.
Executing: /lib/systemd/systemd-sysv-install enable mysql

cskisa@ubuntu:~$
```

• **Step 04** | MySQL 서버가 active(running)이면 정상적으로 구동되고 있는 상태를 의미합니다.

```
cskisa@ubuntu:~$ sudo systemctl status mysql
● mysql.service - MySQL Community Server
     Loaded: loaded (/lib/systemd/system/mysql.service; enabled; vendor
preset: enabled)
     Active: active (running) since Wed 2020-06-17 23:59:20 KST; 1min 15s ago
   Main PID: 18855 (mysqld)
...
(생략)
...
cskisa@ubuntu:~$
```

3 웹 서버와 PHP 연동 확인

아파치 웹 서버와 PHP가 제대로 연동되는지를 확인하기 위해 다음 예제를 수행합니다.

예제 16-08

• **Step 01** | gedit 편집 창에서 /var/www/html 디렉터리에 info.php 파일을 생성하여 다음 내용을 입력 후 저장하고 gedit 창은 닫아줍니다.

```
cskisa@ubuntu:~$ sudo gedit /var/www/html/info.php
```

info.php

```
<?php
    phpinfo();
?>
```

• **Step 02** | 우분투의 FireFox에서 http://127.0.0.1/info.php 또는 http://localhost/info.php를 입력하여 PHP가 제대로 동작하는지를 확인합니다. 아래와 같은 화면이 출력되면 PHP는 정상적으로 동작하고 있는 상태입니다.

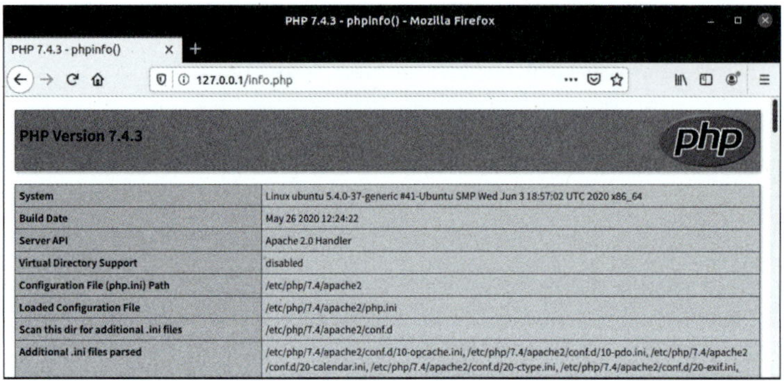

그림 16-5 FireFox에서 info.php를 실행한 결과

• **Step 03** | Windows 환경의 웹 브라우저에서 http://192.168.202.129/info.php를 실행해도 PHP 프로그램이 정상적으로 동작하고 있음을 확인할 수 있습니다.

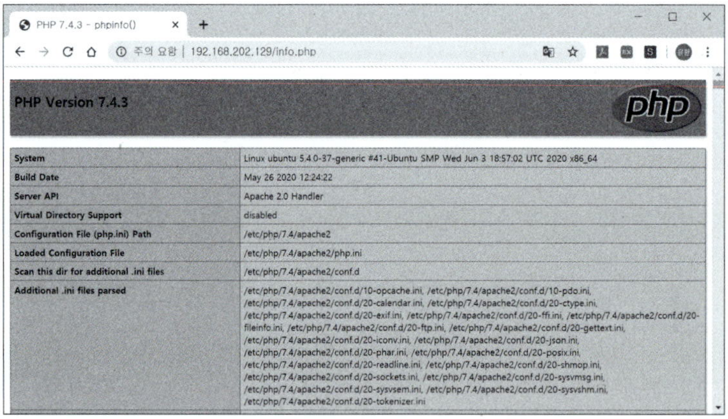

그림 16-6 크롬에서 info.php를 실행한 결과

SECTION

03 DB와 사용자 계정 생성

1 DB 생성

웹 사이트 구축을 위해 사용할 DB를 생성하기 위해 다음 예제를 수행합니다.

예제 16-09

• **Step 01** | 먼저 사용자 계정을 생성하기 위해 root 계정으로 암호 123456을 입력하여 MySQL 서버에 접속합니다. 여기에서 root 계정은 리눅스의 root 계정을 의미하는 것이 아니고 MySQL 서버의 root 계정을 의미합니다.

```
cskisa@ubuntu:~$ sudo mysql -u root -p
Enter password: 123456 ← 보안상 화면에는 안 보임
…
(생략)
…
mysql>
```

• **Step 02** | create 명령으로 xe_db 데이터베이스를 생성합니다.

```
mysql> create database xe_db;
Query OK, 1 row affected (0.00 sec)

mysql>
```

• **Step 03** | show 명령으로 생성된 데이터베이스 목록을 출력하면 xe_db 데이터베이스가 존재하는 것을 확인할 수 있습니다.

```
mysql> show databases;
+----------------------+
| Database             |
+----------------------+
| information _ schema |
| mysql                |
| performance _ schema |
| sys                  |
| xe _ db              |
+----------------------+
5 rows in set (0.37 sec)

mysql>
```

2 사용자 계정 생성

웹 사이트 구축을 위해 XE에서 사용할 xe_user 사용자 계정을 생성하기 위해 다음 예제를 수행합니다.

예제 16-10

• **Step 01** | create 명령으로 xe_user 계정을 생성합니다. 암호는 123456으로 설정합니다.

```
mysql> create user xe _ user@localhost identified by '123456';
Query OK, 0 rows affected (0.00 sec)

mysql>
```

• **Step 02** | xe_user 계정에게 새로 생성한 데이터베이스를 이용할 수 있는 권한을 부여합니다.

```
mysql> grant all on xe _ db.* to xe _ user@localhost;
Query OK, 0 rows affected (0.00 sec)

mysql>
```

• **Step 03** | 설정한 내용이 DBMS에 적용되도록 다음 명령을 수행합니다.

```
mysql> flush privileges;
Query OK, 0 rows affected (0.00 sec)

mysql>
```

• **Step 04** | exit 명령으로 MySQL 서버의 접속을 종료합니다.

```
mysql> exit
Bye
cskisa@ubuntu:~$
```

3 사용자 계정 접속

앞에서 생성한 xe_user 계정으로 MySQL 서버에 접속하기 위해 다음 예제를 수행합니다.

예제 16-11

• **Step 01** | xe_user 계정으로 암호 123456을 입력하여 MySQL 서버에 접속합니다.

```
cskisa@ubuntu:~$ sudo mysql -u xe_user -p
Enter password: 123456 ← 보안상 화면에는 안 보임
...
(생략)
...
mysql>
```

• **Step 02** | show 명령으로 데이터베이스 목록을 출력하여 xe_db 데이터베이스가 존재하는지를 확인합니다.

```
mysql> show databases;
+-----------------------+
| Database              |
+-----------------------+
| information _ schema |
| xe _ db               |
+-----------------------+
2 rows in set (0.00 sec)

mysql>
```

• **Step 03** | xe_user 계정으로 MySQL 서버에 접속하여 xe_db가 존재하는 것을 확인하였으므로 exit 명령으로 MySQL 서버의 접속을 종료합니다.

```
mysql> exit
Bye
cskisa@ubuntu:~$
```

지금까지 배운 내용을 상기하며 다음 문제를 도전해 보세요.

도전 16-02

1. root 계정으로 MySQL 서버에 접속하기
2. 계정 이름 test _ user와 비밀번호 123456, 기본 DB는 xe _ db로 설정하여 사용자 계정 생성 후 MySQL 서버 접속 종료하기
3. test _ user 계정으로 MySQL 서버에 접속했다가 종료하기

SECTION

04 XE 활용 웹 사이트 구축

APM 설치가 완료되었으므로 웹 사이트 구축에 대한 준비 과정은 끝났습니다. 이제 본격적으로 웹 사이트를 구축하겠습니다. 초보자에게 웹 사이트 구축은 매우 힘든 과정입니다. 하지만 여기서는 웹 사이트를 통합적으로 구성하도록 도와주는 오픈소스 도구로 유명한 XE(Xpress Engine)를 활용해 웹 사이트를 쉽게 구축하는 방법을 소개하겠습니다.

1 XE 다운로드 및 압축해제

웹 사이트 구축은 우분투의 Firefox에서 XE를 다운로드 후 압축을 해제한 다음 퍼미션을 설정하는 순으로 진행하겠습니다. Firefox 웹 브라우저에서 XE Core 프로그램을 찾기가 어렵다면 검색창에서 XE Core를 입력한 다음 키워드 검색을 수행하면 쉽게 찾을 수 있습니다.

xe 패키지 설치

웹 서버에서 XE가 동작하도록 관련 패키지를 설치하기 위해 다음 예제를 수행합니다.

예제 16-12

- **Step 01** | 웹 서버에서 XE가 동작하기 위해 php, php-gd, php-xml, php-mysql 패키지를 한꺼번에 모두 설치합니다.

```
cskisa@ubuntu:~$ sudo apt-get -y install php php-gd php-xml php-mysql
...
(패키지 설치 중)
...
cskisa@ubuntu:~$
```

• **Step 02** | systemctl 명령으로 아파치 웹 서버를 다시 구동합니다.

```
cskisa@ubuntu:~$ sudo systemctl restart apache2
cskisa@ubuntu:~$
```

xe 프로그램 다운로드

XE Core 프로그램에 대한 다운로드를 수행하기 위해 다음 예제를 수행합니다.

예제 16-13

• **Step 01** | XE 설치를 위해 우분투의 Firefox 웹 브라우저에서 아래 사이트에 접속합니다.

```
Firefox 웹 브라우저 ➡ http://www.xpressengine.com/download
```

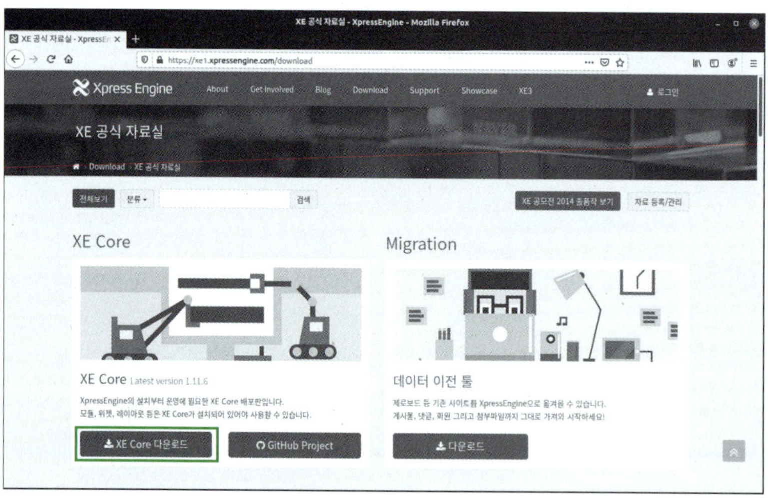

그림 16-7 XE Core 다운로드 사이트

• **Step 02** | 팝업 창이 나타나면 [파일 저장]을 선택하고 〈확인〉을 누릅니다. 다운로드 완료 후에도 Firefox 웹 브라우저는 닫지 말고 최소화해 둡니다. 다운로드를 한 파일은 '/root/다운로드/' 디렉터리에 저장됩니다.

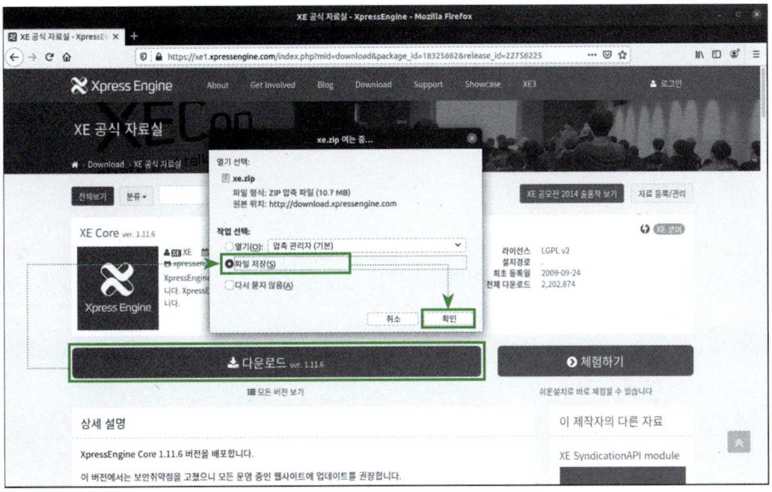

그림 16-8 xe.zip 파일 다운로드

• **Step 03** | ls -l 명령으로 xe.zip 파일이 [다운로드] 디렉터리에 존재하는지를 확인합니다.

```
cskisa@ubuntu:~$ ls 다운로드
xe.zip
cskisa@ubuntu:~$
```

압축 파일 해제

다운로드한 xe.zip 파일의 압축을 해제하기 위해 다음 예제를 수행합니다.

예제 16-14

• **Step 01** | 다운로드 디렉터리로 이동 후 mv 명령으로 xe.zip 파일을 /var/www/html 디렉터리로 옮깁니다.

```
cskisa@ubuntu:~$ cd 다운로드
cskisa@ubuntu:/다운로드$ sudo mv xe.zip /var/www/html
cskisa@ubuntu:/다운로드$
```

• **Step 02** | cd 명령으로 /var/www/html 디렉터리로 이동한 다음 xe.zip 파일이 존재하는지를 확인합니다.

```
cskisa@ubuntu:/다운로드$ cd /var/www/html
cskisa@ubuntu:/var/www/html$ ls
index.html  info.php  xe.zip
cskisa@ubuntu:/var/www/html$
```

• **Step 03** | unzip 패키지가 설치되어 있지 않으므로 apt 명령으로 unzip 패키지를 설치 후 sudo unzip 명령으로 xe.zip 압축 파일을 해제합니다.

```
cskisa@ubuntu:/var/www/html$ sudo apt install unzip
cskisa@ubuntu:/var/www/html$ sudo unzip xe.zip
... 압축해제 과정은 생략 ...
cskisa@ubuntu:/var/www/html$
```

• **Step 04** | ls 명령으로 현재 디렉터리에 xe 디렉터리가 새롭게 생성되어 존재하는 것을 확인합니다.

```
cskisa@ubuntu:/var/www/html$ ls
index.html  info.php   xe   xe.zip
cskisa@ubuntu:/var/www/html$
```

• **Step 05** | 틸드(~)를 사용하여 디렉터리의 위치를 이동합니다.

```
cskisa@ubuntu:/var/www/xe/modules$ cd ~
cskisa@ubuntu:~$
```

2 퍼미션 설정

퍼미션(Permission)이란 사용자가 파일이나 디렉터리를 읽기, 쓰기, 실행할 수 있는 자격 또는 접근 권한을 허가하는 것을 의미합니다. 리눅스에서는 기본적으로 웹 서비스를 제공하기 위해 /var/www 디렉터리를 이용합니다. 이 디렉터리의 권한을 707로 변경해 줘야만 업로드와 다운로드가 가능해집니다.

디렉터리의 권한을 707로 퍼미션을 설정하기 위해 다음 예제를 수행합니다.

예제 16-15

• **Step 01** | chmod 명령으로 /var/www/html/xe 디렉터리를 외부에서 접근할 수 있도록 허용하기 위해 권한을 707로 변경 후 ls 명령으로 변경된 xe 디렉터리의 권한을 확인합니다.

```
cskisa@ubuntu:~$ sudo chmod 707 /var/www/html/xe
cskisa@ubuntu:~$ ls -l /var/www/html
합계 11000
-rw-r--r--  1 root   root      10918  6월  17 22:40 index.html
-rw-r--r--  1 root   root         24  6월  18 07:50 info.php
drwx---rwx 13 root   root       4096 10월  22  2019 xe
-rw-rw-r--  1 cskisa cskisa 11240720  6월  18 09:40 xe.zip
cskisa@ubuntu:~$
```

• **Step 02** | XE 홈 디렉터리인 /var/www/html/xe/modules 디렉터리로 이동하여 게시판 용도에 사용되는 board 디렉터리가 존재하는지를 확인합니다.

```
cskisa@ubuntu:~$ ls /var/www/html/xe/modules
addon       board       document    install     member
page        seo         trash       admin       comment
...
(생략)
...
cskisa@ubuntu:~$
```

3 XE 프로그램 설치

우분투에서 본격적으로 XE 프로그램을 설치하기 위해 다음 예제를 수행합니다.

예제 16-16

- **Step 01** | Firefox 웹 브라우저에서 http://192.168.202.129/xe로 접속하여 나타난 [설치 언어 선택] 화면에서 '한국어'를 선택하고 〈다음〉을 누릅니다.

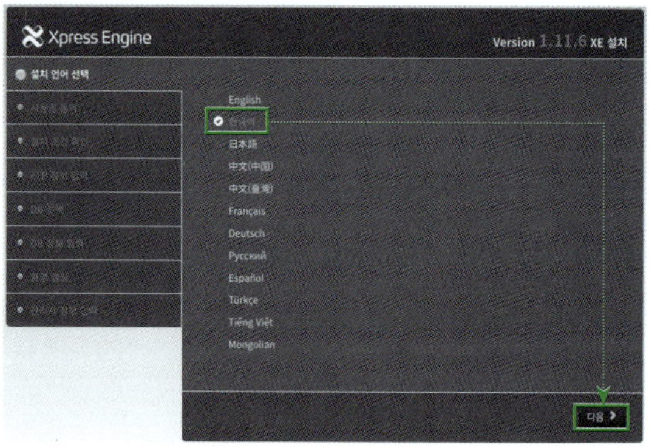

그림 16-9 설치 언어 '한국어' 선택

- **Step 02** | 사용권에 대해 읽어본 다음 맨 아래쪽에 있는 동의란에 체크 후 〈다음〉을 누릅니다.

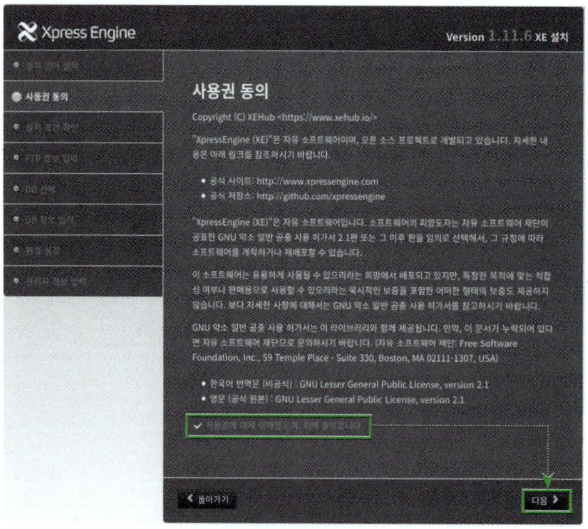

그림 16-10 사용권 동의 절차

• **Step 03** | 〈설치를 진행합니다〉를 누릅니다.

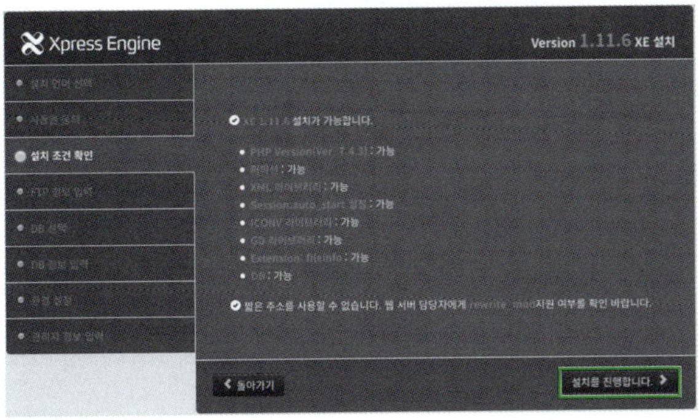

그림 16-11 설치 조건 확인

• **Step 04** | mysql 데이터베이스를 선택하고 〈다음〉을 클릭합니다.

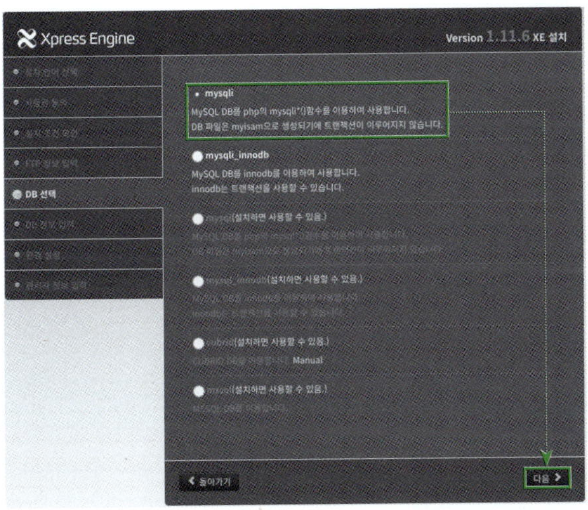

그림 16-12 mysql 데이터베이스 선택

• **Step 05** | DB 아이디에는 xe_user, DB 비밀번호는 123456, DB 이름은 xe_db를 각각 입력합니다. 다른 항목은 기본값 그대로 두고 〈다음〉을 클릭합니다.

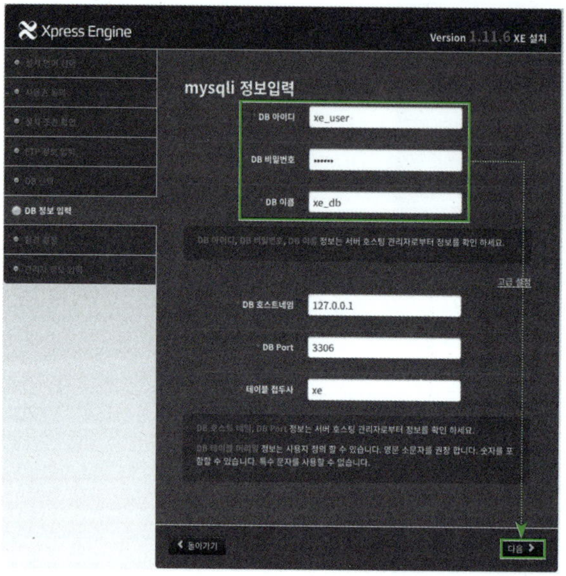

그림 16-13 DB 관리자 정보입력

• **Step 06** | 서버는 [GMT +09:00] Korea Standard Time, Japan Standard Time을 선택하여 시각을 설정합니다.

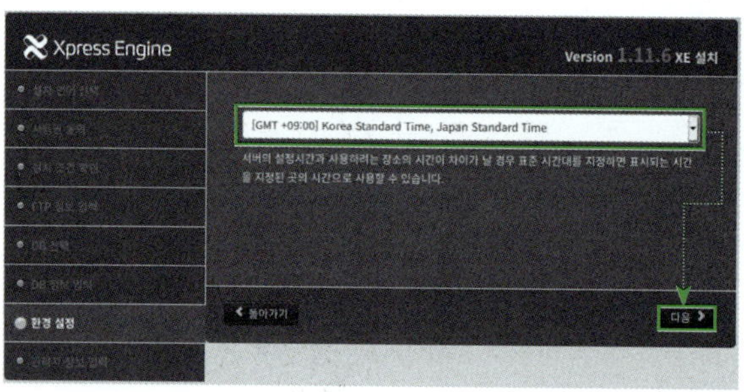

그림 16-14 서버 시각 선택

• **Step 07** | [관리자 정보입력]에서 가장 중요한 정보는 이메일 주소와 비밀번호입니다. 앞으로 XE 관리자로 로그인할 때 사용하기 때문에 반드시 기억해 두어야 합니다. 이메일 주소는 실제 계정 주소가 아니어도 상관없습니다.

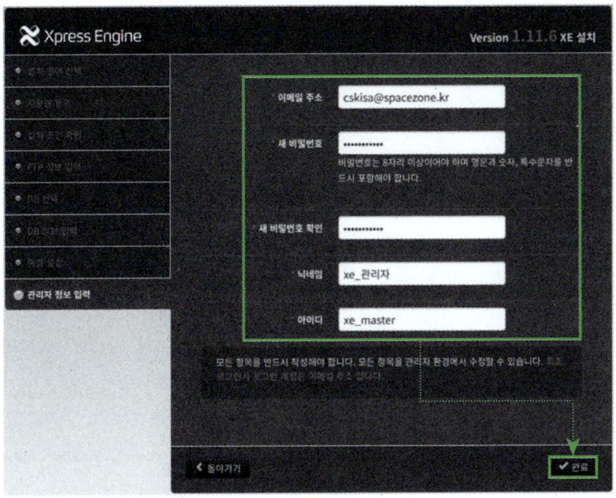

그림 16-15 로그인 정보입력

4 웹 사이트 구축 및 관리

XE 프로그램 설치가 완료되었으므로 본격적인 웹 사이트 구축과 관리방법에 대해 살펴보겠습니다. XE가 제공하는 인터페이스를 선택하는 것만으로도 쉽게 웹 사이트를 구축할 수 있으므로 관리 또한 편리하게 수행할 수 있습니다.

XE 프로그램을 사용하여 웹 사이트를 본격적으로 구축하기 위해 다음 예제를 수행합니다.

예제 16-17

• **Step 01** | Firefox 웹 브라우저에서 XE 초기화면이 나타나면 화면을 스크롤하여 아래로 이동합니다.

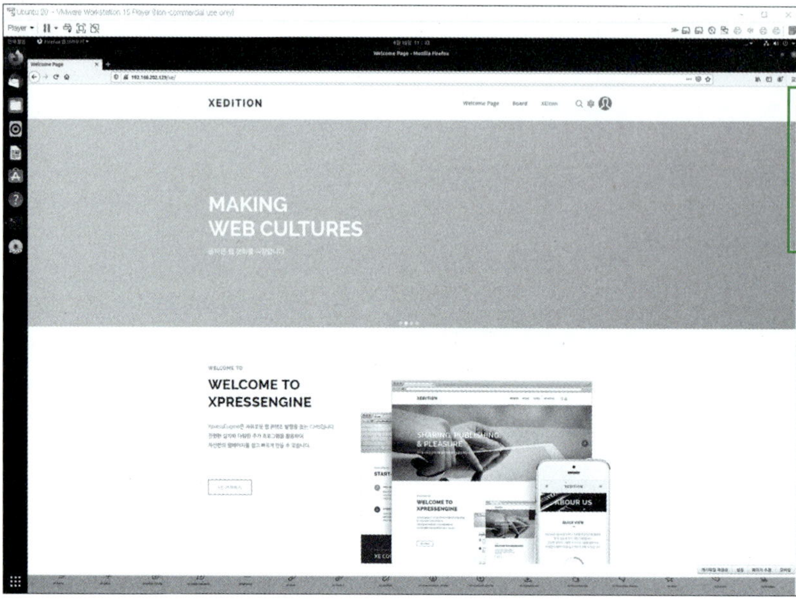

그림 16-16 XE 시작 초기화면

• **Step 02** | 아래쪽으로 이동하면 다양하게 변경할 수 있는 여러 개의 항목들이 존재합니다. 이 중에서 본인의 취향에 맞는 웹 사이트 메뉴를 설정할 수 있습니다. 웹 사이트의 제목을 설정하기 위해 '사이트 제목 바꾸기'를 선택합니다.

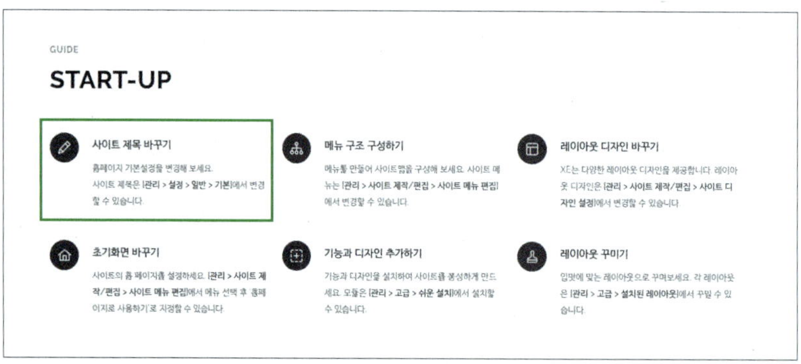

그림 16-17 XE 웹 사이트 설정 메뉴

• **Step 03** | 웹 사이트 제목을 입력 후 하단으로 이동하여 〈저장〉을 누릅니다.

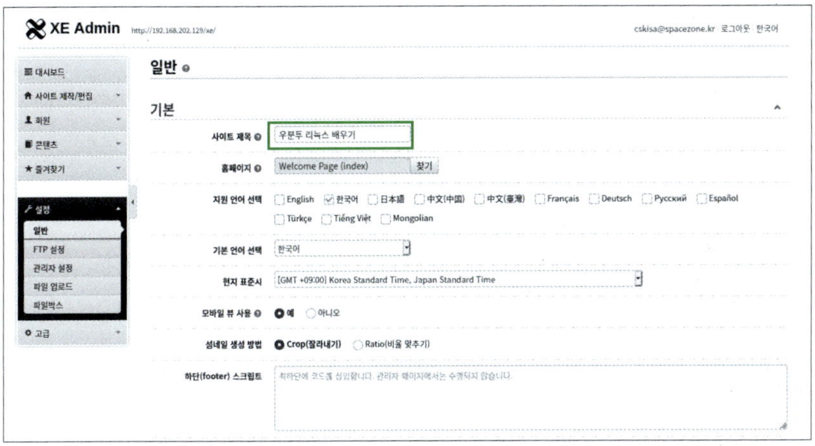

그림 16-18 XE 웹 사이트 제목 설정

• **Step 04** | 왼쪽에 위치한 [사이트 제작/편집]을 누르면 사이트 메뉴를 편집할 수 있는 하위 메뉴가 나타납니다. [사이트 메뉴 편집]-[Board]-[메뉴 추가]-[게시판]을 선택하여 '우분투 공지사항'을 입력 후 하단에 위치한 〈확인〉을 누르면 사이트 메뉴 편집에 보드가 추가됩니다.

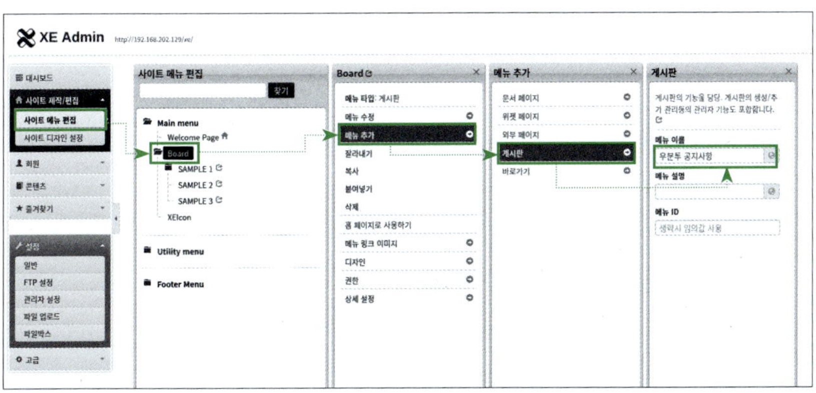

그림 16-19 XE 웹 사이트 보드 추가

• **Step 05** | 사이트 디자인은 본인 취향에 맞도록 설정하고 Firefox 웹 브라우저에서 http://192.168.202.129/xe로 접속합니다. 상단 메뉴에서 [Board]-[우분투 공지사항]을 선택한 후 〈쓰기〉를 누르면 게시판에 글을 쓸 수 있습니다.

그림 16-20 XE 게시판 사용

• **Step 06** | XE 웹 사이트에 다시 접속하려면 설치과정에서 입력했던 메일 주소와 비밀번호를 입력하면 됩니다.

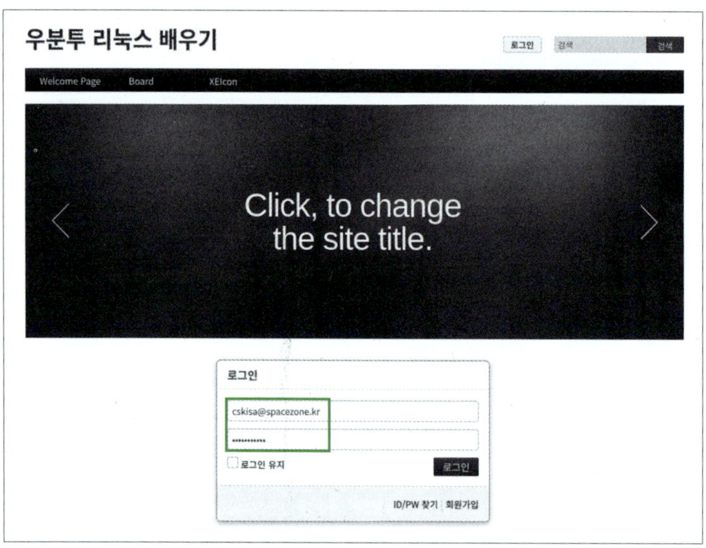

그림 16-21 XE 웹 사이트 로그인

• **Step 07** | 로그인이 성공하면 XE 웹 사이트의 디자인과 구성요소를 변경할 수 있습니다.

그림 16-22 XE 웹 사이트 설정 화면

지금까지 XE 프로그램을 사용하여 완성한 홈페이지 화면을 확인할 수 있습니다. 웹 사이트 구축과 관련하여 전문지식이 없더라도 XE를 활용한다면 손쉽게 웹 사이트를 구축하고 관리할 수 있으므로 자신의 취향에 맞도록 자신만의 웹 사이트를 만들어 보기 바랍니다.

핵심요약

01 아파치 웹 서버를 설치하기 전에 저장소의 패키지 목록 업데이트와 기존에 설치되어 있던 패키지를 한꺼번에 업그레이드를 수행할 수 있습니다.

```
cskisa@ubuntu:~$ sudo apt update && sudo apt upgrade
```

02 아파치 웹 서버를 활성화하는 명령은 다음과 같습니다.

```
cskisa@ubuntu:~$ sudo apt -y install apache2  ← 아파치 웹 서버 패키지 설치
cskisa@ubuntu:~$ sudo service apache2 start   ← 아파치 웹 서버 구동
```

03 방화벽 프로그램은 ufw이며 활성화와 비활성화 명령은 다음과 같습니다.

```
cskisa@ubuntu:~$ sudo ufw enable   ← 방화벽 활성화 명령
cskisa@ubuntu:~$ sudo ufw disable  ← 방화벽 비활성화 명령
cskisa@ubuntu:~$ sudo ufw status   ← 방화벽 활성화/비활성화 상태 확인
```

04 방화벽이 활성화된 상태에서 웹 서비스가 가능하도록 80번 포트(http)를 열어주기 위해 다음 명령을 수행 후 아파치 웹 서버를 다시 구동합니다.

```
cskisa@ubuntu:~$ sudo ufw allow 80/tcp          ← 아파치 웹 서버 패키지 설치
cskisa@ubuntu:~$ sudo service apache2 start   ← 아파치 웹 서버 다시 구동
```

05 APM은 3개(Apache, PHP, MySQL)의 패키지를 의미하며 3개의 패키지는 다음과 같이 설치하면 됩니다.

```
cskisa@ubuntu:~$ sudo apt-get -y install apache2
cskisa@ubuntu:~$ sudo apt-get -y install php
cskisa@ubuntu:~$ sudo apt-get -y install mysql-server
```

06 만약 mysql-server 패키지를 설치 후 정상적으로 MySQL에 접속되지 않거나 오류가 발생할 경우 다음과 같이 mysql-server 패키지를 모두 삭제 후 패키지를 다시 설치하면 됩니다.

```
cskisa@ubuntu:~$ sudo apt-get purge mysql-server
cskisa@ubuntu:~$ sudo apt-get purge mysql-common
cskisa@ubuntu:~$ sudo rm -rf /var/log/mysql
cskisa@ubuntu:~$ sudo rm -rf /var/log/mysql.*
cskisa@ubuntu:~$ sudo rm -rf /var/lib/mysql
cskisa@ubuntu:~$ sudo rm -rf /etc/mysql
```

07 아파치 웹 서버를 구동시키는 명령은 다음과 같습니다.

```
cskisa@ubuntu:~$ sudo systemctl start apache2      ← 아파치 웹 서버 구동
cskisa@ubuntu:~$ sudo systemctl restart apache2    ← 아파치 웹 서버 다시 구동
cskisa@ubuntu:~$ sudo systemctl enable apache2     ← 아파치 웹 서버 상시 구동 설정
```

08 MySQL 서버를 구동시키는 명령은 다음과 같습니다.

```
cskisa@ubuntu:~$ sudo systemctl start mysql      ← MySQL 서버 구동
cskisa@ubuntu:~$ sudo systemctl restart mysql    ← MySQL 서버 다시 구동
cskisa@ubuntu:~$ sudo systemctl enable mysql     ← MySQL 서버 상시 구동 설정
```

09 create 명령으로 xe_db 데이터베이스를 생성하는 SQL 명령문은 다음과 같습니다.

```
mysql> create database xe_db;
```

10 MySQL 사용자 계정 xe_user를 비밀번호 123456으로 생성하는 SQL 명령문은 다음과 같습니다.

```
mysql> create user xe_user@localhost identified by '123456';
```

11 xe_user 계정에게 데이터베이스의 이용 권한을 부여하는 SQL 명령문은 다음과 같습니다.

```
mysql> grant all on xe _ db.* to xe _ user@localhost;
```

12 설정한 내용이 DBMS에 적용되도록 수행하는 SQL 명령문은 다음과 같습니다.

```
mysql> flush privileges;
```

13 웹 서버에서 XE가 동작하기 위해 php, php-gd, php-xml, php-mysql 패키지를 모두 설치하는 명령은 다음과 같습니다.

```
cskisa@ubuntu:~$ sudo apt-get -y install php php-gd php-xml php-mysql
```

14 chmod 명령으로 /var/www/html/xe 디렉터리를 외부에서 접근할 수 있도록 허용하기 위한 퍼미션 707 설정은 다음과 같습니다.

```
cskisa@ubuntu:~$ sudo chmod 707 /var/www/html/xe
```

연습문제

01 다음 글을 읽고 괄호를 채우시오.

(1) 우분투에서 사용하는 APM은 3개(Apache, PHP, MySQL)의 패키지 형태로 제공되며 설치할 패키지 중 아파치 웹 서버는 ( ) 패키지이며 PHP 패키지는 ( ) 패키지이고 MySQL 서버 패키지는 ( ) 패키지입니다.

(2) 우분투 리눅스 시스템에서 방화벽을 설정하는 명령은 ( )이며 웹 서비스가 가능하도록 특정 포트 번호를 열어주기 위한 명령은 ( )를 사용합니다.

(3) 방화벽을 활성화는 ufw ( ) 명령으로 설정하고 방화벽 비활성화는 ufw ( ) 명령으로 설정합니다.

02 터미널 창에서 외부 접속을 허용하기 위해 80번(http) 포트를 열어준 다음 방화벽의 상태를 확인하는 명령을 수행하시오.

03 APM 설치를 위한 3개(Apache, PHP, MySQL)의 패키지를 각각 설치하는 명령을 수행하시오.

04 이미 설치된 mysql_server 패키지를 삭제하는 명령을 수행하시오.

05 삭제된 mysql_server 패키지를 다시 설치하고 dpkg 명령을 사용하여 설치된 패키지의 버전을 확인하는 명령을 수행하시오.

06 systemctl 명령으로 아파치 웹 서버를 다시 구동시킨 다음 상시 구동을 설정하고 아파치 웹 서버의 구동 상태를 확인하는 명령을 수행하시오.

07 XE를 활용한 웹 사이트 구축에서 반드시 설치해야 할 4개의 PHP 패키지를 apt-get 명령으로 한꺼번에 설치하는 명령을 수행하시오.

08 chmod 명령으로 /var/www/html/test 디렉터리를 외부에서 접근할 수 있도록 허용하기 위해 퍼미션을 707로 변경 후 변경된 test 디렉터리의 권한을 확인하는 명령을 수행하시오.

찾아보기

ㅎ